普通高等教育"十三五"规划教材

质量管理学

第 2 版

主　编　温德成
副主编　吕　杰　曲　斌　赵　林　孙孝静
参　编　王高山　李开鹏　程丽英　刘世新
　　　　邓　强　李　波　代　婷　颜东伟
　　　　李韶南　张守真　李雅萍　刘长玉

机械工业出版社

本书共 11 章，包括质量管理概论，ISO 9000 族标准与质量管理体系，供应商质量管理，设计质量管理，过程质量控制，抽样检验，六西格玛管理，顾客满意管理，质量信息管理，Excel、SPSS、Minitab 在质量管理中的应用，卓越绩效模式等，内容丰富全面，既有质量管理理论，也有质量管理工具与方法。既可作为高等院校管理类专业本科生、研究生的教材，也可作为企事业单位相关人员的参考读物和工具书。

图书在版编目（CIP）数据

质量管理学/温德成主编．—2 版．—北京：机械工业出版社，2018.9
普通高等教育"十三五"规划教材
ISBN 978-7-111-60573-7

Ⅰ．①质… Ⅱ．①温… Ⅲ．①质量管理学 – 高等学校 – 教材 Ⅳ．①F273.2

中国版本图书馆 CIP 数据核字（2018）第 170806 号

机械工业出版社（北京市百万庄大街 22 号　邮政编码 100037）
策划编辑：曹俊玲　责任编辑：曹俊玲　何　洋
责任校对：炊小云　封面设计：张　静
责任印制：常天培
北京铭成印刷有限公司印刷
2018 年 11 月第 2 版第 1 次印刷
184mm×260mm・23.5 印张・577 千字
标准书号：ISBN 978-7-111-60573-7
定价：56.00 元

凡购本书，如有缺页、倒页、脱页，由本社发行部调换

电话服务　　　　　　　　　　　　网络服务
服务咨询热线：010-88379833　　　机工官网：www.cmpbook.com
读者购书热线：010-88379649　　　机工官博：weibo.com/cmp1952
　　　　　　　　　　　　　　　　　教育服务网：www.cmpedu.com
封面无防伪标均为盗版　　　　　金 书 网：www.golden-book.com

前　言

我国近年来经济的高速发展似乎正在印证英国历史学家汤因比（A. J. Toynbee）博士的一句话："21世纪是中国人的世纪。"2000年，我国出口额位居世界第七位，2002年上升至第五位，2005年超过日本上升至第三位，2007年超过美国上升至第二位，2010年超过德国成为全球第一。2000年，我国GDP以微弱优势超越意大利位居世界第六位；2005年，我国GDP一举超越法国、英国，位列世界第四位；2007年，我国GDP超越德国位居世界第三位；2009年，我国GDP超越日本成为世界第二大经济体。我国无疑已经成为世界经济舞台上的一个重要角色。

正当我国经济突飞猛进之时，一场全球性的经济衰退不期而至，我国经济面临着巨大的挑战。这些挑战主要表现为：一是全球经济衰退导致的国际需求急剧下降，对我国以往过多依赖数量扩张的外向型经济发展模式提出挑战；二是近年来时有发生的产品质量事故，对我国以往忽视质量竞争的粗放型经济发展模式提出挑战；三是我国薪资水平的不断提高和运营成本的持续上涨，对我国以往较多依赖价格竞争的低成本经济发展模式提出挑战。面对如此严峻的挑战，我们更应当记住美国质量大师朱兰博士的一句话："21世纪是质量的世纪。"

人类在质量大堤的保护下生存，同样，企业也要在质量大堤的保护下生存。但仅仅将质量看作企业生存的防御性手段，那是远远不够的，质量应该成为企业主动占领市场的有力武器。为此，我国经济要实现转型升级，我国企业要提升全球市场竞争力，必须进一步将质量重视起来。2017年9月，《中共中央　国务院关于开展质量提升行动的指导意见》将质量提升到了前所未有的战略高度。

21世纪的质量和质量管理与20世纪相比，其内涵与外延都发生了巨大的变化。为了体现这一变化，满足当今社会对质量管理知识的新需求，我们组织编写了《质量管理学》一书。本书立足于实用，注重理论联系实际，不仅从设计过程质量管理、供应商质量控制、生产过程质量管理、顾客满意管理等企业关键过程讲解质量管理，而且重视质量管理实务的介绍，如质量体系建设，抽样检验，卓越绩效模式，Excel、SPSS、Minitab常用统计软件的应用等。

本书共11章，第一章由山东大学温德成、山东省质量评价协会李韶南编写；第二章由山东大学孙孝静、上海质量审核中心程丽英编写；第三章由温德成编写；第四章由公安部李开鹏、济南大学吕杰编写；第五章由吕杰、山东省质量评价协会邓强、山东大学李雅萍编写；第六章由山东大学曲斌编写；第七章由山东财经大学王高山、山东师范大学刘长玉编写;第八章由温德成、山东省质量协会张守真、山东省标准化研究院刘世新编写;第九章由济南大学赵林、山东大学颜东伟编写;第十章由吕杰、山东政法学院李波编写;第十一章由温德成、济南职业学院代婷编写。本书由温德成担任主编,吕杰、曲斌、赵林、孙孝静担任副主编。

  我们根据多年的教学经验,制作了与教材配套的电子课件,凡使用本书作为教材的教师,可登录机械工业出版社教育服务网(www.cmpedu.com)注册后免费下载。

  在本书编写过程中,参考了国内外大量文献资料,在此向各位作者谨表谢意。

  由于编者学识水平有限,书中难免存在不当之处,恳请广大读者批评指正。

编 者

目 录

前 言
第一章 质量管理概论 ………………………… 1
第一节 质量管理的重要概念 ……………… 1
第二节 质量管理的基本原则 ……………… 3
第三节 质量管理的演变 …………………… 6
第四节 标准与标准化 ……………………… 10
第五节 计量与计量管理 …………………… 16
第六节 质量文化 …………………………… 19
第七节 质量管理小组活动 ………………… 22
思考题 ……………………………………… 28

第二章 ISO 9000 族标准与质量管理体系 …… 29
第一节 ISO 9000 族标准的产生与发展 …… 29
第二节 ISO 9000 族标准的构成与特点 …… 32
第三节 质量管理体系的建立与实施 ……… 40
第四节 质量认证与审核 …………………… 49
思考题 ……………………………………… 59

第三章 供应商质量管理 ……………………… 61
第一节 供应商选择与质量控制 …………… 61
第二节 供应商契约与供应商动态管理 …… 75
思考题 ……………………………………… 82

第四章 设计质量管理 ………………………… 83
第一节 质量功能展开 ……………………… 83
第二节 试验设计 …………………………… 102
思考题 ……………………………………… 117

第五章 过程质量控制 ………………………… 118
第一节 过程能力分析 ……………………… 118
第二节 控制图 ……………………………… 127
第三节 其他工具 …………………………… 149
思考题 ……………………………………… 169
附表 标准正态分布表 …………………… 171

第六章 抽样检验 ……………………………… 172
第一节 质量检验概述 ……………………… 172
第二节 质量检验的主要制度 ……………… 175
第三节 抽样检验的基本理论 ……………… 179
第四节 计数标准型抽样检验 ……………… 189
第五节 计数调整型抽样检验 ……………… 192
思考题 ……………………………………… 198
附表 6-1 不合格品百分数的计数标准型一次抽样检验程序及抽样表（GB/T 13262—2008） ……………… 199
附表 6-2 正常检验一次抽样方案 ………… 202
附表 6-3 加严检验一次抽样方案 ………… 203
附表 6-4 放宽检验一次抽样方案 ………… 204

第七章 六西格玛管理 ………………………… 205
第一节 六西格玛管理概述 ………………… 205
第二节 六西格玛管理的组织 ……………… 211
第三节 六西格玛项目管理 ………………… 215
第四节 六西格玛改进的模式——DMAIC 模型 ……………………………………… 223
第五节 六西格玛设计 ……………………… 230
第六节 精益六西格玛管理 ………………… 232
思考题 ……………………………………… 238

第八章 顾客满意管理 ………………………… 239
第一节 顾客满意管理概述 ………………… 239
第二节 顾客满意度的测量方法 …………… 244
第三节 调查表的设计 ……………………… 254
第四节 常用的调查方法 …………………… 262
第五节 资料整理和顾客满意度评价 ……… 263
思考题 ……………………………………… 267

第九章 质量信息管理 ………………………… 269
第一节 质量数据与信息 …………………… 269
第二节 质量信息的管理 …………………… 272
第三节 信息技术在质量信息管理中的应用 ……………………………………… 287
第四节 常用的质量信息管理系统 ………… 291

思考题 …………………………………… 300

第十章　Excel、SPSS、Minitab 在质量管理中的应用 …………… 301
　第一节　Excel 在质量管理中的应用 …… 301
　第二节　SPSS 在质量管理中的应用 …… 309
　第三节　Minitab 在质量管理中的应用 … 333
　思考题 …………………………………… 347

第十一章　卓越绩效模式 ………………… 349
　第一节　美国卓越绩效评价准则 ………… 349
　第二节　GB/T 19580—2012《卓越绩效评价准则》 …………………… 355
　思考题 …………………………………… 365

参考文献 …………………………………… 366

第一章

质量管理概论

本章首先介绍质量管理的重要概念，然后对质量管理的七项基本原则进行阐述，继而介绍质量管理的发展演变，最后对质量管理的重要基础工作——标准化管理、计量管理、质量文化和质量小组活动等方面进行概述。

第一节 质量管理的重要概念

要真正掌握质量管理理论，首先必须准确理解质量管理的基本概念。

一、质量的含义

质量一直是一个随着时代的变化而不断变化的概念，人们对质量的认识也往往因关注点不同而有所不同。例如，早在1908年，通用汽车公司的工程师在伦敦皇家汽车俱乐部会员的面前拆解了3辆凯迪拉克轿车，并把这些零件混在一起，而后从中选择零件重新组装成车，然后驾车绝尘而去。这令在场的会员极为震惊，认为凯迪拉克轿车的质量之高令人惊叹。显然，在当时，汽车零件具有互换性是一种了不起的质量特性，这也是福特公司的T型车取得辉煌成就的一个重要原因。时至今日，即使农用三轮车的零部件也具有极高的互换性，零部件的标准化和互换性几乎成为理所当然的事情，而不再是吸引顾客的重要质量特性。可见，质量的内涵是不断变化的。那么，究竟什么是质量呢？

关于质量，长期以来并没有一个统一的定义。从对质量管理学科产生重大影响的质量界巨匠对质量的论断中，可以将质量的定义大致分为两类：

（1）产品和服务的特性符合给定的规格要求，通常是定量化要求。

（2）产品和服务满足顾客期望。

第一类定义的代表人物有克劳士比（P. B. Crosby）和田口玄一。克劳士比认为，质量就是符合规定要求；田口玄一则认为，质量就是产品上市后给社会带来的损失。

第二类定义的代表人物有休哈特（W. A. Schewhart）、朱兰（J. M. Juran）、戴明（E. W. Deming）、费根堡姆（A. U. Feigenbaum）和石川馨，其中，朱兰的适用性质量定义被广为传播。朱兰认为，产品质量就是指产品的适用性，即适合使用的特性。其实，休哈特早在20世纪20年代就对质量有过精辟的表述。他认为，质量兼有主观性的一面（顾客所期望的）和客观性的一面（独立于顾客期望的产品属性）；质量的一个重要度量指标是一定售价下的价值；质量必须由可测量的量化特性来反映，必须把潜在顾客的需求转化为特定产品和服务的可度量的特性，以满足市场需要。正是由于质量主观性的一面，质量的内涵是非常丰富的，而且随着顾客需求的变化而不断变化；同样，正是由于质量的客观性，对质量进行科学的管理成为可能。

随着 ISO 9000 标准在企业的广泛应用，ISO 9000 关于质量的定义逐渐为越来越多的人所接受。在 ISO 9000：2015 中，质量的定义为"客体的一组固有特性满足要求的程度"。

质量可以用形容词，如好、差或优秀来修饰。定义中的"客体"可以指任何事或物，万物皆有质量；定义中的"固有"（其反义是"赋予"）是指在某事或某物中本来就有的，尤其是永久的特性，如产品的适用性、可信性、经济性和安全性等；定义中的"要求"是指明示的、通常隐含的或必须履行的需求或期望，其中"通常隐含"是指组织和相关方的惯例或一般做法，所考虑的需求或期望是不言而喻的。

值得注意的是，多数企业对顾客明确提出的要求能够给予足够的重视，但对那些"公认的、合理的、没有明确提出"的要求往往关注不够，导致顾客不满甚至投诉和索赔。

二、质量管理的相关概念

1. 质量方针

质量方针（Quality Policy）是指由组织的最高管理者正式发布的该组织总的质量宗旨和方向。通常质量方针与组织的总方针相一致并为制定质量目标提供框架。另外，2015 版 ISO 9000 标准提出的七项质量管理原则可以作为制定质量方针的基础。

2. 质量目标

质量目标（Quality Objective）是指在质量方面所追求的目的。质量目标通常依据组织的质量方针制定，并将之分解到组织的相关职能和层次。

3. 质量管理

质量管理（Quality Management）是指在质量方面指挥和控制组织的协调的活动。质量管理通常包括制定质量方针和质量目标，以及通过质量策划、质量保证、质量控制和质量改进实现这些质量目标的过程。

4. 质量策划

质量策划（Quality Planning）是质量管理的一部分，致力于制定质量目标，并规定必要的运行过程和相关资源以实现质量目标。编制质量计划可以是质量策划的一部分。

5. 质量保证

质量保证（Quality Assurance）是质量管理的一部分，致力于提供质量要求会得到满足的信任。

6. 质量控制

质量控制（Quality Control）是质量管理的一部分，致力于满足质量要求。

7. 质量改进

质量改进（Quality Improvement）是质量管理的一部分，致力于增强满足质量要求的能力。此处的"质量要求"可以指有效性、效率或可追溯性。有效性和效率的区别在于：有效性是指完成策划的活动和达到策划结果的程度；效率则是指达到的结果与所使用资源之间的关系。

8. 质量管理体系

质量管理体系（Quality Management System）是指组织建立质量方针和质量目标，以及实现这些质量目标的过程的相互关联或相互作用的一组要素。

第二节 质量管理的基本原则

多年来，基于质量管理的实践经验和理论研究，形成了一些具有影响的质量管理的基本原则和思想。但是，不同的学者和专家对这些原则和思想有不同的表述。为了有效地指导企业的质量管理活动，需要对这些管理思想进行归纳和总结，从企业实用的角度对这些管理思想进行表述，以便在世界范围内对质量管理的基本理论达成共识。正是在这种世界性需求的推动下，质量管理原则应运而生。

七项质量管理原则是质量管理实践经验和理论研究的总结，是 ISO 9000 系列标准实施经验和理论研究的总结。它揭示了质量管理最基本、最通用的一般性规律，是质量管理的理论基础，是企业的领导者有效实施质量管理工作必须遵循的原则，是从事质量工作的人员学习、理解、掌握 ISO 9000 系列标准的基础。

一、以顾客为关注焦点

企业依存于顾客，因此，企业应当理解顾客当前和未来的需求，满足顾客需求并争取超越顾客期望。

任何企业均需提供满足顾客需求和期望的产品和/或服务。如果没有顾客，企业将无法生存。因此，企业为了生存和发展，必须始终关注顾客的需求，把识别和满足顾客需求作为企业一切工作的出发点。

以顾客为关注焦点，首先要识别顾客需求。识别和满足顾客不同层次需求的程度，形成了企业在市场中的定位，决定了企业的竞争能力。

顾客分为内部顾客和外部顾客。在企业内部，下一道工序是上一道工序的顾客；在考虑顾客满意时，既要考虑外部顾客，也要考虑内部顾客。

企业的管理者和全体员工都应根据自己不同的岗位和职能，识别各自的顾客，并确定顾客的需求。

二、领导作用

领导者确立企业统一的宗旨和方向，应当创造并保持使员工能充分参与实现企业目标的内部环境。

高层管理者的任务，在于审慎研讨企业的使命。企业的质量管理活动可包括制定方针和目标、规定职责、建立体系、实现策划、提供资源、控制和改进等内容。质量方针和质量目标构成了企业宗旨，即企业预期实现的目标。只有当企业的运作方向与企业的宗旨相一致时，企业才能实现其宗旨。企业领导者的作用就体现在能否将企业的运作方向与企业宗旨统一，使其一致，并创造一个全体员工充分参与以实现企业目标的内部氛围和环境。

三、全员积极参与

人既是管理活动的主体，也是管理活动的客体。人的积极性、主观能动性、创造性的充分发挥，素质的全面发展和提高，既是有效管理的基本前提，也是有效管理应达到的效果之一。企业的质量管理是通过企业内各职能、各层次人员参与产品实现过程及支持过程来实施的。过程的有效性取决于各级人员的意识、能力和主动性。随着市场竞争的加剧，全员的主动参与更为重要。新形势下的竞争是人才的竞争，为了实现企业的宗旨和目标，企业需要多层次的人才。人人充分参与是企业良好运作的必然要求，而全员参与的核心是调动人的积极性。只有当每个人的才干都得到充分发挥并能实现创新和持续改进时，企业才能获得最大收益。

国外学者罗森柏斯（H. F. Rosenbluth）说过，企业滑坡，首先表现在出错率增加，这就意味着员工不愉快，接着是员工抱怨，最后才是顾客抱怨。"顾客"是企业的外部顾客；"员工"是企业的内部顾客。如果员工对企业的满意度高，他们就会主动参与，努力工作，自觉提高外部服务质量，使外部顾客满意，为企业创造更多价值，最终形成一个良性循环；而如果员工对企业不满意，结果或者是跳槽，或者是消极地留在企业，但是已经失去了积极工作的意愿，则难以期望员工积极地参与。所以，一个追求成功的企业应当重视提高员工的满意度，使员工由满意逐渐变成忠诚，自愿地努力工作。只有这样，才能实现真正的全员积极参与。

四、过程方法

将活动作为相互关联、功能连贯的过程组成的体系理解和管理时，可以更加有效和高效地得到一致的、可预知的结果。

过程方法是ISO 9000：2015系列标准的重要内容，也是质量管理体系方法的基础。

任何一门学科，首先要确定其研究的对象。为了使研究的对象更具体，又往往要将研究对象分解到基本单位。例如，生物学研究的基本对象是细胞，化学研究的基本对象是分子，经济学研究的基本对象是商品，等等。质量管理作为一门学科，同样有自己研究的基本对象，这就是"过程"。过程是质量管理的细胞。

利用资源和实施管理，将输入转化为输出的一组活动，可以视为一个过程。一个过程的输出可以直接形成下一个或下几个过程的输入。一般来说，人们理解的工序，仅仅是指加工制造的能够独立划分或独立存在的过程。ISO 9000：2015标准不仅适用于制造业，而且适用于数量众多的服务业。即使在制造业，质量特性的形成也不限于工序，质量管理还要研究设计、管理、服务、改进等过程。因而，使用"过程"这一术语更准确地表达了质量管理研究和质量控制的基本对象。

为使企业有效运行，必须识别和管理众多相互关联的过程。系统地识别和管理企业所应用的过程，特别是这些过程之间的相互作用，可称之为过程方法。

采用过程方法的好处是由于基于每个过程考虑其具体的要求，所以能将资源投入、管理方式和要求、测量方式和改进活动互相有机结合，并做出恰当的安排，从而可以有效地使用资源，降低成本，缩短周期。而系统地识别和管理企业所应用的过程，特别是识别过程之间的相互作用，可以掌握企业内与产品实现有关的全部过程，清楚过程之间的内在关系和相互联系。通过控制活动，能获得可预测、具有一致性的改进结果，特别是可以使企业关注并掌握按优先次序改进的机会。

五、改进

成功的企业持续关注改进，持续改进应当是企业的一个永恒目标。

事物是不断发展变化的，任何事物都会经历一个由不完善到完善，直至更新的过程。人们对过程结果的要求也在不断变化和提高。在质量管理中，这种发展变化体现在顾客的需求和期望是不断变化的，市场中的竞争对手也是在不断变化的，技术是在不断发展的，昨天的辉煌并不能确保今天的成功，更不能保证明天的生存和发展，这就促使企业进行变革或改进。因此，企业应建立一种机制，使其能适应外界环境的种种变化，主动识别变化，主动促成改进，使其增强适应能力并提高竞争力，改进企业的整体业绩，让所有的相关方都满意。这种机制就是持续改进。只要有市场存在，就有发展、竞争和持续改进的需求，这正是市场经济的活力。因此，持续改进是企业的一个永恒目标。

持续改进是增强企业满足需求能力的循环活动，持续改进的对象可以是质量管理体系、顾客满意程度、过程和产品等。持续改进可作为过程进行管理，在对该过程的管理活动中，应重点关注改进的目标及改进的有效性和效率。

综上所述，若企业坚持持续改进，从企业发展的战略高度，在所有层次实现改进，就能促使企业对市场机会做出快速反应，从而提高企业的整体业绩，增强竞争能力。

六、循证决策

决策是一个在行动之前选择最佳行动方案的过程。有效决策建立在数据和信息分析和评价的基础上。成功的结果取决于活动实施之前的精心策划和正确决策。

决策作为过程就应该有输入和输出，输入就是信息，输出就是方案。决策方案是否理想，取决于输入的信息和数据的准确性和及时性。在有效的决策过程中，最大的挑战之一就是确保输入数据的准确性和及时性，以事实为基础，结构化的思维再加上职业道德。这是一个企业取得成功的重要保障。

只有当输入的信息和数据足够而且可靠，能准确地反映事实，才能为决策提供依据。而决策过程的活动应包括一些必不可少的逻辑活动，例如，为决策的活动制定目标，确定要解决的问题，实施实现目标所必需的活动，对决策形成的方案进行可行性评估等。其中包括决策逻辑思维方法，即依据数据和信息进行逻辑分析的方法。在这里，统计技术是一种有用的分析工具。

循证决策的优点在于，决策是理智的，有时甚至由数据分析的过程和结果将会直接导出正确的决策。这样就增强了依据事实证实有效性的能力，也增强了评估、实施和改变决策的能力。

七、关系管理

为了企业的持续成功，企业需要有效管理与相关方的关系。

随着生产社会化的不断发展，企业的生产活动分工越来越细，专业化程度越来越高，一种产品通常不可能由一个企业从最初的原材料开采或加工直至形成顾客要求的产品，而往往要通过多个企业分工协作，即通过供应链的运作来完成。因此，任何一个企业都有其供应商或合作伙伴，供应商或合作伙伴提供的材料、零部件或服务对企业最终产品的质量有着直接的影响。企业的市场扩大，为供应商增加了提供更多产品的机会，所以，企业与供应商是互相依存的。企业与供应商的良好合作交流将最终促使企业与供应商都增强创造价值的能力，优化资本和资源，对市场或顾客的需求联合起来做出快速反应并最终使双方都获得收益。

除了供应商和合作伙伴之外，企业还应该关注与顾客、员工、学校、当地社区、政府、行业协会等相关方的关系管理，以便树立良好的社会形象，打造良好的内外部经营环境。

第三节 质量管理的演变

质量管理作为企业管理的一部分，同样也是社会生产力发展到一定程度的必然产物。现代质量管理的产生可以追溯到19世纪70年代，经历了一个多世纪的发展过程，逐步成为一门新的学科。

从现代质量管理的实践来看，按照解决质量问题的手段和方式，它的发展过程大致可以划分为以下三个历史阶段：

一、质量检验阶段

19世纪70年代，人们根据生产和使用的需要，提出了零件互换的概念，认为零件只要经过精密加工，减少尺寸误差，就可以保证其具有相互之间可以替换的性能。同时，人们还注意到，在保证零件互换的前提下，其尺寸的加工误差允许有一个波动范围，于是又提出了加工公差的概念，从而初步为质量检验的技术理论奠定了基础。

直到20世纪初，美国人泰勒（F. W. Taylor）在系统总结以往生产管理实践和经验的基础上，提出了科学管理的思想，同时还建立了一套科学管理的理论和方法。他主张管理人员与操作人员进行合理分工，将计划职能和执行职能分开，同时增加中间检验环节，从而形成了设计、操作、检验三方面各有专人负责的职能管理体制。1912年，福特（Henry Ford）创立了流水线作业法，使装配一辆汽车的时间由12小时28分钟缩短到1小时33分钟，但同时也引发了大量的质量问题。为此，福特公司设立了专职的检验工人，第一次将检验人员从操作工人中分离出来。20世纪20年代，贝尔电话公司因产品残次品太多，为确保质量，雇用了大量的质量检验工人，质量检验工人的人数甚至超过了生产工人的人数，由此促成了独立的质量检验部门的产生。这标志着质量管理由原来的经验管理进入了质量检验阶段。这种由现代化大生产而引起的分工上的大变化，使劳动生产率、固定资产利用率和产品质量都得到迅速提高，从而取得了明显的经济效果。

质量检验阶段的主要特点是三种职能的分开：有人专职制定标准；有人专职负责制造；有人专职按照标准检验产品。在这个阶段，质量管理只是强调事后把关。检验人员的职责无非是对生产出来的产品进行筛选，把合格品和不合格品分开。作为把关性的质量检验，保证不合格品不流入后续生产过程、不流入社会，无疑是必要的，也是有效的。但采用事后把关的办法来管理产品质量，至少存在以下三个问题：

（1）如何经济和科学地制定质量标准？如果所制定的质量标准在经济上不合理，在使用上不能满足用户要求，那么即使已通过检验，也不能保证产品质量。

（2）怎样防止在制造过程中产生不合格品？因为质量检验只能起把关作用，并不能预防在制造过程中产生不合格品，一旦产生了不合格品，就会造成人力、物力、财力损失。

（3）对全部产品进行检验是否可行？显然，在生产规模扩大或大批量生产的情况下，对全部产品都进行检验是做不到的。尤其是对不破坏就无法进行检验的产品，根本不可能进行全检。

对于在质量检验阶段出现的这些问题，迫切需要寻求一种新的管理方法来解决，因此，在客观上就为把数理统计的方法引入质量管理中创造了条件。

二、统计质量控制阶段

1917年，美国贝尔电话公司的休哈特博士运用数理统计的原理和方法，为美国国防部很好地解决了第一次世界大战参战部队的军服尺寸规格问题，从而为如何经济和科学地制定产品质量标准提供了范例。1924年，他又针对怎样防止产生不合格品的问题，进一步运用数理统计的原理和方法，提出了控制产生不合格品的 6σ 法，而且亲临生产现场，指导使用由他创立的防止不合格品产生的控制图。1931年，他出版了《工业产品质量的经济控制》一书，对统计质量控制做了系统的论述。与此同时，贝尔电话公司成立了一个检验工程小组，研究成果之一就是提出了抽样检验的概念，创立了抽样检验表，从而为解决产品质量检验问题，尤其是产品的破坏性质量检验问题，提供了科学依据和手段。但是，由于20世纪20—30年代资本主义世界经济危机频发，各国生产发展几乎处于停滞状态，对产品质量和质量管理的要求并不迫切，因此，休哈特等人创立的一套质量管理技术和方法没有引起重视，更没有被推广应用。到20世纪40年代，绝大多数企业仍然沿用事后检验的管理方法。这就是说，直到当时为止，质量管理基本上还属于质量检验阶段。

第二次世界大战爆发后，由于对军用产品的需求激增，美国许多生产民用产品的企业转为生产军用产品。但是，军用产品不仅批量大，而且多数属于破坏性检验，企业要采用"事后检验"的办法来保证军用产品的质量，是既不可能也不被允许的。由于军用产品经常延误交货期，并且在战场上还不时发生质量事故，因此严重影响了军队的士气和战斗力。美国国防部为解决军用产品的供应和质量问题，专门组织了一批数理统计学专家和高级工程师进行研究。他们运用数理统计的原理和方法，制定了"美国战时质量管理标准"，即《质量控制指南》《数据分析用的控制图法》《生产中质量管理用的控制图法》。并且，由美国国防部官员带领这批专家到全国各地为承担生产军用产品的企业举办了为期七天的质量管理讲习班，推广上述质量管理标准和质量控制方法。同时，美国国防部要求各生产军用产品的企业按照已公布的这三个标准进行生产过程的质量控制，并且严格按照这套标准验收军用产品。这样迫使各生产军用产品的企业普遍推行统计质量控制方法，由此使美国在保证和提高军用产品质量方面取得了显著效果，并在数理统计方法的使用上有了较大发展。

第二次世界大战结束后，美国为了支持西欧各主要工业国家和日本，大规模组织物资出口，除军用产品外，民用产品的生产也获得大发展。由于统计质量控制方法已为生产军用产品的企业带来了信誉和利润，因此，不仅生产军用产品的企业继续运用统计质量控制方法，而且生产民用产品的企业也积极推行统计质量控制方法，这就使得统计质量控制在美国迅速普及，并且得到进一步完善和发展，"美国产品"也成了"优质品"的代名词。与此同时，西欧各工业国家、澳大利亚和日本，为了恢复和发展生产以及增强本国产品在国际市场上的竞争力，都相继从美国引进了统计质量控制的理论和方法。自此，统计质量控制在世界各工业国家风行一时。

统计质量控制是质量管理发展过程中的一个重要阶段。其主要特点是：在指导思想上，由以前的事后把关转变为事前预防；在控制方法上，广泛深入地应用数理统计的思考方法和检验方法；在管理方式上，从专职检验人员把关转移到专业质量工程技术人员控制。因此，统计质量控制与单纯的质量检验相比，不论是指导思想还是使用方法，都有了很大的进步。但是，在这个阶段，由于过分强调数理统计方法，忽视组织管理工作，致使人们产生错觉，认为质量管理就是数理统计方法，从而感到它高深莫测，望而生畏，妨碍了统计质量控制方法的普及推广。

三、全面质量管理阶段

自20世纪50年代以来，由于社会生产力迅速发展，科学技术日新月异，市场竞争十分激烈，出现了一些前所未有的新情况：人们对产品质量的要求越来越高，除了对产品的一般性能要求外，还增加了对产品的可靠性、安全性、经济性要求；逐渐形成了各种管理理论学派，X理论、Y理论、决策理论、系统理论、行为科学等学派相继问世，这些理论都从某个侧面反映了质量管理的实质；同时，由于保护消费者利益运动的兴起，广大消费者纷纷组织起来同垄断集团抗争，反对它们在市场上推销劣质产品，迫使政府制定保护消费者利益的法律；国内和国际市场竞争加剧，也使得企业不得不重视质量保证和质量责任，注意维护企业信誉，以免失去市场。

由于这些情况的出现，企业注意到单靠统计质量管理难以满足社会和用户对产品质量的要求。广大质量管理工作者积极开展调查研究，希望能建立一套更为有效的质量管理理论和方法。于是，美国通用电气公司的费根堡姆和质量管理专家朱兰提出了全面质量管理概念。费根堡姆于1961年出版了《全面质量管理》一书，从此，全面质量管理的概念逐渐被世界各国所接受。但在具体应用这个概念时，每个国家都是根据本国的实际情况，形成具有本国特色的质量管理模式。特别是日本，日本政府结合日本国土狭小、资源贫乏的基本国情，提出了质量立国的基本国策，并在20世纪50年代从美国聘请戴明博士和朱兰博士到日本企业推行质量管理。日本企业结合自身的企业文化特色，创造性地吸收运用美国的质量管理的理论，并创立了具有日本特色的、更具实用价值的理论和方法，即日本式的全面质量管理，使日本的产品质量水平在20世纪70年代末跃居世界前列，在80年代多年雄踞国际竞争力第一的宝座。

日本的质量崛起震惊了美国，美国质量界和企业界开始探讨寻找一种适合美国文化的、能够发挥美国企业优势的质量振兴之路。从企业方面来看，首创6σ管理法的摩托罗拉公司无疑是美国质量振兴的急先锋；从美国政府来看，美国波多里奇国家质量奖的设立无疑将全面质量管理提升到了一个新的高度。

我国自1979年从日本引进和推行全面质量管理以来，在理论研究和方法应用方面都取得了一定的成效，为提高综合国力、参与国际市场竞争奠定了一定的基础。但作为一个发展中国家，我国仍有许多新问题需要不断探索和解决，有许多好的经验需要进一步总结和推广，以形成具有中国特色的质量管理模式。

从质量管理的发展历史来看，人们解决质量问题时所运用的方法和手段是在不断完善和发展的，并且又是与科学技术的进步和社会生产力的发展密切相连的。可以预料，随着网络技术、大数据与云计算的兴起，人们解决质量问题的方法和手段将更加丰富和完善，从而促使质量管理发展到一个更新的阶段。

四、全面质量管理的特点

全面质量管理的特点为"三全一多"，即全过程的质量管理、全企业的质量管理、全员参与的质量管理和质量管理方法多样化。

1. 全过程的质量管理

"全过程"是指产品质量产生、形成和实现过程。该过程包括若干环节，每个环节又有各自的质量职能，而且这些职能既涉及企业内部的各项工作，又涉及企业外部的有关业务。因此，凡是同产品质量的产生、形成和实现有关的部门和单位，都要实行全面质量管理。企业不仅要做好设计、制造过程的质量管理工作，还要做好销售、服务过程的质量管理工作，并且要切实做到预防为主、严格把关、防检结合，使质量管理成为一个从市场调研、设计试制、生产制造到销售服务全过程的工作系统。

2. 全企业的质量管理

由于质量职能分散于企业的各个部门，并且反映在每一个环节上，因此，企业的各个部门都要以"质量"为中心，使每个环节上的质量职能充分发挥其作用。若从企业管理的角度来观察、分析全企业，则每个企业都可分为高层管理、中层管理和基层管理，而每一层管理都有各自的质量管理活动。不过各级质量管理活动和重点有所不同：高层管理侧重于质量决策职能；中层管理侧重于执行质量决策的职能，积极开展管理活动，并保证质量决策得以实现；基层管理则侧重于按照规定的技术标准进行生产，使全企业各部门的质量职能都体现在产品的质量上。

3. 全员参与的质量管理

产品质量是企业的各个部门、各个环节和各类员工全部工作质量的综合反映。只有通过管理人员、技术人员、操作人员和其他人员的共同努力、密切配合，企业才能生产出满足用户要求的优质产品。这首先需要对全体员工进行深入细致的质量教育，促使员工加强质量意识，使每个员工都能自觉地参与质量管理活动；其次，企业必须建立完善的质量责任制，明确规定各个部门、各级人员在质量管理中的作用、任务和权限；最后，企业必须开展群众性的质量管理活动，组织多种形式的质量管理小组，充分发挥全体员工的聪明才智，把全面质量管理工作做好。

4. 质量管理方法多样化

影响产品质量的因素有多种：既有物的因素，又有人的因素；既有生产技术的因素，又有企业管理的因素；既有企业内部的因素，又有企业外部的因素。要把如此众多的因素全部控制起来，全面管好产品质量，仅靠某种管理技术或科学方法是难以取得效果的。应当根据不同的情况，区别各种因素，因人制宜、因时制宜、因地制宜，采用多种管理技术和科学方法，并结合专业知识，加以综合治理，才能保证稳定地提高产品质量。

五、全面质量管理的工作程序

为了使质量管理活动能够有组织、有计划地按照一定的科学程序进行，在20世纪60年代，美国质量管理专家戴明把质量管理的工作过程划分为计划（Plan）、执行（Do）、检查（Check）、处理（Act）四个阶段。PDCA循环是实行全面质量管理必须遵循的工作程序。

（一）PDCA循环的含义

P、D、C、A分别是计划、执行、检查、处理四个英文单词的第一个字母。计划、执行、检查、处理这四个工作阶段必须依次运转，并且不是运转一次就完结，而是要周而复始地进行。一次循环结束，解决一些问题，但可能还有些问题没有解决，或者又出现了新的问题，于是再进行下一次循环，周而复始，直到全部问题得到解决，把质量提升到更高的水平。

（二）PDCA 循环的内容

（1）P 阶段，即计划阶段。这个阶段的主要任务是确定质量方针与质量目标，以及制订与此有关的活动计划。

（2）D 阶段，即执行阶段。这个阶段的主要任务是按照所制订的计划，采取具体措施，实现质量方针和质量目标。

（3）C 阶段，即检查阶段。这个阶段的主要任务是针对计划，检查执行情况，鉴定成果，找出存在的问题。

（4）A 阶段，即处理阶段。这个阶段的主要任务是根据检查的结果，采取措施，进行处理，总结经验，吸取教训。

（三）实施 PDCA 循环的步骤

为了便于解决问题和改进工作，在具体实施 PDCA 循环时，可以把它分解为八个步骤：

（1）调查现状，找出存在的质量问题。

（2）分析问题，明确造成质量问题的各种原因。

（3）寻找主要原因，确定解决质量问题的方向。

（4）针对主要原因，制订解决质量问题的计划。

（5）执行所制订的计划，落实各种措施。

（6）明确应该巩固的成果，找出确实存在的问题。

（7）巩固所取得的成果，将成功的经验标准化。

（8）提出尚未解决或新出现的问题，将其转入下一个 PDCA 循环中去解决。

在这些步骤中，（1）～（4）属于 P 阶段，（5）属于 D 阶段，（6）属于 C 阶段，（7）和（8）属于 A 阶段。

（四）PDCA 循环的特点

PDCA 循环有以下三个明显的特点：

（1）按顺时针方向不停地运转。它围绕企业的方针、目标这个轴心向前转动，并且不断循环，周而复始。

（2）大环套小环。PDCA 循环不仅适用于整个企业，而且也适用于科室、车间、班组、工序、产品以及个人。为了实现企业总的方针目标，各级、各部门乃至每个员工，都有自己的 PDCA 循环。于是，形成了一个大环套小环、一级带一级的 PDCA 循环的有机整体。

（3）阶梯式上升。PDCA 循环不是原地转动的，也不是沿水平线前进的，而是在转动中逐级上升的。每经过一次循环，它就上升到一个新的高度，从而解决一部分问题，取得一部分成果；到下一次循环，又有新的目标和内容。PDCA 循环不断升级，质量也就随之不断改善和提高。

第四节 标准与标准化

一、基本定义

1. 标准

根据 GB/T 20000.1—2014《标准化工作指南　第 1 部分：标准化和相关活动的通用术

语》(2014年12月31日批准发布，2015年6月1日实施)，标准是指"通过标准化活动，按照规定的程序经协商一致制度，为各种活动或其结果提供规则、指南或特性，供共同使用和重复使用的文件"。

标准宜以科学、技术和经验的综合成果为基础。规定的程序指制定标准的机构颁布的标准制定程序。诸如国际标准、区域标准、国家标准等，由于它们可以公开获得以及必要时通过修正或修订保持与最新技术水平同步，因此它们被视为构成了公认的技术规则。其他层次上通过的标准，诸如专业协（学）会标准、企业标准等，在地域上可影响几个国家。

这一定义揭示了标准的如下含义：

（1）标准是标准化活动的产物。

（2）标准必须具有共同使用和重复使用的性质。

（3）标准的制定需要按发布机构颁布的程序进行，由利益相关方在协商一致、充分反映观点的基础上制定。

（4）标准是以科学、技术和经验的综合成果为基础制定的。

（5）标准是一种具有特定性质的文件。

2. 有效期

根据 GB/T 20000.1—2014，有效期是指"规范性文件现行的时长，即从该文件的负责机构决定它生效之日起直到它被废止或代替之日为止所经历的时间"。

3. 标准化

根据 GB/T 20000.1—2014，标准化是指"为了在既定范围内获得最佳秩序，促进共同效益，对现实问题或潜在问题确立共同使用和重复使用的条款以及编制、发布和应用文件的活动"。

标准化活动确立的条款，可形成标准化文件，包括标准和其他标准化文件。标准化的主要效益在于为了达到产品、过程或服务的预期目标改进它们的适用性，促进贸易、交流以及技术合作。

二、标准的类别

根据 GB/T 20000.1—2014，常用的标准类别主要有以下几种：

1. 基础标准

基础标准是指"具有广泛的适用范围或包含一个特定领域的通用条款的标准"。基础标准可以直接应用，也可以作为其他标准的基础。

2. 术语标准

术语标准是指"界定特定领域或学科中使用的概念的指称及其定义的标准"。术语标准通常包含术语及其定义，有时还附有示意图、注、示例等。

3. 符号标准

符号标准是指"界定特定领域或学科中使用的符号的表现形式及其含义或名称的标准"。

4. 分类标准

分类标准是指"基于诸如来源、构成、性能或用途等相似特性对产品、过程或服务进行有规律的排列或划分的标准"。分类标准有时给出或含有分类原则。

5. 试验标准

试验标准是指"在适合指定目的的精确度范围内和给定环境下,全面描述试验活动以及得出结论的方式的标准"。试验标准有时附有与测试有关的其他条款,如取样、统计方法的应用、多个试验的先后顺序等;适当时,试验标准可说明从事试验活动需要的设备和工具。

6. 规范标准

规范标准是指"规定产品、过程或服务需要满足的要求以及用于判定其要求是否得到满足的证实方法的标准"。

7. 规程标准

规程标准是指"为产品、过程或服务全生命周期的相关阶段推荐良好惯例或程序的标准"。规程标准汇集了便于获取和使用信息的实践经验和知识。

8. 指南标准

指南标准是指"以适当的背景知识给出某主题的一般性、原则性、方向性信息、指导或建议,而不推荐具体做法的标准"。

9. 产品标准

产品标准是指"规定产品需要满足的要求以保证其适用性的标准"。产品标准除了包括适用性的要求外,也可直接包括或以引用的方式包括诸如术语、取样、检测、包装和标准等方面的要求,有时还可包括工艺要求。产品标准根据其规定的是全部的还是部分的必要要求,可区分为完整的标准和非完整的标准。由此,产品标准又可分为不同类别的标准,如尺寸类、材料类和交货技术通则类产品标准。若标准仅包括分类、试验方法、标志和标签等内容中的一项,则该标准分别属于分类标准、试验标准和标志标准,而不属于产品标准。

10. 过程标准

过程标准是指"规定过程需要满足的要求以保证其适用性的标准"。

11. 服务标准

服务标准是指"规定服务需要满足的要求以保证其适用性的标准"。服务标准可以在诸如洗衣、饭店管理、运输、汽车维护、远程通信、保险、银行、贸易等领域内编制。

12. 接口标准

接口标准是指"界面标准"。接口标准规定产品或系统在其互连部位与兼容性有关的要求的标准。

13. 数据待定标准

数据待定标准是指"列出产品、过程或服务的特性,而特性的具体值或其他数据需根据产品、过程或服务的具体要求另行指定的标准"。在典型情况下,一些标准规定由供方确定数据,另一些标准由需方确定数据。

三、我国标准的分类

1. 按制定主体分类

根据《中华人民共和国标准化法》第二条规定,标准包括国家标准、行业标准、地方标准和团体标准、企业标准。

(1) 国家标准。《中华人民共和国标准化法》第十条规定:"对保障人身健康和生命财产安全、国家安全、生态环境安全以及满足经济社会管理基本需要的技术要求，应当制定强制性国家标准。""强制性标准由国务院批准发布或授权批准发布。"《中华人民共和国标准化法》第十一条规定："对满足基础通用、与强制性国家标准相配套、对各有关行业起引领作用等需要的技术要求，可以制定推荐性国家标准。推荐性国家标准由国务院标准化行政主管部门制定。"

国家标准的编号由国家标准代号、标准发布顺序号和标准发布年代号组成。国家标准编号示例如下：

强制性国家标准编号：GB ××××—××××。

推荐性国家标准编号：GB/T ××××—××××。

（2）行业标准。《中华人民共和国标准化法》第十二条规定："对没有推荐性国家标准、需要在全国某个行业范围内统一的技术要求，可以制定行业标准。行业标准由国务院有关行政主管部门制定，报国务院标准化行政主管部门备案。"

行业标准的编号由行业标准代号、标准发布顺序号和发布年代号组成。行业标准代号由国务院标准化行政主管部门审查确定并正式公布，它由规定的两位大写汉语拼音字母构成。行业标准编号示例如下：

行业标准编号：——/T ××××—××××。

（3）地方标准。《中华人民共和国标准化法》第十三条规定："为满足地方自然条件、风俗习惯等特殊技术要求，可以制定地方标准。"

地方标准的编号由地方标准代号、地方标准顺序号和标准发布年代号组成。地方标准代号由"地方标准"中"地标"大写汉语拼音字母"DB"加上省、自治区、直辖市行政区划代码的前两位数字组成。地方标准编号示例如下：

地方标准编号：DB××/T ××××—××××。

（4）团体标准。根据 GB/T 20004.1—2016《团体标准化 第1部分：良好行为指南》，团体标准是指由团体按照自行规定的标准制定程序并发布，供团体成员或社会自愿采用的标准。《中华人民共和国标准化法》第十八条规定："国家鼓励学会、协会、商会、联合会、产业技术联盟等社会团体协调相关市场主体共同制定满足市场和创新需要的团体标准，由本团体成员约定采用或者按照本团体的规定供社会自愿采用。制定团体标准，应当遵循开放、透明、公平的原则，保证各参与主体获取相关信息，反映各参与主体的共同需求，并应当组织对标准相关事项进行调查分析、实验、论证。国务院标准化行政主管部门会同国务院有关行政主管部门对团体标准的制定进行规范、引导和监督。"

（5）企业标准。根据 GB/T 20000.1—2014，企业标准是指"由企业通过供该企业使用的标准"。《中华人民共和国标准化法》第十九条规定："企业可以根据需要自行制定企业标准，或者与其他企业联合制定企业标准。"自行制定的企业标准和联合制定的企业标准都属于企业标准，制定程序和编号规则应按照企业标准进行。

2. 按实施效力分类

我国标准按照实施效力分为强制性标准和推荐性标准。《中华人民共和国标准化法》第二条规定，国家标准分为强制性标准、推荐性标准，行业标准、地方标准是推荐性标准。

强制性标准必须执行，不符合强制性标准的产品、服务，不得生产、销售、进口或提供。违反强制性标准的，依法承担相应的法律责任。推荐性标准，国家鼓励采用，即企业自愿采用推荐性标准，同时国家将采取一些鼓励和优惠措施，鼓励企业采用推荐性标准。但在有些情况下，推荐性标准的效力会发生变化，必须执行：

（1）推荐性标准被相关法律、法规、规章引用，则该推荐性标准具有相应的强制约束力，应当按法律、法规、规章的相关规定予以实施。

（2）推荐性标准被企业在产品包装、说明书或者标准信息公共服务平台上进行了自我声明公开的，企业必须执行该推荐性标准。企业生产的产品与明示标准不一致的，依据《中华人民共和国产品质量法》承担相应的法律责任。

（3）推荐性标准被合同双方作为产品或服务交付的质量依据的，该推荐性标准对合同双方具有约束力，双方必须执行该推荐性标准，并依据《中华人民共和国合同法》的规定承担法律责任。

四、企业标准化基本原则

根据 GB/T 35778—2017《企业标准化工作 指南》，企业标准化应遵循以下原则：

1. 需求导向

企业标准化工作以满足企业发展战略、相关方需求、市场竞争和生产、经营、管理、技术进步等为导向组织开展。

2. 合规性

符合有关法律法规、政策和相关标准。

3. 系统性

权衡、协调各方关系，关注企业外部标准化活动并适时调整、优化企业内部标准化规划、计划及标准体系，确保标准化工作协调有序推进。

4. 适用性

标准化工作方针与目标符合企业经营方针、目标，服务于企业发展战略；标准化工作指向清晰、目的明确；标准体系满足需求，标准有效，便于实施。

5. 效能性

以实现企业生产、经营和管理目标为驱动，对企业经营效益、员工工作绩效等，实行可量化、可考核的标准化管理，达到预期效果。

6. 全员参与

围绕企业发展战略和标准化方针、目标，健全组织，周密计划，开展标准化宣传、培训、营造领导带头、全员参与的标准化工作氛围，提高自觉执行标准的素养。

7. 持续改进

遵循"策划—实施—检查—处置"的循环管理方法，策划企业标准化工作，运行企业标准体系和实施标准，适时评价企业标准信体系和检查的标准适用性，针对问题查找原因，及时采取改进和预防措施，并根据市场与需求变化，对风险和机遇做出反应，提出应对措施予以实施和验证；将改进、预防、应对措施的经验或科技成果制定成标准，纳入企业标准体系。

五、企业标准化工作

企业标准化是企业进行生产、经营管理活动的依据和基础，是企业的一项综合性基础工作,也是整个标准化工作的支撑点。

企业标准化是以企业获得最佳秩序和最佳效益为目标,以企业生产经营与技术等活动中的大量重复性事物为研究对象,以科学技术和生产实践经验为基础,以制定企业标准、贯彻实施标准和对实施标准情况进行监督检查为主要工作内容的一种有组织的科学活动。

简单地说,企业标准化就是企业为了在生产、技术、经营、管理过程中获得最佳秩序而从事制定、实施一整套标准的活动。

企业标准体系是指企业已实施及拟实施的标准按其内在联系形成的有机整体,由产品实现标准体系,基础保障标准体系和岗位标准体系三个体系组成。产品实现标准体系是指企业为满足顾客需求所执行的,规范产品实现全过程的标准按其内在联系形成的科学的有机整体;基础保障标准体系是企业为保障企业生产、经营、管理有序开展所执行的,以提高全要素生产率为目标的标准按其内在联系形成的有机整体;岗位标准体系是指企业为实现基础保障标准体系和产品实现标准体系有效落地所执行的,以岗位作业为组成要素标准按其内在成的科学的有机整体。企业标准体系表是一种描述企业标准体系的模型,通常包括标准体系结构图、标准明细表,还可以包括标准体系表和编制说明。

六、企业标准的制定与实施

(一) 企业标准的制定

1. 企业标准的范围

(1) 没有相应或适用的国家标准、行业标准、地方标准、团体标准时制定的产品/服务标准。

(2) 为满足相关方需求制定的产品实现标准。

(3) 为支持产品实现或服务提供制定的基础保障标准。

(4) 为支撑产品实现标准和保障标准的实施而制定的岗位标准,以及满足生产、经营、管理的其他标准。

2. 企业标准的制定程序

标准制定程序一般分为立项、起草草案、征求意见、审查、批准、复审和废止七个阶段。需要注意的是,企业标准应定期复审,复审周期一般不超过三年;当外部或企业内部运行条件发生变化时,应及时对企业标准进行复审。

3. 自主研究企业标准时应考虑的因素

(1) 符合法律、法规、强制性标准,与相关标准协调。

(2) 促进新技术、新发明成果转化和提高市场占有率。

(3) 降低成本,提高生产、经营和管理效率。

(4) 改善环境、安全和健康,节约资源。

(5) 增强产品或服务的兼容性和有效性。

(6) 有利于发展贸易,规定市场秩序,保护消费者利益。

(7) 标准实施的可行性。

(8) 方便标准使用者使用。

(9) 其他。

（二）标准的实施

组织实施标准是指有组织、有计划、有措施地贯彻执行标准的活动。组织实施标准是实现标准化目的的重要环节，也是企事业单位的一项重要工作。

（1）国家标准中的强制性标准，企业必须严格执行；不符合强制性标准的产品或服务，禁止生产、销售、进口或者提供。

（2）推荐性标准，企业一经采用，必须严格执行。

（3）出口产品或服务需要符合进口国市场当地的法律法规和相应的技术要求。双方在签订合同时，可以约定对产品或服务的技术要求。双方可以约定采用国际标准、进口国标准、出口国标准、第三国标准等，还可以直接约定出口产品或服务的技术要求。

（4）企业生产的产品或提供的服务，如果执行国家标准、行业标准、地方标准和团体标准的，企业应公开相应的标准名称和标准编号；如果执行企业标准，则除了公开相应的标准名称和标准编号之外，还应公开企业产品、服务的功能指标和产品的性能指标。

（5）企业应当按照标准组织生产经营活动，其生产的产品、提供的服务应当符合企业公开标准的技术要求。

（6）企业研制新产品、改进产品、进行技术改造，应符合以下两个方面的标准化要求：一是执行国家标准、行业标准、地方标准的要求，尤其要执行强制性国家标准的要求；二是要在产品研发和技术改造过程中，按照标准化法规定的要求制（修）订企业标准，并在企业生产经营活动中贯彻落实。

（7）企业应当接受标准化行政主管部门和有关行政主管部门依据有关法律、法规，对企业实施标准情况进行的监督检查。

（8）企业贯彻实施标准的方法，由于行业不同，生产的产品种类和规模不同，所采取的方法也不尽相同。

第五节 计量与计量管理

一、测量与计量的概念

要了解计量的概念，首先要知道测量的概念。在人们生活的各个方面，随时随地都离不开测量，其应用极为广泛。例如，买菜要用秤称重量，买布要用尺子量长度，感冒发烧要用温度计测体温，看钟表掌握时间等。在经济建设和生产经营中，同样离不开测量，因为人类生产实践活动所需的一切数据都要通过测量获得，通过测量可以知道山的高度、河流的长度、物质的成分、产品的性能等。测量使人们对客观事物的认识更加精确，是人类认识和改造客观世界不可缺少的手段。那么，测量是什么？测量是指为确定被测定对象的量值而进行的一组操作。

人类起初的测量方法是原始的，单位是任意的。当商品交换、分配形成社会性活动的时候，就需要实现测量的统一，即要求在一定准确度内对同一物体在不同地点达到其测量结果的一致。这就要求以法定的形式建立统一的单位制，建立基准、标准器具，并以这种基准、标准来检定测量器具，保证量值的准确可靠。这就产生了计量。计量是实现单位统一、量值准确可靠的活动。或者说，它是以保证单位统一、量值准确一致的测量，对整个测量领域起指导、监督、保证和仲裁作用。计量的本质特征就是测量，但不是一般的测量，而是具有某一准确度级别的测量手段，是以实现单位统一、量值准确可靠为目的的测量。在技术管理和法制管理的要求上，计量又高于一般的测量。

二、计量的基本特征

1. 统一性

统一性是计量最本质的特征。它集中反映在计量单位的统一和量值的统一，而计量单位的统一又是量值统一的重要前提。计量失去统一性，也就失去了存在的意义。秦始皇统一我国度量衡的功绩已被载入史册。在科学技术高度发达和国际交流与合作日益频繁的今天，统一性不仅要实现在一个国家单位量值的统一，而且要实现世界各国单位量值的统一。

2. 准确性

准确性是计量的核心，也是计量权威性的象征。离开准确性，计量就无法实现其"量值准确可靠"的目的，一切数据只有建立在准确测量的基础上才具有使用价值。并且，计量的统一性也必须建立在准确性的基础之上。

3. 法制性

为了保证计量的统一性和准确性，需要国家由法律形式给予保障，对统一使用的计量单位，复现单位量值的国家计量基准，以及进行量值传递的方法、手段等，用法律做出规定；对涉及贸易、安全、环保、卫生等公益性利益或公平性利益的计量设备、计量方法及手段等进行法律规定，作为各行各业遵循的准则。如果没有法制性，所谓计量的统一性、准确性就是空谈。

4. 社会性

社会性是指计量涉及范围的广泛性。社会经济生活的各个领域、千家万户的衣食住行乃至国际交往等，无不与计量有着密切的关系。

5. 权威性

计量要更好地为国民经济建设服务，就必须建立具有高度权威性的计量管理机构和计量测试技术中心，即在行政领导和科技水平方面具有权威的计量管理系统。这也是由计量本身的性质及其在国民经济中的主要作用所决定的。政府计量管理部门的重要职责，是代表国家对全国各行各业进行计量监督、监察、认证和鉴定等。这一基本职能要求计量必须具有高度的权威性。

6. 技术性

计量是一项技术性很强的工作。计量的准确性取决于生产力和科学技术的发展水平，并随着生产力的发展和科学技术的进步而更加准确。要做好计量工作，就必须拥有先进的技术手段和雄厚的技术力量。准与不准，合格与不合格，测量结果正确与不正确，可行与不可行等，都必须以技术数据作为依据，即通常所讲的"靠数据说话"。

三、计量管理的概念

计量管理是指计量部门对所用的测量手段和方法，以及获得、表示和使用测量结果的条件进行的管理。如果没有良好的计量管理，即使有准确的计量基准、计量标准和计量检测设备和测量条件，全国的计量单位和单位量值也不可能得到统一和达到准确，测量领域将会一片混乱。

换句话说，计量管理是在充分了解、研究当前计量学技术发展特点和规律的前提下，应用科学技术和法制手段，正确地决策和组织计量工作，使之得到发展和进步，从而实现国家的计量工作方针、政策和目标。

可以看出，计量是技术与管理的结合体。它将计量技术作为物质基础，实现单位量值的统一和全国量值的准确可靠。由此可见，计量技术与计量管理是支撑计量大厦的两根支柱。

四、计量工作的基本内容

计量工作从内容上大体可分为科学计量、法制计量和工业计量三个方面。

1. 科学计量

科学计量是计量工作的科学技术基础。科学计量研究的主要对象是计量学。计量学是关于测量领域的科学。

2. 法制计量

法制计量是指为了保护国家和人民免受不准确或不诚实测量所造成的危害，由法律调整或受政府计量机构调整的所有计量活动的总称。

3. 工业计量

工业计量是指为获得准确可靠的测量数据以满足企业生产经营要求的各项活动。工业计量是计量工作的重要组成部分，是工业企业生产和经营管理中一项不可缺少的重要技术基础。

五、工业计量概述

工业计量是企业生产、科研和经营管理中不可缺少的重要基础工作。它包括企业的能源计量、物料监测、工艺检测和质量检验、环境检测、安全保护及经营核算等方面。

企业生产经营活动的每一个环节都离不开计量测试。随着现代化生产的发展，从产品的原材料、元器件检测，到生产过程控制、工艺工装定位、半成品及成品检验的全过程，都是凭数据指挥生产、监控工艺、检验成品。没有准确的计量，就没有可靠的数据，就无法正常控制生产过程，也就不可能生产出高质量的产品。所以，工业计量是确保产品质量的重要手段。

工业计量管理属于整个计量管理工作的一部分。它除了具有计量管理共有的特征外，还具有自己的特征，主要体现在以下几个方面：

1. 科学管理与法制管理相结合

计量工作是一项专业性和综合性都很强的基础工作。所谓专业性，是指计量工作有着很强的技术性，与科学技术有着密切的联系，有它自身的客观规律。同时，计量工作又具有法制性，在计量法及相应的法规指导约束下开展工作。这就要求工业计量管理既要重视科学管理，又要抓好法制管理，做到科学管理与法制管理相结合。

2. 微观管理与宏观监督相结合

工业企业计量管理既要遵从工业主管部门的计量行政管理，又要遵从国家计量行政部门的监督管理，最终必须通过本企业内部的行政统一管理，将国家计量法规落实到生产管理的全过程，这样国家计量法制监督才能落实到基层。国家计量行政部门的监督管理和工业主管部门的计量行政管理属于宏观监督管理；而企业内部的管理属于微观管理。

3. 共性与特殊性相结合

工业企业的计量工作是直接为企业生产、经营管理服务的。工业企业行业众多，规模不一，产品复杂程度又有差异，由于这些原因，计量工作的侧重点是不同的，各行各业都有自己的特殊性。例如，冶金系统计量的重点在于温度计量和力学计量；机械工业的计量则侧重于几何量计量；而纺织工业、丝绸工业又有其不同的特点和要求。无论哪种工业行业，计量管理要达到的目的是一致的，即为企业提高产品质量、增加经济效益、降低消耗服务，这是共性的一面。而具体的做法和实施形式则应根据每个企业的实际情况确定。

4. 统一性与系统性相结合

由于计量的特性之一是统一性，即保证计量单位的统一和量值的准确一致，因此，在企业计量中就体现为统一管理的特性；由于计量工作是一个系统工程，因此企业计量管理必须建立管理体系，如计量确认体系、计量保证体系、计量检测体系等。没有体系管理，就无法实现统一性，也就无法进行企业计量管理工作。

第六节 质 量 文 化

目前，我国企业对企业文化建设的重视程度越来越高，一些优秀企业，如海尔集团、联想集团、华为等企业，都对质量文化给予了足够的重视，建立了优秀的企业文化，取得了优异的经营业绩。但也应注意到，在企业文化建设过程中，有许多企业对质量文化部分没有给予应有的重视，使质量文化成为企业文化的薄弱环节，甚至造成质量文化缺位，严重影响了企业文化整体效应的发挥，使企业质量工作难以落到实处、抓出实效。

企业要避免质量文化成为企业文化中的薄弱环节，首先应对质量文化的内涵、构成要素及其特征与功能有所了解。

一、质量文化的内涵

质量文化是企业文化的重要组成部分，体现为企业的质量意识、质量制度和质量形象的总和。

质量文化作为企业文化的一部分，可以分为形象层、制度层和意识层。

（1）形象层。形象层又称外层，是指质量文化的显现部分，包括企业的产品质量水平、服务水平、质量标志、品牌形象、质量行为和社会形象等。它是质量文化的外在体现。

（2）制度层。制度层又称中层，也是质量文化的固化部分，是指企业质量管理方面的各种规章制度、质量标准和质量法规等。它具有可操作性和系统性的特点。

（3）意识层。意识层也称内层，包括企业的质量价值观、质量态度、质量忧患意识、品牌意识和顾客意识等。它是质量文化的精髓部分，也是质量文化各层当中最为稳定、最具影响力的一层。

意识层决定了制度层和形象层，它是质量文化中相对稳定的层次，一旦形成就处于比较稳定的状态；制度层和形象层是意识层的外在体现，意识层直接影响制度层，并且通过制度层来影响形象层，形象层和制度层是意识层得以实现的途径和手段。三者密不可分，共同构成企业完整的质量文化体系。

二、质量文化的构成要素

根据质量文化的定义,质量文化的构成要素包括企业的质量意识、质量制度以及质量形象等内容。

1. 质量意识

质量意识是企业员工对质量重要性认知程度的体现。它包含质量价值观、顾客意识、质量忧患意识和品牌意识。

(1) 质量价值观。企业的质量价值观是企业质量意识的核心内容,是起决定性作用的要素。企业的质量价值观影响着企业员工的质量态度和质量行为取向,也是企业质量文化独特性的本质所在。良好的质量价值观能够对企业的全体员工产生内在的感召力和强烈的质量忧患意识,引导员工自觉地遵守企业的质量制度并维护企业的质量形象,在工作中主动提高产品质量和服务质量。

企业的质量伦理道德是质量价值观的重要组成部分,是规范企业和企业员工的精神道德标准。与质量制度不同,它不是硬性的质量管理要求,而是通过长期培养和倡导而形成的群体质量精神规范。质量伦理道德不仅强调企业的产品责任,而且强调企业的社会责任和环境责任,是企业质量价值观的重要体现。

(2) 顾客意识。顾客意识反映了企业员工对顾客的意义和重要性的认知程度。它决定着员工在处理与顾客有关问题时的价值取向和行为方式,对企业发展有着极其重要的作用。

强烈的顾客意识是一个企业持续发展的原动力。只有形成强烈顾客意识的企业,才会有强烈的探究市场需求、钻研顾客心理的冲动,才会有创新产品、丰富产品质量内涵的方向感,才会有创立品牌、维护品牌的紧迫感,才会有突出质量优势、赢得顾客忠诚的使命感,才会有持续发展的坚实基础和不竭动力。

(3) 质量忧患意识。质量忧患意识是指企业员工在激烈的竞争环境中深刻体会到产品质量是企业的生命,并清醒地认识到本企业的产品质量水平在同行业中所处的位置以及存在的不足,由此形成提高质量水平和保持质量优势的强烈危机感和紧迫感,从而在工作中自觉主动地提高工作质量,以使企业取得竞争上的质量优势而获得长期稳定的发展。

(4) 品牌意识。品牌意识是指企业员工对品牌价值和品牌建设和维护重要性的认知程度。它决定着人们对待品牌的态度,最终将影响到企业的发展和未来。

2. 质量制度

质量制度是质量文化的"固化部分",它规定了企业在质量方面对企业以及企业员工的具体要求,是企业员工必须遵守的准则,也是企业质量价值观的外在体现和落实手段之一,是企业实现质量目标的必要保证。

3. 质量形象

质量形象主要可分为外部质量形象和内部质量形象。

(1) 外部质量形象。外部质量形象表现为企业的产品质量形象、服务质量形象、品牌形象、质量信誉等给顾客和社会留下的印象。它是企业质量文化的外在体现,影响着顾客、潜在顾客和社会对企业的评价,从而对企业未来的运作产生影响。

1) 产品质量形象。企业的产品质量形象是顾客最为关心的质量形象。它是顾客在对产品的观察和使用过程中形成的有关产品质量的印象,一经形成,往往在一定时期内保持稳定。因而，企业应把产品质量始终放在企业管理的重要位置，不能有一丝松懈，只有这样，才能确保产品在顾客心目中的良好形象和优先地位。

2）服务质量形象。对于耐用品制造企业来说，服务不再是可有可无的东西，而已经成为满足顾客要求的基本业务内容。服务质量直接影响顾客对企业的满意程度，优质的服务可以在一定程度上弥补企业产品质量的不足，化解顾客的抱怨，甚至成为吸引顾客的有力武器。

3）品牌形象。品牌形象综合了企业的许多方面，包括品牌的知名度、美誉度、忠诚度等。良好的品牌形象有利于企业留住老顾客，吸引潜在顾客。品牌形象不仅来自企业的产品质量和服务质量，还与企业的社会责任形象、守法形象、企业实力和企业领导者形象等密切相关。

4）质量信誉。企业的质量信誉是企业长期经营、逐步积累而在消费者心目中形成的关于质量承诺信守程度的一种心理衡量。企业的质量信誉需要企业几代产品和多年经营才能逐步建立起来。质量信誉的建立关键不在于广告宣传，而是企业认认真真、踏踏实实地以对顾客负责的态度进行运营，一点一滴地积累起来的。

(2) 内部质量形象。企业内部质量形象主要体现为企业的质量设施和质量文化氛围。质量文化氛围是由相应的质量宣传、质量文化活动和群众性质量改进活动等来体现的。

三、质量文化的特征与功能

(一) 质量文化的特征

(1) 客观性。作为企业文化的一个重要组成部分，质量文化是与企业共生的，即企业质量文化依赖于企业的存在，没有企业就没有企业质量文化。企业质量文化的根源是企业的生产经营活动，归根结底是企业员工的主观意识对客观存在的反映。企业质量文化伴随企业的发展、变革而形成和演变，同一企业的不同发展阶段，其质量文化的内涵和成熟度也会存在明显差异。充分认识质量文化的客观性，是自觉推动企业质量文化建设的前提。

(2) 独特性。质量文化是企业在长期的经营实践中逐渐形成的，与企业的经营环境、经营内容、管理体制、高层领导、员工素质以及历史变迁有着极为密切的联系。这就决定了不同企业的质量文化具有不同的特点，而且这种质量文化上的差异往往是难以消除的。质量文化的独特性决定了简单照搬优秀企业的质量管理经验的做法是行不通的。

(3) 一致性。质量文化是一种以质量意识为基础，以激发人的自觉性和创造性为手段，以提高产品质量、服务质量和企业效益为最终目的的文化管理方式。质量文化理论基础的一致性表现在：质量文化必须体现以人为本、预防为主的质量管理思想，突出员工质量意识的重要性，依靠员工质量意识的强化来激发员工的主动性和创造性。

(4) 自觉性。质量文化是企业最高管理者倡导的文化，它是企业领导根据企业的愿景和发展规划，结合自身的质量管理经验，有意识地提出并逐步引导而形成的。优秀的质量文化具有强大的凝聚力和向心力，有利于强化质量意识，能够调整全体员工的质量行为，因此，在质量文化的确立和培养过程中都离不开企业最高管理者的自觉意识。

(5) 实践性。培育质量文化的根本目的是为企业的质量经营提供相应的文化氛围。这种特定的使命使它不同于普通的文化，带有强烈的实践性。任何企业的质量文化在形成过程中都应该结合企业的发展战略需要、自身的特点和以往的质量管理经验。那些脱离企业具体情况提出的质量文化是不切实际的，无法真正发挥质量文化的作用。

(二) 质量文化的功能

(1) 凝聚功能。质量文化可以在企业内建立共同的质量价值观和质量目标，使员工在主观观念和客观目标上有统一的准绳和方向，使群体的质量意识有正确的引导，使员工能够认同企业的使命和愿景，从而增强企业的凝聚力。企业凝聚力是企业的宝贵资源，是协调员工质量行为的内在力量，可以有效引导企业员工在质量追求上齐心协力、步调一致，为企业战略目标的实现提供强有力的支持。

(2) 激励功能。激励功能体现在企业质量文化一旦被全体员工接受并理解，可以在很大程度上增强员工对质量的认同感和依存感，强化员工的质量忧患意识和顾客意识，激励员工在日常工作中表现出更强的主动性和创造性，追求零缺陷的质量目标。

优秀的质量文化能够激励员工，使员工拥有前进的动力。美国强生公司的信条中有这样几句话："我们首先要对医生、护士和病人，对母亲、父亲及其他所有使用我们产品及服务的人负责""我们对我们生活和工作的社区以及整个世界负有责任""我们鼓励公民的发展以及更好的健康和教育"；希尔顿酒店则提出"顾客第一，员工也第一"的质量文化，体现了公司对顾客和员工的高度重视，从而激发员工提高服务质量的主动性和热情；美国IBM公司"身为员工，必须全力以赴，为公司做贡献；对员工的努力与忠心，公司提供优厚的薪水和福利回报员工、照顾员工"的质量文化同样对员工起到了很好的激励作用。

(3) 规范功能。质量文化体现了企业员工的共同质量信念，这种信念体现了全体员工的共同利益。一切违背企业质量价值观的行为都会遭到员工的反对和抵触，一切违反企业质量制度的行为都会受到企业的纠正或惩罚。因此，企业的质量文化对企业的每一个员工都具有约束和规范的作用，使那些不符合质量文化的个体行为（包括领导者的个体行为）难以存在下去。

(4) 辐射功能。质量文化一方面受社会环境的影响，另一方面也影响着社会。大型企业的不断扩张，使其在社会生活中逐渐占有举足轻重的地位，因而这些企业的质量观念和行为准则能在一定程度上影响社会文化。因此，优秀的质量文化不仅有利于企业发展，而且有益于社会进步。

第七节 质量管理小组活动

质量管理小组（Quality Control Circle）简称QCC或QC小组，起源于日本。1962年，日本企业将参加培训的工人组成小组，每组10人左右，运用所学的质量管理知识进行质量改进，以解决生产现场存在的问题。QC小组在日本的质量振兴过程中发挥了极其重要的作用，不仅有效地改进了过程质量和产品质量，更重要的是为企业营造了良好的质量文化氛围。

我国1978年引进QC小组活动，至今已有40年了。1997年由国家经济贸易委员会、财政部、中国科学技术协会、中华全国总工会、共青团中央、中国质量协会联合颁发的《印发〈关于推进企业质量管理小组活动意见〉的通知》中指出，QC小组是"在生产或工作岗位上从事各种劳动的职工，围绕企业的经营战略、方针目标和现场存在的问题，以改进质量、降低消耗、提高人的素质和经济效益为目的组织起来，运用质量管理的理论和方法开展活动的小组"。由此可见，QC 小组具有自主性、群众性和科学性的特点。

一、QC 小组的类型

QC 小组可分为问题解决型和创新型两种类型。其中，问题解决型 QC 小组又包括攻关型、现场型、管理型和服务型四种。

（一）问题解决型 QC 小组

1. 攻关型 QC 小组

攻关型 QC 小组通常是由领导干部、技术人员和操作者三者结合组成的，以解决技术难题为目的，需要投入较多资源。

2. 现场型 QC 小组

现场型 QC 小组是以现场的操作者为主体组成的，以改进产品质量、工艺，降低消耗为目的。这类小组是企业能够持之以恒进行改进的基础。

3. 管理型 QC 小组

管理型 QC 小组是由管理人员组成的，以提高工作质量，解决管理中存在的问题，提高管理水平为目的。

4. 服务型 QC 小组

服务型 QC 小组是专门指服务业企业，以提升服务质量和社会效益为目的，活动范围主要是服务现场。

（二）创新型 QC 小组

中国质量协会于 2000 年 1 月发出了开展创新型课题 QC 小组活动的建议。创新型课题是指 QC 小组成员运用新的思维方式、创新的方法，开发新产品、新工具、新工艺、新方法，以实现预期目标的课题。

问题解决型与创新型 QC 小组的区别如表 1-1 所示。

表 1-1 问题解决型与创新型 QC 小组的区别

项　目	问题解决型 QC 小组	创新型 QC 小组
立题	在原来的基础上改进、提高	从未有过的事情
现状	要把现状调查分析清楚	无现状调查，而是研究创新的切入点
设定目标	在原来的基础上上升一个新的台阶	完全是新的要求
原因分析	针对存在的问题症结分析原因，找出主要原因	不用分析原因；为达到目标，广泛提出各种方案，从中寻找最佳方案
决策的依据	用数据说话	评价、比较、选择（有数据时，也要用数据）
应用工具	以数据分析工具为主，非数据分析工具为辅	以非数据分析工具为主

二、QC 小组活动的具体程序

不同类型的 QC 小组，其解决问题的类型有所不同，因而 QC 小组的活动程序也相应有所不同。下面介绍问题解决型 QC 小组的活动程序（见图 1-1）。

1. 选择课题

（1）课题来源。课题主要有以下几个来源：

1）指令性课题。这类课题是上级主管部门以指令的形式向 QC 小组下达的课题（必须完成，不需要"现状调查"这一步骤，增加了目标的可行性分析）。

2）指导性课题。这类课题是企业质量管理部门推荐并公布的一批可供小组选择的课题。

3）自选课题。这类课题是小组根据本部门情况自行选择的课题。自选课题一般应针对上级方针目标在部门落实的关键点，针对现场及小组本身存在的问题，针对顾客的投诉和抱怨。

QC 小组的课题宜小不宜大，应选解决具体问题的课题。课题大小应根据小组能调动或支配的资源和能力而定。

选题常用的工具有简易图表（柱状图、折线图、饼分图、雷达图等）、调查表、排列图、亲和图、头脑风暴法、水平对比、流程图等。

（2）选题中的常见错误。主要有以下错误：

1）课题名称抽象化（达标、升级、创奖、服务行业满意率等）。例如，"强化质量管理，创建优质工程""鼓足干劲，力争上游，勇夺全国第一"。

2）把所采用的对策冠以课题名称（手段+目的）。例如，"提供个性化服务，提高顾客满意度""通过技术革新，提高试车合格率"。

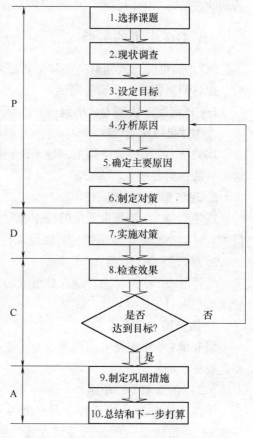

图 1-1 问题解决型 QC 小组的活动程序

2. 现状调查

（1）目的。掌握问题的严重性，为确定目标值提供依据。

（2）对现状进行调查时应注意的问题。应注意以下三个问题：

1）用数据说话（在过程中处于稳定状态）。收集的数据要具有客观性，防止只收集对自己有利的数据；收集的数据要有可比性，改进后能反映出变化程度；收集数据的时间要有约束，要收集最近时间的数据，要与小组活动的时间相衔接。

2）对现状数据要进行整理、分类、分层分析。

3）要在现场观察、跟踪，掌握第一手资料。

（3）不使用现状调查的情况。主要有以下两种情况：

1）指令性目标。指令性课题目标明确，不需要进行现状调查，只需要进行可行性分析。根据目标要求，通过数据的排列分析来确定能否实现目标，分析手法类似于现状调查。

2）创新型课题。创新型课题主要是研制新产品，前人从未做过，所以无现状可调查。

3. 设定目标

目标值是小组活动解决问题的程度，并为效果检查提供依据。

（1）设定目标时应注意五个问题：①目标要与问题相对应，课题—现状—目标应具有一致性；②目标不宜过多，一个适宜，最多不超过两个；③目标要明确表示，用数据说话，必须量化；④目标制定要有依据；⑤目标既要有挑战性，又必须经过努力能够实现。

（2）设定目标的依据有：上级的考核指标（或标准的要求）必须达到；顾客的需求必须予以满足；通过水平对比（Benchmarking），同行业已经达到的先进水平；历史上曾经达到过的水平；通过现状调查，找到症结所在，预计解决的程度，测算出能达到的水平。

4. 分析原因

分析原因是小组活动的重要一环，通过对问题产生原因的分析，找出关键问题所在。

（1）分析原因要注意四个问题：①要针对存在的问题分析原因；②要展示问题的全貌；③分析原因要彻底，针对结果，把原因层层展开，分析到可以采取的对策为止；④要正确、恰当地应用统计方法。

（2）分析原因常用三种工具：因果图、系统图和关联图，如表1-2所示。

表1-2 分析原因的三种工具

名　称	适用场合	之间关系	展开层次
因果图	分析单一问题的原因	原因之间没有交叉关系	一般超过两层
系统图	分析单一问题的原因	原因之间没有交叉关系	没有限制
关联图	分析单一或多个问题的原因	原因之间有交叉关系	没有限制

5. 确定主要原因

通过分析，找出影响问题的主要原因，排除次要原因，为制定对策提供依据。

（1）确定主要原因的三个步骤

1）将末端原因全部收集。

2）排除不可抗拒原因。

3）对末端原因进行逐条确认，找出真正的主要原因。

（2）确认主要原因常用的方法

1）现场测试、测量。有许多原因需要到现场进行测量、测试取得数据，并与标准（要求）进行比较。

2）现场验证。有的末端原因不能通过直接测量、测试得到，而要通过试验才能得到作为证据的数据。

3）调查分析。与人有关的原因可用设计调查表等方法进行调查，加以确认。

（3）确定主要原因的常见错误做法

1）以小组成员大多数人的意见或举手表决，得票率超过50%就作为主要原因。

2）采用0、1打分法或加权评分法来确定。

3）采用分析论证法来确定。分析论证就是通过理论或经验分析对末端原因进行判定，如表1-3所示。

表1-3 分析论证法示例

末端原因	分析论证	判　定
电机轴承间隙大	该设备已投产运转了三年，轴承间隙必然磨损严重	是主要原因
人工配料误差大	繁重枯燥的配料工作很容易让工人放松责任心，造成配料误差大	是主要原因

6. 制定对策

制定对策应针对每条主要原因。通常制定对策的三个步骤如下：

（1）提出各种对策。做到集思广益，针对每一条主要原因逐一对应提出对策，对策应具体到位。

（2）研究、评价、确定所要采用的对策。主要考虑以下几个方面：

1）分析研究对策的有效性。

2）分析研究对策的可实施性和经济性。

3）避免采用临时性对策。

4）尽量依靠小组成员的力量完成。

（3）制定对策表。按照"5W1H"（Why（原因）、What（对象）、Where（地点）、When（时间）、Who（人员）、How（方法））原则进行对策制定。

7. 实施对策

小组成员应严格按照对策内容来实施，并按照时间要求进行进度检查。实施时应注意以下问题：

（1）注意数据收集，每条对策实施后与对策目标进行比较，看是否达到；如果没有达到，重新分析，制定对策，然后实施。

（2）做好活动记录，展示小组活动的难易程度。

（3）避免通过大的技术改造、更新设备、仪器投入实现目标。

对策实施过程中常用的方法有 PDCA 循环、箭条图法和正交试验。

8. 检查效果

实施对策后，检查小组活动取得的效果。用数据把实施前的状况和实施后的目标进行比较（可用柱状图），总体评价课题的效果，重点是目标值的完成情况。如果达到目标，则进入下一步骤；如果未达到目标，则查找问题，再进行一次小的 PDCA 循环。

9. 制定巩固措施

取得效果后，就要把效果维持下去，并防止问题的再发生，应制定巩固措施。

（1）把对策表中经过实施证明有效的对策，报主管部门批准，纳入有关标准并将新标准进行推广。

（2）到现场再确认，是否按新的方法操作或执行新的标准。

（3）在取得效果后的巩固期内要做好记录，用数据说明成果的巩固状况，直到巩固期能看到稳定状态为止。

10. 总结和下一步打算

（1）总结。为了今后的提高，课题完成后，QC 小组应认真从技术、管理和综合素质三方面做总结。

1）找出此次活动除本课题外还解决了哪些问题，以及尚未解决的问题。

2）总结整个活动在程序及应用方面的成功和不足之处。

3）总结活动中所产生的无形效果，强化团队精神。

（2）下一步打算。关键少数问题已解决，原来的次要问题有可能会上升为主要问题，把它作为下次活动的课题，提出下一步打算，体现 QC 小组持续改进的决心。

三、QC 小组的活动成果

(一) QC 小组成果报告的整理

QC 小组按照活动程序开展活动，取得成果，应整理出成果报告。这样既有利于交流，也有利于小组成员总结经验及教训，提高活动水平。

成果报告是 QC 小组活动全过程的书面表现形式，是活动的真实写照，是在 QC 小组活动原始记录的基础上总结提炼的。

对 QC 小组成果报告的要求如下：

(1) 文字要简练。

(2) 逻辑性要强，条理、程序要清楚。

(3) 运用 QC 小组方法正确，用数据和图表展示活动过程和成果。

(4) 成果要真实可靠。

(5) 在写报告前必须对所有的原始记录、数据和资料认真地进行分析和综合，这是成果报告的基础。

(6) 抓住重点、详略得当，要突出介绍在活动中小组成员投入精力大、特点突出的环节。

(7) 如果是准备参加 QC 小组成果交流会的成果，要按照相关要求编写报告。如在 QC 小组活动程序的基础上首先介绍基本情况，包括小组名称、课题名称、小组成立日期、课题活动日期、小组成员及文化程度、组内分工等，也可以进行企业介绍、专业术语解释等。

(二) QC 小组活动成果的发表交流

1. 成果发表的作用

(1) 交流经验，相互启发，共同提高。参加国家级的 QC 小组成果交流会，如全国 QC 小组代表会、全国 QC 小组擂台赛（可参见中国质量网或《中国质量》杂志的通知）等，对 QC 小组活动水平的提高能起到显著作用。

(2) 鼓舞士气，满足小组成员自我实现的需要。

(3) 提高 QC 小组成员科学总结成果的能力。

(4) 为评选优秀 QC 小组和成果建立广泛的群众基础。

(5) 宣传了发表 QC 小组成果企业的形象，提高了其社会知名度和美誉度。

2. 如何发表 QC 小组成果

(1) 注意在规定的时间（一般为 15 分钟）内发表完成，体现单位时间内发表者的语言表达能力及逻辑思维能力。

(2) 注意仪表仪态，最好穿企业工装，宣传企业形象。

(3) 用大家都能听懂的语言、适当的语速，以讲亲身经历、讲故事的方式讲述自己做过的事，通俗易懂。

(4) 对提问的回答要简洁明了，要有耐心、谦虚，把提问当成一个再次展现自己和相互探讨学习的机会。

思 考 题

1. 请结合实例谈谈质量的含义。
2. 质量管理与企业管理的其他职能管理,如与设备管理、财务管理相比,有什么特点?
3. 谈谈你对质量管理七项原则的理解。
4. 为什么说标准化与计量工作是质量管理的基础性工作?
5. 质量文化的主要功能是什么?
6. 质量管理小组活动会带来哪些积极作用?

第二章

ISO 9000族标准与质量管理体系

第一节 ISO 9000族标准的产生与发展

一、ISO 9000族标准的产生

第二次世界大战期间，世界军事工业得到了迅猛发展。一些国家的政府在采购军品时，不但提出了对产品特性的要求，还对供应厂商提出了质量保证的要求。1959年，美国国防部发布了MIL-Q-9858A《质量大纲要求》，该要求成为世界上最早的有关质量保证方面的标准。之后，美国国防部制定和发布了一系列评定武器生产和承包商的质量保证标准。

美国军品生产方面质量保证的成功经验，在世界范围内产生了很大的影响。一些工业发达国家，如英国、美国、法国和加拿大等国在20世纪70年代末先后制定和发布了用于民品生产的质量管理和质量保证标准。随着世界各国经济的相互合作和交流，对供方质量体系的审核已逐渐成为国际贸易和国际合作的重要内容，世界许多国家先后发布了一些关于质量管理体系及审核的标准。但由于各国实施的标准不一致，给国际贸易带来了障碍，质量管理和质量保证的国际化成为世界各国的迫切需要。

另外，第二次世界大战以后科学技术迅速发展，应用新原理、新结构和新材料制造的新产品不断出现，这些产品与传统产品有很大的区别，其中相当一部分是具有高安全性、高可靠性或高价值的产品。用户对产品质量和质量保证的要求和期望也不断提高，质量保证的形式逐渐发展起来，并促进了组织质量管理的完善。20世纪60年代初，美国质量管理专家费根堡姆博士提出了全面质量管理的概念。这一质量管理理论逐步被世界各国所接受，并不断地完善、提高，为各国质量管理和质量保证标准的相继产生提供了坚实的理论依据和实践基础。

为了适应世界范围内对质量管理和质量保证的需求，国际标准化组织（ISO）于1979年成立了质量保证技术委员会，并在1987年将其更名为质量管理和质量保证技术委员会（ISO/TC 176），负责制定质量管理和质量保证标准。1986年，ISO发布了ISO 8402《质量——术语》标准，1987年发布了ISO 9000《质量管理和质量保证标准——选择和使用指南》、ISO 9001《质量体系——设计开发、生产、安装和服务的质量保证模式》、ISO 9002《质量体系——生产和安装的质量保证模式》、ISO 9003《质量体系——最终检验和试验的质量保证模式》、ISO 9004《质量管理和质量体系要素——指南》，以上六项标准统称为ISO 9000系列标准或ISO 9000族标准。

ISO 9000 系列标准的颁布，使各国的质量管理和质量保证活动在 ISO 9000 族标准的基础上得到统一。标准总结了工业发达国家先进组织质量管理的实践经验，统一了质量管理和质量保证的术语和概念，并对推动组织的质量管理、实现组织的质量目标、消除贸易壁垒、提高产品质量和顾客的满意程度等产生了积极的影响，得到了世界各国的普遍关注和采用。截至 2016 年 12 月 31 日，ISO 9000 族标准已在 190 多个国家和地区得到广泛应用，全世界有效质量管理体系认证证书数量达 1106356 张（见图 2-1）。世界各国质量管理体系审核员注册的互认制度和质量管理体系认证的互认制度也在广泛范围内得以建立和实施。可以说，ISO 9000 族标准的产生是世界各国科学技术和生产能力、管理理论和实践、国际贸易和组织竞争力不断发展的结果。

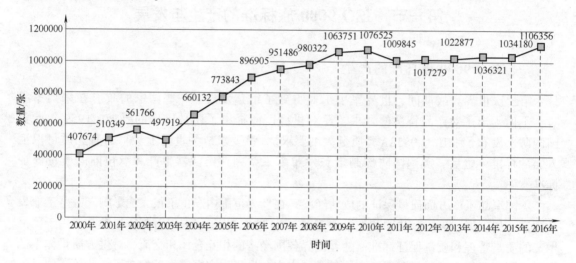

图 2-1　2000—2016 年全世界有效质量管理体系认证证书数量

二、质量管理体系标准的修订和发展

1987 版 ISO 9000 系列标准共有六个基本标准，一经公布就受到了前所未有的欢迎，各组织纷纷应用 ISO 9000 系列标准进行质量管理，并以通过 ISO 9000 质量管理体系认证、获取第三方注册认证证书作为促进组织质量管理和取信于顾客的手段。根据 ISO 的有关规则要求，所有标准颁布每五年左右要进行修订。为了使 1987 版 ISO 9000 系列标准更加协调和完善，质量管理和质量保证技术委员会（ISO/TC 176）于 1990 年决定对标准进行修订，提出了《90 年代国际质量标准的实施策略》（国际通称为《2000 年展望》）。其目标是："要让全世界都接受和使用 ISO 9000 族标准；为了提高组织的运作能力，提供有效的方法；增进国际贸易、促进全球的繁荣和发展；使任何机构和个人都可以有信心从世界各地得到任何期望的产品以及将自己的产品顺利销售到世界各地。"

按照《2000 年展望》提出的目标，标准的修改分两个阶段：第一阶段修改称为"有限修改"，即 1994 版 ISO 9000 族标准；第二阶段修改是在总体结构和技术内容上做较大的全新修改，即 2000 版 ISO 9000 族标准。其主要任务是："识别并理解质量保证及质量管理领域中顾客的需求，制定有效反映顾客期望的标准；支持这些标准的实施，并促进对实施效果的评价。"

1994版ISO 9000族标准（简称1994版标准）在原来6项主要标准的基础上又先后制定并发布了10项指南性标准，还有8项其他标准，共有24项标准和一些技术文件。由于1994版标准的数量过于庞大，不便于组织掌握应用，而且没有体现出现代管理的"过程"理念，内容又过于趋向硬件制造业，仅注重维持规定的质量保证能力，没有强调持续改进、不断提高组织经营业绩，因此，ISO/TC 176在完成第一阶段修改工作后，随即启动第二阶段修改工作。为解决1994版标准使用过程中出现的问题并考虑到标准未来的发展，充分满足顾客的需求，ISO/TC 176于1997年进行了一项有1120位用户和顾客参与的全球性采用ISO 9000族标准情况的书面调查，征集标准用户的意见和建议，以便在标准的修订中更准确地理解标准用户的需求，在新版标准的内容中更确切地体现质量管理体系的综合功能和效能。书面征求意见的内容也包括修订标准的意愿、ISO 9001标准与ISO 9004标准的各自特点和相互关系、质量管理体系标准与环境管理体系标准的关系等。在比较了各种修订方案后，相继提出了《2000版ISO 9001的标准结构和内容设计规范》《ISO 9001修订草案》和质量管理八项原则，作为2000版ISO 9000族标准修订的依据，对1994版ISO 9000族标准进行了"彻底修改"。历经五年，2000年12月15日，国际标准化组织正式颁布实施由四项核心标准构成的新版ISO 9000族标准。2000版ISO 9001标准在结构、内容、构思等方面与1994版标准相比发生了明显的变化。新版标准采用了以过程为基础的质量管理体系结构模式，这与1994版ISO 9001标准以20个要素为基础的结构模式完全不同。以过程为基础的结构模式比以要素为基础的结构模式更切合实际，被更多地运用在当今的管理活动中。过程模式的使用实现了2000版ISO 9001标准与ISO 14001标准中的PDCA循环相统一的目的，并把1994版ISO 9001标准的20个要素全部容纳在新版标准中。

2000年12月15日，ISO/TC 176正式发布新版本ISO 9000族标准，统称为2000版ISO 9000族标准（简称2000版标准）。该标准由四个核心标准和其他支持性标准和文件组成，充分考虑了1987版和1994版标准以及现有其他管理体系标准的使用经验，使质量管理体系更适合组织的需要。2000版标准更加强调了顾客满意及监视和测量的重要性，促进了质量管理原则在组织中的应用，满足了使用者对标准应更通俗易懂的要求，强调了质量管理体系要求标准和指南标准的一致性。

ISO为保证其发布标准的持续有效，对已颁布的标准定期进行评审。一般每五年评审一次，主要是评估其持续适宜性及有效性。ISO听取标准使用者的意见，于2004年10月提出建议报告，对ISO 9001：2000进行修正（"修正"是指对规范性文件内容特定部分的修改、增加或删除；"修订"是指对规范性文件的实质内容和表述做全面、必要的更改。ISO 9001：2008是对ISO 9001：2000的修正）。2008年11月15日，正式发布国际标准2008版ISO 9001。对ISO 9001：2000标准进行修正的目的是使表达更加清晰明确，与ISO 14001兼容。

2015年9月23日，ISO同时发布了ISO 9000：2015与ISO 9001：2015标准。此次修订较之前版本发生了较大变化，主要表现在：①标准结构的变化。ISO 9001本次修订按照ISO指令第一部分附件SL的要求，采用通用标准结构和核心文本，以与其他管理体系标准保持一致。②关键术语的变化。2015版标准用"产品和服务"替代了"产品"，用"监视和测量资源"替代了"监视和测量设备"，用"外部提供的产品和服务"替代了"采购产品"，用"过程运行环境"替代了"工作环境"，用"成文信息"替代了"文件、质量手册、形成文件的程序、记录"，不再使用"删减""管理者代表"等术语。③质量管理原则的变化。

2015版ISO 9000标准将八项质量管理原则合并为七项质量管理原则。④内容方面的主要变化。2015版标准明确提出理解组织及其环境、理解相关方的需求和期望，识别和应对企业所面临的风险和机遇等方面的要求，更加强调了变更管理，增加了企业知识管理的相关要求。⑤要求方面的主要变化。2015版标准对最高管理者提出了更多的要求，并强调了基于风险的思维，弱化了形式上的强制性要求，为认证企业提供了更多的灵活性，更加强调了质量管理体系有效性的要求。

三、我国采用国际标准的情况

我国对口ISO/TC 176技术委员会的是全国质量管理和质量保证标准化技术委员会（简称CSBTS/TC 151），承担着将ISO 9000族国际标准转化为我国国家标准的任务。根据GB/T 20000.2—2009《标准化工作指南 第2部分：采用国际标准》，我国国家标准采用国际标准，根据与相应的国际标准的一致性程度，分为等同（IDT）、修改（MOD）和非等效（NEQ）。1988年我国发布的GB/T 10300系列标准不是等同采用ISO 9000系列标准，从1994版开始，我国才决定等同采用ISO 9000族的所有国际标准。

所谓等同采用，是指国家标准与国际标准的技术和文本结构相同，只存在少量的编辑性修改。例如，关于小数点符号、印刷错误、纳入国际标准修正案或技术勘误的内容、标准名称、增加/删除资料性附录、增加计量换算的内容等相关方面的编辑性修改。国家标准等同采用国际标准时，采用国家标准编号和国际标准编号结合在一起的双编号方法，两者之间用斜线分开。例如，GB/T 19001—2016/ISO 9001：2015。其中，"GB"表示"国家"和"标准"汉语拼音的第一个字母，"T"表示标准为"推荐"性标准。

所谓修改采用，是指存在下述情况或者二者兼有：①技术性差异，并且这些差异及其产生的原因被清楚地说明；②文本结构的变化，但同时有清楚地比较。修改采用可包括如下情况：①国家标准内容少于相应的国际标准；②国家标准内容多于相应的国际标准；③国家标准更改了国际标准的一部分内容；④国家标准增加了另一种供选择的方案。修改采用国际标准的我国标准，只使用我国标准编号。

需要说明的是，根据标准与相应国际标准的一致性程度，国家标准与国际标准的关系还包括非等效。非等效不属于采用国际标准，只表明我国标准与相应国际标准有对应关系。它是指国家标准与国际标准技术内容和文本结构不同，同时这种差异在国家标准中没有被清楚地说明。

第二节 ISO 9000族标准的构成与特点

一、ISO 9000族标准的构成

早在1999年9月召开的ISO/TC 176第17届年会上，就提出了ISO 9000族标准的文件结构，明确ISO 9000族标准由四个核心标准和其他支持性标准和文件组成。目前ISO 9000族标准包括三个核心标准，其构成如表2-1所示。

第二章　ISO 9000族标准与质量管理体系

表 2-1　ISO 9000 族标准的构成

标准类型	标准代号	标准名称
三个核心标准	ISO 9000	质量管理体系　基础和术语
	ISO 9001	质量管理体系　要求
	ISO 9004	追求组织的持续成功 质量管理方法
支持性标准和文件	ISO 10001	质量管理　顾客满意　组织行为规范指南
	ISO 10002	质量管理　顾客满意　组织处理投诉处理指南
	ISO 10003	质量管理　顾客满意　组织外部争议解决指南
	ISO 10004	质量管理　顾客满意　监视和测量指南
	ISO 10005	质量管理体系　质量计划指南
	ISO 10006	质量管理体系　项目质量管理指南
	ISO 10007	质量管理体系　技术状态管理指南
	ISO 10008	质量管理　顾客满意　企业—消费者电子商务交易指南
	ISO 10012	测量管理体系　测量过程和测量设备的要求
	ISO/TR 10013	质量管理体系文件指南
	ISO 10014	质量管理　实现财务与经济效益的指南
	ISO 10015	质量管理　培训指南
	ISO/TR 10017	ISO 9001：2000 的统计技术指南
	ISO 10018	质量管理　人员参与和能力指南
	ISO 10019	质量管理体系咨询师的选择及其服务的使用的指南
	ISO 19011	管理体系审核指南

注：编号中"TR"表示该文件是技术报告。

下面对 ISO 9000 族标准中包括的三项核心标准：ISO 9000《质量管理体系　基础和术语》、ISO 9001《质量管理体系　要求》和 ISO 9004《追求组织的持续成功　质量管理方法》做简要介绍。

1. ISO 9000：2015《质量管理体系　基础和术语》

ISO 9000：2015《质量管理体系　基础和术语》（Quality Management Systems—Fundamentals and Vocabulary）为正确制定质量管理体系的其他标准奠定了基础。标准首先表述了七项质量管理原则。七项质量管理原则是组织改进其业绩的框架，能帮助组织获得持续成功，也是 ISO 9000 族标准的基础。标准按照术语的逻辑关系，将质量管理体系相关的术语分为有关人员，组织，活动，过程，体系，要求，结果，数据、信息和文件，顾客，特性，确定，措施，审核等13 类，共定义了 138 个术语。在附录中，用概念图表达了每一部分概念中各术语的相互关系，帮助使用者形象地理解相关术语之间的关系，系统地掌握其内涵。

2. ISO 9001：2015《质量管理体系　要求》

ISO 9001：2015《质量管理体系　要求》（Quality Management Systems—Requirements）规定了对质量管理体系的要求，旨在为产品和服务提供信任，从而增强顾客满意。该标准的要求是通用的，适用于各种类型、不同规模和提供不同产品与服务的组织。标准倡导在建立、实施质量管理体系以及提高其有效性时采用过程方法（结合 PDCA 循环和基于风险的思维），通过满足顾客要求增强顾客满意。

3. ISO 9004：2009《追求组织的持续成功　质量管理方法》

ISO 9004：2009《追求组织的持续成功　质量管理方法》（Managing for the Sustained

Success of an Organization—A Quality Management Approach）由 ISO 于 2009 年 11 月 1 日发布；我国于 2011 年 12 月 30 日发布 GB/T 19004—2011/ISO 9004：2009《追求组织的持续成功 质量管理方法》，等同采用了 ISO 9004：2009。此标准以七项质量管理原则为基础，为组织在复杂的、要求更高的和不断变化的环境中获得持续成功提供管理指南。

与 ISO 9001 相比，ISO 9004 关注质量管理的范围更宽；通过系统和持续改进组织的绩效，满足所有相关方的需求和期望。该标准不用于认证、法律法规和合同的目的，也不是 ISO 9001 的实施指南。这两项标准相互补充，但也可单独使用。

该标准鼓励组织在建立、实施和改进质量管理体系及提高其有效性和效率时，采用过程方法，以便通过满足相关方要求来提高对相关方的满意程度。标准还给出自我评价和持续改进过程的示例，用于帮助组织寻找改进的机会；通过给出的持续改进方法，提高组织的业绩并使相关方受益。

二、ISO 9000 族标准的特点

ISO 9000 族标准的目的是证实组织具有满足顾客和适用的法规要求的能力，并改进组织的总体绩效。掌握 ISO 9000 族标准的特点，有利于对其更全面地理解和更有效地应用。归纳起来，ISO 9000 族标准具有以下几个特点：

（1）标准的通用性更强。ISO 9000 族标准适用于各种类型、不同规模和提供不同产品和服务的组织。标准提出"适用性"的概念；弱化了形式上的强制性要求，为企业提供了更多的灵活性；并用"产品和服务"替代了"产品"，提高了服务行业的适用性，使得标准的通用性更强。

（2）标准的内容更先进，指导性更强。标准中的七项质量管理原则，是全世界质量管理者通过长期工作实践总结出来的质量管理的基本规律，内容涉及系统论、控制论、信息论、科学决策、统计技术和"参与"理论等现代科学管理的理念。这些边缘学科为深化质量管理扩大了研究空间，为建立、实施有效的质量管理体系提供了理论基础。

（3）强调以顾客为关注焦点，进而关注顾客的顾客，并考虑了所有相关方的利益和要求，将顾客满意或不满意信息的监控作为评价质量管理体系业绩的一种重要手段。

（4）更加强调领导作用。2015 版标准对最高管理者提出了更高的要求，更加强调最高领导者对质量管理体系的有效性负责，以确保质量管理体系实现预期结果。

（5）强调基于风险的思维。基于风险的思维应贯穿于组织质量管理体系策划、建立、实施、保持和改进的全过程。基于风险的思维是实现质量管理体系有效性的前提，应对风险和机遇可为提高质量管理体系有效性、获得改进结果以及防止不利影响奠定基础。

（6）突出"持续改进"是提高质量管理体系有效性和效率的重要手段，以满足顾客不断变化的要求，达到顾客满意。

（7）强调全体员工的参与及培训，确保员工素质能够满足工作要求，并使每个员工都有较强的质量意识。

（8）提倡采用过程方法。2015 版标准倡导在建立、实施质量管理体系以及提高其有效性时采用过程方法（结合 PDCA 循环和基于风险的思维），有利于组织将自身业务流程与标准要求更好地融合。

（9）更加强调结果以增强顾客满意。ISO/TC 176/SC 2 有关修订 2015 版标准的战略计

划中，明确指出"更加强调组织提供合格产品的能力，输出很重要"。2015 版 ISO 9000 标准中，将"输出"定义为"过程的结果"；2015 版 ISO 9001 标准中，大多数要求更加关注"输出"，关注"实现预期结果"，关注"绩效"。

（10）提高了与其他管理体系的相容性。2015 版 ISO 9001 标准采用 ISO 指令第一部分附件 SL 结构和核心文本，加强了与环境、职业健康安全等管理体系的一致性，这为组织建立整合管理体系创造了有利条件。

（11）标准概念明确，语言通俗易懂，易于理解、翻译和使用，并用概念图形式表达术语之间的逻辑关系。

ISO 9000 族标准从现代性和科学性方面来讲是动态的，强调动态循环的管理思想；从系统性和逻辑性、帮助组织和规范管理方面来讲不是孤立的，强调以顾客为关注焦点，强调领导者的作用和全面质量管理的思想，兼顾内部、外部双方的要求。因此，它是公正的、独立的。

三、ISO 9001：2015《质量管理体系 要求》简介

ISO 9001：2015《质量管理体系 要求》是 ISO 9000 族标准的三个核心标准之一，是组织建立和运行质量管理体系的基本要求，也是组织内、外部评价质量管理体系的重要依据。该标准取代了 1994 版 ISO 9001、ISO 9002 和 ISO 9003 三个质量保证模式标准，成为用于对组织质量管理体系审核和第三方认证的唯一标准。ISO 9001：2015 标准结构在 PDCA 循环中的展示如图 2-2 所示。

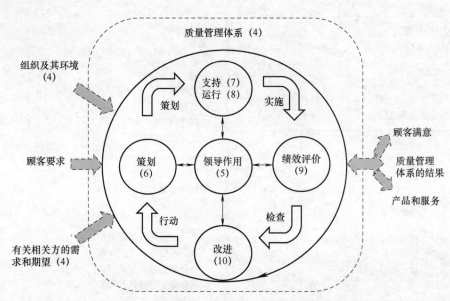

图 2-2　ISO 9001：2015 标准结构在 PDCA 循环中的展示
注：括号中的数字表示该标准的相应章。

ISO 9001：2015 标准确定的质量管理体系应用了过程方法，该方法结合了 PDCA 循环和基于风险的思维。质量管理体系策划过程中，顾客要求至关重要，组织及其环境、有关相关方需求和期望对于组织稳定提供符合顾客要求和适用的法律法规要求的产品和服务的能力产

生影响和潜在影响，因此构成了质量管理体系的输入；输出是质量管理体系结果，其中包括提供顾客期望的产品和服务、实现顾客满意。图 2-2 中的虚线方框可以理解为质量管理体系边界范围。组织质量管理体系过程在质量管理体系边界范围内，包括领导作用（5）、策划（6）、支持（7）、运行（8）、绩效评价（9）、改进（10）等过程。这些过程相互关联、相互作用，构成一个系统。质量管理体系的过程是以领导作用为核心的 PDCA 循环过程，最高管理者发挥领导作用是质量管理体系成功的关键。

ISO 9001：2015《质量管理体系 要求》由引言和 10 个条款组成（见表 2-2）。ISO 9001 标准的引言和条款 1~3 全面描述了标准的性质和特点、标准的管理思路和方法、标准的适用范围及目的。这部分内容构成了 ISO 9001 标准的总体的、概要性的说明。

表 2-2　ISO 9001：2015《质量管理体系　要求》标准条款一览表

标准条款	条款代号	标准条款	条款代号
引言		支持	7
总则	0.1	资源	7.1
质量管理原则	0.2	总则	7.1.1
过程方法	0.3	人员	7.1.2
总则	0.3.1	基础设施	7.1.3
PDCA 循环	0.3.2	过程运行环境	7.1.4
基于风险的思维	0.3.3	监视和测量资源	7.1.5
范围	1	总则	7.1.5.1
规范性引用文件	2	测量溯源	7.1.5.2
术语和定义	3	组织的知识	7.1.6
组织环境	4	能力	7.2
理解组织及其环境	4.1	意识	7.3
理解相关方的需求和期望	4.2	沟通	7.4
确定质量管理体系的范围	4.3	成文信息	7.5
质量管理体系及其过程	4.4	总则	7.5.1
		创建和更新	7.5.2
		成文信息的控制	7.5.3
领导作用	5	运行	8
领导作用和承诺	5.1	运行的策划和控制	8.1
总则	5.1.1	产品和服务的要求	8.2
以顾客为关注焦点	5.1.2	顾客沟通	8.2.1
方针	5.2	产品和服务要求的确定	8.2.2
制定质量方针	5.2.1	产品和服务要求的评审	8.2.3
沟通质量方针	5.2.2	产品和服务要求的更改	8.2.4
组织的岗位、职责和权限	5.3	产品和服务的设计和开发	8.3
		总则	8.3.1
		设计和开发策划	8.3.2
策划	6	设计和开发输入	8.3.3
应对风险和机遇的措施	6.1	设计和开发控制	8.3.4
质量目标及其实现的策划	6.2	设计和开发输出	8.3.5
变更的策划	6.3	设计和开发更改	8.3.6
		外部提供的过程、产品和服务的控制	8.4

（续）

标准条款	条款代号	标准条款	条款代号
		绩效评价	9
		监视、测量、分析和评价	9.1
总则	8.4.1	总则	9.1.1
控制类型和程度	8.4.2	顾客满意	9.1.2
提供给外部供方的信息	8.4.3	分析与评价	9.1.3
生产和服务提供	8.5	内部审核	9.2
生产和服务提供的控制	8.5.1	管理评审	9.3
标识和可追溯性	8.5.2	总则	9.3.1
顾客或外部供方的财产	8.5.3	管理评审输入	9.3.2
防护	8.5.4	管理评审输出	9.3.3
交付后活动	8.5.5		
更改控制	8.5.6	改进	10
产品和服务的放行	8.6	总则	10.1
不合格输出的控制	8.7	不合格和纠正措施	10.2
		持续改进	10.3

条款 4 "组织环境"，包括理解组织及其环境，理解相关方的需求和期望，确定质量管理体系的范围，以及质量管理体系及其过程等内容。其中，4.1 "理解组织及其环境"和 4.2 "理解相关方的需求和期望"是 2015 版标准新增加的内容，强调组织在策划质量管理体系之前要考虑其所处环境以及相关方需求和期望，以建立符合组织实际的质量管理体系。

条款 5 "领导作用"，包括领导作用和承诺，方针，以及组织的岗位、职责和权限等内容，体现了"领导作用"和"以顾客为关注焦点"的质量管理原则。2015 版标准对最高管理者提出了更高的要求，要求最高管理者对质量管理体系的有效性负责，以确保质量管理体系融入组织的业务过程，促进使用过程方法和基于风险的思维，以确保质量管理体系实现其预期结果，并指导其他相关管理者在其职责范围内发挥领导作用。

条款 6 "策划"，包括应对风险和机遇的措施，质量目标及其实现的策划，以及变更的策划等内容。应对风险和机遇的措施是 2015 版标准新增加的内容，是基于风险的思维在质量管理体系策划的具体应用；在质量目标策划及变更策划方面，2015 版标准更加关注质量管理体系实现预期结果及质量目标的实现，更加关注体系变更策划的系统性要求。

条款 7 "支持"，包括资源、能力、意识、沟通、成文信息等内容。2015 版标准增加了"组织的知识"的要求，组织应考虑如何确定和管理实现产品和服务符合性，以满足组织当前和未来对所需的知识的需求；2015 版标准用"成文信息"替代了"形成文件的程度""记录"等要求，在文件化方面赋予了企业更多的弹性和灵活性。

条款 8 "运行"是指从识别包括顾客要求在内的与产品和服务有关的要求，到将产品和服务实现的策划、产品和服务交付给顾客以及交付后活动的全部过程，是质量管理体系直接增值的过程。它要求组织对这一过程的各个环节进行策划、管理和控制，包括对运行的策划和控制，产品和服务的要求，产品和服务的设计和开发，外部提供的过程、产品和服务的控制，生产和服务提供，产品和服务的放行，不合格输出的控制等相关内容。

条款 9 "绩效评价"，包括监视、测量、分析和评价，内部审核，以及管理评审等内容，体现了"循证决策"的质量管理原则。2015版标准要求不仅要重视过程,也要关注结果。组织应采取适宜的方法评价质量管理体系的绩效和有效性。

条款10"改进",包括总则、不合格和纠正措施以及持续改进等内容,是"改进"原则在标准中的具体应用。组织应通过产品和服务改进,纠正、预防或减少不利影响,改进质量管理体系的绩效和有效性等方面的活动,持续满足顾客要求和增强顾客满意。

四、针对不同行业的质量管理体系标准

推行ISO 9000族标准应当是组织的一项战略性决策。一个组织的质量管理体系的设计和实施受各种需求、具体目标、所提供的产品、所采用的过程以及该组织的规模和结构的影响。统一质量管理体系的结构或文件不是ISO标准的目的。为了充分考虑不同行业的专业要求,并且充分响应市场竞争的需要,ISO还发布了一系列针对不同行业的质量管理体系标准。

1. 针对食品行业的质量管理体系标准——ISO 22000

ISO 22000是世界上第一部有关食品安全管理体系的国际标准,自2005年9月1日正式生效(指获得ISO成员2/3的投票通过)。该标准涵盖了食品链中几乎所有类型的组织,包括种植、养殖、加工、储运、销售等与食品相关的组织,另外还有杀虫剂、清洁剂、饲料、包装物、清洁服务等与食品间接相关的组织。这就为终端产品的制造者将食品安全管理通过标准实施、认证向上游供应商延伸提供了共同的平台,使非食品供应商,如包装、运输、仓储的食品安全管理找到了共同的语言。

ISO 22000整合了国际食品法典委员会(CAC)制定的危害分析和关键控制点(HACCP)体系和实施步骤。标准要求对食品链内合理预期发生的所有危害,包括与各种过程和所用设施有关的危害进行识别和评价,并由组织通过前提方案、操作性前提方案和HACCP计划的组合,确定采用的策略,以确保危害控制。因为大多数组织在管理标准化中已经熟悉了ISO 9001标准,ISO 22000采取了与ISO 9001完全一致的标准结构,有助于该管理体系在组织中推行。ISO 22000认证已经纳入我国国家认可管理,是目前食品企业选择最多的认证标准之一。

HACCP原理是ISO 22000食品安全管理体系标准的基础。HACCP是英文Hazard Analysis and Critical Control Point(危害分析和关键控制点)首字母的缩写,是20世纪60年代由皮尔斯伯公司联合美国国家航空航天局(NASA)和美国一家军方实验室(Natick地区)共同制定的,初衷是为太空作业的宇航员提供食品安全方面的保障。20世纪90年代,美国和欧盟等发达国家和地区的食品卫生主管当局开始通过法规强制性地在一些食品行业中推行HACCP。1993年,国际食品法典委员会(CAC)在《食品卫生通则》(CAC/RCP 1—1969,Rev. 3—1993)的附件《HACCP体系及其应用准则》中引入HACCP原理,从而使HACCP体系在世界范围内得到推广。基于《食品卫生通则》(CAC/RCP 1—1969,Rev. 4—2003)的附件《HACCP体系及其应用准则》建立的体系称为HACCP体系。HACCP体系是所有食品安全体系的基础,ISO 22000标准是在HACCP原理的基础上建立起来的。

国际标准化组织于2018年6月19日发布了ISO 22000:2018食品安全管理体系标准。这是自2005年以来该标准的第一次修订。

ISO 22000的目标是协调全球食品安全管理的要求,该标准有助于确保从农场到餐桌整个食品供应链的食品安全。ISO 22000:2018遵循与其他广泛应用的ISO标准相同的高阶结

构（HLS），因此与其他管理体系的整合更加容易。

2. 针对汽车行业的质量管理体系标准——IATF 16949

全球汽车行业不仅要求持续改进，还需要世界级的产品质量、生产效率和竞争水平。为了达到这一目标，许多汽车制造商坚持要求供应商遵守质量管理标准中针对汽车行业供应商规定的严格技术规范，美国、德国、法国和意大利汽车分别推出了针对性的质量体系标准，包括 QS-9000、VDA 6.1、EAQF 和 ASQ。为了避免多重认证，并为汽车生产件和相关服务件的组织提供质量管理体系的共同方法，由 ISO 和国际汽车特别工作组（IATF）联合制定和发布了 IATF 16949。

IATF 16949 旨在鼓励供应链及认证过程的协同改进，协调并替代了多个国家现有的汽车行业标准。该规范于 1999 年 3 月首次公布，2002 年经过第一次修订，2009 年经过第二次修订，2016 年经过第三次修订，现行有效的版本为 IATF 16949：2016《质量管理体系——汽车行业生产件与相关服务件组织实施 ISO 9001：2015 的特殊要求》（Quality Management Systems—Particular Requirements for the Application of ISO 9001：2015 for Automotive Production and Relevant Service Part Organizations）。

IATF 16949 的目的是提供供应链中持续改进、加强缺陷预防、减少变差和浪费的质量管理体系的开发。该技术规范与适用的顾客特殊要求相配合，定义了签署这项文件的组织的基本质量管理体系要求。该规范的关注点包括顾客要求和期望、缺陷预防、过程方法、持续改进和建立指标体系。通过这五大关注点的运行实施，改进企业运营业绩。

IATF 16949 标准中包括了 ISO 9001 的所有条款，并增加了有关汽车行业的专业性要求。它规定了汽车相关产品的设计/开发、生产、安装和服务等方面的质量体系要求，只适用于制造产品部件或维修部件的场所。除了与 ISO 9001 一样要求持续改进外，该标准还强调了其他一些要求，主要体现在：强调缺陷预防，具体体现在要求应用质量先期策划及相关的工具，如产品质量先期策划（APQP）与控制计划（CP）、潜在失效模式及后果分析（FMEA）、测量系统分析（MSA）、统计过程控制（SPC）、生产件批准程序（PPAP）、防错等；强调减少变差和浪费，具体体现在要求优化库存周转期，对质量成本进行分析，降低不良成本，减少非质量的额外成本，如及时化生产等。另外，IATF 16949 同时强调必须满足顾客的特殊要求。

目前，对于大多数主要汽车制造商来说，获得此规范认证是从事业务活动必须达到的要求。与 ISO 9001 的认证机构是由其所在国的"认可机构"进行认可评定不同，所有 IATF 16949 的认证机构都必须得到 IATF 的评定授权，否则不能进行 IATF 16949 的审核和发证。这些认证机构必须及时向 IATF 上报认证企业有关的数据，也必须接受 IATF 的见证审核及监督活动。

3. 针对医疗器械行业的质量管理体系标准——ISO 13485

由于医疗器械是救死扶伤、防病治病的特殊产品，仅按 ISO 9001 标准的通用要求来规范是不够的。为此，ISO 颁布了 ISO 13485：1996 标准（YY/T 0287 和 YY/T 0288），对医疗器械生产企业的质量管理体系提出了专用要求，为医疗器械的质量达到安全有效起到了很好的促进作用。该标准由医疗器械质量管理和通用要求标准化技术委员会（SAC/TC 221）制定，自 1996 年发布以来，得到了全世界广泛的实施和应用。目前有效版本是 ISO 13485：2016，于 2016 年 3 月 1 日发布。

ISO 13485：2016 标准的全称是《医疗器械　质量管理体系　用于法规的要求》（Medical Devices—Quality Management Systems—Requirements for Regulatory）是以 ISO 9001 为基础的独立标准，所规定的质量管理体系要求是对产品技术要求的补充。与 ISO 9001：2015 标准不同，ISO 13485：2016 是适用于法规环境下的管理标准，并不是 ISO 9001 标准在医疗器械行业中的实施指南。由于医疗器械不仅是一般的上市商品在商业环境中运行，还要受到国家和地区法律、法规的监督管理，如美国的食品药品监督管理局（FDA）、欧盟的《欧盟医疗器械指令》（MDD）、中国的《医疗器械监督管理条例》等。因此，该标准必须受法律约束，在法规环境下运行；同时，必须充分考虑医疗器械产品的风险，要求对医疗器械产品实现全过程的风险管理。该标准规定了质量管理体系要求，组织可依此要求进行医疗器械的开发和设计、生产、安装与服务以及相关服务的开发、设计和提供，能用于内部和外部（包括认证机构）评定组织满足顾客和法规要求的能力。

4. 针对通信行业的质量管理体系标准——TL 9000

随着电信行业的全球化，在该行业中设立一套统一的质量体系要求，已经成为全世界电信企业的共同需求。1996 年，以贝尔公司为首的一些电信业知名服务提供商提出要制定一个统一的质量体系标准，并于 1997 年 10 月成立了 QuEST 论坛（Quality Excellence for Suppliers of Telecommunications Forum）。QuEST 论坛是一个电信业服务提供商和产品制造商之间合作和沟通的世界论坛，其目标是统一所有电信业的质量体系标准，在现有标准和实践的基础上制定并保持一个通用的电信业质量体系管理标准——TL 9000。论坛负责该标准的制定、发布和修改，并保持 TL 9000 与其他标准的一致性。

TL 9000 标准以 ISO 9001 标准为基本要求，再加上通信业的普遍运作，共分为两大部分——质量体系要求和质量体系指标。其中，质量体系要求为电信产品（硬件、软件和服务）的提供方建立了一套通用的质量体系要求，这些要求是在现有行业标准（包括 ISO 9000 国际标准）的基础之上制定的；质量体系指标定义了一系列最基本绩效指标，以衡量和评价质量体系运行的结果。

第三节　质量管理体系的建立与实施

一、建立质量管理体系的作用与意义

管理是一个组织必需的活动，没有管理，组织就不可能有序运行。质量管理是关于质量的管理，通常包括制定质量方针和质量目标，以及通过质量策划、质量保证、质量控制和质量改进实现这些质量目标的过程。要有效地开展各项质量活动，就必须建立相应的体系。围绕什么主旨建立体系以及如何建立体系是质量管理体系研究的目的、对象和内容。

质量管理体系是组织管理体系的重要组成部分。它致力于使与质量目标有关的结果适当地满足相关方的需求、期望和要求。组织的质量目标与其他目标，如增长、资金、利润、环境及职业卫生与安全等相辅相成。组织质量管理体系包括能够提供持续改进的框架和机制，以增强顾客满意和其他相关方满意的机会，同时就上述情况向组织及顾客提供信任。顾客要求产品具有满足其需求和期望的特性，这些需求和期望在产品规范中表述，并集中归纳为顾客要求。顾客要求可以由顾客以合同方式规定或由组织自己确定，在任一情况下，产品是否

可以被接受最终都是由顾客确定的。顾客的需求和期望不断变化,伴随着竞争的压力和技术的发展,促使组织持续地改进产品和过程。

鉴于 ISO 9001 标准是系统性的,涉及的范围和内容广泛。它强调对各部门的职责权限进行明确划分、计划和协调,从而使组织能有效、有秩序地开展各项活动,保证工作顺利进行;强调最高管理层的作用,明确制定质量方针及目标,并通过定期的管理评审了解组织内部体系的运作情况,及时采取措施,以确保体系处于良好的运作状态;强调纠正及预防措施,消除产生不合格或不合格的潜在原因,防止不合格的再发生,从而降低成本;强调不断地审核及监督,以达到对组织的管理及运作不断地修正及改进;强调全体员工的参与及培训,以确保员工的素质满足工作的要求,并使每一个员工有较强的质量意识;强调文化管理,以保证管理系统运行的规范性和连续性。如果组织有效地执行这一管理标准,就能提高产品和服务的质量,降低生产和服务成本,建立客户对组织的信心,提高经济效益。因此,组织依据 ISO 9001 标准建立质量管理体系,具有以下几方面的意义与作用:

(1) 为提高组织的运作能力提供有效的方法。
(2) 有利于提高产品和服务质量,保护消费者利益。
(3) 有利于增进国际贸易,消除技术壁垒。
(4) 为组织的持续改进提供基础。
(5) 使顾客对组织产品和服务实现过程的能力以及产品和服务质量树立信心。
(6) 帮助组织保持和改进现有的质量管理体系。
(7) 增强顾客和其他相关方满意并使组织获得经营成功。
(8) 提高组织在市场上的竞争力。

二、建立质量管理体系的方法与步骤

质量管理体系的建立需要系统的方法,组织应从分析组织环境和相关方需求开始,通过规定相关的过程,并使过程持续受控,使组织始终提供顾客能接受的产品和服务。在 ISO 9001:2015 标准中给出了建立和实施质量管理体系的方法,包括以下逻辑步骤:

(1) 确定组织环境及相关方的需求和期望。
(2) 建立组织的质量方针和质量目标。
(3) 确定实现质量目标所必需的过程和职责。
(4) 确定和提供实现质量目标所必需的资源。
(5) 规定测量每个过程有效性和效率的方法。
(6) 应用这些测量方法确定每个过程的有效性和效率。
(7) 确定防止不合格并消除产生原因的措施。
(8) 建立和应用持续改进质量管理体系的过程。

以上方法也适用于保持和改进现有的质量管理体系。采用上述方法的组织能对其过程能力与产品和服务质量树立信心,为持续改进提供基础,从而增强顾客和其他相关方满意并使组织成功。

在 ISO 9001:2015 标准的条款 4.4 "质量管理体系及其过程"中明确规定,组织应按标准要求建立、实施、保持和持续改进质量管理体系,包括所需过程及其相互作用。标准提出,组织应确定质量管理体系所需的过程及其在整个组织中的应用,且应:

(1) 确定这些过程所需的输入和期望的输出。
(2) 确定这些过程的顺序和相互作用。
(3) 确定和应用所需的准则和方法（包括监视、测量和相关绩效指标），以确保这些过程的有效运行和控制。
(4) 确定这些过程所需的资源并确保其可获得。
(5) 分配这些过程的职责和权限。
(6) 按照条款 6.1 的要求应对风险和机遇。
(7) 评价这些过程，实施所需的变更，以确保实现这些过程的预期结果。
(8) 改进过程和质量管理体系。

三、组织推行 ISO 9000 族标准的一般步骤

在激烈的市场竞争中，多数组织为了生存和发展，已经积累了比较丰富的质量管理经验，具有一套自己适用的质量管理、质量控制、质量保证、质量改进的程序和方法，建立了自己的质量管理体系。不论是否符合 ISO 9000 族标准的要求，这些做法本身都对组织的各项工作发挥了重要作用。假如没有这些做法来保证组织的过程、体系和产品的质量，组织就不可能生存下去。所以，组织实施 ISO 9000 族标准，就是按照标准的要求进一步规范质量管理活动的过程。任何组织实施 ISO 9000 族标准都兼有继承和发展两方面的性质。建立一个符合标准要求的质量管理体系本身是一个改进的过程，ISO 9000 族标准的实施，能够更加科学、更加系统、更加全面地规范组织的质量管理工作，对组织的长期发展更加有利。

既然是改进，就必须紧密结合组织的实际。世界上没有两个完全相同的组织，也没有两个完全相同的质量管理体系。推行 ISO 9000 族标准没有固定的模式，质量管理体系文件也没有现成的范本，组织的管理者应根据组织自身的管理基础、管理理念、人员素质、产品和服务类型以及组织规模的具体情况，认真策划、建立、实施和改进自己的质量管理体系。只有这样，才有可能达到有效的目的。

ISO 9000 族标准涵盖了组织经营的各个方面，涉及组织最高管理层以及基层的全体员工。它不仅规范了组织内部从设计开发、原材料采购到成品交付的所有过程，还要求组织关注顾客要求，关注国家的法律法规，关注市场的变化。组织推行 ISO 9000 族标准，建立并有效运行质量管理体系，应作为一项战略举措来对待。例如，图 2-3 是组织贯彻 ISO 9001 标准并实施认证的流程图。组织推行 ISO 9000 族标准的过程大体可以分成四个阶段：决策阶段、准备阶段、试运行阶段以及认证并正式运行阶段。

1. 决策阶段

采用质量管理体系是组织的一项战略性决策，建立、实施和改进质量管理体系的过程是组织不断提升的过程，涉及组织管理的方方面面，也会触及某些部门或人员的利益，再加上人们习惯上的惰性、资源的限制、知识的更新、过程和文件的更改等，一个组织质量管理体系的建立，不可避免地会付出必要的资源和员工的艰苦努力。对此，组织管理者在建立质量管理体系之初，就要有充分的思想准备。对于组织何时推行 ISO 9000 族标准，是否认证，最高管理层应认真考虑并仔细策划，不要仓促上马、盲目跟风。否则，如果事与愿违，花费了不少人力和物力，制造了一大堆所谓的文件和记录，把原有的管理制度打乱了，新的管理制度又不适用，就会造成管理上的混乱和生产服务上的被动。

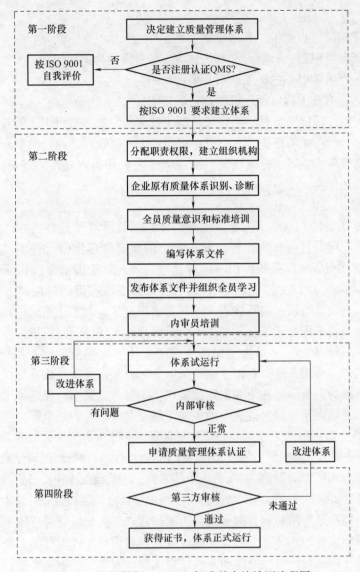

图 2-3　组织贯彻 ISO 9001 标准并实施认证流程图

在决策阶段，组织的最高管理者应该首先对 ISO 9000 族标准的有关内容有所了解和认识，清楚建立质量管理体系的过程、所需的资源和可能的风险，明确建立质量管理体系对组织的好处。之后，最高管理者需要对是否在本组织推行实施 ISO 9000 族标准进行决策。ISO 9000 族标准是质量管理经验的总结和结晶，是一种有效的质量控制手段，但并非所有的管理方法都能在组织内取得显著效果，还有实施时机、工作先后顺序和实施方法等问题。

当组织面临以下问题时，可以考虑暂不推行 ISO 9000 族标准：

(1) 仅仅是咨询机构的推荐，组织的管理者对质量管理体系标准并不了解。

(2) 员工对建立质量管理体系有严重的抵触情绪。

(3) 组织的最高管理者对采用质量管理体系没有兴趣。

(4) 停工停产，短期内不具备开工条件的组织。

(5) 受国家法律法规、产业政策限制，无法取得产品生产许可证、强制性产品认证等的组织。

(6) 产品无销路，正忙于"找米下锅"的组织。

(7) 由于资源的限制，短期内难以达到应有的过程能力的组织。

(8) 面临较严重的财务危机或严重亏损的组织。

(9) 近期内将有重大的体制或机构调整的组织。

对多数组织而言，特别是对一些管理基础比较薄弱的中小型组织，质量管理体系的建立和实施本身就是一个巨大的进步，它会引导组织走上规范管理之路。只要充分考虑了以上因素，组织的最高管理者就可以做出决策，在适当的时机开始建立并实施符合 ISO 9000 族标准要求的质量管理体系。

2. 准备阶段

建立和实施符合 ISO 9000 族标准质量管理体系的目标可以是第三方认证和注册，也可以是按照标准建立可以进行自我评价、自我完善的质量管理体系，并不是每一个按照 ISO 9000 族标准建立质量管理体系的组织一定要通过认证。对于决定通过认证的组织，应制定推广 ISO 9000 族标准工作的时间表。具体而言，就是要落实组织机构和人员、诊断原有质量管理体系、开展全员培训、编写体系文件、培训内审员、发布体系文件并组织员工学习和掌握。只有这些准备工作完成了，才能进入质量管理体系的试运行阶段。

(1) 落实机构和人员。这是为了保证质量管理体系的建立能够按照预期的计划进行，并确保策划的结果。首先，最高管理者应分配职责和权限；其次，成立组织质量管理体系工作机构，这个机构的人员应是理论和实践经验比较丰富并且能够胜任这项工作的员工。组织应该根据实际情况确定是否需要设立专门机构，还是交给现有的某个部门负责。

实施 ISO 9000 族标准的工作需要一定的资源保证：①人力资源。对质量管理各个过程的管理、执行和验证人员，要确保能够满足岗位工作的要求；对暂时难以满足要求的人员，要及时进行培训，以确保质量管理体系对人力资源的需要。②基础设施和设备资源，以保证能够提供符合要求的产品和服务。因为组织已经具有连续提供合格产品和服务的基本能力，一般情况下，除非确实不能满足产品和服务的要求，否则在建立和实施质量管理体系的过程中，不需要新增过多的设施设备。③必需的财力资源，以保证培训和文件编写等工作的顺利实施。

建立质量管理体系是一项专业性和实践性都比较强的工作，为了更顺利、更快捷地完成建立质量管理体系的工作，组织可以考虑聘请咨询人员对组织的质量管理工作进行指导。如果组织的有关人员对标准掌握得比较好，管理经验丰富，对建立质量管理体系的做法和工作内容心中有数，组织就可以依靠自己的员工建立质量管理体系。

(2) 诊断原有质量管理体系。组织应深入分析质量管理的现状，特别是要认识清楚现有体系与标准的差距，为下一步按照标准的要求规范和改进现有的质量管理体系提供依据。分析可以在咨询人员的指导下，或由组织内部熟悉标准的人员进行。分析的结果可以用书面报告的形式提供给最高管理者和负责部门。分析的内容可包括：

1) 现有的质量控制活动哪些是符合标准要求的？

2) 哪些基本符合标准要求但是需要改进，如何改进，需要什么资源？

3) 哪些不符合标准要求，如何进行控制，需要什么资源？

4) 哪些现有的质量管理文件或制度可以继续使用，哪些需要修改，哪些需要废止？

5) 建立质量管理体系的风险是什么，如何控制？

（3）全员培训。组织要通过培训使全体员工熟悉 ISO 9000 族标准的要求，进一步掌握本职工作所需的技术和技能，掌握质量管理的方法和步骤，树立质量意识，在整个组织内统一思想、统一行动，消除 ISO 9000 族标准对于员工的神秘感和部分人的恐惧心理，鼓励全体员工积极参与，为质量管理体系的建立做好充分的思想准备，形成实施 ISO 9000 族标准的良好氛围。培训教师可以外聘，也可以自己培养。组织最好拥有自己的质量管理专家，这样不仅便于沟通，而且能够进行持续的、经常性的培训和指导，与组织的实际情况结合得比较紧密。定期聘请外部专家授课也是非常重要的，专家的作用是组织内部的培训教师不可替代的，他们能够从更高的高度和更宽的广度上阐述质量管理的理论，分析质量管理的现状，能够有效防止组织内部的某些不良习惯，有效借鉴其他组织的做法，吸收更多的新鲜知识。那种关起门来自成一体的"山头主义"做法与现代化的质量管理思想是格格不入的。

（4）编写体系文件。质量管理体系文件的编写最主要的是要符合组织的实际，满足质量控制的需要，防止把质量管理体系文件变成"八股文"，洋洋万言，不知所云。组织的员工看不懂、学不会、做不来，这样的文件只会把组织的管理搞乱。文件要符合标准，变成符合组织实际、容易理解、易于操作的规章制度。不要试图编写所谓"永远正确的文件"，质量管理体系文件是组织管理的规章制度，任何规章制度都需要与时俱进，所以，这些文件需要根据组织的发展和客观条件的变化及时修改，并且这种修改永远都不会穷尽。

质量管理体系中应用文件的目的是控制管理活动，因此，质量管理体系文件只有可行才能发挥作用，不能实施的文件就是一堆废纸。质量管理体系文件不需要太复杂，满足实际需要就可以；质量手册和程序文件可以放在一起，也可以分开，标准中没有统一的形式规定。

（5）发布文件并组织学习。文件写好以后，要反复修改，以便于操作。文件修改完善后，经授权管理者批准，正式发布。质量管理体系文件发布后，要着重培训工作，此阶段的培训主要是对文件使用者的培训。培训方法可以灵活多样，员工自学、班组长组织、主管讲解、现场指导等方式都可以，目的是使员工进一步熟悉各种体系文件和质量管理体系的要求，指导员工按照文件的要求进行工作。

（6）内审员培训。要保证体系有效运行，组织拥有一定数量的内审员是一个必不可少的条件。内审员在知识、经历、教育和能力上要能够胜任审核工作的要求，不仅要认真负责，而且要经过正式的培训。首先，内审员应对 ISO 9000 族标准非常熟悉并深入理解；其次，对组织质量管理体系文件十分清楚；另外，还要掌握质量管理体系的审核方法和技能。只有这样，才能客观公正地开展审核工作。

3. 试运行阶段

新体系的建立和运行是一个不断磨合的过程，特别是质量管理体系建立初期，会有很多的问题和不适应，通过体系试运行可以发现问题，并及时改进和完善。这一阶段主要有两项任务——运行和审核，这两项工作不断循环往复，质量管理体系的实施才能走上正轨。一般而言，试运行阶段体系运行一个月左右就要进行一次内审，一般经过 3~4 个月试运行才能基本达到要求。可适当辅以模拟审核，即按照认证机构审核的方法进行审核，从不同的视角发现质量管理体系运行初期的一些问题，及时改进，使体系不断完善。

在质量管理体系的试运行中，一律要按照体系文件的规定来做。无论原来的习惯做法是什么，只要文件有规定的，就要按文件规定进行控制；当发现文件有不适宜的情况时，应按文件控制的规定修改文件，经过一段时间的改进，文件要求与实际控制的符合性会更强。在审核时一定要注意，对偶然偏离文件规定的行为应及时进行纠正，对无视文件规定、明知故犯、有意挑战文件严肃性的人员要给予批评教育，要求其限期整改，不允许任何人无视文件规定我行我素，从而培养良好的习惯，这样才能保证体系正式运行的顺畅。

4. 认证并正式运行阶段

组织经过一段时间的试运行，通过多次内部审核，对体系中存在的问题及时改进，使质量管理体系达到基本稳定的状态，组织员工基本适应新体系的要求，这时就可以向认证机构提出质量管理体系的认证申请。根据规定，申请认证的组织应按照 ISO 9001：2015 标准的要求建立完善的文件体系，按照文件规定运行至少 3 个月，由具备资格的内审员进行内部审核，确认整套体系正常运行以后方可申请外部审核，审核通过后获得认证证书。目前，国内外各类认证机构较多，组织如何选择认证机构是一个值得重视的问题。认证机构的好坏直接决定了认证证书的"含金量"，也影响到组织质量管理体系今后的运行情况。一般而言，国内组织应优先选择国内的认证机构，因为国内认证机构熟悉国情、便于沟通，而且认证成本较低；同时，也要考虑顾客指定的认证机构。但无论是选择国内的还是国外的认证机构，都应是经过国家认监委认可的合法认证机构，而且要优先选择信任程度高的认证机构。

认证机构一旦受理组织的申请，就会派审核组进行现场审核。审核结果可能有以下三种：质量管理体系运行符合标准要求，直接推荐认证注册；体系有待改进，验证纠正措施有效后推荐认证注册；体系严重不符合要求，不推荐认证注册。组织获得质量管理体系认证证书后，就意味着质量管理体系开始正式运行，将按照 ISO 9001 标准的要求开展质量管理工作，从而促进组织质量水平持续提高，竞争能力不断增强。

四、组织实施 ISO 9000 族标准应注意的问题

1. 要重视识别过程

组织在实施质量管理体系时，首先应识别与质量管理有关的过程。识别过程的步骤是建立质量管理体系的关键步骤，因为只有过程的识别是正确的，才能确保质量管理体系文件、质量管理体系评价和质量管理体系改进是正确的。

（1）确定顾客的需求和期望。确定顾客的需求和期望是识别过程的关键。首先要求组织识别顾客，确定关键顾客，识别顾客的需求，并且把顾客的需求按照产品需求和服务需求进行分类，为过程的测量、分析、改进和控制奠定基础。顾客对产品和服务的需求有许多种，它们都是与顾客关心的产品和服务的"有用性"和"有效性"相联系的。在许多情况下，可以定量地描述顾客对产品和服务的需求。与产品需求相比，服务需求更主观，并且更具有情景适应性，这意味着很难对这些需求做出定量描述。能否正确识别和满足顾客的需求，是组织质量管理体系能否有效实施的基础和前提。虽然顾客对产品和服务的需求很多，但应遵循"关键的少数"原理，使产品和服务能满足关键顾客需求。已经被识别的关键顾客需求经过组织的分析、设计，就转变成产品的关键质量特性（Critical-to-Quality，CTQ）。如果这些关键质量特性是正确的，就会使顾客体会到组织提供的产品和服务是有用的和有效的，从而使顾客满意。这样，组织的质量管理体系就达到了预期的目的。

（2）识别过程和确定职责。过程的区分可以根据价值链的方法顺向或逆向进行，可适当对直接过程和支持性过程进行区分。有时候需要对过程的供方、输入、活动、输出、顾客进行清楚的定义。当过程比较简单、边界比较清晰时，可以采用比较简单的方法。过程确定

以后，要根据质量管理方针和目标对过程的要求，对与质量有关的部门和人员的质量管理职责进行设计和定位。质量职能设计是建立质量管理体系的重要内容，是贯彻 ISO 9000 族标准的基础性工作。组织在进行质量职能设计时，不仅要考虑标准的要求，更要密切结合组织的实际，合理设计质量职责。质量职能的设计应慎重，切实做到分工合理、接口严谨、责权清楚、资源充分。质量职能确定下来以后，各职能部门、各级工作人员，包括各级管理人员和最高管理者，都应按照设计好的职能从事质量管理工作。

2. 建立适合本组织的质量方针和质量目标

方针是"由最高管理者正式发布的组织的宗旨和方向"。质量方针就是"关于质量的方针"。最高管理者一定要亲自参与制定质量方针，以确保质量方针成为组织的质量宗旨或核心理念，避免把质量方针变成没有约束力的口头禅。质量方针应与经营宗旨相一致，与产品要求相适应，既要体现对顾客的承诺及对持续改进的承诺，又要能为目标的提出提供框架。因此，质量方针不能是空洞的口号，而要根据本组织的产品、顾客定位和预期的产品质量水平确定。

质量目标应在质量方针提供的框架内展开。为确保组织质量目标的实现，相关职能和层次要依据组织的质量目标要求确定各自的质量目标，并落实到全体员工的活动中。从体现对顾客的承诺的角度来看，质量目标往往与产品性能有关，如产品的使用寿命、维修保障性、服务的及时性等，又可落实到产品实现过程的质量，如产品的合格率、保修等候时间、服务等候时间等。从体现持续改进的角度来看，目标可能与顾客的满意程度有关。质量目标应是可测量的，而且相关职能和层次的质量目标应尽可能量化，以便比较实施结果，进行持续改进。质量方针和质量目标不是质量管理体系的点缀，它们的实现情况可以作为质量管理体系适宜性、充分性和有效性的重要证据。

社会心理学的研究指出，人们公开拥护一种特别的观点，即使他们以前不主张这种观点，在行为上也可能远比以前更符合这种观点。在实际工作中，组织不要仅仅把质量方针和质量目标的公布作为终点，而要采取多种方法和途径使之被员工接受和理解，并贯彻于组织的各项工作之中。组织可以考虑采取如下措施：①向员工大力灌输质量方针，培育员工强烈的质量意识；②严格按照质量方针规定的理念来培训员工，按照质量方针规定的理念培养和选拔管理人员直至最高管理者；③在组织的各种计划、任务、指标、目标、策略、战术中一贯地配合质量方针的实现；④进行强有力的沟通，在组织的产品、设施、设备和一切可能的场所宣扬质量方针。

3. 提高质量管理体系的有效性

组织贯彻 ISO 9000 族标准不仅仅是为了取得认证证书，更重要的是最大限度地满足顾客的需求。只有通过有效的质量管理活动降低成本，提升产品的质量水平，才能增强组织的市场竞争力，最终获得经济效益。那么，组织如何使所建立的质量体系更加有效，以满足竞争日益激烈的市场需求呢？

在阐述质量管理体系的有效性之前，首先要知道什么是有效性。ISO 9000：2015 标准中对有效性的定义为"完成策划的活动并得到策划结果的程度"。质量管理体系的有效性是指所建立的质量管理体系运行结果实现预定目标的程度。有效性至少应体现以下几个方面：

（1）实现本组织的质量方针和质量目标的程度。
（2）产品和服务质量持续稳定符合要求并有所提高。
（3）不断提高组织的顾客和其他相关方的满意程度。

(4) 持续的质量改进机制已经形成。

其次，还应解决一个现存的认识问题，即质量管理体系要求和产品和服务质量要求之间的关系。ISO 9000 族标准是对质量管理体系的通用性要求，适用于各种行业或经济部门、各种规模的组织，以及各种类别的产品（包括硬件、软件或流程性材料）和服务。但是，每个组织为符合质量管理体系标准的要求而采取的措施不同。因此，每个组织要根据自己的具体情况建立质量管理体系。产品和服务要求反映在技术规范、产品标准和规范、合同协议以及法律法规中。对每一个组织来说，产品和服务要求与质量管理体系要求缺一不可，不能互相取代，只能相辅相成。产品和服务质量必须充分满足顾客的需求，质量管理体系要求是对组织提供合格产品和服务能力的要求，而这种能力最终还是要通过持续地提供顾客满意的产品来证实。因此，产品和服务质量满足要求是第一位的，质量管理体系要求是对产品和服务要求的补充。顾客购买的是产品和服务，而不是体系。顾客在购买产品和服务时，需要组织证实其质量管理体系满足 ISO 9000 族标准的要求，其目的仍然是确保顾客所购买的产品和服务能充分满足规定的要求。切不可过分夸大质量管理体系的作用，不能认为只要建立了质量管理体系，产品和服务质量自然就会满足顾客的需求。

4. 建立质量信息管理系统

ISO 9001：2015 标准的条款 9.1.3 规定，组织应分析和评价通过监视和测量获得的适当数据和信息。应利用分析结果评价：①产品和服务的符合性；②顾客满意程度；③质量管理体系的绩效和有效性；④策划是否得到有效实施；⑤应对风险和机遇所采取措施的有效性；⑥外部供方的绩效；⑦质量管理体系改进的需求。

建立质量信息管理系统的目的是评价质量目标（包括各项指标）的完成情况和质量管理体系的运行情况，确定需要改进的区域。质量信息的管理过程包括质量信息的名称、记录、传递、统计、分析、报告方式以及相关的职责。组织应建立一套统计报表，定期检查、考核各级和各职能部门的质量指标完成情况，促进并激励员工为实现质量目标而不断积极进取。应充分利用统计工具，对大量的质量信息进行汇总分析，找出主要问题（包括潜在的），提出改进的建议和要求。

5. 改进内部审核

一个组织不仅应积极开展内部质量管理体系审核，还应根据自身的具体情况开展产品和关键过程的质量审核。通过分析每月进行的产品质量审核和过程质量审核积累的数据，可验证产品质量和过程质量的波动情况，以及质量管理体系是否得到有效实施。

目前，大多数组织内部审核的做法基本与认证审核相同，即由兼职的内审员每年集中几天时间对所涉及的体系要素和部门全面审核一次。这种做法的缺点是：①将内审作为一种临时的任务，而不是作为重要的、日常的工作对待，不能引起各级领导和员工应有的重视；②内审员全部是兼职的，一年只做几天的审核工作，审核经验少，不熟练，审核能力难以提高，审核结果的有效性差。据了解，欧美发达国家的组织很少采用集中式的内部质量体系审核，而多采用分散式滚动审核的方式。其特点如下：

(1) 设立一名专职人员负责内部质量体系审核和质量信息的统计分析工作。

(2) 合理设定审核间隔，如每月进行一次审核，每次审核一个或两个部门；在一个审核周期内，对质量管理体系涉及的各个部门和要素至少审核过一次。

(3) 对薄弱的和重要的区域增加审核的频次，在一个审核周期内安排两次甚至三次审核，以督促其改进。

（4）每次审核由专职人员担任组长，再配上一名或两名具备能力的兼职内审员。

（5）专职人员负责编制年度滚动审核计划和每次审核的计划，对不合格项进行跟踪和验证，并编写审核报告。

采用分散式滚动审核的最大优点是：将内部质量体系审核作为一项日常工作，有专人负责并使之经常化；总审核天数比集中式审核大大增加，使审核更加深入、细致；专职人员审核经验丰富，审核能力和责任心强，极大地提高了审核结果的有效性。

6. 认真做好管理评审工作

管理评审的目的是确保质量管理体系持续的适宜性、充分性和有效性，是具有重要意义的质量管理工作。做好管理评审工作将促进组织的产品质量不断改进，业绩不断提高，质量管理体系不断完善。组织的最高管理者应对管理评审工作给予足够的重视。做好管理评审工作，应重点抓好以下三点：

（1）明确管理评审的内容。评价内、外部的审核发现，重点是纠正措施结果的有效性，以及需要管理层研究解决的问题和对薄弱环节采取的措施；评价对顾客抱怨的处理结果，研究防止今后再发生的措施；评价顾客满意程度的变化趋势；评价产品和过程质量的分析结果，提出进一步提高质量（解决潜在质量问题）的方向、目标和要求；评价质量方针和质量目标的完成情况，对完成较差的项目研究解决措施；评价质量方针的适宜性，并在必要时修订质量方针；评价组织结构和资源是否适应当前发展的需要；评价应对风险和机遇所采取措施的有效性等。

（2）做好管理评审前的准备。汇集内部质量审核报告，因为内审报告体现了一个审核周期内整个质量管理体系的符合性和有效性，应明确提出需要管理评审讨论和解决的问题及建议；收集顾客抱怨并进行满意程度分析，利用统计工具直观地显示顾客抱怨的次数、分类比重，与上一评审周期进行比较，对顾客抱怨较多的项目提出解决方案；利用统计工具对产品和过程质量审核的结果进行汇总分析，说明产品和过程质量的变化趋势，提出需要改进的项目和建议；提出质量方针和质量目标完成情况的分析资料，包括未完成项目的原因、对策和建议；汇集其他需提交管理评审讨论和解决的问题。

（3）开好管理评审会议。确保管理评审会议由最高管理者主持，高层和中层管理者全体参会并提交相关工作的分析结果；根据会议日程开展各项工作的总结和决议，并在需要时提出改善对策；责任部门做好管理评审记录，并按照规定及时跟踪检查管理评审决议的执行情况。

第四节 质量认证与审核

一、质量认证制度的产生与发展

认证是指由认证机构证明产品、服务、管理体系符合相关技术规范、相关技术规范的强制性要求或者标准的合格评定活动。质量认证制度是随着市场经济的发展而发展起来的。由于消费者不能自行识别产品的质量，对涉及人身健康和安全的产品就应实行政府控制，质量认证制度由此产生。产品质量认证制度早在1903年发源于英国，是由英国工程标准委员会（英国标准协会（BSI）的前身）首创。第一个认证标志即由"BS"字母组成的风筝标志，该标志以英国国家标准为检验依据，具有公正性和科学性。1922年该标志注册，美国、日本、印度、墨西哥相继效仿，建立以本国标准为依据的认证制度。第二次世界大战后，国际经济发展迅速，以欧盟和世界贸易组织（WTO）为标志，各国政府为了出口，谋求双边或多边的认证制度。1970年，欧洲成立了电子元器件委员会（CECC），负责建立国与国之间电子元器件质量评定制度，即CECC制度。因为CECC的排外性使美国、日本担忧，促使国际电工委员会（International Electrotechnical Commission，IEC）成立认证委员会（Certification Management Committee，CMC），下设检查协调委员会（Inspectorate Coordination Committee，ICC），经过对英、美、日、法等11个国家监督检查机构的审查和访问，批准这些国家的标准协会成为ICC会员。1981年11月CMC第八次会议，正式成立ICC机构。1971年，国际标准化组织（ISO）成立了认证委员会，并于1985年改名为合格评定委员会，开始从技术角度协调各国认证制度的内容，并进一步制定国际性的认证制度。我国于1981年4月成立了第一个认证机构——中国电子器件质量认证委员会。

1987年，随着ISO 9000族标准的发布，全世界形成了统一的质量管理体系认证的基本标准，为全球范围的质量管理体系认证广泛推行奠定了基础。ISO 9000族标准发布之后，出于建立欧洲统一市场的需要，原欧共体（后发展为欧盟）制定并实施了"新方法指令"及其合格评定程序，强调对设计制造复杂，涉及人身健康、安全和环境的产品，必须通过ISO 9000体系认证的要求。这就促使ISO 9000族标准在欧共体成员中被普遍采用。经欧共体统一市场强有力的推动，质量体系认证在贸易中的重要性不断提高，越来越受到各国政府、工业界、贸易界以及有关国际组织的关注。近年来，质量体系认证得到迅速发展，已遍及世界190多个国家和地区。

我国于1994年4月由国家技术监督局授权成立了中国质量体系认证机构国家认可委员会（CNACR）。CNACR由有关各方代表组成，制定了《中国质量体系认证机构认可规则》和《中国质量体系认证实施程序规则》。1994年12月，成立了中国认证人员国家注册委员会（CRBA）。CRBA组织严格的国家考试，颁发审核人员的注册证书。1998年1月，国际认可论坛（IAF）在广州首次签署了质量管理体系认证国际多边承认协议（IAF/MLA），中国成为第一批签约方，对签约方的组织持本国（地区）认可的ISO 9000认证证书开展国际贸易认可其认证对等性。至2013年5月，IAF/MLA的签约认可机构已达55个国家及欧洲认可合作组织（EA）和太平洋认可合作组织（PAC）两个区域多边承认协议集团。2001年8月，国务院决定组建并授权成立中国国家认证认可监督管理委员会（Certification and Accreditation Administration of the People's Republic of China，CNCA），作为统一管理、监督和综合协调全国认证认可工作的行政主管机构。2002年4月，中国认证机构国家认可委员会（China National Accreditation Board for Certifiers，CNAB）成立。这是中国国家认证认可监督管理委员会落实国务院关于建立集中统一的国家认可机构，并履行国家认可职责的要求，依法对原有国家认可机构进行整合并授权设立的。根据《中华人民共和国认证认可条例》的规定，2006年3月31日，中国国家认证认可监督管理委员会批准设立并授权中国合格评定国家认可委员会（China National Accreditation Service for Conformity Assessment，CNAS）为国家认可机构，是在原中国认证机构国家认可委员会（CNAB）和原中国实验室国家认可委员会（CNAL）的基础上整合而成的，统一负责认证机构、实验室和检查机构等相关机构的认可工作。

2002年4月，依据《中华人民共和国产品质量法》和《中华人民共和国进出口商品检

第二章 ISO 9000族标准与质量管理体系

验法》，并按照国务院办公厅《国务院办公厅关于加强认证认可工作的通知》（国办发〔2002〕11号文）的精神，在原中国认证人员国家注册委员会（CRBA）和中国认证机构国家认可委员会（CNAB）的基础上，经中国国家认证认可监督管理委员会批准成立中国认证人员与培训机构国家认可委员会（China National Auditor and Training Accreditation Board，CNAT）。2005年9月27日，中国认证认可协会（China Certification and Accreditation Association，CCAA）成立，接管原中国认证人员与培训机构国家认可委员会（CNAT）的人员培训、注册业务等。

CNAS和CCAA的成立，使质量管理体系认证工作进一步以国际标准为准则，以法律为依据，贯彻落实国家认证认可方针政策，严格监督管理，确保认证机构认可活动的科学和公正，维护认可机构的权威和声誉，提供高效、优质、满意的认可服务，进一步规范了全国的质量管理体系认证工作，加快了与国际接轨和国际合作的步伐。

目前，我国已形成了完整的认证体系。该体系由四个层次组成：第一层次是授权机构，即国家质量监督检验检疫总局和中国国家认证认可监督管理委员会（CNCA）；第二层次是认可机构，由利益方代表和专家组成；第三层次是认证实践的机构和人员，包括产品认证机构、管理体系认证机构、校准和实验室以及注册审核员、评审员；第四层次是申请并接受认证机构的检验、评审和监督的组织。

二、质量认证的概念及意义

质量认证是指由一个独立的、第三方的权威机构对组织产品质量或质量管理体系进行证实的活动。质量认证又分为产品质量认证和质量管理体系认证两类。产品质量认证和质量管理体系认证的区别与联系如表2-3所示。

表2-3 产品质量认证和质量管理体系认证的区别与联系

比较项目	质量管理体系认证	产品质量认证
认证对象	企业或其他组织的质量管理体系	特定产品
认证目的	证明组织的质量管理体系有能力确保其产品符合规定的要求	证明组织的具体产品质量符合特定标准的要求
认证条件	质量管理体系符合ISO 9001：2015要求	（1）产品质量符合指定标准要求 （2）质量管理体系符合ISO 9001：2015要求及特定产品的补充要求
证明方式	质量管理体系认证证书和认证标志	产品质量认证证书和认证标志
证明的使用	认证证书和认证标志可用于宣传资料，但不能用于产品或包装上	证书不能用于产品，但标志可用于产品上
认证性质	自愿认证	强制或自愿认证
两者关系	相互充分利用对方的审核结果	

总之，产品质量认证是指依据产品标准和相应的技术要求，经认证机构确认，并通过颁发证书和认证标志证明某一产品符合相应标准和技术要求的活动。质量管理体系认证是管理体系认证的一种，是指根据质量管理体系标准，经过认证机构对组织的质量体系进行审核，并以颁发认证证书的形式证明组织的质量体系和质量保证能力符合相应要求，授予合格证书并予以注册的全部活动。除了质量管理体系认证，还有环境管理体系认证、职业健康安全管理体系认证等管理体系认证，这些一般都是自愿性认证。

实行质量认证制度具有以下几方面的意义：有利于消费者选购商品；有利于产品质量的提高；促进组织质量管理水平的提高；促进国家计量水平的提高；减少重复检验，节约试验费用；提高产品的国际竞争力；提高组织的信誉；有利于国家的宏观管理；降低组织的产品责任风险。

质量认证必须由认证机构执行，认证机构由国家和专业的权威机构对其认证能力认可后才能从事认证工作。需认可的机构包括认证机构、检查机构、实验室等。目前，我国实施认可的机构有中国合格评定国家认可委员会（CNAS）和中国认证认可协会（CCAA）。

三、质量管理体系认证的作用与程序

1. 质量管理体系认证的作用

ISO 9000 族标准是世界上经济发达国家质量管理实践经验的科学总结，具有通用性和指导性。建立符合 ISO 9001：2015 标准要求的质量管理体系并通过认证，可以促进组织质量管理体系的改进和完善，对促进国际贸易、消除贸易技术壁垒、提高组织管理水平等都能起到良好的作用。概括起来，其作用主要包括以下几个方面：

（1）有利于提高产品和服务质量，保护消费者利益。按 ISO 9000 族标准建立质量管理体系，通过体系的有效应用，促进组织持续地改进产品、服务及其过程，实现产品和服务质量的稳定和提高，无疑是对消费者利益的一种最有效的保护，也增加了消费者选购合格供应商的产品和服务的信任程度。

（2）为提高组织的运作能力提供了有效的方法。ISO 9000 族标准鼓励组织在制定、实施质量管理体系时采用过程方法，将活动作为由相互关联、功能连贯的过程组成的体系来理解和管理，从而更加有效和高效地得到一致的、可预知的结果。此外，质量管理体系提供了持续改进的框架，增加了顾客和其他相关方满意的机会。因此，ISO 9000 族标准为有效提高组织的运作能力和增强市场竞争能力提供了有效的方法。

（3）有利于增进国际贸易，消除技术壁垒。在国际经济技术合作中，ISO 9000 族标准被作为相互认可的技术基础，ISO 9000 的质量管理体系认证制度也在国际范围内得到互认，并被纳入合格评定的程序之中。世界贸易组织/技术壁垒协定（WTO/TBT）是 WTO 达成的一系列协定之一，它涉及技术法规、标准和合格评定程序。贯彻 ISO 9000 族标准为国际经济技术合作提供了国际通用的共同语言和准则，取得质量管理体系认证已成为参与国内和国际贸易、增强竞争能力的有力武器。因此，贯彻 ISO 9000 族标准对消除技术壁垒、排除贸易障碍起到了十分积极的作用。

（4）有利于组织的持续改进和持续满足顾客的需求和期望。顾客要求产品和服务具有满足其需求和期望的特性，这些需求和期望在产品和服务的技术要求或规范中得到表述。因为顾客的需求和期望是不断变化的，这就促使组织持续地改进产品和服务，而质量管理体系要求恰恰为组织改进其产品、服务及过程提供了一个有效途径。

（5）减少社会重复检查费用。顾客为了保证供方提供产品的可靠性，会在适当的条件下对其质量管理体系提出要求。经过认证的组织，可以避免不同的供方实施重复的第二方审核。

2. 质量管理体系认证机构和可认证的行业

我国的相关法律法规，在国内从事质量体系认证的机构必须取得国家规定的资格认可。国务院组建并授权成立中国国家认证认可监督管理委员会（CNCA）作为专门的行政主管机

构，履行行政管理职能，统一管理、监督和综合协调全国认证认可工作，负责认证、认证咨询、培训机构和从事认证业务的检验机构（包括中外合资、合作机构和外商独资机构）的资质审批和监督。

只有经 CNCA 认可的质量管理体系认证机构，才有资格在我国境内从事质量管理体系认证活动。其运作应满足下述规定：

（1）认证机构运作遵循的原则和方针以及内部管理应具有公正性，并以公正的方式实施管理。

（2）认证机构的服务应向所有的申请人开放，不应附加过分的财务或其他条件。

（3）对申请人的质量体系评定遵循的准则，应是质量体系标准或与其职能有关的引用文件所给出的要求。

（4）认证机构应仅在拟认证的范围内规定其认证要求，进行评定和做出认证的决定。

经 CNCA 批准的部分质量管理体系认证机构名单如表 2-4 所示。

表 2-4 中国质量管理体系认证机构名单（部分）

批 准 号	机 构 名 称	批 准 号	机 构 名 称
CNCA-R-2002-001	中国质量认证中心	CNCA-R-2002-032	天津华诚认证中心
CNCA-R-2002-002	方圆标志认证集团有限公司	CNCA-R-2002-034	北京航协认证中心有限责任公司
CNCA-R-2002-003	上海质量体系审核中心	CNCA-R-2002-035	兴原认证中心有限公司
CNCA-R-2002-004	华信技术检验有限公司	CNCA-R-2002-037	北京外建质量认证中心
CNCA-R-2002-005	中国船级社质量认证公司	CNCA-R-2002-038	北京世标认证中心有限公司
CNCA-R-2002-006	中质协质量保证中心	CNCA-R-2002-039	北京埃尔维质量认证中心
CNCA-R-2002-007	中鉴认证有限责任公司	CNCA-R-2002-041	深圳华测国际认证有限公司
CNCA-R-2002-008	中国新时代认证中心	CNCA-R-2002-042	上海质量技术认证中心
CNCA-R-2002-009	长城（天津）质量保证中心	CNCA-R-2002-043	北京联合智业认证有限公司
CNCA-R-2002-010	东北认证有限公司	CNCA-R-2002-044	北京中经科环质量认证有限公司
CNCA-R-2002-011	北京赛西认证有限责任公司	CNCA-R-2002-045	北京大陆航星质量认证中心股份有限公司
CNCA-R-2002-012	广州赛宝认证中心服务有限公司		
CNCA-R-2002-013	浙江公信认证有限公司	CNCA-R-2002-046	北京海德国际认证有限公司
CNCA-R-2002-014	中联认证中心（北京）有限公司	CNCA-RF-2002-01	通标标准技术服务有限公司（瑞士 SGS 设立认证机构）
CNCA-R-2002-015	杭州万泰认证有限公司		
CNCA-R-2002-016	新世纪检验认证股份有限公司	CNCA-RF-2002-05	莱茵检测认证服务（中国）有限公司（德国莱茵 TÜV 设立认证机构）
CNCA-R-2002-017	北京兴国环球认证有限公司		
CNCA-R-2002-019	四川三峡认证有限公司	CNCA-RF-2002-07	上海天祥质量技术服务有限公司（英国 Intertek 设立认证机构）
CNCA-R-2002-020	北京中大华远认证中心		
CNCA-R-2002-021	华夏认证中心有限公司	CNCA-RF-2002-08	南德认证检测（中国）有限公司（德国 TÜV 南德意志集团设立认证机构）
CNCA-R-2002-022	北京国金恒信认证有限公司		
CNCA-R-2002-023	北京中建协认证中心有限公司	CNCA-RF-2002-11	劳氏质量认证（上海）有限公司（英国 LRQA 设立认证机构）
CNCA-R-2002-024	深圳市环通认证中心有限公司		
CNCA-R-2002-025	北京国建联信认证中心有限公司	CNCA-RF-2002-13	贝尔国际验证技术服务（成都）有限公司（法国 AFAQ-AFNOR Group 设立认证机构）
CNCA-R-2002-026	北京天一正认证有限公司		
CNCA-R-2002-027	北京中设认证服务有限公司		
CNCA-R-2002-028	北京中安质环认证中心	CNCA-RF-2003-19	上海恩可埃认证有限公司（英国 NQA 设立认证机构）
CNCA-R-2002-029	江苏九州认证有限公司		
CNCA-R-2002-030	泰尔认证中心	CNCA-RF-2003-23	必维认证（北京）有限公司（法国 BV 设立认证机构）
CNCA-R-2002-031	北京三星九千认证中心		

注：数据来源于 CNCA 官网 http：//www.cnca.gov.cn/cnca/（截至 2017 年 11 月 20 日；共 264 家，表中仅列 50 家）。

3. 质量管理体系认证的程序

（1）基本原则和总流程。具体包括以下内容：

1）质量管理体系认证的基本原则是独立性、公正性和科学性。质量管理体系认证机构根据自己的特点，可以在认证程序上有所不同，但其遵循的原则应是共同的。

2）已获认证的组织有义务履行认证机构颁发的有关认证制度，也有权利按照规定使用认证证书或认证标志。在权利得不到保证时，获证组织有权向认证机构申诉，认证机构应建立处理投诉和申诉的程序。

3）质量管理体系认证的一般流程如图 2-4 所示。

（2）申请受理和评审。具体包括以下内容：

1）认证机构应准备必要的最新文件，提供给申请方（拟认证的组织，下同）。这些文件应阐明认证的详细程序及要求、获证组织的权利与义务。

2）申请方应向认证机构提交一份正式的、由其授权代表签署的申请书。

3）认证机构应对申请方的申请进行评审并保存记录。

4）认证机构应遵循公平、公正的原则向所有申请方开放。

5）认证机构在受理申请后应书面通知申请方。

6）签订合同。合同应阐明申请方和认证机构双方的权利和义务，以及有关认证的费用。认证费用一般包括申请费、注册费、初次审核费、监督审核费和再认证审核费。

图 2-4　质量管理体系认证的一般流程

（3）审核组的组成。具体组成如下：

1）认证机构根据申请方情况组成审核组，指定审核组长。审核组的配备应满足以下要求：审核组成员及其所在组织在最近两年内未向受审核方提供质量管理体系的咨询服务。

审核组成员可包括实习审核员、审核员、高级审核员和技术专家。在某些特殊情况下，认证监管机构、认证认可机构可能委派观察员参与整个或部分审核过程，但观察员不作为审核组成员。

2）认证机构应提前将审核组成员的名单通知申请方，征求其对指派的审核员或专家有无异议的意见。如有正当理由，认证机构应尽量满足申请方的要求，使审核组为申请方所接受。

（4）第一阶段审核。第一阶段审核的目的是了解受审核方的基本信息，审核管理体系文件，识别任何引起关注的、在第二阶段审核中可能开出不符合的问题，为第二阶段审核提供关注点。第一阶段审核通常在受审核方的现场进行，但在某些特殊情况下也可以通过非现场的方式进行。

申请方提交最新版本的质量管理体系文件，根据认证机构的要求，也可以包括其他相关质量文件。

通过与申请方人员进行讨论，根据其提供的质量管理体系文件、运作过程、运作场所和现场的具体情况、内部审核与管理评审的策划和实施情况，确认申请方对标准理解和实施的程度、对相关法律法规的遵守情况以及质量管理体系的范围，以确定第二阶段审核的安排。

（5）第二阶段审核。第二阶段审核的目的是评价申请方的管理体系实施情况，必须进入组织的办公场所和/或作业现场。现场审核应按如下程序进行：

1）审核准备。现场审核前，审核组应编制审核计划和审核检查表，审核计划应顾及双方的时间安排，且得到受审核方的同意。

2）首次会议。首次会议是审核组在正式审核前与受审核方召开的一次会议，主要是重申审核的目的、依据、范围、计划，介绍审核组成员和审核方法等。

3）审核。①审核组应依据规定的标准，在确定的范围内评定受审核方的质量管理体系；②审核通常采取检查质量文件、记录，同管理和现场作业人员座谈以及对质量活动进行观察等方式搜集证据；③审核员应按双方商定的审核计划和按事先准备的检查清单去验证组织质量管理体系的实施是否符合规定的要求。④审核组应详细记录所观察到的审核发现，根据问题的严重程度将所发现的不合格项分为"严重"和"一般"两类，审核组提出的不合格项应经受审核方确认。

4）末次会议。末次会议是审核组在现场审核结束前与受审核方召开的会议，主要介绍审核情况和结果，提供口头的或书面的关于受审核方是否符合规定的认证要求的说明。审核组应给予受审核方针对审核结果和说明提出质疑的机会。

5）不合格报告和纠正措施。审核组应在末次会议前或末次会议上向受审核方提交不合格报告；审核组应请受审核方对不合格报告提出意见，明确认证机构对纠正措施的有关要求，如规定的整改期限等。纠正措施的验证一般可分为以下情况：①纠正措施若主要涉及文件更改，则只要确认文件更改部分，不必再次安排现场验证；②纠正措施若涉及必须去现场复查的重大更改，则认证机构应安排现场跟踪审核。

（6）审核报告。具体包括以下内容：

1）审核组应向认证机构提交说明受审核方与认证要求符合性的报告。

2）认证机构应对审核组的审核报告予以审查、批准。如批准的正式报告与审核组在末次会议前或末次会议上向受审核方提交的不合格报告有差异，则在将正式报告提交给受审核方时应解释与前次的不同之处。

（7）颁发证书。认证机构应为获证的组织提供认证文件，如由认证机构法定代表人签署的文件或认证证书。这些文件应确定组织和认证所覆盖各个场所的下列信息：①名称和地址；②批准的认证范围；③认证证书的生效期和有效期。

（8）监督与再认证。认证证书的有效性一般为三年，认证机构在有效期内将对受审核方的质量管理体系实施监督审核，每次审核的间隔一般为一年。在认证证书有效期结束时，认证机构应根据受审核方的申请，对其质量管理体系进行重新评定（再认证）。

四、质量管理体系审核

审核用于确定组织的质量管理体系符合标准要求的程度。审核发现用于评定质量管理体系的有效性和识别改进的机会。质量管理体系审核是组织在建立、运行体系后必须定期进行的一项管理活动，目的是评价和确定质量管理体系符合要求的程度和体系的有效性。

1. 质量管理体系审核的分类

质量管理体系审核按照实施审核提出者不同可以分为三类：第一方审核（内部审核）、

第二方审核（外部审核）和第三方审核（外部审核）。第一方审核用于内部目的，由组织自己或以组织的名义进行，可作为组织自我合格声明的基础；第二方审核由组织的相关方，如顾客或由其他人员以相关方的名义进行；第三方审核由独立的审核组织进行，如监管提供认证或注册的机构。表2-5对第一方、第二方和第三方审核进行了比较。

表2-5 审核分类的比较

比较项目	内部审核	外部审核	
	第一方审核	第二方审核	第三方审核
审核主体	组织内部审核	相关方对组织的审核	独立的第三方对组织的审核
执行者	组织内部或聘请外部人员	相关方自己或委托他人	第三方认证机构派出审核员
审核目的	推动内部改革	选择、评定或控制供方	认证注册
审核准则（依据）	适用的法律法规及标准、顾客指定的标准、组织质量管理体系文件、顾客投诉	顾客指定的产品标准、质量管理体系标准、适用的法律法规	ISO 9001：2015、组织适用的法律法规及标准、组织质量管理体系文件、顾客投诉
审核范围	可扩展到所有内部管理要求	限于相关方关心的标准和要求	限于申请认证的产品及区域的ISO 9001：2015体系
审核时间	审核时间较充裕、灵活	审核时间服从于相关方要求	审核时间较短，按计划执行
纠正措施	审核时可探讨、研究制定纠正措施	审核时可提出纠正措施	审核时通常不提供纠正措施建议
审核员	经过培训的内审员	通常由相关方、审核员或主管人员担任，对注册资格无要求	必须取得国家注册审核员的资格

2. 与审核相关的基本概念

（1）审核。审核就是为获得审核证据并对其进行客观评价，以确定满足审核准则的程度所进行的系统的、独立的并形成文件的过程。

（2）审核证据。审核证据就是与审核准则有关的，并且能够被证实的记录、事实陈述和其他信息。审核证据可以是定性的或定量的。

（3）审核目的。审核的主要目的是确定质量管理体系满足审核准则的程度，发现改进的机会，如确定受审核组织的质量管理体系对规定要求的符合性；评价对法律法规要求的符合性；确认所实施的管理体系满足规定目标的有效性。

（4）审核准则。审核准则就是用于与审核依据进行比较的一组方针、程序或要求。它具体包括质量管理体系标准、质量管理体系文件、法律法规要求、顾客要求、技术标准和技术文件要求等。

（5）审核发现。审核发现就是将搜集到的审核证据对照审核准则进行评价的结果。审核发现能表明是否符合审核准则，或存在哪些可改进的机会。

（6）审核结论。审核结论是审核组考虑了审核目标和所有审核发现后，得出的最终审核结果。

3. 审核原则

审核原则是审核员在实施审核活动中必须遵循的原则，是对审核员行为的职业规范要求，同时也保证了审核在受控的条件下有序进行。审核原则包括以下六项：

（1）诚实正直：职业的基础。这项原则是对一名合格审核员的基本要求。审核员应诚实、勤勉、负责、知法、守法、公正、谨慎、有能力，这是审核员职业的基础。

（2）公正表达：真实、准确地报告的义务。真实、准确地报告审核工作是每个合格审核员应尽的责任和义务，审核过程中的沟通应真实、准确、客观、及时、清楚和完整。

（3）职业素养：在审核中勤奋并具有判断力。在所有审核情况下，做出合理判断是体现审核员职业素质的一个重要因素。审核员应充分认识所执行审核任务的重要性，重视审核委托方及所有相关方对自己的信任。

（4）保密性：信息安全。审核员应审慎使用和保护在审核过程中获得的信息；审核员或审核委托方不应为个人利益不适当地或以损害受审核方合法利益的方式使用审核信息。

（5）独立性：审核的公正性和审核结论客观性的基础。审核员应独立于受审核的活动，不带有任何偏见，不介入任何利益冲突，在整个审核过程中保持客观性，以确保审核发现和审核结论仅建立在审核证据的基础上。

（6）基于证据的方法：在一个系统的审核中，得出可信的和可重现的审核结论的合理的方法。审核证据应该是能够验证的。由于审核是在有限的时间内以及有限的资源条件下进行的，因此，审核证据是建立在可获得信息的样本基础上的，应合理地进行抽样，因为这与审核结论的可信性密切相关。

4. 审核准备

审核准备是在实施审核前所进行的准备活动，包括审核策划、确定审核组成员、编制检查表等工作。只有准备充分，才能使审核工作顺利完成，发挥促进组织改进、推动质量管理体系有效运行的作用。

（1）审核策划。重点是对过程和资源（如审核员）的策划，强调有效性和实用性，不要局限于表面现象。策划的输出可以包括审核方案、审核计划、审核用工作文件和资料、审核组等。对审核用文件（包括检查表、不合格通知单等）的格式没有统一要求，但一个组织应该采用统一格式的文件和记录。

参加策划的人员应熟悉标准、适用的法律法规和质量管理体系文件；确定组织的质量管理体系过程和产品实现过程，识别特殊过程和关键过程；能够确定和识别审核的重点；识别审核组成员的工作能力。审核计划应密切结合组织质量管理体系的实际，要实用，并且与组织的总体计划和其他工作相协调。

（2）建立审核组。根据审核活动的目的、范围、部门、过程以及审核日程安排，选定审核组组长，建立审核组。审核组的建立和审核员的选择应考虑标准的要求。其中，审核员应该是经过培训合格的人员，审核组组长应该熟悉组织的生产和管理过程，并具有良好的组织和协调能力。

审核组成立后，应召开审核组会议，明确审核组成员的分工和要求。审核员要按照分工做好各项准备工作，进一步熟悉质量管理体系标准和文件，根据分工对审核任务进行策划，识别受审核部门职责、过程和应达到的质量目标，并编制检查表，关注前次审核结果中应跟踪的项目。

（3）编制检查表。检查表是审核员在审核中使用的一种工具，它可以帮助审核员明确审核的重点、方向和路径。为提高审核的有效性和效率，审核员应根据分工，准备现场审核用的检查表。检查表内容的多少，取决于受审核部门的工作范围、职能、抽样方案及审核要求和方法。

5. 审核实施

审核实施是审核工作的关键环节，具体包括以下主要内容：

（1）首次会议。审核的首次会议应当灵活掌握，内容和形式都可以简化。通常最高管理者和其他相关管理者要参加首次会议，会议由审核组组长主持，时间不宜太长，主要说明本次审核的目的、范围和要求等。高层领导要进行动员，以便受审核部门积极配合审核员开展工作。首次会议之后就转入现场审核。

（2）现场审核。现场审核是一个收集、分析、处理信息的过程，如图2-5所示。

在现场审核中，审核员要观察、收集、分析和验证关于受审核部门是否符合审核准则的信息，审核组组长要控制审核全过程，包括控制审核计划、审核进度和气氛、审核客观性与审核结果。抽样要有代表性，通过各种形式去寻找客观证据。当发现不合格时，要进一步调查研究，与受审核方负责人共同确定事实。审核员要始终保持客观、公正和礼貌。

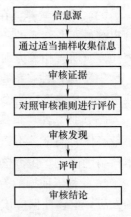

图2-5 现场审核的过程

（3）确定不合格项并编制不合格报告。审核中的不合格项有两种类型：严重不合格项和一般不合格项。当体系运行出现系统性失效，如某一条款、某一关键过程重复出现失控现象，而又未能采取有效的纠正措施加以消除；体系运行出现区域性失效，如某一部门、场所的全面失效现象；影响产品或体系运行后果的严重不合格现象，都构成严重不合格项。一般不合格项是指对满足质量体系标准或文件的要求而言，是个别的、偶然的、孤立的性质轻微的问题；或对保证所审核区域的质量管理体系的有效性而言，是次要的问题。

审核员发现不合格项以后，就要编写不合格报告。报告的内容包括对不合格事实的描述、对不合格性质的判定、对应的审核准则条款等。对不合格事实的描述应准确地描述观察到的事实，包括时间、地点、人物、何种情况等，使其具有重现性和可追溯性，力求简明精练，抓住核心加以概括提炼，判断要准确，尽可能使用通用术语。

（4）纠正措施。纠正措施的制定、实施和验证是非常重要的，这是由审核目的决定的。审核的主要目的之一是，发现质量管理体系存在的问题，查出原因，采取纠正或预防措施加以消除，以免再次出现类似的不合格，使质量管理体系得到不断改进。内部审核组/受审核组织应在相关管理者的领导下，与受审核部门一起分析原因，制定和落实纠正措施，并进行验证。

（5）末次会议。与首次会议相似，必要时，审核的末次会议也可以采取简化的方法。会议仍然由审核组组长主持，目的是报告审核发现和宣布审核结论，由组织领导进行总结并提出要求。

（6）审核报告。审核报告是审核工作的总结和成果。审核报告的内容包括审核综述、不合格项统计与分析、对质量管理体系的综合评价、文件对标准的符合程度、体系的实施程度、体系的有效程度、包括质量目标实施情况的定量分析、发现和改进体系运行问题的机制状况、纠正措施和改进的建议等。审核报告经评审和批准后，应分发至审核程序或审核计划规定的接收人。

第二章　ISO 9000族标准与质量管理体系

6. 提高审核工作有效性的途径

质量管理体系审核的有效性主要涉及审核的规范化程度、审核组的审核能力以及质量管理体系有效运行的程度。要使审核工作卓有成效、实现增值，应做好以下几项工作：

（1）加强质量体系文件审查的力度。质量体系文件审查主要审核质量体系文件是否切合实际，是否具有可操作性。鉴于现在某些组织的质量管理体系文件仍存在错误、遗漏或不适用的情况，审核中要重视纠正形式化文件的现象，以确保质量管理体系文件能结合组织产品和服务的特点，针对标准的要求，切合实际并行之有效。

（2）现场审核前要准备充分。一个具有审核能力的审核组，如果审核前准备不充分，就有可能在审核中发生严重失误，甚至达不到审核的目的。审核前的准备包括配备审核资源、确定审核范围、制订审核计划、编制审核文件等活动。其中，关键要做好三件事：制订周密的审核计划、进行审核前的专业引导和编制好检查表。

（3）加强对管理者的审核。对管理者的审核重点要检查以下方面：如何分析外部环境；如何理解相关方的需求和期望；质量方针是否执行；质量目标是否适宜、可度量并在实现；是否有效分配职责和权限；是否促进使用过程方法和基于风险的思维；是否确保体系要求融入业务过程；是否对质量体系的有效性负责；资源是否充足；管理评审是否有效等。要掌握质量管理体系是否有稳固的基础，既为客观、公正地对质量体系做出准确评价创造条件，又对质量体系的改进和完善形成一次推动。

（4）强化对产品标准、内控标准和合同要求的审查。根据受审核组织的实际情况，重点检查以下内容：①是否把应当执行的国际标准、国家标准和行业标准列为受控文件，如果没有国家标准、行业标准，是否制定了组织标准作为组织生产的依据；②是否针对已有国家标准或行业标准编制了内控标准，内控标准是否严于国家标准或行业标准的要求，是否得到执行；③依据产品标准或合同，检查采购的原材料是否满足规定的要求；④根据产品标准或合同，对产品性能、结构、可信性等质量要求，检查过程控制，检查是否具有相应的工艺文件、制造设备、测试手段、监控措施、人员培训和适宜的环境；⑤按产品标准、内控标准或合同审查检测项目的完整性，检查方法的适宜性，检测设备的充分性，检测结果的符合性；⑥按合同要求检查合同评审、设计输入、设计确认和成品检验，检查其是否满足合同的规定。

（5）对关键过程要查深、查细。由于关键过程对产品质量影响的特殊性，在审核过程中应当列为检查的重点，对输入、输出、资源和活动应当查深、查细。对关键过程的检查除了一般过程检查的内容之外，还要重点关注以下几个方面：过程的输入、过程必需的工艺文件或作业指导书、过程的设备及过程能力、人员的培训和考核、质量控制点的设置、是否实施连续的监控、质量记录是否完整准确、过程输出是否达到预期的效果等。

总之，提高审核有效性的主要途径是把审核当作一种推动机制，把审核中反馈的信息作为内部质量改进的动力，以实事求是的态度，严肃认真地采取有效的改进措施，从而提高组织的整体素质。

思　考　题

1. ISO 9000 族标准的核心标准有哪些？

2. ISO 9000 族标准具有哪些特点？
3. 相较 2008 版，ISO 9001：2015 标准主要有哪些变化？
4. 企业推行 ISO 9000 族标准的一般步骤是什么？
5. 管理评审与内部审核有什么区别与联系？
6. 什么是质量认证？质量管理体系认证与产品认证有何区别与联系？
7. 什么是质量管理体系审核？审核应遵循哪些基本原则？

第三章

供应商质量管理

本章首先简述了供应商质量管理的重要意义，阐述了企业与供应商关系典型模式的特征，对供应商的选择和供应商质量控制进行了详细论述，继而从供应商的契约控制和供应商动态管理两个方面进行了介绍。

第一节　供应商选择与质量控制

随着生产社会化的不断发展，企业的生产活动分工越来越细，专业化程度越来越高，促使生产技术水平不断提高，产品质量得到大幅度改善。通常，某一产品不是由一个企业从最初的原材料开始加工直至形成顾客最终使用的产品，而往往是通过多个企业分工协作来完成的。另外，先进生产方式的广泛应用，如准时生产、敏捷制造、零库存等，使企业与供应商的关系更加紧密，企业与供应商的关系也由单纯的买卖关系向互利共赢的合作关系不断演变。

一、供应商的产品质量对企业的影响

在经济全球化不断深化的今天，企业越来越注重培育和发挥自身的核心能力，对非核心业务大多采用外包的方式，由供应商提供核心业务以外的作业。以汽车制造业为例，德国大众的经典车型甲壳虫，其零部件外购比例从20世纪50年代的15%上升到2000年的60%。30多年来，世界汽车业巨头基本上剥离了其大部分次要零部件的生产。表3-1显示了某些汽车公司从20世纪80年代到90年代自产零部件的百分比变化情况。

表3-1　某些汽车公司自产零部件的百分比变化一览表（%）

公司零部件	20世纪80年代						20世纪90年代					
	菲亚特	福特	大众	雷诺	标致	通用	菲亚特	福特	大众	雷诺	标致	通用
排气管	50	100	50	50	50	100	0	0	0	0	0	0
油泵	100	100	100	100	50	100	0	0	25	25	0	0
车座	100	100	100	100	100	100	50	50	25	0	0	0
制动	100	100	100	100	50	100	0	0	50	0	0	25
离合器	100	50	0	50	50	50	0	0	0	0	0	0
踏板总成	100	100	100	100	100	100	0	0	25	0	0	0
燃油箱	100	100	100	100	100	100	0	25	0	0	0	0
水泵	100	100	100	100	100	100	0	0	25	0	0	0

由此可见，供应商所提供的零部件质量在很大程度上直接决定着企业产品的质量和成本，影响着顾客对企业的满意程度。供应商提供的产品和服务对企业的发展起着十分重要的

作用。因此，在互利共赢原则下，加强对供应商的质量控制已经成为企业质量管理创新的重要途径。

二、企业与供应商关系的典型模式

在企业与供应商的关系中，存在两种典型的模式：①传统的竞争关系；②合作伙伴关系，或者称互利共赢（Win-Win）关系。当然，许多企业与供应商的关系模式处于这两种模式的中间状态。

1. 竞争关系模式

竞争关系模式表现为价格驱动，具有以下特征：

（1）制造商同时向多家供应商购货，通过供应商之间的竞争获得价格好处，同时也有利于保证供应的连续性。

（2）制造商通过在供应商之间分配采购数量对供应商加以控制。

（3）制造商与供应商之间是一种短期合同关系，稳定性较差。

（4）制造商与供应商的信息交流少。

（5）供应商的选择范围大多限于投标评估。

2. 合作伙伴关系模式

合作伙伴关系模式是一种互利共赢的关系，强调在合作的供应商和制造商之间共同分享信息，通过合作和协商协调相互的行为，达到互利共赢的目的。这种关系模式具有以下特征：

（1）制造商对供应商给予技术支持，帮助供应商降低成本，改进质量，缩短产品开发周期。

（2）供应商参与制造商的新产品的早期开发。

（3）通过建立相互信任的关系提高效率，降低交易成本。

（4）制造商与供应商之间是长期稳定的紧密合作关系。

（5）制造商与供应商之间有较多的信息交流，且信息共享。

（6）制造商主动寻求优秀的供应商。

互利共赢关系可以给企业、供应商以及双方都带来许多利益点，如表3-2所示。

表3-2　互利共赢关系给企业、供应商以及双方带来的利益点

项目	企　　业	供　应　商	双　　方
利益点	1. 提高产品质量 2. 降低合同成本 3. 实现数量折扣 4. 获得及时可靠的交付 5. 降低库存费用 6. 缩短产品开发周期 7. 降低进货检验费用	1. 提高市场需求的稳定性 2. 货款回笼及时可靠 3. 准确把握顾客需求 4. 获得合作伙伴的技术和管理支持 5. 提高零部件的质量 6. 降低生产成本 7. 增强盈利能力	1. 增强质量优势 2. 增进沟通，减少纠纷 3. 实现优势互补 4. 共同降低运营成本，实现成本优势 5. 提高资产收益率 6. 降低双方的交易成本 7. 增强抵御市场风险的能力

三、供应商的选择

选择合适的供应商是对供应商进行质量控制的最有效手段。如果供应商选择不当，无论

后续的控制方法多么先进,控制手段多么严格,都只能起到事倍功半的效果。因此,企业要对供应商进行质量控制,首先必须科学合理地选择供应商。

(一)供应商战略的确定

企业在新产品的设计与开发、业务流程策划与再造等过程中,都需要考虑产品的哪些零部件需要自产、哪些需要由供应商提供、哪些供应商是企业的重要供应商,以及企业应该与供应商建立一种什么样的关系等问题。这些问题的解决过程就是企业供应商战略的确定过程。

1. 企业自产与外购的选择

企业在生产经营过程中,所需要的原材料和零部件不可能都由自己生产提供。决定其中哪些应由供应商提供,不是一个简单的买与不买的问题,因为这涉及企业的业务流程,甚至涉及企业与供应商之间的业务流程再造,属于企业战略层面的问题。因而对零部件的自产与外购的选择必须综合考虑企业的经营环境、自身实际情况以及市场供应情况。

(1)经营环境。企业对零部件是自产还是外购的决策需要建立在对其经营环境的准确分析和把握之上。企业所在行业的整体状况与发展态势、国家宏观经济形势、企业产品的社会需求现状及未来预测等因素,都会影响企业产品的产销量;而预期的企业产销量既是企业进行各项决策,如投资规模、设备配置等的主要依据,也是企业零部件自产与外购决策的重要依据。另外,竞争对手的零部件自产与外购情况也是企业进行决策的重要参考依据。

(2)企业自身实际情况。企业决定其所需零部件是自产还是外购,必须综合分析企业的实力、核心业务及发展战略。通常,涉及企业核心业务的部分应由企业自己来做,否则企业可能会失去竞争优势;对于不涉及企业核心业务或核心能力的零部件,在决定是自产还是向供应商采购之前,企业需要综合衡量外购的风险以及自产的优势,在与供应商签订合同前谨慎审视自身,评价需要和期望,才能够选择正确的供应商,从而取得互利共赢的效果。

(3)市场供应情况。零部件的市场供应情况也是企业决定是自产还是外购的重要依据之一。企业与其供应商的关系实质是相互依存的关系,正如一家实力雄厚、规模巨大的企业会吸引很多供应商在其周围投资办厂一样,具有完善配套供应商的区域也常常会吸引大型企业甚至跨国公司前来投资办厂。某种零部件的市场供应能力、价格、质量和服务水平在很大程度上影响着企业的自产与外购决策。因此,企业应全面了解其产品中零部件的市场供应情况,注意从互联网、展览会、供应商来信等渠道收集供应商的企业介绍、产品样本、获奖证书、代理商授权书、营业执照、产品实物质量水平以及市场行情等方面的信息。然后,按照供应商提供的物资种类,可分别建立原材料、零部件、包装材料等不同类别的潜在供应商档案。同时,应建立潜在供应商一览表,并随时进行有效的维护。

2. 供应商的重要性分类

产品组成中各种原材料或零部件的重要性不同,决定了企业与不同供应商的关系密切程度不同,企业对不同供应商的质量控制宽严程度不同。这就需要对供应商进行分类管理。

企业可以按照供应商提供零部件对产品影响的重要程度,将其分为Ⅰ、Ⅱ、Ⅲ三类。其中,Ⅰ类供应商提供的产品对企业生产的产品质量有非常重要的影响;Ⅱ类供应商提供的产品对企业生产的产品质量有重要的影响;Ⅲ类供应商提供的产品对企业生产的产品质量有一般的影响。

3. 供应商的关系选择

如前所述，企业与供应商的关系存在两种典型的模式，即简单买卖的竞争关系和互利共赢的合作伙伴关系。当然，对于许多企业来说，其与供应商的关系往往处于这两种典型模式的中间状态。但是，企业必须明确自己与不同的供应商之间应建立一种什么样的关系。

与供应商的关系选择可以与供应商的类别结合起来。对于Ⅲ类供应商，企业通常采用最简单的合作方式，即直接采购。而对于Ⅰ类供应商，企业应倾向于与之建立互利共赢的合作关系，这种合作关系往往不限于单纯采购供货，还包括以项目方式提供服务、合作开发产品或服务项目，乃至指导和协助供应商进行质量改进等。近年来的发展趋势是，作为"客户"的企业越来越深入供应商的业务流程。例如，通过建立基于信息技术的业务模式，使二者之间的供需业务如同在一家公司内的生产计划和送货安排一样及时和有效，甚至将企业的原料仓库与供应商的成品库合为一体，将企业内部的业务流程与供应商的业务流程直接衔接，以及直接处理跨越二者的综合业务，形成跨越企业界限的高效率业务流程，从而建立供应链竞争优势。对于Ⅱ类供应商，企业可以综合考虑供应商所供应零部件的价值、数量以及供应商的规模等因素，进行适当的关系定位。

另外，企业与供应商的关系定位，往往不是企业一厢情愿的，还需要考虑企业自身的规模和实力以及供应商的规模和实力。如果企业自身规模很小，所购原材料或零部件占供应商业务量的比例很小，就不存在紧密协作或整合双方业务流程的可能性。此时，不管该供应商提供的零部件对企业的产品质量来说多么重要，简单的买卖关系可能都是一种最佳的选择。

当企业明确了哪些零部件需要外购以后，需要根据外购件的重要程度对未来的供应商进行分类，并确定与各类供应商的关系原则。然后，在此原则指导下，进一步确定选择供应商的评价程序和内容。

（二）供应商的基本情况调查

质量是产品的一项重要特性，既具有主观性的一面，又具有客观性的一面。质量的主观性要求企业针对目标顾客的需求期望来开发和制造产品，以满足目标顾客的要求。这就需要在设计和开发的策划阶段对产品的质量水平进行定位，这种定位决定了对采购原材料和零部件的质量要求，从而决定了对供应商进行选择和控制的基本准则。

1. 供应商选择的准备

供应商选择的准备是整个采购工作的起点，是在与供应商接触之前必须做好的工作。这也是经验丰富的采购人员通常采用的工作方法。仅就供应商的质量控制而言，策划阶段的主要工作有熟悉采购要求、研究拟采购产品的质量标准、制定供应商评价准则（初稿）。随着设计和开发的进展，对供应商的要求也会发生变化，所以，这里制定的准则只能是初步的。

供应商评价准则最好由设计人员、采购人员和管理人员共同制定，同时满足技术和采购的要求。

在制定供应商评价准则时，要根据已有的技术文件制定，这些技术文件已经考虑了顾客的需求和期望。但是就采购本身来说，法律法规可能有其他要求。这时采购人员应进行识别，并且在制定供应商评价准则时满足有关法律法规的要求。

负责对供应商评价的人员在与供应商接触之前就应该先熟悉所采购产品的性能，并且比较全面地掌握采购产品的专业知识，这些专业知识有时可能是很广泛的，如机械、电子、化学、信息等。对不同的产品，其质量要求也是不同的，要注意区分外购原材料和零部件的质量特性，特别是关键质量特性。

2. 确定供应商群体范围

一般来讲，每一个企业都有自己相对稳定的供应商群体，这是企业的重要资源之一。在产品的设计和开发过程中，寻求供应商的最佳方法就是优先考虑原来已有的供应商群体，在原有的供应商群体中寻找最适合新产品的设计和开发所需的供应商。大多数情况下，企业的新产品设计与开发与原来的产品有许多联系，有的零部件或物资是通用的，这样原有的供应商群体可以轻易地满足新产品的需求。有时企业开发的是全新产品，或者由于市场需求的增加和新产品的投产，原有的供应商群体可能不能满足企业的需要，这时采购人员就需要到社会供应商群体中寻找新的供应商，有时甚至需要到国际市场上寻求合格的供应商。

如果被调查对象是企业的原有供应商，现在要扩展新供货品种，则可查询企业对该供应商的评定资料和以往供货的业绩记录。具体评定内容应包括该供应商的质量供应能力、供货及时性、财务状况、相对于竞争对手的优势、处理质量问题的及时性，以及其他质量管理体系的相关信息。

如果被调查对象是准备合作的新供应商，企业没有关于该供应商的详细资料，则可以对供应商进行直接调查。企业可以根据产品和供应商的具体情况设计调查表。调查表的内容应包括企业规模、生产规模、主导产品、生产设备、检测人员和设备、过程能力指数、体系认证情况、主要原材料来源、相关经验、主要客户及其反馈信息、遵纪守法情况等。调查表应尽可能全面、具体，尽量用数据或量值进行表述，还应注意调查内容便于进行现场审核。同时需要注意，对任何一种新产品，应同时调查若干有意向的企业，并由其主要领导签字确认调查内容的真实性。当然，调查其他企业或企业内其他分公司对该供应商的评审资料也是一种常用的方法。这些资料会提供该供应商在同种或类似产品方面的各类信息，甚至可能包括该供应商的技术开发实力或在哪些方面具有合作优势。

企业可以在此基础上确定供应商群体范围，并形成文件。这种文件一般以"初选供应商名单"的形式提出，由采购部门拟订，经设计、质量、生产、销售、工艺等部门的人员评审后，报企业的有关领导审批。

随着我国企业逐渐融入国际经济大循环，企业在确定供应商群体范围时，应该注意运用全球采购的杠杆，以实现采购成本的降低和采购产品质量的提高。

3. 供应商的基础数据

企业对供应商的管理，很大一部分是对供应商基础数据的管理，而供应商的基础数据可以分为两个方面：一方面是供应商的基础信息；另一方面是供应商的供货信息。

供应商的供货能力是企业采购时需要考虑的一个十分重要的因素，但是，供应商的供应能力是随时变化的。这就需要对供应商的供货能力进行管理，及时掌握其变化，为采购人员按照订单的优先级进行采购提供必要的参考数据。

对供应商供应情况等数据进行长期积累及分析，利用分析的结果可以对供应商进行评价；同时，这也可以为企业组织生产提供基础数据，避免发生由于供应商的能力不足而对企业生产造成影响的情况。

由于信息技术的广泛应用，供应商信息的变动可以通过网络及时地反映给企业的相应部门。企业可以方便、及时地了解供应商的最新情况，调整供应商供货的内容信息，使所有供应商的质量管理变得在线、可控，避免因不能及时获得供应商信息的改变而对企业采购造成影响的情况出现。

4. 生产设备与检测设备

供应商生产设备的整体水平、关键设备的先进程度、已使用年限等是确保其产品质量的硬条件，往往是无法在短期内大幅度改善的，因而设备能力是过程能力中的关键因素。因此，了解供应商的设备状况，有助于掌握供应商的质量保证能力和质量改进的潜力。一般来说，设备陈旧落后的供应商，无论其如何控制产品质量，要达到企业规定的质量要求都是非常困难的。

供应商的检测设备是其赖以测量、分析和改进的基础条件。如果供应商不具备必要的检测手段，就无法提供真实准确的质量数据，那么供应商的质量控制就如同空中楼阁。所以，在初选供应商时，了解供应商检测设备的配备情况和先进程度同样是十分必要的。

5. 过程能力指数和过程性能指数

供应商是否进行过程能力指数和过程性能指数的计算分析，可以在一定程度上反映其是否在生产过程中进行了预防控制。过程能力指数和过程性能指数的变化可以反映供应商的质量保证能力和质量改进潜力的大小，并且在很大程度上反映供应商的实力和管理水平。因此，调查供应商的过程能力指数和过程性能指数是选择供应商的重要依据之一。

6. 主要原材料来源

在有的行业中，如钢铁、石化行业，原材料的质量对产品质量的影响很大。如果企业采购的产品，其质量在较大程度上依赖于原材料的质量，那么企业在选择供应商时，往往就比较关心供应商的主要原材料来源，需要对供应商使用的主要原材料进行调查。

7. 主要客户及其反馈信息

对供应商所提供的产品质量如何，服务质量如何，以及交付情况、供应商的信誉等方面的信息，企业不能只凭供应商的一面之词。可以首先了解供应商的主要客户有哪些，这些客户的实力、在行业中的地位可以在一定程度上反映供应商的能力。然后，选择其重点客户进行调查，从侧面了解供应商的情况。

8. 遵纪守法情况

一个值得信赖的供应商首先应该是遵纪守法的模范，良好的守法记录对于优秀的供应商来说是一个最基本的要求。因此，企业在选择供应商时，应把供应商的遵纪守法情况作为筛选的前提条件。

（三）供应商审核

企业在分析供应商基本情况的基础上，对于Ⅰ类和Ⅱ类供应商，如果认为有必要对其做进一步的调查，可以进行供应商审核，它是供应商选择的重要依据。通过供应商审核，企业可以了解供应商有哪些优点和缺点。审核结果可以作为供应商选择的依据，也可以对预选合格、列入合格供应商名单的供应商进行排序，以确定哪些供应商可以优先成为企业的供应商和战略伙伴。

审核时，企业可选派有经验的审核员或委托有资格的第三方审核机构到供应商处进行现场审核和调查。企业应有自己的审核标准，把握关键要素和过程。对已通过体系认证的供应商，可关注其反映持续改进的管理评审、内审、纠正措施、预防措施、检验与试验等较易发现问题的过程。如果这些方面做得好，说明该供应商应具有较好的合作潜力。对未通过体系认证的供应商，应着重从控制的有效性入手，关注其采购、设备、人员、检验等重要过程。

如果供应商未获得质量管理体系认证证书，可能未按照 ISO 9001 标准建立体系，也可能按照 ISO 9001 标准建立了质量管理体系但没有寻求认证，但这并不意味着它的质量管理体系不健全，更不意味着它没有管理体系。只要供应商对关键要素和过程的控制良好，产品质量能够达到企业要求，就具备合作的基本条件。

审核过程中还应对被审核方的财务状况、顾客满意度、过程能力、员工素质、服务水平等进行调查。审核和调查应形成明确、详细的审核报告和调查报告。审核结束后，企业应对供应商的相关合作经验、质量保证能力、履约能力、物流保障能力、服务和技术支持能力进行综合评估，根据评估结果优选供应商。

1. 供应商审核的时机

在对供应商进行评价和选择，或者对已有的供应商进行业绩考核时，往往需要进行供应商审核。

审核不是针对所有的初选供应商进行的，也不是对列入合格供应商名单中的全部供应商都要进行绩效考核，因为供应商审核会耗费企业的人力和物力，所以必须有针对性地进行。一般来说，对新入选的供应商，企业在对供应商做了初步筛选的基础上，对提供重要零部件、大批量供货或有可能成为主要供应商的供应商进行审核；对现有的供应商，主要是对批量提供产品的供应商或质量有问题的供应商进行重新评价审核。

对待选供应商进行审核的时机，一般是在批量供货之前，将审核合格的供应商正式列入合格供应商名单；对提供重要产品的 I 类供应商，企业可能会将供应商审核提前到产品试制阶段；有些产品特别重要或者投资额特别巨大，企业为了减少风险，甚至在产品设计和开发的初期就可能需要对供应商进行审核。

对原有供应商的审核，一般分为例行审核和特殊情况下的审核两种：

（1）例行审核。它是根据双方规定的时间间隔，定期对供应商进行的审核。

（2）特殊情况下的审核。一般在如下情况下进行：供应商提供的产品质量波动较大，经常出现不合格品；顾客对企业提供的产品有抱怨或投诉，经过分析，这些抱怨或投诉与供应商提供的产品或服务有关；企业的经营有重大变化或外部市场有重大变化，需要供应商进行比较大的改进等。

2. 供应商审核的分类及其相互关系

供应商审核一般分为产品审核、过程审核和质量管理体系审核三类。

（1）产品审核。产品审核主要是确认供应商的产品质量，必要时还可以要求供应商改进产品质量以符合企业的要求。产品审核的主要内容包括产品的功能审核、产品的外观审核和产品的包装审核等。

（2）过程审核。过程审核视企业产品的实际情况而定，不是每一种采购产品都需要进行过程审核。一般来说，只有当供应商提供的产品对生产工艺有很强的依赖性时，才有必要进行过程审核。有时候，供应商邀请企业对供应商的过程能力进行"会诊"，也可以看作是一种过程审核。

（3）质量管理体系审核。质量管理体系审核是针对供应商整个质量管理体系进行的审核，这其中不可避免地包括对过程和产品的审核。一般选择 ISO 9001：2015 标准作为审核的准则，有时也可以根据供应商或产品的不同情况选择其他标准。例如，医药行业可以选择 ISO 13485：2016 标准，汽车行业可以选择 IATF 16949：2016 标准等。

一般来说，对供应商审核的顺序应该是：首先进行产品审核，只有在产品审核合格的基础上才能继续进行其他审核，当产品不符合要求时，就没有必要进行质量管理体系审核和过程审核；然后进行过程审核；最后进行质量管理体系审核。对于不同的产品、不同的供应商，并不是三种审核都是必需的，有时如果只进行一种或两种审核就可以对供应商提供合格产品的能力做出结论，则没有必要再进行其他审核。

（四）供应商的评价与选择

了解供应商的基本情况和进行供应商审核，目的是对供应商进行评定，从中选择合适的供应商。为了确保供应商的质量，企业应依据一定的原则，按照规定的程序，通过合理的方法来评价与选择供应商。

1. 评价与选择供应商的基本原则

（1）全面兼顾与突出重点原则。评价与选择供应商的指标体系必须全面反映供应商目前的综合水平，避免只顾一点不计其他的做法，如比价采购；但对于重点指标，要给予重点考虑。

（2）科学性原则。评价与选择供应商的指标体系的大小必须适宜，也就是指标体系的设置应有一定的科学性。如果指标体系过大、指标层次过多、指标过细，势必将评价者的注意力吸引到细小的问题上，而且容易把评价工作烦琐化；而指标体系过小、指标层次过少、指标过粗，又不能充分反映供应商的水平。

（3）可操作性原则。评价与选择供应商的指标体系应具有足够的灵活性和可操作性，使评价与选择工作易于进行。

2. 选择供应商的程序

任何一个运作规范的企业在选择供应商的过程中都会遵循一定的程序。图3-1为某企业的供应商选择、审核与认可流程图。尽管不同的企业选择供应商的程序会存在一定的差异，但有几个基本步骤是许多企业共有的，可以将其归纳如下：

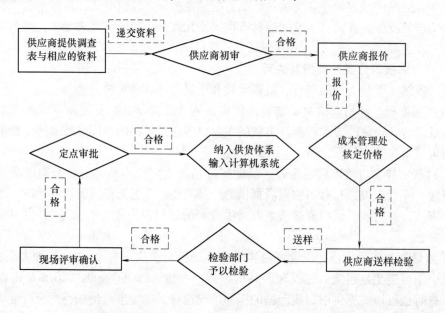

图3-1　某企业的供应商选择、审核与认可流程图

（1）建立供应商选定工作小组，由质量管理部门牵头，产品开发、生产、供应、服务等部门派人参加，由企业主管质量的领导担任组长，统筹评估与选择工作。

（2）选定工作小组确定供应商候选名单，并对候选供应商提交的材料逐个进行审核。

（3）对候选供应商所供应的原材料或零部件进行检验，应符合企业的质量要求和法定标准。

（4）由选定小组派人到供应商现场进行考察。现场考察小组必须有质管部门人员参加。现场考察和取样检查结束后，应有综合分析意见的书面报告。必要时应进行供应商审核。

（5）选定工作小组对评价结果进行分析，选定供应商，将之纳入供应商管理系统。

3. 选择供应商的方法

选择供应商的方法较多，一般要根据可选供应商的数量、对供应商的了解程度以及企业所购原材料或零部件的重要程度和时间紧迫程度来确定。目前较常用的方法有主观判断法、招标法、协商选择法、采购成本比较法、层次分析法、质量和价格综合选优法以及质量能力评级法。其中，质量与价格综合选优法正在引起更多企业的注意。

（1）主观判断法。主观判断法是根据征询和调查所得到的资料并结合人的分析判断，对供应商进行分析、评价的一种方法。这种方法主要是倾听和采纳有经验的采购人员的意见，或者直接由采购人员凭经验做出判断。它常用于选择企业非主要原材料或零部件的供应商。

（2）招标法。当采购数量大、供应商竞争激烈时，可采用招标法来选择适当的供应商。它是由企业提出招标条件，投标供应商进行竞标，然后由企业决标，与提出最有利条件的供应商签订合同或协议。招标法可以是公开招标，也可以是邀请招标。公开招标对投标者的资格不予限制；邀请招标则由企业预先选择几家供应商。采用招标法，企业能在更广泛的范围内选择合适的供应商。但招标法手续较繁杂、时间长，不能适应紧急订购的需要；有时企业对投标者了解不够，双方未能充分协商，可能会出现货不对路或不能按时到货等情况。

（3）协商选择法。协商选择法即由企业先选出几个较好的供应商，同他们分别进行协商，再确定合适的供应商。与招标法相比，协商选择法由于供需双方能充分协商，在产品质量、交货日期和售后服务等方面较有保证。当采购时间紧迫、投标单位少、竞争程度低、采购的零部件规格和技术条件复杂时，协商选择法比招标法更为合适。

（4）采购成本比较法。对质量和交货期都能满足要求的供应商，则需要通过计算采购成本来进行比较分析。采购成本一般包括售价、采购费用、运输费用等各项支出。采购成本比较法是通过计算分析针对各个不同供应商的采购成本，选择采购成本较低供应商的一种方法。

（5）层次分析法。层次分析法是20世纪70年代由著名运筹学家萨蒂（T. L. Satty）提出的，后来韦伯（Weber）等将之用于供应商的选择。它的基本原理是首先根据具有递阶结构的目标、子目标（准则）、约束条件、部门等来评价供应商，采用两两比较的方法确定判断矩阵；然后把判断矩阵的最大特征相对应的特征向量的分量作为相应的系数；最后综合给出各方案的权重。由于该方法让评价者对照相对重要性函数表，给出因素两两比较的重要性等级，因而可靠性高、误差小；但其计算较为复杂，在企业中应用较少。

（6）质量和价格综合选优法。我国许多企业要求供应商的报价是到厂价格，由供应商负责送货，因而有的企业在质量都能满足要求的情况下，采用比价采购的方式来选择供应商。

然而，即使不同的供应商提供的产品都是合格品，但由于其质量分布不同，给企业带来的质量损失就不相同，甚至相差很大，所以，忽略质量差异是不恰当的。这就要求企业应当综合考虑质量损失和价格来优选供应商。

（7）质量能力评级法。在供应商的产品报价可以接受的情况下，由企业对供应商的质量能力进行评级，达到相应级别的供应商可以进入企业的合格供应商名单。这种质量能力评级主要是对供应商的质量管理体系、产品、过程等进行审核评分，以确保供应商具备提供合格产品的能力。例如，德国大众集团通过质量能力评级来选择供应商，只有达到 A 级的供应商才有机会被大众集团选定为合作伙伴。

（五）供应商数量的确定

对供应商数量的确定，目前还无法通过一个公认的数学模型来解决。但是，有一些准则可以为企业提供指导。企业如果需要考虑是否对某种零部件选择单一供应商时，应分析是否符合以下条件：

（1）当前只有一家供应商能够按企业要求提供该种零部件，企业别无选择。
（2）某供应商提供的产品质量和价格具有绝对优势，其他供应商无法与之竞争。
（3）订单太小，没有必要再分。
（4）与单一供应商合作可以获得额外的价格折扣。
（5）需要与供应商结成伙伴关系，并重新整合双方的业务流程。
（6）供应商对成为单一供应源十分积极，并愿意与企业全方位合作。
（7）采购零部件的生产需要高昂的先期投入，如开模费等。
（8）企业与某供应商已经进行了长期的合作，而且双方都重视对方，并对以前的合作非常满意。
（9）企业采用先进制造方式，如准时制生产、自动补充库存、与供应商采用电子数据交换（EDI）的信息交流方式等，都会考虑单一供应源的可行性。

从理论上讲，采用单一供应商管理方便，有利于降低采购成本，也有利于供需双方建立深层次、长期稳定的合作关系，产品质量易于控制。但是，采用单一供应商也隐藏着一定的风险，如对供应商的过度依赖。例如，2000 年 3 月，诺基亚和爱立信的核心部件供应商——美国新墨西哥州的一家半导体厂商发生了严重火灾，导致这一核心部件供应中断数周。由于诺基亚有多家供应商提供这一产品，诺基亚针对这一事件迅速调整了采购计划，保证了正常的生产和销售；而爱立信只有这一家供应商，结果导致爱立信退出了移动电话的直接生产，至少损失了 4 亿美元，市场占有率也从 12% 降低到 9%，而诺基亚的市场占有率则由 27% 提高到 30%。

因此，企业要在综合分析零部件的重要性、成本、市场供应情况、供应商的供货能力和可靠程度以及与供应商的关系等因素的基础上确定供应商的数量。

一般来说，对于同一种外购产品，企业可以保持 2~3 个供应商，以保证供应的稳定性和可靠性，有利于产品质量的持续改进和提高；对于经营稳健、供应能力强、信誉好、关系密切的供应商，可以只保留一家，这对供需双方都是极为有利的。

四、供应商的质量控制

传统意义上，对供应商的质量控制仅仅意味着供应商提供的产品满足企业的技术要求。

根据现代质量管理理论，企业为了持续改进总体业绩，已经将质量管理的范畴扩展到供应链的起点，供应商质量控制的含义已经扩展到供应商所有与产品质量有关的活动。在某种意义上，对供应商的质量控制可能会严重影响甚至决定企业的生存和未来的发展。

这里将按照产品形成的阶段，从过程、体系、产品等多方面讨论在互利共赢的原则下如何对供应商进行质量控制。

(一) 产品设计和开发阶段对供应商的质量控制

在产品设计和开发阶段，根据不同产品的不同要求，在产品开发设计建议书和/或产品设计开发任务书中提出先行试验项目和课题，有针对性地为采用新原理、新结构、新材料、新工艺进行先行试验。为了确保试验的效果和以后批量生产的需要，这一阶段的一项重要工作就是对供应商进行初步控制，以确保在新产品设计的各个阶段以及批量生产时，都能够有适合新产品或新服务需要的合格供应商。

需要注意的是，设计和开发阶段对供应商的要求与批量生产阶段对供应商的要求是不同的。在确保质量的前提下，设计和开发阶段往往更加强调及时供货，以保证设计和试制经常变动的需要；批量生产阶段往往更加强调价格适当，以使企业保持强有力的竞争力。

1. 设计和开发策划阶段对供应商的质量控制

在产品的设计和开发策划阶段，对供应商的质量控制是在对供应商进行初步选择的基础上进行的。在进行供应商选择之前，企业已经具有比较完整的供应商选择、评价和重新评价的准则，除非设计的产品非常简单而且数量很少，否则这些准则应该形成文件，并且这些文件应该与设计和开发的其他文件相一致，在企业和技术接口的各个方面得到良好配合。

在传统的企业与供应商关系中，企业把供应商看作对手，对供应商的防范心理很强，甚至不按时向供应商支付货款，形成所谓的"三角债"。其实，这既不符合供应商的利益，也不符合企业的根本利益。

在互利共赢的供应商关系中，企业把供应商视为价值链中的关键一员，并采取有效措施调动供应商的积极性，与供应商共同分析质量问题，共同进行持续的质量改进，共同赢得市场、赢得顾客。所以，全方位地与供应商进行沟通、全方位地发挥供应商的优势是非常重要的。在产品的设计和开发阶段，利用供应商的技术优势和专门经验是进行供应商质量控制的创新手段。

目前，越来越多的企业让供应商及早参与产品设计和开发，以充分利用供应商的技术优势和专门经验，真正实现与供应商互利共赢的合作。一般有以下两种做法：

(1) 邀请供应商参与产品的早期设计和开发，鼓励供应商提出降低成本、改善性能、提高产品质量和可靠性、改善可加工性的意见。让供应商参与设计和开发的过程，既体现了企业的诚意，又可以让供应商充分了解产品的质量要求。为了共同的利益，供应商从价值链的起点就开始控制质量，对产品的最终质量有利。

(2) 对供应商进行培训，明确设计和开发产品的目标质量，与供应商共同探讨质量控制过程，达成一致的产品质量控制、质量检验和最终放行的标准。

显然，企业与供应商一同进行产品设计和开发，不仅有助于供应商明了最终顾客的要求，更重要的是，可以使供应商直接将零部件质量需求转化为过程特性要求和工艺要求，从而达到控制供应商设计质量的目的。

当然，邀请供应商参与新产品早期设计和开发的做法会涉及企业的技术秘密问题。因为在产品的设计和开发阶段，新产品信息和技术秘密外泄有可能会使竞争对手抢得先机。特别是在供应商同时为企业的竞争对手供货的情况下，一定要注意保护企业的技术和商业秘密，防止泄密事件的发生，以免造成对供应商和企业自身的伤害。

2. 试制阶段对供应商的质量控制

初选供应商经批准后，就成为合格供应商。按照建立和实施质量管理体系的要求，企业一般应建立合格供应商名单。列入这个名单的供应商就有资格为企业提供合格的产品，因此，这个名单就成为企业采购部门下一步要重点控制的对象。

设计和开发策划阶段、试制阶段、批量生产阶段对供应商的控制是不同的。设计和开发策划阶段主要是对供应商资源的策划、优选和沟通，而试制阶段则要求供应商提供样件或样品（以下简称样件），这就产生了对外购件进行质量检验、不合格品控制等过程。这一阶段与批量生产阶段也不相同，其特点是批量小，没有库存或库存很少，要求供货及时，价格要求比较宽松。而批量生产阶段的特点是批量大，产品质量稳定甚至免检，价格比较低，可以有一定的库存以便周转。

根据试制阶段的特点，应注意通过以下方面加强对供应商的质量控制：

（1）与供应商共享技术和资源。首先与选定的供应商签订试制合同，目的是使初选供应商在规定的时间内提供符合要求的样件。合同中应包括技术标准、产品接收准则、保密要求等内容。企业应该与供应商沟通，要求供应商严格遵守企业的保密规定。

签订试制合同后，企业应该向供应商提供更加详细的技术文件。供应商对一些技术要求可能需要一个学习、理解和掌握的过程，这时企业可以帮助供应商尽快掌握专有技术，如操作要求、工艺方法、检验方法、改进途径等。对一些特殊的资源，如检验设备、加工设备、技术人员等，以形成生产能力，满足试制的要求。

（2）对供应商提供样件的质量检验。在试制阶段，由于供应商提供的产品或服务数量有限，仅仅是为了保证产品试制的需要，这个阶段的供应商并不一定会自然成为企业批量生产阶段的供应商，因而没有必要对供应商进行全面的控制。但是，考虑到工作的连续性，企业应有意识地与供应商在质量要求、技术标准、质量管理体系要求、测量系统要求等方面达成一致，尽量使批量生产时的供应商从试制阶段的供应商中产生。

对供应商提供的样件，一般采用全数检验的形式进行检验。但是，有时可能需要进行抽样检验。例如，供应商提供的是流程性材料、破坏性检验、服务或数量比较大的产品等。

在进行全数检验以前，一定要在采购资料中对检验方法、使用的计量器具、检验人员的要求、不合格的判定和处置等方面与供应商达成一致。

试制阶段使用的抽样方案与批量生产时使用的抽样方案一般是不一样的，批量生产时针对连续批一般使用计数调整型抽样方案，而试制阶段针对孤立批一般使用计数标准型抽样方案。

（3）对供应商质量保证能力的初步评价。经过试制阶段对供应商提供的产品进行综合分析，可以得出对供应商评价的初步结论。有的企业试制阶段又分为几个小阶段，如样件试制、中试等，此处统一按照试制阶段来讨论对供应商的质量控制。

企业对供应商的评价内容一般包括质量、价格、供货的及时性、信誉等；参加评价的人员包括生产人员、设计人员、工艺人员、质量管理人员、检验人员等，必要时还可以请企业的顾客参加评价。

评价合格的供应商列入合格供应商名单（试制），经企业的授权人员批准后，成为企业在试制阶段的合格供应商和批量生产时的主要备选供应商。

（4）产品质量问题的解决。在样件试制阶段，对产品质量问题的解决方法一般有改进、妥协、更换供应商。这个阶段还不存在批量检验的问题，返工、返修和让步接收的数量都不会很大，主要还是解决改进方面的问题，包括产品质量的改进和供应商选择的改进。

帮助供应商进行质量改进也是这个阶段的重要工作。由于产品处于样品试制阶段，可能有些样件的质量达不到设计要求，这时企业可以帮助供应商分析过程，选择改进的切入点，改进样件的质量。

在不影响最终产品质量的前提下，企业与供应商之间的技术妥协有时也是不可避免的。有些技术问题短期内无法解决，而回避这些问题对企业的最终产品没有影响或影响不大，这时双方的技术人员可以进行重新设计或设计更改，形成折中方案，在双方都能接受的条件下对设计输出进行必要的修改。

在改进和妥协不能解决问题时，可以从初选供应商名单中的备选供应商中选择其他供应商探讨解决质量问题的途径。如果所有供应商都不能解决这些质量问题，那么很可能需要对设计输出重新进行评审，检查设计输出在技术和质量上是否可行。

（二）批量生产阶段对供应商的质量控制

企业在批量生产阶段对供应商的质量控制主要包括监控供应商的质量保证能力、质量检验管理、库存质量控制等活动。

1. 监控供应商的质量保证能力

在批量生产阶段，供应商提供的产品或服务的质量直接决定了企业向顾客提供的产品或服务的质量特性。企业在与供应商合作的过程中，应监控供应商的质量保证能力的变化。为了使监控有效，企业应就此与供应商达成一致，并遵循协商一致的标准和程序进行。监控的目的一般有两个：①防止供应商的质量保证能力出现下降的情况，确保最终产品或服务的质量，实现顾客满意；②与供应商共同发现改进的机会，寻找改进的切入点，在更高层次上创造价值。

在批量生产阶段，由于供应商大批量连续供货，采购产品的质量、价格、供货及时性等对企业产品的质量和企业实现其经营目标都有十分重要的作用。为了更加科学地评价和选择供应商，这一阶段的供应商评价应尽量采用定量分析的方法。根据产品或服务的不同，定量分析的方法也不同。常用的方法有过程能力分析、测量系统分析、质量管理体系评价、水平对比法等。

2. 质量检验管理

对供应商的质量控制来说，质量检验的管理主要是对进货检验的管理以及对供应商的检验工作进行适当的评价和控制，但重点仍然是企业的进货检验。

批量生产时，供应商提供的产品一般属于连续批的产品。一般来说，经过了对供应商的评价、小批试制阶段的改进等，这时供应商提供的产品质量是比较稳定的，产品质量的波动一般也是在允许范围内的。但是，有时也会有异常因素的入侵，产生突发性的波动。如果恰好此时供应商的质量检验出现了疏忽，可能会有大批不合格品交付。所以，企业要防止这种突发性波动批的产品投入使用。

对批量正常进货的检验，首先应重视供应商提供的质量证明文件，并在此基础上进行核对性的检查。对批量正常进货的检验，可根据采购产品的不同情况，选择不同的检验方法。

进货检验应在采购产品入库或投产前进行，有关部门应向检验部门提供采购产品的图样、技术协议、验收文件以及供应商的质量保证文件或由供应商签发的合格证明，以方便质量检验人员进行核对。进货检验一般可集中在进货检验站进行。对于关键产品、大量进货或体积庞大的货物，可根据需要派出质量检验人员常驻供应商处进行检验，或到供应商处进行巡回检验。

3. 库存质量控制

库存质量控制是指对进入企业仓库的采购产品的质量控制。库存质量控制主要靠仓库管理人员来实施，因而仓库管理人员的业务素质和责任感是有效实现采购产品质量控制的重要组成部分。

采购产品进厂，就进入企业的物资管理阶段。但是，在正式入库以前，还不能算库存物资，必须经过进货检验并办理了入库手续以后，才能算进入储存状态，采购产品才正式成为企业的生产资源。

（1）到货控制。采购产品到货，要按照采购人员提供的采购文件进行验收。验收的内容有运单、数量、包装等，检查产品是否有损坏情况，验证随货提供的合格证明或其他质量证明文件等。仓库管理人员要检查产品的标识，必要时，要根据企业的规定对采购产品重新进行标识。

仓库管理人员要对到货产品进行登记。登记内容有产品名称、供应商、运单号、随货证件、数量、到货日期、规格型号等。

（2）入库前的检查。仓库管理人员应及时对进厂产品进行检查。检查的内容有：

1) 查看随货合格证明和其他质量文件。

2) 按运单检查数量。

3) 检查包装和产品的外观质量。

4) 查看产品的规格型号是否与要求的一致。

5) 查看质量检验部门提供的进货检验记录或检验报告。

进货检验完成后，质量检验人员应按照企业文件的要求向仓库管理人员提供检验记录或检验报告，仓库管理人员凭检验记录或检验报告办理入库手续。检验不合格的产品不得入库，并按照规定及时通知供应商进行处置。

（3）入库手续。仓库管理人员收到质量检验人员提出的合格记录和合格报告后，应及时办理入库手续。采购产品可能并不实现真正意义上的"入库"，而直接进入生产线，按照传统的定义，这种情况仍然称为产品"入库"。

入库手续也由于技术和管理的进步而不断变化，特别是计算机的广泛使用，更是加速了这种变化。以下是一些常见的步骤：

1) 通知采购人员产品入库情况，并通知财务人员。

2) 产品从待检区移入仓库或直接送达生产线，必要时需要对产品重新进行标识，并按规格型号分类存放；有的产品需要进行拆包、清洗、涂油、重新包装等。完成这些工作之后，产品进入保管状态。入库保管的产品还应注意出库的方便，即应有利于产品先进先出。

3）在仓库进货记录上登记进货日期和检查报告的编号等其他仓库记录。

第二节　供应商契约与供应商动态管理

一、供应商契约的内容

供应商与企业之间的契约，一般包括企业的需求及技术要求、基本供货合同、质量保证协议及技术协议等类型。契约的内容应涵盖从产品开发、试制、检验、包装、运送到不合格品处理、售后服务的全过程。所以，契约可包含多个层次，如供货合同、质量保证协议、技术协议、售后服务协议等。以家电制造商为例，由于家电零配件种类较多，涉及的专业又十分复杂，而家电制造商又注重规模经济，所以，除核心技术外，大部分零部件的生产都是由供应商来完成的。供应商的水平高低、产品的质量好坏直接影响主机的产品质量，影响企业的品牌形象。由于供应商数量较多、地域分布广、涉及的专业类别复杂，对供应商的直接质量控制比较复杂，企业无法花费大量的人力、物力进行全面监控。契约化控制是目前对供应商进行控制最有效的方法之一。

企业通过明确对产品的需求及技术参数的设计，明确供应商的质量控制职责、企业的监控手段以及违约责任，加上适时的沟通，使所需零部件的质量得到保证。

企业与供应商之间的契约主要分为以下几类：

1. 产品技术信息

产品技术信息一方面作为供应商完成产品加工的技术基础，另一方面作为产品验收及出现质量纠纷进行确认的依据。因此，企业应尽可能地向供应商提供详细的技术信息；供应商对接收的技术信息进行评审，以确保设备、工艺、人员等生产要素满足企业产品的要求。

采购产品的技术信息，对企业来说是产品的设计输出，而对供应商来说是产品实现的设计输入。技术信息规定得准确与否、详细与否，将直接影响产出产品的质量水平及对产品验收结果的判断，也将影响到对不合格的责任划分。

采购产品的技术信息一般包括两个方面：一方面是企业提供给供应商的技术文件，如技术设计图样、产品技术标准，尤其是企业的企业标准、样品及技术规范；另一方面是国家法律法规要求和强制性标准。供应商往往对企业的技术要求都十分重视，而对国家法律法规要求和强制性标准却容易忽视，然而，这一部分被忽视以后所造成的产品不合格往往都是致命缺陷或重大不合格。

企业应尽可能详细并且完整、准确地将技术资料提供给供应商；供应商在接收技术资料以后，应及时组织本企业相关人员进行评审，重点评审对方企业的技术标准和特殊技术要求。例如，某公司选定一家供应商为其提供一种抑制无线电干扰电容器。为确保产品的质量，该公司向其供应商提出"抑制无线电干扰电容器"的企业标准和技术要求，如表3-3所示。

表3-3　某公司"抑制无线电干扰电容器"的企业标准和技术要求

序号	项目	企业标准和技术要求
1	标志	制造厂名或商标 产品型号 电压额定值 250V 电源种类符号 ~
2	外形尺寸	直径 $38_{-0.3}^{0}$ mm 高 $50_{-0.3}^{0}$ mm
3	泄漏电流	滤波器外表面与地之间传递的容性耦合电流不超过 0.1mA
4	电气强度	接地端与接地端子之间、引线端子与外壳之间均能承受 50Hz、1500V、1min 的耐压试验
5	绝缘电阻	直流 500V 下绝缘电阻 >100MΩ
6	温度	在正常使用中易触及表面非金属材料≤95℃
7	非正常操作	短路试验无破裂、断路、绝缘击穿等损坏
8	拉力弯曲和扭转	分别施加拉力 890N、弯曲 67.8N·m、扭转 67.8N·m 各 5min 后仍能正常使用
9	插入衰减	20～50Hz
10		其余指标符合国家标准和本公司设计图样

以上技术要求，其中第1、2、6、8、9、10项要求为企业的特殊要求，而第3、4、7项为国家强制性标准要求。供应商在评审上述要求时，应注重考虑本企业的技术能力、设备、人员及质量保证能力和以往生产的产品，确保以后能及时按照所签订单保质保量地交付产品。

对国家强制性标准要求的项目，供应商应仔细核对企业提供的技术参数与国家标准的差异，往往对方企业标准的要求严于国家标准。例如，上述技术要求第3项"泄漏电流"和第5项"绝缘电阻"，国家标准要求分别为 0.3mA 和 2MΩ，而企业标准要求为 0.1mA 和 100MΩ，远远严于国家标准。在这种情况下，供应商首要满足的应是对方企业标准的要求，这一点丝毫不能含糊。一旦出现产品符合国家标准而不符合对方企业标准要求的情况，最后的结果只能是产品被判为不合格，因为只有符合顾客要求的产品才是合格的产品。

在国家强制标准要求的产品中，有一些涉及人身安全、人类健康的产品，国家对其实行安全认证和强制认证。如我国实行中国强制性产品认证（China Compulsory Certification，简称3C），规定在强制性认证产品目录范围内的产品，只有获得3C认证以后才能在市场上流通。对于提供这类产品的供应商，应及时掌握国家相关法律法规的规定。一般情况下，企业不会对供应商提出强制认证要求，供应商应自觉地将国家强制要求纳入产品实现的输入。

采购产品的技术信息的详细程度取决于企业对供应商质量控制的严格程度和对产品质量水平要求的高低。质量管理水平高且技术力量雄厚的企业，对供应商技术信息要求就高。一般不仅对产品本身的技术性能进行规定，而且对供应商的加工工艺、生产设备、人员素质、检测手段，甚至供应商的供应商进行规定。其控制模式接近于现在家电行业中流行的 OEM（Original Equipment Manufacturing）模式。

对于企业提供的产品技术信息，供应商应认真分析，着重考虑自己的技术能力、设备、质量保证能力能否达到企业提出的产品技术要求，尤其是对于尺寸要求比较严格的机加工零部件和尺寸变形较大的塑料橡胶零部件。曾经有一家制造商，其某产品操作面板的材料要求为 ABS 工程塑料，设计技术要求中有一个长度尺寸为 1249.99～1250.01mm。当初设计时，设计人员由于经验不足，没有考虑到这个尺寸公差对于该类产品装配来说要求过于严格了，只考虑了对模具加工的公差要求。供应商拿到图样以后，为了赶进度开发模具，未组织技术人员进行有效的评审，等模具开发完毕加工零部件时，发现公差要求太严格，设备和模具根本无法满足。幸好这家公司及时调整设计，否则供应商不仅要浪费几十万元的模具开发费用，而且要赔偿对方生产延误造成的损失，给双方都带来不必要的损失。

对于产品技术信息，一旦双方确定，就作为产品契约的一部分，应按照双方约定的渠道和手段交接。作为供应商，在接收技术信息资料时，要确认下列内容：版本状态、文件编号、审批手续、文件生效日期、发放文件的部门及文件发放人员的权限。作为发放文件的企业，要规定向供应商发放文件的部门和人员，尤其是需要开发模具或需要供应商前期投资时，必须由部门负责人或企业领导授权发放。文件的发放和接收要建立档案，经双方签字认可，避免由于技术信息的发放混乱造成不必要的损失。需要开发模具时，供需双方应签订《模具开发协议》，详细规定下列内容：模具开发时间；模具开发费用的承担方；模具开发费用的支付方式，如需在后期的产品中分摊，则必须事先约定好分摊的零部件数量和分摊的时间期限；模具知识产权的归属；模具的验收方法和验收人员的资格要求等。

2. 质量协议

质量协议是企业与供应商的质量契约，规定供应商的质量职责，评价供应商的质量管理能力，规定产品质量水平，明确违约责任及经济索赔标准。质量协议是企业对供应商进行质量控制最关键的契约，是企业预防质量问题的有效手段。对于企业来说，无法做到也没必要花费大量人力、财力对产品每个零部件的加工、检验和试验过程进行控制。

质量协议是企业和供应商达成的质量管理契约，规定了双方在产品质量上的权利和义务。由于企业是供应商的顾客，契约的内容往往围绕着企业展开，目的是通过协议内容明确供应商的质量职责，并促使其自觉进行质量管理，确保供应商交付的产品质量符合企业的要求。质量协议的内容没有固定的模式，根据供需双方的实际状况和产品的性质、加工复杂程度而定。总体上包括以下几个方面的内容：质量管理、验收检验程序、不合格品的处理方式、过程控制、质量保证和责任区分、质量指标约定及违约责任、争议的处理等。

3. 基本供货协议

基本供货协议规定双方的物资流通计划，以及供应商对供货计划的实施、违约责任及经济索赔标准、物资运输、交付程序等约定。

4. 技术协议

技术协议是企业与供应商就产品特殊技术要求、检测方式、检测流程等方面达成的技术契约。它通常是指供需双方针对检测进行的约定。当产品的技术含量高、应用新材料没有可参照的标准时，企业可对产品的某个参数免除检验，充分相信供应商。这时，企业为确保产品质量，可与供应商签订一般质量协议的补充协议，即专门对某个参数的要求、检测进行约定。

二、契约的有效性要求

1. 契约的实效性

起草与签署契约时，必须考虑产品形成过程中的实际情况，以及契约执行的可操作性。

有些协议在制定时可能需要考虑的因素较多，规定较为详细，但如果过于烦琐，缺乏可操作性，反而起不到应有的作用。

例如，某公司需从供应商处采购大量加工轴承用的钢材。由于轴承对材料要求较严、加工精度较高，公司为保证质量，在协议中要求对方对每一批材料进行化学成分分析和物理性能试验。供应商如果引进整套试验设备，势必耗费大量的成本，同时要配备相应的技术人员；如果不增加资源配置，那么每次都要送第三方检验机构检验，支付昂贵的试验费用。类似这种契约，如果供应商仔细审验，就会考虑进行利润-成本-风险分析，在价格上提高要求。这种协议履行起来有较大难度，同时也容易引起一些不必要的纠纷，不利于供应链的稳固和质量优势的形成。

2. 契约的激励性

契约中应明确供需双方的权利和责任，同时也应规定必要的奖惩性条款。这样，一方面约束供应商的质量行为，另一方面鼓励供应商不断提高产品质量。

对供应商的奖惩包括两种类型：一种是因质量责任的划分而产生的奖惩；另一种是根据业绩考核而产生的奖惩。在实际操作中，适当的奖励可能会产生意想不到的管理效果。如某供应商的产品在顾客手中出现了较为严重的质量问题，企业立即通知供应商分析原因，采取整改措施。供应商接到通知后，积极地派人到现场协助调查和分析，使问题很快得到了解决。本来根据双方的协议规定，该供应商除了应承担全部质量责任外，还应承担数额不菲的罚款。但企业考虑到该供应商是自己的重要供应商，一直合作顺利、质量稳定，决定奖励供应商对质量问题的快速反应和积极的态度，于是免除了所有的罚款。结果企业年终评定时，发现该供应商的产品合格率比上年有较大幅度的提高。

对契约中的惩罚性条款，要注意其可操作性，否则容易造成对供应商的管理失控，或引起与供应商的纠纷。例如，某生产空调机的公司与某阀门供应商签署协议，规定乙方（阀门供应商）的所有产品应保修五年，并规定如五年内出现质量问题的比率在 0.3‰ 以下时，乙方为甲方免费更换不合格品；比率为 0.3‰～0.5‰ 时，乙方除免费更换不合格品外，还要向甲方支付 10000～50000 元的罚款等。结果乙方产品在顾客手中经常出现质量问题，但甲方一直在使用乙方的产品，市场返回的不合格品经过长时间使用、拆换及若干次周转后，很多已无法确定出厂日期。企业要对市场退回的不合格品按出厂时段进行统计，将浪费大量的人力，而且周期太长。这样，根据协议，企业实际上无法对供应商进行质量处罚。

三、供应商的业绩评定

对供应商的业绩评定是企业进行供应商质量控制的重要内容，也是企业对供应商进行动态管理的依据和前提，因此，企业应建立一套科学的供应商业绩评定标准，通过科学公正的业绩评定，对供应商进行业绩分级，并采取相应措施鼓励优秀供应商、淘汰不合格供应商。这对于促进供应商提高产品质量和供货积极性，建立完善、稳固的供应商关系十分重要。对供应商较多的企业来说，对供应商的业绩评定还能促进供应商之间的良性竞争。

（一）供应商选择评价与供应商业绩评定

供应商选择评价和供应商业绩评定的区别在于，供应商选择评价的目的在于选择合适的合作伙伴，评价时企业对供应商掌握的第一手材料较少，缺乏可评价的产品供货记录，因而评价的重点在于考察供应商的规模实力、质量管理体系、设备先进程度、供应商的顾客反馈、原材料来源及样品的质量水平。通过对这些因素的评价，来推断供应商未来满足企业需要的能力。供应商业绩评定的目的在于对供应商满足企业要求的结果进行评定，及时肯定优秀供应商，鞭策合格供应商，淘汰不合格供应商。评定时，企业已经掌握了丰富的第一手材料，因而评价的依据不再是一些间接的信息，而是利用与供应商合作过程中积累的数据对供应商的产品及服务质量、供货及时率、订货满足率等方面进行综合评价，并根据评价结果对供应商进行业绩分级。

(二) 供应商业绩评定的主要指标

供应商业绩评定的主要指标有供应商的产品及服务质量、订货满足率与交付及时率等。

1. 供应商的产品及服务质量

供应商的产品及服务质量是评价供应商业绩的最重要指标。

(1) 产品质量。产品质量主要考察四个方面：产品实物质量水平、进货检验质量、投入使用质量和产品寿命。

1）产品实物质量水平，通过产品的主要性能指标来体现。

2）检验质量，主要通过批次合格率（每百批产品中经检验合格的总批数）、零部件的让步接收情况、质量问题重复出现情况来体现。

3）投入使用质量，通过零部件投入使用合格率（每百个零部件投入生产后总的合格数）体现。

4）产品寿命，通过"三包"期内，每百单位零部件在整机使用中未出现故障的零部件总数来体现。

(2) 服务质量。供应商的服务质量包括售前、售中和售后服务质量。

1）售前服务质量。它主要是指供应商的业务人员与企业相关部门的交流和沟通，探讨所提供零部件的技术参数及加工过程，介绍供应商的基本情况、技术实力、主要设备及过程控制，需要开发模具时，共同选择模具开发商，商定模具开发费用，为实现零部件的加工制作做好准备。

2）售中服务质量。它是指供应商应确保及时、保质保量地交付货物，及时了解产品的质量状况，出现质量问题积极协助企业进行分析，并提出改进措施，了解提供给企业零部件的使用状况，必要时可以开展联合设计。

3）售后服务质量。它是指当产品出现质量问题时，供应商的反应速度、处理态度和问题解决的结果，以及为用户提供产品维修、保养和技术支持，开展用户满意度调查，及时了解产品市场质量信息反馈，并根据用户的信息反馈，积极展开持续改进。

2. 订货满足率与交付及时率

当今的各行各业竞争都十分激烈，企业之间比拼的不仅是核心技术，也包括抢占市场的先机。能否及时地将自己的产品输送到销售一线，直接影响市场的整体策划。所以，生产计划的完成率和完成速度对销售的影响非同一般。而企业生产计划的完成与否，关键取决于其供应商的订货满足率与交付及时率。

许多企业的生产基本实行以销定产，有些企业要求更严，实行成品和零部件的零库存。这对供应商的物流要求很高，需要一套科学的物流管理方法和严格的考评机制来维持。一般运作方式为：在每月中旬由销售或市场部门将下月的产品需求计划下达给生产部门；生产部门召集相关部门进行评审确定以后，下达生产计划；物流部门根据生产计划和零部件的库存情况，制订下月采购计划；采购部门接到采购计划以后，由业务员分解给各个供应商。以上这些计划的下达一环扣一环，最终目的是在生产日期规定的提前量上保证原材料和零部件到达企业，满足生产的需要。在这种运作模式下，要求供应商严格执行企业的采购计划。

实际上，由于种种原因，对于供应商较多的企业，经常会有个别或少数供应商不能按量或按时交货，尤其是货款支付不及时的企业，这种情况更加严重。这就要求企业对所有供应商建立供货档案，签署契约，明确违约责任。每月统计对每个供应商下达的采购计划的时间、数量和要求供货时间，记录实际供货数量和时间，并对未完成计划的原因进行分析，对未完成计划造成的损失进行核算，并及时通知供应商；年底针对每月的供货情况进行统计分析，必要时对同类型的供应商进行对比分析，为对供应商总体业绩评价提供依据，对所造成的损失，根据双方签署的契约进行追偿。

（三）供应商业绩的评定方法

1. 不合格项评分法

企业根据供应商提供不合格品对企业产成品的影响程度，定期进行不合格分级评定。例如，某公司规定，致命不合格项的分值为5分，严重不合格项的分值为3分，轻微不合格项的分值为1分。质量工程师定期对供应商的不合格项总分进行统计，据此对供应商进行等级评定，并将评定结果及时通知供应商。这种方法操作简单，节省人力，但评价指标偏少，无法反映供应商的综合业绩水平，因而适合提供简单、量大、价值低的零部件的供应商的业绩评定。

2. 综合评分法

质量管理部门不仅要收集每个供应商的月度投入使用合格率，而且应定期通过供应部门和销售部门，对供应商的质量稳定性、售后服务水平和供货及时性、供货量保证能力等方面进行综合评价。例如，某公司采用满分为100分的评价体系，各分项满分分别规定为：产品实物质量水平15分，年度平均投入使用合格率15分，全年批次合格率15分，服务质量15分，订货满足率15分，交付及时率15分，顾客反馈质量10分。经过充分收集资料并调查分析后，得出每个供应商的综合评分，然后根据得分的高低评出供应商的优劣等级。这种方法可以比较全面、准确地反映供应商的综合实力。但由于这种方法耗时费力，所以只适合进行较长周期的评定，如半年评定或年终评定。

3. 模糊综合评价法

模糊综合评价法是运用模糊集理论对供应商业绩进行综合评价的一种方法。这种方法将供应商的客观表现与评价者的主观判断结合起来，是一种定量与定性相结合的有效方法，特别适合供应商的质量数据不全、定量和定性指标都需要评价的场合。模糊综合评价法同样适用于供应商的选择评价。

四、供应商的动态管理

企业根据供应商的业绩评定结果，定期对所有供应商进行分级评定，并依此对供应商进行动态管理，以达到奖优汰劣、推动供应商不断提高产品质量和服务质量的目的。

（一）供应商动态分级

企业根据对供应商的业绩评价，可以将所有供应商划分为A、B、C、D四级。

1. A 级供应商

A 级供应商是优秀供应商。对于优秀供应商,企业首先应肯定其优异的供货业绩,并对供应商表示感谢。其次,应根据这些优秀供应商的重要性类别来选择管理对策。对于Ⅲ类优秀供应商,由于其供应的零部件对企业产品质量影响不大,可以通过增大订单比例、缩短的付款周期等措施来鼓励该类供应商继续保持或改进供货业绩水平;对于Ⅰ类和部分Ⅱ类优秀供应商,企业应从业务流程整体优化的角度寻求与供应商进一步合作和改进的机会,通过业务流程的整合,避免不必要的重复工作,消除不增值活动。有条件的企业可以考虑将自己的供应商管理系统与供应商的顾客关系管理系统对接起来,实现数据共享,使供应商与企业共同直接关注最终顾客,双方共担风险,共享利益。

2. B 级供应商

B 级供应商是良好供应商,可以较好地满足企业的要求。B 级供应商尽管稍逊于 A 级供应商,但同样是值得企业珍惜的重要资源。企业应本着互利共赢的原则,加强与 B 级供应商的沟通,及时支付供应商的货款。对于Ⅰ类供应商,其业绩至少应达到 B 级;对于Ⅱ类供应商,应保证同一种产品至少有一家供应商达到 B 级。

3. C 级供应商

C 级供应商是合格供应商,能够满足合同约定的当前运作要求。它提供的产品或服务其他供应商也能轻易提供,因此合格供应商不具备额外竞争能力。对于企业来说,如果Ⅰ类供应商的业绩只有 C 级,应暂停供货,但可以作为应急备选供应商;如果Ⅱ类供应商的业绩为 C 级,其供货比例应维持在 20% 以下;如果Ⅲ类供应商的业绩为 C 级,其供货比例应维持在 40% 以下。

对于所有的 C 级供应商,企业应向其提出警示,促使其由合格供应商发展到良好供应商。当然,这需要供需双方共同付出努力。

4. D 级供应商

D 级供应商是不合格供应商,不能满足企业的基本采购要求。正常情况下,企业应选择终止与不合格供应商的合作,并代之以更好的供应商。

供应商的业绩评定和分级可根据企业的计划安排定期进行,可以每月进行一次,也可以每季度进行一次,也可以每半年或每年进行一次,或结合产品的特点和供应商的质量波动情况来决定。因而,任何一家供应商的业绩级别都不是一成不变的。对于在两次评定间隔内供货质量急剧恶化,或出现重大质量事故的供应商,企业可根据需要随时淘汰。

(二)供应商的动态管理

针对供应商的不同业绩表现分级采取有针对性的管理措施,是企业不断优化供应商队伍、强化供应链质量优势的有效手段。

对各类供应商的管理,企业可以结合供应商定点个数来区别对待:

(1)对于供应商定点个数为 1 的情况,A 级供应商的订单分配为 100%,继续与之维持紧密的合作关系;B 级供应商的订单分配为 100%,但需要开发该外购件的新供应商;如果此供应商为 C 级、D 级,则应尽快更换供应商。

(2)对于供应商定点个数为 2 的情况,订单分配与管理对策如表 3-4 所示。

表 3-4　供应商定点个数为 2 时的订单分配与管理对策示例

供应商类别组合	订单分配	管理对策
A、B	60% : 40%	继续维持与这两家供应商的关系
A、C	80% : 20%	促进 C 级供应商提高质量
A、A	55% : 45%	根据两家供应商的排名分配订单
B、B	55% : 45%	根据两家供应商的排名分配订单,同时督促供应商提高质量
B、C	70% : 30%	在督促供应商提高质量的同时,寻求更好的供应商
C、C	55% : 45%	根据两家供应商的排名暂时分配订单,同时尽快寻求优秀供应商

(3) 对于供应商定点个数为 3 的情况,三类供应商的组合情形较多,订单分配与管理对策如表 3-5 所示。

表 3-5　供应商定点个数为 3 时的订单分配与管理对策示例

供应商类别组合	订单分配	管理对策
A、B、C	55% : 30% : 15%	维持与这三家供应商的关系,促进 C 级供应商的提高
A、A、A	40% : 33% : 27%	对这三家供应商进行比较排名,按名次分配订单
A、A、B	45% : 40% : 15%	对两家 A 级供应商进行排名,按名次分配订单
A、A、C	48% : 42% : 10%	对两家 A 级供应商进行排名,按名次分配订单,促进 C 级供应商的提高
A、B、B	50% : 25% : 25%	维持与这三家供应商的关系
A、C、C	70% : 15% : 15%	促进 C 级供应商的提高,同时考察新的供应商
B、B、B	40% : 33% : 27%	对这三家供应商进行比较排名,按名次分配订单,在促进供应商提高的同时,寻求更好的供应商
B、B、C	40% : 40% : 20%	采取有力措施促进供应商的提高,寻求优秀的供应商
B、C、C	50% : 25% : 25%	尽快选定优秀供应商
C、C、C	40% : 33% : 27%	对这三家供应商进行比较排名,按名次分配订单。说明该产品的供应商缺乏竞争力,企业应检讨自身的供应商管理工作,并尽快更换供应商

(4) 无论供应商定点个数为多少,D 级供应商都应及时淘汰。

这种分级评定与管理将供货订单与供应商业绩、外购件分级结合起来,使订单的分配比较科学合理,并通过订单的分配来引导供应商提高产品质量。

思 考 题

1. 企业与供应商之间典型的关系模式有哪几种?各有什么特征?
2. 企业在决定某零部件是自产还是外购时,应考虑哪些因素?
3. 什么情况下企业可以选择单一供应源?
4. 企业在选择供应商时,应考虑哪些因素?
5. 企业在选择供应商时,可以采用哪些方法?
6. 在试制阶段,企业对供应商质量控制的重点是什么?
7. 在批量生产阶段,企业对供应商质量控制的重点是什么?
8. 企业与供应商之间的契约主要包括哪些?
9. 供应商业绩评定的常用方法有哪些?
10. 企业应如何对供应商进行动态管理?

第四章 设计质量管理

质量功能展开和试验设计是产品研发、设计阶段常用的质量管理工具和方法。本章在介绍这些工具和方法基本原理的基础上，借助实例，对质量功能展开的构造、规划、设计与展开过程，三类典型正交试验及稳健设计、三次设计的步骤和过程等进行了详细介绍。

产品的开发、设计质量决定了产品的固有质量，是产品质量形成的关键阶段。制造过程质量控制往往不能弥补由于产品设计的先天不足所导致的质量问题。并且，新产品设计开发时的质量定位决定了产品的质量水平，同时也决定了产品符合市场的程度。

设计阶段的质量管理是企业进行全面质量管理的重要组成部分。统计数据表明，70%以上的质量问题取决于设计开发阶段，进行系统的质量管理必须从设计阶段开始对产品进行质量管理和控制。在设计阶段可以采用很多的质量管理方法，本章主要介绍质量功能展开和试验设计两种质量管理工具和方法的相关知识。

田口玄一认为，质量是被设计到产品中，并且排除生产阶段非可控环境因素的干扰而稳健地制造出来的。也就是说，质量是设计出来的，而不是制造出来的。只有在设计源头进行治理和努力，才是最有效且最经济的质量管理与控制方法。现代质量管理的观点认为："产品设计质量是决定产品最终质量的关键。设计质量就是所设计、研发的产品能否满足市场和顾客的需求，其性能能否达到最佳，产品及其特性是否易于生产、制造和维护，产品的经济性是否合理，研发和设计出的产品对环境、社会是否造成危害，具有的风险是否最小和受控等。"

第一节 质量功能展开

一、质量功能展开的概念

质量功能展开（Quality Function Deployment，QFD）又称质量机能展开，它是指把顾客对产品的需求进行多层次的演绎和分析，最终转化为产品的设计质量，是一种新产品开发的质量工具。该方法是一种采用矩阵图将顾客对产品或服务的需求转化为设计要求、零部件特性、工艺技术要求、生产制造要求、成本要求的多层次演绎分析方法。它体现了以顾客为导向，以顾客需求为产品研发和质量功能定位设计的唯一依据的指导思想。

日本的赤尾洋二教授对综合的质量功能展开的定义是：将顾客的需求转换成代用质量特性，进而确定产品的设计质量（标准），再将这些设计质量系统地（关联地）展开到各个功能部件的质量、零件的质量或服务项目的质量上，以及制造工序各要素或服务过程各要素的相互关联上，使产品或服务事先就完成质量保证，符合顾客需求。

目前对质量功能展开有如下共同的认识：①QFD 最为显著的特点是要求企业不断地倾听顾客的声音，了解顾客的意见和需求，然后通过合适的方法和措施，在产品开发阶段得以完美体现；②QFD 是在实现顾客需求的过程中，帮助产品研发部门制定出相关质量技术的要求和措施，并使各职能部门能协调工作；③QFD 是一种在产品研发设计阶段进行质量保证的方法；④QFD 的目的是使产品以最快的速度、最优的质量、最低的成本和最合理的价格供应产品所属市场。

质量功能展开的基本方法是依靠质量关系矩阵，将顾客需求转换为产品特性要求、关键零部件要求以及工艺要求和生产控制要求。其所使用的技术工具是一个类似房屋结构的关系矩阵，因此被称为"质量屋"（House of Quality，HOQ）。

质量功能展开被引入我国时，其名称有的从日本直接引入，有的从英语翻译而来，还有的是我国台湾和香港地区的译名。因此，质量功能展开目前在我国有"质量功能展开""质量机能展开""品质功能展开""质量职能展开""质量功能配置""质量功能部署""质量功能与发展"等多个名称。

二、质量功能展开的起源与发展

质量功能展开产生于日本。1966 年，三菱重工神户造船厂针对产品可靠性提出了质量表的雏形，随后，水野滋教授提出了狭义的质量功能展开；1972 年，神户造船厂使用了质量表，分析如何把用户的需求转变为工程措施和设计要求；同年，赤尾洋二教授撰写了《新产品开发和质量保证——质量展开系统》一文，首次提出了质量展开的 17 个步骤。

1978 年 6 月，水野滋和赤尾洋二编写并出版了《质量功能展开》一书，从全公司质量管理的角度介绍了质量功能展开方法的主要内容。此后，质量功能展开经过了近十年的时间，得到了广泛应用，从制造业发展到建筑业、医院、软件产业、服务业等。在总结各行业企业应用质量功能展开经验的基础上，赤尾洋二编写并出版了《应用质量展开的实践》一书。到 1994 年，日本陆续出版发行了由赤尾洋二、大藤正及小野道照等质量管理专家编写的《质量展开入门》《质量展开法——质量表的制作和联系》《质量展开法——包括技术、可靠性、成本的综合展开》等书，从而建立起质量功能展开的理论框架和方法论体系。

20 世纪 80 年代，质量功能展开才传入美国，在并行工程中得到应用，如飞机通信系统等大型复杂系统。初期获得成功以后，质量功能展开的应用面得到了极大扩展。1988 年美国国防部发布的 DODD 5000.51《全面质量管理》（Total Quality Management）文件中明确规定，质量功能展开为承制美军产品的厂商必须采用的技术。随后，美国民用产品行业、美国汽车工业等积极引入质量功能展开，将其作为减小质量波动、提高产品可靠性的技术方法之一。

20 世纪 90 年代初期，熊伟教授和新藤久和教授的《日本质量机能展开的动向与今后的发展》一文将质量功能展开首次引入我国。从 1991 年起，我国学者参与了以创始人赤尾洋二教授为首的质量功能展开研究活动，与新藤久和教授共同开拓了软件质量功能展开研究方向，并在第一届国际质量功能展开研讨会上提出了质量功能展开在软件中应用的理论模型与实现方法，其中一部分内容于 1994 年在中国计算机学会的会刊上进行了介绍。此后，我国的许多刊物介绍了质量功能展开的研究成果。我国航空企业最早引入质量功能展开，到20世纪90年代中后期，逐步推广应用到汽车、电子和机械等行业。

三、质量功能展开的原理

（一）质量功能展开的核心思想与构成

1. 质量功能展开的核心思想

质量功能展开的基本原理就是用"质量屋"（Quality of House）的形式，科学地将顾客的需求逐层展开为产品的设计要求、零件的设计要求、工艺要求和生产要求等。然后，采用加权评分的方法，对设计、工艺要求的重要性做出评定，量化分析顾客需求与工程措施间的关系度。经数据分析处理后，找出满足顾客需求贡献最大的工程措施，即关键措施，从而指导设计人员抓住主要矛盾，开展稳定性优化设计，最终保证开发和设计产品的质量，开发设计出顾客满意的产品。

因此，质量功能展开方法的核心思想是：注重产品从开始的可行性分析到生产都是以顾客需求为驱动的，强调将顾客的需求明确转变为产品开发的管理者、设计者、制造工艺部门以及生产计划部门等有关人员均能理解并执行的各种具体信息，从而保证企业最终能生产出符合顾客需求的产品。

2. 质量功能展开的构成

质量功能展开包括综合的质量功能展开和狭义的质量功能展开；而综合的质量功能展开又包括质量展开、技术展开、成本展开和可靠性展开。质量功能展开的构成如图4-1所示。

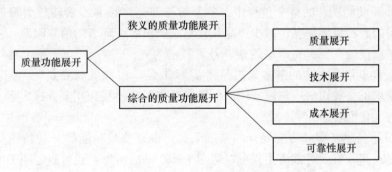

图4-1　质量功能展开的构成

狭义的质量功能展开也可以简称为质量展开；综合的质量功能展开除包含狭义的质量功能展开外，还包含技术展开、成本展开和可靠性展开。其含义分别是：

（1）技术展开。由作为质量展开核心的质量表制定的规划质量和设计质量，在现有技术可以达到的情况下自然没有问题，但如果现有的技术不能实现，开发日程将会大幅度拖延，甚至需要变更设计方案。因此，必须尽早发现和解决这些在新产品开发过程中成为障碍的技术问题。在质量功能展开中，这些技术问题被称为"瓶颈技术"；对实现规划质量所必要的技术进行研讨的过程被称为技术展开。

日本宣扬工业公司是最初应用技术展开的企业，该公司把生产技术整理成一览表，可以对各技术水平和国内外动向等进行研讨。此外，日本制钢横滨制作所也发表了相关文章，介绍活用技术展开而使得开发效率飞跃提高的应用实例。

（2）成本展开。对于企业的一般情况而言，如果只进行质量和技术展开，有可能会使成本提高。因此，必须考虑质量和成本的平衡。日本制钢广岛制作所最早进行了质量展开和成本展开相结合的尝试。其基本思想是：在设定计划质量的同时设定计划成本，制订各费用项目和各零部件的成本计划；然后，可以预测质量保证上的问题点并加以解决。此后，1980年，丰田汽车公司车身厂提出了对部件展开表中的每个部件标明其功能，给出现有质量、成本和目标质量、成本，为达到目标怎样系统地进行成本展开的方法。

1983年，日本制钢横滨制作所提出了新的成本展开法。这种方法根据质量要求的重要度，把目标成本分配给质量需求，求得质量需求成本，通过这些数据再求功能成本和机构成本，而部件成本则由质量需求重要度变换得到。这种方法被认为是最具设计性的一种方法。

（3）可靠性展开。关于预测故障，可靠性展开的方法已经高度发展并且非常有效。在新产品开发中，为了实现没有故障的质量，必须把可靠性手法与质量展开相结合。赤尾洋二等人提出在设计全新产品的过程中，将可靠性手法与质量展开相结合，预测故障类型，研究其产生原因及其对产品的影响，在投产之前制定对策，排除故障，对可靠性展开进行尝试，取得了很大的成效。1980年，丰田汽车公司车身厂提出了在设计类似新产品的情况下，从开发的初期阶段开始采用可靠性展开的方法。

（二）质量功能展开的特点

（1）质量功能展开的整个过程是以满足顾客需求为出发点的，每一个阶段的质量屋输入和输出都是由顾客需求驱动的。这也是市场经济规律在生产经营实际中的灵活应用，其目的是保证最大限度地满足顾客需求。

（2）在质量功能展开的整个过程中，各个阶段都是将顾客需求转化为管理者和设计人员能明确了解的各种指标信息，减少产品从规划到产出各个环节的信息阻塞，从而实现产品的成本降低和质量提高，提高产品的竞争力。

（3）质量功能展开方法的基本思想是"需要什么"和"怎么满足"。在这种对应形势下，顾客的需求不会被误解或忽视，产品的质量功能不会疏漏和冗余。这实际上也是一种企业经济资源的优化配置。

（4）质量屋是建立质量功能展开的基础工具，也是质量功能展开的精髓。典型的质量屋构成框架形式和分析求解方法不仅可以运用于新产品的研发，还可以运用于原有产品的改善等企业管理、产品设计的中间过程。

（三）质量功能展开的意义

1. 质量功能展开有助于企业正确把握顾客需求，并将这些需求转化为员工可操作的规范信息

质量功能展开是一种简单的、合乎逻辑的方法，它包含一套矩阵，这些矩阵有助于确定顾客的需求特征，以便于更好地满足和开拓市场，也有助于企业决定是否有能力成功地开拓这些市场。利用质量功能展开，将使企业高层管理部门和产品设计部门在确定产品的质量标准时，能紧密结合产品的功能要求，使所确定的产品质量标准既不至于超过产品功能的实际需要，也不至于达不到产品功能所需的要求。产品的整个研发过程直接由顾客需求所驱动，因此，顾客对所生产产品的满意度将会提高。通过质量功能展开的实施与运行，提高全体员工对产品开发应该直接面对顾客需求的意识。质量功能展开把功能、质量和成本三者有机地结合在一起，从而使产品能够得到最优的设计和生产。

2. 质量功能展开有助于打破企业机构部门间的隔阂，激发工作人员的热情

质量功能展开项目小组属于一个跨部门单位，由不同专业、不同部门的人员组成。由此，其必然能够改善不同部门和不同观点的人员之间的信息沟通，促进相互交流。另外，实施质量功能展开，打破不同部门间的隔阂，还可以使企业员工感到满足，使其在和谐的气氛中工作，提高工作效率。

3. 质量功能展开与其他质量保证方法构成了完整的质量工程概念

质量功能展开（QFD）、故障模式和效应分析（FMEA）、田口方法（TAGUCHI）等属于设计质量工程的范畴，即产品设计阶段的质量保证方法；统计质量控制（SQC）、统计过程控制（SPC）等属于制造过程的质量保证方法。另外，就设计阶段质量保证而言，质量功能展开与故障模式和效应分析、田口方法也具有互补性。质量功能展开是使产品开发面对顾客需求，极大地满足顾客；故障模式和效应分析是在产品的开发阶段减少风险，提高可靠性；田口方法则是采用试验方法帮助设计者找到一些可控因素的参数设定，以寻求最佳组合。

4. 质量功能展开最终给企业带来经济效益

企业应用质量功能展开以后，由于在产品设计阶段考虑制造问题，产品设计和工艺设计交叉并行，因此可以使设计更改减少40%~60%。质量功能展开更强调在产品早期概念设计阶段的有效规划，因此可使产品启动成本降低20%~40%，产品开发周期缩短30%~60%。

四、质量屋

（一）质量屋的基本概念与结构

质量功能展开过程是通过一系列图表和矩阵来完成的，其中起到重要作用的是质量表（Quality Chart 或 Quality Table）。质量表最初是由三菱重工神户造船厂提出并定义的："质量表是将顾客需求的真正质量以功能为中心进行体系化，并表示这些功能与作为代用特性的质量特性之间关联的表。"

现有质量表的定义是由赤尾洋二教授整理而成的："质量表是将顾客需求的真正质量，用语言表现，并进行体系化，同时表示它们与质量特性的关系，是为了把顾客需求变换成代用特性，进一步进行质量设计的表。"

日本的质量表流入美国后，由于它的形状很像一座房屋，所以被形象地称为质量屋，是一种形象直观的二元矩阵展开图表。质量屋的结构如图4-2所示，其内容可根据设计开发的需要进行适当剪裁。质量屋中的结构要素如下：

（1）左墙——顾客需求及其重要度。为了建立质量屋，开发设计人员必须掌握第一手的市场信息，整理出该产品的顾客需求，并评定各项需求的重要度，填入质量屋的左墙。

（2）天花板——质量特性。从技术角度出发，为满足顾客需求，提出相应的产品设计要求，明确产品应具备的质量特性，整理后填入质量屋的天花板。

（3）房间——关系矩阵。质量屋的房间用于记录顾客需求与质量特性之间的关系矩阵。

（4）地板——质量特性的指标及重要度。质量屋的地板用于记录各质量特性的指标以及指标的重要度数据。

（5）屋顶——相关矩阵。质量屋的屋顶用于评估各项质量特性之间的相关程度，一般

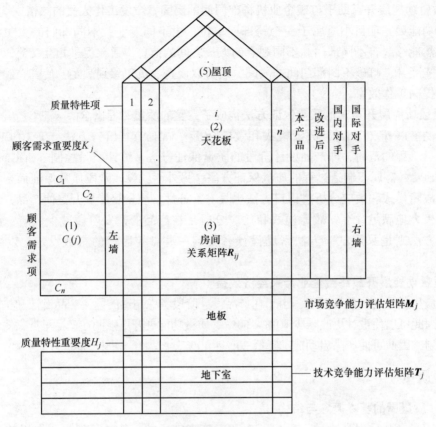

图 4-2 质量屋的结构

用以下特定符号来表示：强正相关：◎；正相关：○；不相关：空白；负相关：×；强负相关：#。

（6）右墙——市场竞争能力评估矩阵。在质量屋的右墙填入市场竞争能力调查研究得分分值。

（7）地下室——技术竞争能力评估矩阵。在质量屋的地下室填入技术竞争能力调查研究得分分值。

典型的质量屋构成框架形式和分析求解方法不仅可以用于新产品的开发过程，而且可以灵活地运用于工程实际的局部过程。例如，它可以单独应用于产品的规划设计或生产工艺设计过程等。

（二）质量屋的构造过程

通常来说，在质量功能展开过程中，构造质量屋一般经过质量需求展开、质量特性展开和质量屋的构造三个过程。

1. 质量需求展开

质量需求展开的整个过程一般可以分为获知顾客需求、变换质量需求和分析质量需求三个步骤。

（1）获知顾客需求。无论对于既存改良型产品或服务还是全新开发型产品或服务，都必须充分、及时地把握市场上顾客的需求。顾客需求是质量功能展开过程中最为重要的因素，顾客需求获知的完备性、准确性都将极大地影响到整个过程。因此，可以说获知顾客需求是质量功能展开过程中最为关键的一环。

关于顾客需求的获知，可以从两个方面获得相关信息：一方面是顾客关于商品的要求信息，能以文字形式进行表述，这称为原始数据；另一方面是提出原始数据的顾客的所属特征，如年龄、区域等，这称为属性数据。这两方面的数据都可以通过问卷调查、询问调查、面谈调查等方式获得。一般而言，在获取这两方面信息时，都要遵循合理确定调查对象、选择合适的调查方法、确定调查内容、实施市场调查、整理分析调查结果这些步骤。而在确定调查方法时，则可以根据实际需求和成本等因素，从问卷调查法、询问调查法、面谈调查法、电话调查法、邮寄调查法、留卷调查法以及观察调查法等方法中选择。

科学技术的迅速发展和生活水平的不断提高，使得顾客对产品的要求不断变化，而顾客需求的重要程度以及顾客对各种产品在满足他们需求方面的看法也在变化。因此，对于企业来说，要想在激烈的竞争中得以生存和发展，必须不断地同顾客接触，了解顾客的需求及其发展动向，预测未来的顾客需求，才能生产或提供适应顾客需求的产品或服务。

（2）变换质量需求。获知顾客需求以后，因为获得的原始数据多表现为意见、投诉、评价、希望等形式，并且这些需求中既有对质量的需求，也有对价格和功能等的需求，因此，在调查结束之后，应当对调查结果进行变换。

首先，对整理的原始数据进行考察，例如，对原始数据进行 5W1H（Who, Where, When, Why, What, How）考察；然后，以考察后的原始数据为基础，遵循用自己的语言描述、不拘于表现形式、不问其抽象程度等要领，提取需求项目；最后，对需求进行变换，从需求项目变换成质量需求。

（3）分析质量需求。质量需求展开的第三个步骤是对质量需求进行分析。传统上使用亲和图（KJ）法整理、分析需求信息。首先，将质量需求的各项目分别记在卡片上，朗读卡片上的质量需求，在确认其内容的基础上，废弃内容重复的卡片，并将卡片排列成能够一览无余的形式。然后，将内容相近的卡片集中在一起，找出能代表这一组卡片表达意思的语句，将代表性语句记入新的卡片。

亲和图法的分组步骤如下：
步骤一：为避免重复，将内容相同的卡片废弃，并将卡片排列成能够一览无余的形式。
步骤二：将内容相近的卡片集中 4~5 张，整理成几个组。
步骤三：以能代表各组内容的名称命名，记入蓝色卡片。
步骤四：再将步骤三中内容相近的蓝色卡片集中成一组。
步骤五：以能够代表步骤四中各组内容的名称命名，记入红色卡片。

这样，步骤五中红色卡片的名称为一次水平，其代表着某一种类的质量需求信息；步骤三中蓝色卡片的名称为二次水平，其代表着在一次水平这一类质量需求信息下的质量需求信息分类；步骤二中原来卡片的内容就是三次水平的质量信息，其代表着顾客最细致的质量需求信息。

最后，将具有层次结构的质量需求整理成质量需求展开表。

2. 质量特性展开

质量特性是指成为质量评价对象的特性、性能，是关于顾客真正需求的代用特性。获知顾客需求信息后，必须将质量需求数据转化为技术语言的质量特性。对象商品如果是硬件商品或专业技术比较成熟的商品，那么抽出的质量特性无论是量还是质一般都比较理想。但事实上，任何商品都有感性方面的特性，特别是对于服务而言。因此，应当从质量需求中提取出质量要素，即评价质量的尺度，若这种尺度可以测量，则成为质量特性。

一般而言，质量要素包含物理要素、机能要素、功效要素、时间要素、经济要素、生产要素和市场要素，每一类要素都有诸多特征可以提取。质量特性的抽取可以由技术部门和制造部门一起参与实施，其要领有：

（1）要考虑质量需求。例如，能够计量和测度的，如速度、重量、长度等；不能够测量的，如设计性等。

（2）将质量需求先变换成功能表现后，再提取质量要素，此时要遵循针对性、可测量性和全局性等原则。也就是要注意将顾客需求的内容变换成技术的内容，尽可能提取出能测量的质量特性。

3. 质量屋的构造

（1）质量屋的构造步骤。一般而言，狭义的质量功能展开的质量屋的构造步骤可以分为四步：

第一步，质量需求展开表的构造。

第二步，质量特性展开表的构造。

第三步，将质量需求展开表和质量特性展开表组合成二维表。

第四步，探讨对应关系，以特定符号记入。

（2）质量屋的分析与改良。构造质量屋之后，还需要对构造的质量屋进行一系列的分析与改良。这是因为，虽然在质量屋构造过程中经过了具体项目的分类成组和层次化，但各层次水平是否与实际相符很难把握。因此，在质量屋构造完成并记入相应关系之后，应调整层次结构的水平，进行各种检查分析与改良。

质量屋分析与改良的主要内容有：

首先，检查对应关系符号是否仅在对角线上。如果是，就要修正质量需求项目。考虑顾客需求的特性为什么是必要的，顾客为什么要提出这个特性，从而探求真正的质量需求，修正质量需求展开表。

其次，检查一行（一列）的对应关系符号是否过多，然后经过分析决定是否对质量要素的结构等进行修正。

最后，检查强相关符号是否集中在一起。在集中于一起的情况下，有可能是高层水平的质量需求中混杂着底层水平的质量需求项目，同时，在高层水平的质量特性项目中混杂有底层水平的质量特性。

（三）质量屋的规划与设计

1. 质量需求重要度评判

质量需求重要度是质量功能展开中的一项非常重要的数量指标。它通常是顾客对其各项需求进行的定量评分，以表明各项需求对顾客到底有多重要，是顾客对各项质量需求程度的表示尺度。为了科学把握顾客的真实需求，一般可以采用询问调查评判法、重复频度评判法、层次评价分析评判法等方法。

2. 质量规划与分析

根据顾客需求程度的重要度和与其他企业比较和分析的结果，设定营销重点及计划质量：对于重要度高且本企业达成水平高而其他企业达成水平低的质量需求，可以直接作为产品特性点用于营销战略；对于重要度高但本企业达成水平低而其他企业达成水平高的质量需求项目，至少要将计划质量目标设定为与其他企业水平相同，这类项目不能成为产品特性点；对于重要度高但本企业达成水平低而其他企业达成水平也低的质量需求项目，通常将计划质量目标设定为比其他企业水平高，这类项目可以成为产品特性点。

3. 重要度变换

利用质量屋的对应关系，将市场要求的质量需求重要度变换成技术特性的质量要素重要度。质量展开中的"展开"一词有需求项目的层次化和将质量需求重要度变换成质量要素重要度和功能重要度两种意思。前者的展开是质量需求展开表和质量要素展开表中使用的层次展开；后者的展开是广义的重要度展开。

重要度变换是指质量需求权重变换成质量要素权重，质量要素权重变换成功能权重，功能权重变换成机构权重，机构权重变换成零部件权重等，即市场的重要度被顺次地展开至零部件的重要度。

4. 质量设计

无论是产品还是服务，都需要有测定质量需求是否得到满足的尺度，以及用此尺度达到什么样的目标值。这个目标值就是设计质量。设定这个设计质量的过程就称为质量设计。质量设计的设定过程就要像市场竞争性评估中对质量需求项目实施比较分析一样，也要对质量要素和技术性竞争进行比较分析，并整理成设计质量设定表。

综合考虑质量特性重要度、技术竞争性评估结果、技术实施难度和成本、质量需求与质量特性的关系矩阵和当前产品的优势和劣势，设定具体的质量特性的目标值，使其成为使产品具有市场竞争力而所需达到的规格值等的最低标准。这也是质量设计中最为复杂和关键的决策过程。

（四）质量屋应用实例——空调质量屋

随着国民经济的发展、人民生活水平的提高，空调已经走进了千家万户。与此同时，消费者对空调的要求也越来越高。为了更好地满足消费者，在激烈的市场竞争中求得生存和发展，企业需要在产品性能及服务上改良不足和拓展优势。

本例拟通过采用质量功能展开方法来提升产品性能及全方位服务，增强空调产品在市场上的竞争力。

1. 质量需求展开表的构造

（1）收集原始数据。通过销售人员、安装人员和维修人员与顾客的接触，收集顾客需求的原始数据：省电；安全；可靠；寿命长；制冷制热快；噪声低；外形美观；人机界面好；维修方便；杀菌能力强；容易清洗；调温精确。

（2）构建顾客需求展开表。采用亲和图（KJ）的方法构建顾客需求展开表，可以使设计人员看到顾客需求展开表就如同与顾客面对面交流一样。也就是说，构建时要遵从原始数据，避免在展开过程中使顾客的真实需求失真。结果如表4-1所示。

表 4-1　质量需求展开表

空调品质高	外在特性好	外观美	外形美观
			人机界面好
		服务好	容易清洗
			维修方便
	效用特性高	期望性能高	省电
			噪声低
			制冷制热快
			调温精确
			杀菌能力强
		基本性能优	安全
			寿命长
			可靠

2. 技术需求展开表的构造

根据质量需求展开表和已经成形的技术，技术人员进行技术需求展开表的制作，结果如表 4-2 所示。

表 4-2　技术需求展开表

面板		压缩机			换热器		风机	售后服务	
外形	操作面板	功耗	压缩机噪声	压缩机性能	线管排布	线管材质	风机噪声	网点覆盖率	服务响应时间

3. 质量需求和技术需求二维矩阵表

技术人员分析技术需求和质量需求各因素之间的对应关系，将各因素记入二维表，构建二维矩阵表，结果如表 4-3 所示。检查对应关系符号是否仅在对角线上；一行（一列）的对应关系符号是否过多；强相关符号是否集中于某一块。上述三项若有"是"的答案，应分析具体原因，重做质量需求和技术需求展开表，直到做出一个合适的质量需求和技术需求二维矩阵表为止。

表 4-3　质量需求和技术需求二维矩阵表

质量需求＼技术需求	外形	操作面板	功耗	压缩机噪声	压缩机性能	线管排布	线管材质	风机噪声	网点覆盖率	服务响应时间
外形美观	◎	○								
人机界面好	○	◎								
容易清洗						◎	○		◎	○
维修方便									◎	○
省电			◎			◎		○		
噪声低				◎			△	◎		
制冷制热快		△			◎		○			
调温精确	◎				◎		○			
杀菌能力强							◎			
安全	△				◎	△	○			
寿命长	○				◎	○	○			
可靠	◎				◎	◎	◎		△	

注：◎为强相关，3 分；○为相关，2 分；△为弱相关，1 分；空白为不相关，0 分。

4. 需求重要度评判

利用在销售、安装和修理空调等与顾客接触之际，请求顾客按五分制打分法对第四级顾客需求指标（见表4-1）进行评分，然后整理调查问卷，得出需求重要度，结果如表4-4所示。

5. 质量规划

（1）进行竞争性评估。在进行需求重要度评判的调查时，设立竞争对手A企业和B企业，让顾客对本企业及A企业和B企业的各项顾客需求竞争性状况采用五分制打分法进行打分。然后整理调查问卷，得出竞争性评估数据。

（2）计算水平上升率，确立计划质量和产品特性点。计算水平上升率、确立计划质量与产品特性点和顾客需求重要度是相互联系的。对于重要度高但本企业达成水平低而其他企业达成水平高的质量需求项目，至少要将计划质量目标设定为与其他企业同等，这类项目不能成为产品特性点；对于重要度高但本企业达成水平低而其他企业达成水平也低的质量需求项目，通常将计划质量目标设定为比其他企业水平高，这类项目可以成为产品特性点。以这些想法为基础设定产品特性点。水平上升率等于计划质量得分与本企业顾客需求竞争性评估得分的比值。

（3）对产品特性点进行打分（由技术人员和销售人员共同决定），结果如表4-4所示。

表4-4 顾客需求重要度评判和质量规划表

质量需求	重要度	本企业竞争性	A企业竞争性	B企业竞争性	计划质量	水平上升率	产品特性点	绝对权重	相对权重
外形美观	4	5	4	4	5	1		4.0	4.5
人机界面好	4	4	4	4	4	1		4.0	4.5
容易清洗	4	3	2	4	4	1.3	○	10.6	12.1
维修方便	3	3	3	3	4	1.3	○	8.0	9.1
省电	4	3	3	4	5	1.7	◎	20.4	23.4
噪声低	4	4	4	3	4	1		4.0	4.5
制冷制热快	3	2	3	2	3	1.5	○	9.0	10.2
调温精确	3	2	3	1	3	1.5	○	9.0	10.2
杀菌能力强	3	2	2	2	3	1.5	○	9.0	10.2
安全	4	4	4	4	4	1		4.0	4.5
寿命长	2	5	5	4	5	1		2.0	2.3
可靠	4	4	4	4	4	1		4.0	4.5

注：◎为3分；○为2分；空白为1分。

（4）计算各质量需求的绝对重要度和相对重要度。计算公式为

$$绝对重要度 = 重要度 \times 水平上升率 \times 产品特性点$$

$$相对重要度 = \frac{绝对重要度}{各质量需求项目的绝对重要度之和} \times 100$$

6. 采用独立配点法计算每一技术需求的重要度

某技术需求重要度等于各顾客需求相对权重乘以此技术需求和顾客需求相互关系得分之和，结果见表4-5"技术需求重要度"一栏。

表 4-5　质量需求和技术需求重要度转换表

技术需求	外形	操作面板	功耗	压缩机噪声	压缩机性能	线管排布	线管材质	风机噪声	网点覆盖率	服务响应时间
技术需求重要度	22.5	75.7	80.4	13.5	55.1	96.3	176.3	13.5	68.1	42.4
本企业技术评估	5	4	3	4	3	3	4	4	3	4
A 企业技术评估	4	4	3	4	3	3	3	3	3	4
B 企业技术评估	4	4	3	3	3	3	4	3	3	3
质量设计目标值	不变	不变	改良	10dB	改良	改良	Cu	10dB	较高	迅速

7. 质量设计

（1）技术竞争性评估。技术人员通过试验、查阅有关文献等方式评估本企业产品与竞争者 A 企业和 B 企业产品的质量特性指标，采用五分制打分法打分，结果见表 4-5 "本企业技术评估" 一栏。

（2）确定质量设计目标值。综合考虑质量特性重要度、技术竞争性评估结果、技术实施难度和成本、质量需求与质量特性的关系矩阵和当前产品的优势和弱点，设定具体的质量特性目标值，即为使产品具有市场竞争力而所需达到的规格值等的最低标准。这也是质量设计中最复杂也是最关键的决策过程。

经过以上步骤，即可构建如表 4-6 所示空调质量表。

表 4-6　空调质量表

技术需求＼质量需求	外形	操作面板	功耗	压缩机噪声	压缩机性能	线管排布	线管材质	风机噪声	网点覆盖率	服务响应时间	重要度	本企业竞争性	A企业竞争性	B企业竞争性	计划质量	水平上升率	营销重点	绝对权重	相对权重
外形美观	◎	○									4	5	4	4	5	1		4.0	4.5
人机界面好	○	◎									4	4	4	4	4	1		4.0	4.5
清洗容易						◎	○				4	3	2	4	4	1.3	○	10.6	12.1
维修方便							◎				3	3	3	3	4	1.3	○	8.0	9.1
省电			◎		◎		○				4	3	3	4	5	1.7	○	20.4	23.4
噪声低				◎			△	◎			4	4	3	4	4	1		4.0	4.5
制冷制热快			△		◎		○				3	2	3	2	4	1.5	○	9.0	10.2
调温精确		◎			◎						3	3	3	3	4	1.5	○	9.0	10.2
杀菌能力强							◎				3	2	2	2	4	1.5	○	9.0	10.2
安全		△		◎	△	◎					4	4	4	4	4	1		4.0	4.5
寿命长		○			◎	◎					2	5	5	5	5	1		2.0	2.3
技术需求重要度	22.5	75.7	80.4	13.5	55.1	96.3	176.3	13.5	68.1	42.4					4	4		4.0	4.5
本企业技术评估	5	4	3	4	3	3	4	4	3	4									
A 企业技术评估	4	4	3	4	3	3	3	3	3	4									
B 企业技术评估	4	4	3	3	3	3	4	3	3	3									
质量设计目标	不变	不变	改良	10dB	改良	改良	Cu	10dB	较高	迅速									

注：质量需求和技术需求对应关系中，◎为强相关，3 分；○为相关，2 分；△为弱相关，1 分；空白为不相关，0 分。营销重点中，◎为 3 分；○为 2 分；空白为 1 分。

五、质量功能展开的方法和过程

（一）质量功能展开的方法

1. 赤尾模式

在赤尾洋二最初发表的质量展开表中，针对狭义的质量归纳了 17 步工作步骤。但是，在产品开发过程中，实际上并不只是质量，还有为了实现质量所必需的技术所需要的成本，必须考虑和平衡这些因素。另外，如果产品在有可靠性要求的情况下，必须针对可靠性进行特别的重点管理。这样，在新产品开发中，因为设计部门担负着主要的作用，所以，质量保证活动必须适用涉及部门的业务。

为此，赤尾洋二归纳了以设计阶段为中心，由 64 步工作步骤组成的综合性质量功能展开框架，即赤尾模式，其中包含成为质量保证核心的质量、技术、成本和可靠性。

2. 四阶段模式

四阶段模式是美国供应商协会（American Supplier Institute，ASI）提倡的四阶段展开方法。它从顾客需求开始，经过产品规划阶段、零部件展开阶段、工艺计划阶段和生产计划阶段四个阶段即四步展开，用四个矩阵得出产品的工艺和生产控制参数。

本书将在下面的"质量功能展开的过程"部分对这四个阶段进行详细讲述。

（二）质量功能展开的过程

1. 确定开展质量功能展开的项目

质量功能展开的对象是谁，是全新的产品还是改进的产品，是整个机器设备还是零部件？对于不同的设计和开发对象，质量功能展开的内容等有所不同。因此，首先要确定开展质量功能展开的项目，才能有针对性地开展工作。

原则上，质量功能展开适用于任何产品开发项目及管理、服务项目。对参与国内、国际市场竞争的产品和服务项目，质量功能展开最能发挥其作用，为组织带来高效益。对于项目立项，由于质量功能展开通常需要多部门合作，实施过程较为复杂，因此，应当根据项目工作范围的大小、设计部门的多少，由适当级别的负责人来确定是否应用质量功能展开。一般而言，对于一项完整的产品项目，由于其开发和设计涉及企业的所有部门，因此，应由企业负责人来决定和批准质量功能展开项目的立项；而对于现有产品的质量改进或者某个零部件、工艺的改进，则可根据其涉及面的大小，由较低级别的负责人或者直接责任者来提出质量功能展开项目的立项。

2. 成立多功能综合质量功能展开小组

质量功能展开项目小组是由与项目有关的专业技术人员和管理人员组成的临时性机构，负责质量功能展开工作。其工作内容包含指定工作程序、进行市场调研、绘制各类表格、进行各项内容的分析研究及计算、组织实施等。质量功能展开项目小组的建立，是成功实施质量功能展开的组织保障。质量功能展开项目小组应该是一个多功能的、综合的工作小组，这个工作小组应当由项目负责人以及企业各个相关部门的人员构成。

首先，要选好项目小组负责人。负责人必须由组织协调能力、技术开发能力较强，级别较高，具有一定权威性的人员担任，如企业的总工程师或者负责技术的副总经理等。

其次，项目小组成员的范围要尽量宽，成员的素质要高。如小组成员要由来自产品设计、产品工艺、产品生产制造、计划管理、财务管理、质量管理、库存管理、采购管理、市场营销、供应商及顾客等方面的代表参加。质量功能展开小组的活动有助于消除不同部门、不同专业间的壁垒和隔阂，使产品或服务更好地满足顾客的需求。

当质量功能展开的工作对象为某项质量问题的改进、某个故障的纠正、某个部件的设计修改或某道工序的改进时，质量功能展开小组成员的范围可适当缩小，只要相关人员参加即可。例如，美国瑞侃（Raychem）公司曾经组建质量功能展开小组，任务是开发适合美国市场的电视用连接器系统。其小组成员的组成是：市场、销售、制造和质量工程师各1名，开发工程师2名，公司技术工程师2名。在该项目进行过程中，基于特定的需要，采购代表也参与了小组的工作。

质量功能展开小组的成员来自不同的部门，专业能力互为补充，有着明确的目标，在小组中开展团队工作，能极大地提高小组效能。可以视需要对小组成员进行团队精神的培训，重点是提高成员间相互交流的技能，明确质量功能展开小组的运作方式。

3. 分析顾客需求

顾客需求分析是质量功能展开的基础环节，这一过程也被称为收集"顾客的声音"（VOC）。需要注意的是，"顾客"不仅仅是指产品使用者，必要时还包含主管部门、分销商、产品维修人员等在产品生命周期内关系密切的组织和人员。

顾客对产品的需求可以分为基本需求（Basic Need）、特性需求（Performance Need）和激动人心的需求（Excitement Need）。基本需求是指顾客对产品的基本要求，即产品的必备能力和特性，如灯泡能照明、手机能通信等。因此，这些需求被顾客视为理所当然的质量，因而在顾客提供的信息中往往被遗漏，但如果这类需求得不到满足，会造成顾客的不满意。特性需求是指顾客对产品功能和性能的期望，如灯泡照明的效果、手机信号的强度和通话的质量等。在市场调研中得到的大部分顾客需求属于特性需求，对于这类需求，顾客的满意程度与需求实现程度有一定的正比关系。激动人心的需求是指顾客潜在的或尚未考虑到的需求，主要靠生产制造商来发掘。如能提出激动人心的需求，顾客惊喜的需求就会被满足，从而使产品具备一定的魅力质量，极大地吸引顾客。

满足顾客的需求是质量功能展开的最终目标，所以，必须运用一定的方法对顾客需求进行市场调研，明确产品的顾客是谁，顾客对产品的基本功能有哪些要求，顾客有什么样的特殊要求或偏好等。一般情况下，顾客对产品的功能要求是模糊的。例如，对于汽车而言，驾驶人的一些要求可能是"跑得快""起动快""制动好""转向灵活"等。质量功能展开小组必须运用定性和定量的方法对这些模糊要求进行深入分析研究、整理、加工、提炼，使之成为有层次、有条理、可定量化的信息，并对这些信息进行重要度分析。另外，对于一些大型复杂产品而言，顾客的需求往往来自更多的方面，如涉及环境、安全等方面的国家和行业的法令、法规、标准和规范等。

4. 确定质量特性

对于顾客需求，从技术的角度出发，要确定产品的质量特性，如可靠性、维修性、安全性、经济性、使用寿命、性能等。例如，顾客对汽车"跑得快"的需求可以用从汽车起动且加速踏板被踏下一定量时，行驶100m所需的秒数等指标来表示。另外，将现有技术很难解决的技术关键指标称为"关键技术"，在质量功能展开的过程中必须找出瓶颈。

在质量功能展开项目中，产品质量特性主要通过召集质量功能展开项目小组成员及其他相关人员一起参加头脑风暴来确定。会议由质量功能展开小组负责人主持，会议设专人详细记录所有人的发言,会后应整理会议记录,列出各种观点、建议,整理分析,找出最有价值的意见。

头脑风暴法(Brain Storming)由美国广告策划人亚历克斯·奥斯本(Alex Osborn)首先提出。它采用会议的形式,引导每个参加会议的人围绕某个中心议题,广开思路,激发灵感,毫无顾忌地发表独立见解,并在短时间内从与会者中获得大量的观点。其运用过程如下:

首先,在一个小组或者大组中选择一位主持人和一位记录员(他们可以是同一个人),通过集体讨论来定义问题,确保每个人对将要探索的问题都有清晰的了解。

其次,共同建立讨论活动的规则。主要包括:主持人控制讨论进程,承认每个人在讨论中的贡献,确保没有人贬低或者评价另一参与者的回应,声明没有一个答案是错误的;记录每一个回答,除非它被一再重复;设定发言时间限制,到时立即终止发言,等等。

再次,开始集体自由讨论,主持人选择小组成员共享他们的答案,由记录员记录下所有的回应,并使每个成员能够看到这些反映,确保在讨论结束以前不要评价或批评任何回答。

最后,一旦集体讨论结束,马上检查记录结果和开始对各种回应进行评价。检查这些回应记录的时候,一些基本的要求包括:寻找任何重复或者相似的答案,将相似的概念聚集在一起;剔除明确不合适的回应;精简了记录清单以后,继续运用小组讨论的方式,讨论剩余的回应内容,等等。

5. 建立四阶段质量屋

由于产品开发一般要经过产品规划、零部件展开、工艺计划和生产计划四个阶段,因此,有必要进行这四个阶段的质量功能展开。一般而言,某一层次开发的产品就是其隶属产品的"顾客",本道工序就是上一道工序的"顾客"。因此,各个开发阶段均可建立质量屋,且各阶段质量屋的内容存在一定的联系,上一阶段质量屋天花板的主要项目将转换为下一阶段质量屋的左墙。图4-3为四阶段质量功能展开流程图。

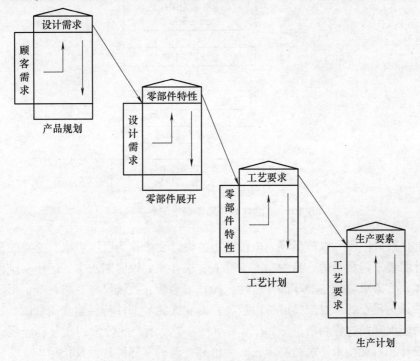

图4-3 四阶段质量功能展开流程图

产品规划阶段的质量功能展开通过产品规划矩阵，将顾客需求转换为技术需求，并根据顾客竞争性评估和技术竞争性评估结果确定各个技术需求的目标值。产品规划阶段质量功能展开的过程和质量屋如图 4-4 和图 4-5 所示。

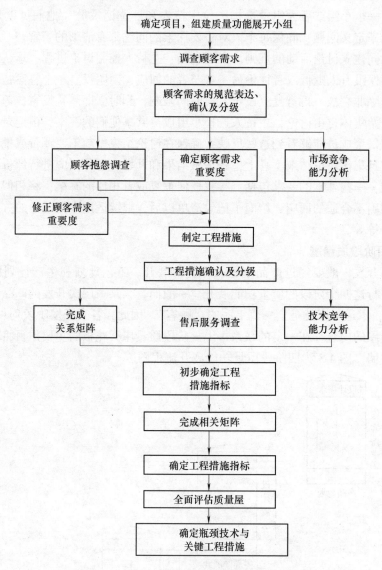

图 4-4　产品规划阶段质量功能展开的过程

在零部件展开阶段，以产品规划阶段输出的设计要求作为顾客需求，必要时从技术角度将这些设计需要未能覆盖的产品的功能与性能要求补充到顾客需求中，运用头脑风暴法分析为满足这些顾客需求应具备的零部件特性，如技术参数、关键尺寸、材料等，形成产品的设计方案，并筛选重要的、对产品最终质量特性影响大的零部件特性建立质量屋。零部件展开阶段质量功能展开的过程和质量屋如图 4-6 和图 4-7 所示。此阶段的质量功能展开用于指导产品详细设计和有关技术要求的制定，其输出是关键的零部件特性及指标。

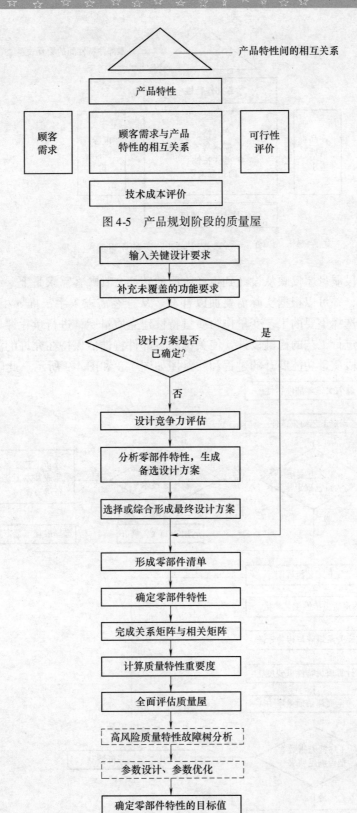

图 4-5　产品规划阶段的质量屋

图 4-6　零部件展开阶段质量功能展开的过程

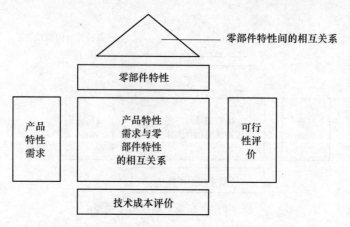

图 4-7　零部件展开阶段的质量屋

工艺计划阶段质量屋反映从设计到生产阶段的转换，其顾客需求是上一级质量屋输出的关键零部件特性，并可以根据实际需要加以补充。从顾客需求入手，推导相应的工艺变量，形成工艺方案。选择重要的工艺变量作为质量特性建立质量屋，进行量化评估。为保证生产过程的稳定，应进行工艺的稳健设计，使关键的零部件特性值保持在允许的波动范围内，等等。工艺计划阶段质量功能展开的过程和质量屋如图 4-8 和图 4-9 所示。此阶段的质量功能

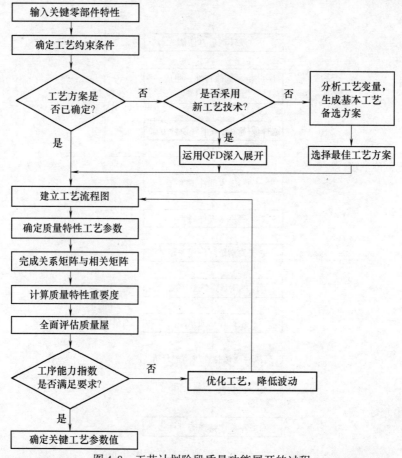

图 4-8　工艺计划阶段质量功能展开的过程

第四章 设计质量管理

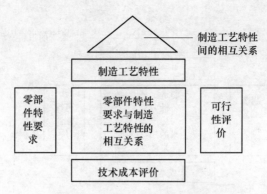

图 4-9 工艺计划阶段的质量屋

展开指导了工艺方案的编制，其输出是重要度高的工艺变量及指标。

在生产计划阶段，顾客需求是关键的工艺参数，质量特性则是一线技术人员的制造操作要求，如操作程序、操作人员的培训、检验、试验、计量保证和生产设备的维护等。为防止已知故障的重复发生，还应设定预防性维护要求。生产计划阶段质量功能展开的目的是策划如何降低生产操作的成本，将生产的波动最小化，同时提高产量。此阶段的质量屋可以制定质量控制（QC）计划表、操作说明书、预防性维护计划等，把顾客的需求落实到最底层。生产计划阶段质量功能展开的过程和质量屋如图 4-10 和图 4-11 所示。

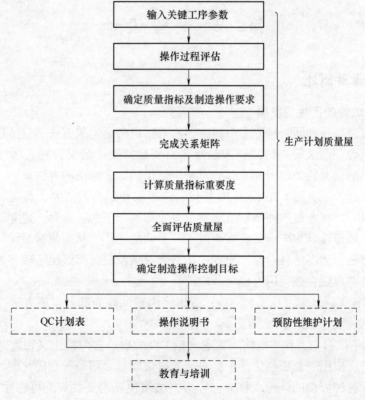

图 4-10 生产计划阶段质量功能展开的过程

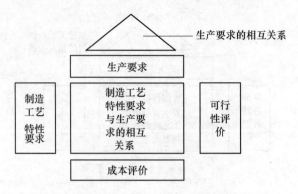

图 4-11　生产计划阶段的质量屋

6. 质量屋的不断迭代与完善

质量屋制作完成后,要随着对市场及产品质量特性认识的加深而不断进行修改,使之更为完善。例如,第一轮质量屋编制完成以后,通过实际运行,可能会发现质量功能展开工作小组的认识和推断不符合或者不完全符合顾客的意愿,从而导致一些顾客需求没有在质量屋中得到体现;或者,有些质量指标可能考虑不周,在实践中得不到体现。另外,有些顾客需求并非来自最终顾客,还应包含协作单位、产品安装、运输、储存、销售、维修保证等环节的需求。

第二节　试 验 设 计

一、试验设计概述

(一) 试验设计的产生与发展

试验设计方法是一种同时研究多个输入因素对输出的影响的方法。它是指通过对选定的输入因素进行精确、系统的人为调整来观察输出变量的变化情况,并通过对不同结果的分析,最终确定影响结果的关键因素及其最有利于结果的因素取值的方法。

试验设计法起源于英国。20 世纪 30 年代,由于农业试验的需要,英国著名统计学家费歇尔(R. A. Fisher)在考察各种肥料及施肥量对农作物产量的影响时,建立了试验设计最初的数学模型,在试验设计和统计分析方面做了一系列的工作,从而使试验设计成了统计科学的一个分支。随后,诸多的科学家、学者和实践者对试验设计都做出了较多的贡献,使得该分支在理论上日益成熟,在应用上也日益广泛。

20 世纪 40 年代,芬尼(D. J. Finney)提出多因素试验的部分实施方法,奠定了减少试验次数的正交试验设计法的基础。

20 世纪 50 年代初期,日本电信实验室(ECL)的田口玄一博士又在此基础上开发了正交试验设计技术,应用一套规格化的正交表来安排试验,采用一种程序化的计算方法来分析试验结果。由于这种方法的试验次数少、分析方法简便、重复性好、可靠性高、适用面广,因此获得迅速普及,成为质量管理的重要工具。

到 20 世纪 80 年代中期,六西格玛管理兴起以后,作为 DMAIC 模式的重要一环,试验设计已经成为过程改善不可缺少的重要组成部分。1988年1月，美国摩托罗拉公司的质量与生产改善顾问博特（K. R. Bhote）发表了一篇题为《试验设计：通向质量的高速公路》的文章。文中认为："如果质量是带动公司前进的火车头，那么试验设计就是燃料。"

（二）试验设计的基本概念

1. 指标

在试验中，用来衡量试验结果的量称为试验指标。产品的质量、成本、产量等都可以作为试验指标。能够用数量表示的指标为定量指标，如尺寸、合格率等；不能用数量表示的指标为定性指标，如颜色、光泽等。在正交试验中，总是把定性指标定量化，以便于分析试验结果。

2. 因子

因子又称因素，在试验中，影响试验考核指标的参数称为因子，也就是作用因素或自变量。在试验中，可进行人为调节和控制的因素是可控因素，如温度、时间等；由于试验技术限制，暂时还不能人为地加以调控的因素是不可控因素，如机床的振动、刀具磨损等。一般用字母 A、B、C 等来表示因素。

3. 水平

水平是试验中各因素的不同取值。也就是说，因素在试验中所处状态和条件的变化可能引起指标的变动，把因素变化的各种状态和条件称为因素的水平。一个因素往往要考察几个水平，如采用不同的淬火温度、不同的反应时间等，一般用阿拉伯数字1、2、3等表示水平，如 $A1$ 表示 A 因素 1 水平。

（三）试验设计的基本原则

1. 重复性

重复是为了估计误差、提高试验的精度和增强统计推断能力。一般用标准差来度量误差的大小和描述该项试验的精度。如果没有重复，则只能以直接比较每次处理的观测值的大小来判断其优劣，这样既不精确又不可靠。如果重复试验，则可以处理观测值之间出现的差异，从而得出比较可靠的结论。重复次数越多，试验精度越高，但成本也会增加。

2. 随机化

随机化是数据统计分析的基础，只有随机才能保证收集数据的统计分布规律。按照概率论的观点，经过随机化，系统误差可趋向于相互抵消，在试验时可使未受控制因素的影响相互抵消而使系统误差转化为随机误差，从而避免在比较平均值时发生偏移。

二、正交试验设计

（一）正交试验设计的基本概念

1. 正交试验设计的含义

正交试验设计是试验设计的一种重要方法。它是利用规格化的正交表合理地安排试验，运用数理统计原理分析试验结果，从而通过代表性很强的少数试验了解各因素对结果的影响情况，并根据影响的大小确定因素的主次顺序，找出较好的生产条件或较优的参数组合，以减少试验误差和生产费用、减少试验工作量的一种试验设计方法。

2. 正交表

正交表是一套已经制作好的规格化表格，是正交试验设计所依赖的基本工具。

(1) 正交表的表示格式，如图 4-12 所示。

例如，正交表 $L_9(3^4)$ 的含义为做 9 次试验，最多可以安排 4 个因素，每个因素有 3 个水平。常见的正交表有 $L_4(2^3)$、$L_9(3^4)$、$L_8(2^7)$、$L_{18}(2^5)$、$L_{27}(3^{13})$、$L_8(4^1 \times 2^4)$ 等。其中，$L_8(4^1 \times 2^4)$ 表示可以安排水平不等的正交试验设计的正交表，即可安排 1 个 4 水平的因素和 4 个 2 水平的因素，试验次数为 8 次。

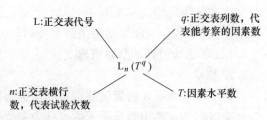

图 4-12　正交表的表示格式

(2) 正交表的特点。正交表主要有以下特点：

1) 均匀分散性。它是指正交表中不同因素之间的水平搭配均匀。

2) 整齐可比性。它是指各个因素的水平由于搭配均匀而可以直接对比。

例如，正交表 $L_9(3^4)$，如表 4-7 所示。

这张正交表有 9 个横行、4 个纵列。其特点是：

① 每个纵列的字码"1""2""3"各出现三次。

② 任意两个纵列当中，每一行都形成一个有序数对，如 (1, 1)、(1, 2) 等出现的次数相等，说明任意两列的字码"1""2""3"间的搭配是均匀的。

表 4-7　正交表 $L_9(3^4)$

试验号\列号	1	2	3	4
1	1	1	1	1
2	1	2	2	2
3	1	3	3	3
4	2	1	2	3
5	2	2	3	1
6	2	3	1	2
7	3	1	3	2
8	3	2	1	3
9	3	3	2	1

(二) 正交试验设计的应用步骤

(1) 明确试验目的，即确定为什么进行试验。

(2) 确定试验指标，即确定试验的结果变量（因变量、应变量）是什么。

(3) 确定因素与水平，即确定自变量是什么，每个自变量选择几个状态。

(4) 选用合适的正交表。在通常的试验设计中，以上四个步骤统称为试验的设计步骤。这个步骤对试验的成功与否至关重要，因为如果试验的设计错误，后面各个步骤就很难得到正确的结果。因此，选择并找到一个合适的正交表是正交试验设计的一个重要步骤。

(5) 进行试验并记录试验结果。根据正交表试验计划进行试验，在试验过程中，可以随机选择试验号进行试验，并将试验结果及时记录到正交表的"试验结果"列。

(6) 数据分析，包括数据的直观分析和方差分析。

(7) 验证试验。为了能够验证正交试验结果是否正确，在确定了因素-水平组合后，要进行试验的验证。

（三）几种典型的正交试验设计

1. 无交互作用的正交试验设计

下面通过一个例子来说明此种正交试验设计的步骤和分析方法。

例 4-1 某种磁电机要求力矩应不小于 210N·m，但生产中往往达不到这一要求，所以希望通过试验找出好的工艺参数，以便提高力矩。

（1）明确试验目的：找到好的工艺参数。

（2）确定考核指标：输出力矩。

（3）因素和水平：磁电机因素-水平表如表 4-8 所示。

表 4-8 磁电机因素-水平表

水平\因素	A 冲磁量/10^{-4}T	B 定位角/(π/180rad)	C 定子线圈匝数/匝
1	900	10	70
2	1100	11	80
3	1300	12	90

（4）设计试验方案。首先，选择正交表。在不考虑因素之间交互作用时，可根据因素数和水平数选择较小的正交表。本例是 3 因素、3 水平的试验，故可选正交表 $L_9(3^4)$，该表可安排 4 因素、3 水平的试验。其次，进行表头设计。选定正交表后，将因素放在正交表的列上，称为表头设计。在不考虑因素之间交互作用的情况下，因素可放在四列中的任意三列上。现将三个因素依次放在前三列上，得到如表 4-9 所示的表头。最后，加入因素-水平。列出试验计划，将因素 A、B、C 和列号中的 1、2、3 换成因素和水平，得到结果如表 4-10 所示。

表 4-9 磁电机例表头设计

因素	A	B	C	空
列号	1	2	3	4

表 4-10 磁电机试验计划与试验结果

试验号\因素	A 冲磁量/10^{-4}T	B 定位角/(π/180rad)	C 定子线圈匝数/匝	输出力矩结果/N·m
1	1（900）	1（10）	1（70）	160
2	1（900）	2（11）	2（80）	215
3	1（900）	3（12）	3（90）	180
4	2（1100）	1（10）	2（80）	168
5	2（1100）	2（11）	3（90）	236
6	2（1100）	3（12）	1（70）	190
7	3（1300）	1（10）	3（90）	157
8	3（1300）	2（11）	1（70）	205
9	3（1300）	3（12）	2（80）	140

(5) 实施试验方案。按照试验计划,可以开始进行试验,针对九种不同的试验条件,分别得到输出力矩结果,如表 4-11 所示。此表中共有 9 个不同的试验条件,它们是一起给出的,而不是等一个试验完成以后才确定下一个试验怎么做,因此,可以称这种设计为"整体设计"。一般的做法是,由设计人员确定因素和水平后,填写正交表,然后将该表交给实验室,实验室人员进行试验取得结果后,将表交回设计人员,设计人员再对试验结果进行分析。

表 4-11 磁电机试验结果计算表

因素 试验号	A 冲磁量/10^{-4}T	B 定位角度 /(π/180rad)	C 定子线圈匝数/匝	输出力矩结果/N·m
1	1 (900)	1 (10)	1 (70)	160
2	1 (900)	2 (11)	2 (80)	215
3	1 (900)	3 (12)	3 (90)	180
4	2 (1100)	1 (10)	2 (80)	168
5	2 (1100)	2 (11)	3 (90)	236
6	2 (1100)	3 (12)	1 (70)	190
7	3 (1300)	1 (10)	3 (90)	157
8	3 (1300)	2 (11)	1 (70)	205
9	3 (1300)	3 (12)	2 (80)	140
T_1	555	485	555	
T_2	594	656	523	
T_3	502	510	573	
T 的平均值	185 198 167.3	161.7 218.7 170	185 174.3 191	
R	30.7	57	16.7	

为了避免由于试验顺序可能带来的误差,试验顺序可以随机决定,也可以同时进行试验。

(6) 试验结果分析。主要有以下几种分析方法:

1) 极差分析法。利用这种分析方法首先计算出各因素对应的输出力矩之和,再求其平均值,然后计算出极差,通过比较极差值的大小来找出最优试验方案。极差大,说明该因素对试验结果影响大,是重要因素;极差小,说明该因素对试验结果影响小,是不太重要因素。本例计算结果如表 4-11 所示。表中 T_1 为当冲磁量为 900×10^{-4}T 水平时的三次试验输出力矩之和,即 555N·m = (160 + 215 + 180)N·m。

从表 4-11 中可知,$R_B > R_A > R_C$,由此可以判断影响指标的各因素的主次关系依次是 B、A、C。对于 B 因素,它影响指标最大,应选 B 的最优水平 2 水平;对于 A 因素,应选择最优水平 2 水平;对于 C 因素,应选择最优水平 3 水平。从而得到最优的工艺参数配合:$B_2A_2C_3$,即冲磁量 1100×10^{-4}T、定位角度 $11 \times \pi/180$rad、定子线圈匝数 90 匝时,输出力矩最大。

2) 方差分析法。极差分析法的优点是计算简单,仅比较极差值大小即可,非常直观。但是,极差小到什么程度才可以认为该因素对指标已经没有明显影响了呢?要回答这个问题，就必须对试验结果进行方差分析。

在方差分析中，假定每一次试验都是独立进行的，试验结果数据服从正态分布。方差分析的过程如下：

首先，计算总偏差平方和（S_T）。每次试验结果不同，产生波动，这是因为试验条件不同和试验中存在误差。总偏差平方和就是用来描述这种波动的。计算公式为

$$S_T = \sum_{i=1}^{n} Y_i^2 - \frac{T^2}{n}$$

式中，n 为正交试验的行数，每一条件下进行一次试验；T 为试验结果的总和；Y_i 为试验结果。

其次，计算各列（因素）的偏差平方和（S_j）。计算公式为

$$S_j = \sum_{i=1}^{n} \frac{T_{ij}^2}{n/q} - \frac{T^2}{n}$$

式中，T_{ij} 为第 j 列第 i 水平对应的数据和；q 为该列水平数。

再次，计算误差的偏差平方和（S_e）。计算公式为

$$S_e = S_T - \sum_{j=1}^{m} S_j$$

最后，本例计算如表 4-12 所示，方差分析如表 4-13 所示。

表 4-12　磁电机试验结果计算表

因素 试验号	A 1	B 2	C 3	4	输出力矩结果/N·m
1	1 (900)	1 (10)	1 (70)	1	160
2	1 (900)	2 (11)	2 (80)	2	215
3	1 (900)	3 (12)	3 (90)	3	180
4	2 (1100)	1 (10)	2 (80)	3	168
5	2 (1100)	2 (11)	3 (90)	1	236
6	2 (1100)	3 (12)	1 (70)	2	190
7	3 (1300)	1 (10)	3 (90)	2	157
8	3 (1300)	2 (11)	1 (70)	3	205
9	3 (1300)	3 (12)	2 (80)	1	140
T_1	555	485	555	536	$T = \sum_{i=1}^{n} Y_i = 1651$
T_2	594	656	523	562	
T_3	502	510	573	553	$\sum_{i=1}^{n} Y_i^2 = 310519$
S	1421.6	5686.9	427.6	116.2	$S_T = 7652.3$

表 4-13　磁电机试验结果方差分析表

来源	S	v	V	$F_{比}$	分析结论
A	1421.6	2	710.8	12.23	显著
B	5686.9	2	2843.4	48.94	显著
C	427.6	2	213.8	3.68	不显著
e	116.2	2	58.1		
T	7652.3	8		$F_{0.95}(2,2) = 19.0,\ F_{0.90}(2,2) = 9.0$	

从表 4-13 可以看出，因素 B 对指标有显著影响，因素 A 对指标也有显著影响，但比较而言，因素 B 对指标的影响比因素 A 对指标的影响更大。因素 C 对指标影响不大。因素 B 和 A 中以 B2A2 为优，为节约，因素 C 取最小值，即 70 匝。这样可以得到最优的工艺参数的配合：B2A2C1。

2. 有交互作用的正交试验设计

所谓交互作用，是指两个因素搭配在一起相互影响而引起的那部分作用。

在多因素试验中，因素之间有时存在交互作用。在此，通过一个例子来说明有交互作用的正交试验设计步骤。

例 4-2 某化工产品 Sb_2S_3 的平均粒度要求小于 $10\mu m$，生产中不合格品较多，所以希望通过正交试验，寻求较好的生产条件，降低 Sb_2S_3 的平均粒度，满足生产要求。

（1）明确试验目的：降低 Sb_2S_3 的平均粒度。

（2）确定考察指标：Sb_2S_3 的平均粒度。

（3）因素和水平：Sb_2S_3 因素-水平表如表 4-14 所示。其中，因素 A 和因素 B 之间存在的交互作用 $A \times B$ 对 Sb_2S_3 的平均粒度影响较大。

表 4-14 Sb_2S_3 因素-水平表

水平＼因素	A 钢球规格/mm	B 钢球重量/kg	C 球磨时间/h	D Sb_2S_3 投放量/kg
1	70-50-45	270	100	60
2	80-40-20	240	120	50

（4）设计试验方案。首先，选择正交表。本例中考察的是 2 水平、4 因素，而由于存在一个交互作用，因此，可以将交互作用看成第五个因素，即 2 水平、5 因素的正交试验。选择正交表 $L_8(2^7)$。正交表 $L_8(2^7)$ 的两列间交互作用如表 4-15 所示。

表 4-15 正交表 $L_8(2^7)$ 两列间的交互作用表

列号	1	2	3	4	5	6	7
	(1)	3	2	5	4	7	6
		(2)	1	6	7	4	5
			(3)	7	6	5	4
				(4)	1	2	3
					(5)	3	2
						(6)	1

其次，进行表头设计。因为有交互作用，首先将有交互作用的因素放到任意的列中。例如，将因素 A 放第 1 列，因素 B 放第 2 列；依据表 4-15 查到（1）所在行与（2）所在列的交叉数字为 3，因此第 1 列和第 2 列的交互作用 $A \times B$ 放在第 3 列，其余因素任意放入剩余的列中即可。本例表头设计如表 4-16 所示。

表 4-16 Sb_2S_3 例表头设计

试验号＼列号	1 (A) 钢球规格	2 (B) 钢球重量	3 ($A \times B$)	4 (C) 球磨时间	5 (D) Sb_2S_3 投放量	6	7

第四章 设计质量管理

最后,加入因素-水平,得到试验计划与方差分析表,如表4-17前五列所示。

(5) 实施试验方案。试验时可以采用整体设计方法,也可以采用随机抽取试验的方法,试验结果如表4-17最后一列所示。

(6) 试验结果分析。分析步骤如下:

首先,方差分析。有交互作用的正交试验,应用步骤同"没有交互作用的正交试验"的方差分析一样,只是交互作用的自由度为交互作用的两因素自由度之积。本例方差分析结果如表4-17和表4-18所示。

表4-17 试验计划与方差分析表

试验号 \ 列号	1 (A) 钢球规格	2 (B) 钢球重量	3 ($A \times B$)	4 (C) 球磨时间	5 (D) Sb_2S_3投放量	6	7	试验结果 平均粒度 $Y_i/\mu m$
1	1	1	1	1	1	1	1	4.5
2	1	1	1	2	2	2	2	7.8
3	1	2	2	1	1	2	2	14.1
4	1	2	2	2	2	1	1	17.3
5	2	1	2	1	2	1	2	12.7
6	2	1	2	2	1	2	1	14.6
7	2	2	1	1	2	2	1	12.1
8	2	2	1	2	1	1	2	15.3
T_1	43.7	39.6	39.7	43.4	48.5	49.8	48.5	$T = \sum_{i=1}^{n} Y_i = 98.4$
T_2	54.7	58.8	58.7	55	49.9	48.6	49.9	$\sum_{i=1}^{n} Y_i^2 = 1334.14$
S	15.125	46.08	45.125	16.82	0.245	0.18	0.245	$S_T = 123.82$

表4-18 方差分析表

来源	S	f	V	$F_{比}$	分析结论
A	15.125	1	15.125	71.18	显著
B	46.08	1	46.08	216.75	显著
C	16.82	1	16.82	79.15	显著
D	0.245	1	0.245	1.15	不显著
$A \times B$	45.125	1	45.125	212.35	显著
e	0.425	2	0.2125		
T	123.82	7		$F_{0.95}(1,2) = 18.5$	

可以看出,因素A、B、C、$A \times B$对试验结果的影响是显著的,因素D对试验结果的影响不显著。

其次,选择最佳条件。对于无交互作用的显著因素C,可以比较两水平下的数据和,得到最佳水平为1水平;对于不显著的D因素,可以任选任意条件;对于有交互作用的因素A与B,其交互作用$A \times B$影响显著,要比较不同水平搭配的试验结果平均值,才能求出最佳条件。$A \times B$的试验结果平均值如表4-19所示。

表 4-19 $A×B$ 的试验结果平均值

因素	A1	A2
B1	(4.5 + 12.7)/2 = 8.6	(7.8 + 14.6)/2 = 11.2
B2	(14.1 + 12.1)/2 = 13.1	(17.3 + 15.3)/2 = 16.3

从表中可以看出，$A×B$ 的最好水平是 $A1×B1$。

该例的最佳条件是 $A1B1C1$，即钢球规格为 70-50-45mm、钢球重量为 270kg、球磨时间为 100h。

（7）反复调试试验。根据已经得出的试验情况和分析结果可知，最佳条件已经在试验计划表中试验号为 1 处出现，并且是 8 个试验中效果最好的，说明方差分析的结论与实际试验结果完全一致；当没有在试验计划表中出现时，还需要对试验条件进行反复调试，并反复验证试验结果是否比较稳定。

（8）明确结论。经过反复调试并反复验证试验结果以后，可以认为 $A1B1C1$ 是所有条件组合中的最佳条件，并将该条件正式用于生产。

3. 多指标情况的正交试验设计

在许多实际情况中，考察的指标往往有两个或多个，考察指标多会加大数据分析的难度和误差。多指标正交试验一般可以采用综合评价法、排队打分法、公式评分法进行数据分析。在此，通过一个例子对综合评价法和排队打分法进行介绍。

例 4-3 某化工厂排放的污水不达标，锌、镉有毒物质超标，希望通过正交试验寻找较好的污水处理方案，降低锌、镉的含量。

（1）明确试验目的：降低锌、镉的含量。

（2）确定考察指标：处理后污水中的锌含量（mg/L）、镉含量（mg/L）。

（3）因素和水平：锌、镉含量的因素-水平表如表 4-20 所示。

表 4-20 锌、镉含量的因素-水平表

因素 水平	A 反应温度/℃	B 反应时间/h	C 添加剂配比	D 污水量/t
1	60	8	1:1	2
2	80	10	1:1.5	2.5
3	100	6	1:2	3

（4）设计试验方案。本例为 3 水平、4 因素正交试验，故选择正交表 $L_9(3^4)$，如表 4-21 所示。

表 4-21 试验计划与结果

试验号	列号 A 反应温度	B 反应时间	C 添加剂配比	D 污水量	试验结果/（mg/L）	
					锌含量	镉含量
1	1	1	1	1	0.68	1.26
2	1	2	2	2	1.27	1.12
3	1	3	3	3	0.8	0.72
4	2	1	2	3	1.21	1.2

(续)

试验号 \ 列号	A 反应温度	B 反应时间	C 添加剂配比	D 污水量	试验结果/(mg/L) 锌含量	镉含量
5	2	2	3	1	1.22	1.34
6	2	3	1	2	1.1	0.91
7	3	1	3	2	1.68	1.4
8	3	2	1	3	1.53	1.43
9	3	3	2	1	1.1	1.41

(5) 实施试验方案。根据试验计划表实施试验，得到如表4-21后两列所示结果。

(6) 数据分析。主要有以下几种分析方法：

1) 综合评价法。用目测法可以直观地看出：含锌量效果最好的是1号试验，其次是3号试验；含镉量最好的是3号试验，其次是6号试验。综合考虑两个考察指标的情况，3号试验含镉量效果最好，含锌量较好。因此，认为3号试验的方案是最佳方案。

另外，还可以用极差法、方差分析法分别找出各指标的最佳条件，再进行综合评价，得出兼顾所有考察指标的最佳方案。

可以看出，综合评价法方法简单、直观，但要兼顾多个考察指标，有时较难得到最佳条件，因此有一定的局限性。

2) 排队打分法。排队打分法是综合所有考察指标，对全部试验逐个评价其优劣状况，按效果打分，将得分作为试验结果进行数据分析，这样把多指标问题转化为单指标问题。

在本例中，根据生产实际认为3号试验效果最好，打100分；第二名是1号试验，打95分；第三名是6号试验，打90分，依此类推。试验计划与结果得分如表4-22所示。

表4-22 试验计划与结果得分

试验号 \ 列号	A 反应温度	B 反应时间	C 添加剂配比	D 污水量	试验结果/(mg/L) 锌含量	镉含量	得分/分
1	1	1	1	1	0.68	1.26	95
2	1	2	2	2	1.27	1.12	85
3	1	3	3	3	0.8	0.72	100
4	2	1	2	3	1.21	1.2	80
5	2	2	3	1	1.22	1.34	70
6	2	3	1	2	1.1	0.91	90
7	3	1	3	2	1.68	1.4	60
8	3	2	1	3	1.53	1.43	65
9	3	3	2	1	1.1	1.41	75
T_1	280	235	250	240			
T_2	240	220	240	235			
T_3	200	265	230	245			
R	80	45	20	10			

可以看出，对指标的影响程度依次是 A、B、C、D，最佳条件是 $A_1B_3C_1D_3$。

(7) 进行试验调优。可以得知，综合评价法和排队打分法的最终结论不一致，因此，

要对 $A_1B_3C_1D_3$ 进行试验验证。对该试验条件进行补充试验，结果为含锌量 0.78mg/L、含镉量 0.72mg/L，略优于 3 号试验，因此确定 $A_1B_3C_1D_3$。

（8）进行验证试验和得出结论。按照 $A_1B_3C_1D_3$ 的工艺配合进行验证试验，如果试验结果达到预期目的，则说明此工艺配合可以作为工艺条件要求。

三、田口方法

（一）田口方法概述

20 世纪 40 年代末至 50 年代初，日本开始重建工作，当时面临众多困难，如缺少优质的原材料、缺少高质量的加工设备、缺乏经验丰富的高级人才等。但实际市场上要求生产高质量的优质产品。当时，田口玄一博士受聘帮助修复战后处于瘫痪状态的日本电话系统。在工作过程中，田口玄一博士发现，靠传统的试差法来寻找设计中存在的问题有多种不足。最后，他设计出一套新的设计试验集成方法。这套新的试验集成方法一改传统的"只有用质量最好的元器件才能组装成质量最好的整机，只有用最严格的工艺条件才能制造出质量最好的产品"的设计思想，其新的设计概念是采用最低廉的元器件组装成质量最好、可靠性最高的整机，采用最宽松的工艺条件加工出质量最好、成本最低、收益最高的产品。美国将这套集成方法与理论称为"田口方法"。

田口方法不仅受到日本企业、学者的青睐，同时也受到欧美各国应用科学家、质量管理学家、工程设计专家和企业界人士的关注，并在工程实际中得到广泛应用。日本数百家公司每年应用田口方法完成 10 万项左右的实例项目研究，在不增加成本的情况下，大大提高了产品的设计和制造质量。田口方法于 20 世纪 80 年代初引入美国，首先在福特汽车公司获得成功并引起轰动。《日本工业新闻》曾以《田口方法轰动美国》为题做出了详细报道。福特汽车在汽车车体、刮水器、热交换器等多种配件的设计等工艺中运用田口方法，并取得了显著效果。美国通用汽车也十分重视田口方法在设计中的应用，通用汽车工程管理学院还专门设置了田口方法课程。

目前，田口方法在美国工业界已得到越来越广泛的应用，许多世界知名公司的"设计课程"中明确提出，设计人员在设计过程中必须采用田口方法，否则在技术评审中难以通过。美国波音公司已采用田口方法成功地进行了飞机尾翼的设计；美国国家航空航天局从 1994 年就开始计划用 3~4 年的时间推行田口方法。据美国麻省理工学院调查，美国 70% 以上的工程技术人员了解田口方法。田口方法于 1990 年引入我国，首先在机械工业系统中得到研究与应用。至今，田口方法已经在我国多个行业、系统中得到广泛的推广和应用。

稳健设计和三次设计是田口方法的主要内容。稳健设计是指产品性能的变化相对于因素状态的变化很小，即产品性能对该因素的变化不敏感，是一种优化的设计方法。它包含多方面的内容。例如：使产品性能对原材料的改变不灵敏，就能在很多情况下使用价钱便宜的低等级原材料；使产品对制造的变差不灵敏，就能减少劳动成本；使产品对使用变化不灵敏，就能改善产品的可靠性，并减少操作成本等。三次设计是建立在试验设计技术基础上的一种在新产品开发设计过程中进行三次设计的方式。三次设计以试验设计法为基本工具，在产品设计上采取措施，系统地考虑问题，通过对零部件或元器件的参数进行优选，以求减少各种内、外因素对产品功能稳定性的影响，从而达到提高产品质量的目的。

（二）稳健设计

1. 稳健设计概述

稳健设计方法的研究与使用始于第二次世界大战后的日本，现广泛应用于技术开发、产品开发和工艺开发等领域。田口玄一是最早提出稳健设计的学者，其核心思想是运用试验设计将过程中的各项变异降至最低，或使过程、产品对噪声因子的敏感性降至最低。一般而言，影响产品质量特性的因子通常会有以下三种：

（1）信号因子。信号因子是制定产品试验预期值的因子，是由产品使用者或操作者设定的参数，用以表示产品反应所应得的值。例如，一台电扇的转速，即为使用者期望应有风量的信号因子。产品结构设计工程师基于其本身对开发产品所具有的工程知识，选定若干信号因子进行开发和设计。

（2）噪声因子。产品性能由于噪声因子的存在而产生变化，它是设计者不能控制的因子。有些因子的调整很困难，或费用昂贵，也归为噪声因子。噪声因子有三种类型，分别是外部的环境、产品非统一性造成的变差以及产品在存储或使用过程中因材料发生变化从而引起的波动，即外在因素、零件间的变异和坏损。

1）外在因素。主要分为产品操作的环境和产品承受的负荷，如温度、湿度、灰尘、电压、电磁干扰、产品承受的任务量、连续工作时间等。

2）零件间的变异。在制造过程中无法避免变异的发生，制造发生变异，则必然导致产品的参数逐渐产生变异。

3）坏损。某一产品在售出时，可能其整批产品的质量特性均与目标值相符，但历经相当的时间后，其中个别产品可能发生变化，导致产品性能呈现坏损。

（3）控制因子。控制因子是设计者能够自由指定的因子。控制因子通常均可能有高低值的变动，称为"水平"。有些控制因子水平变动时，制造成本不变；而有些控制因子的水平变动将会带来制造成本的变动。

2. 稳健设计的基本概念

稳健设计就是要使噪声因子的影响效果最小，从而使质量特性达到最优，改进产品质量。因此，在稳健设计中，辨认出主要的噪声是很重要的。稳健设计的两个主要工具是信噪比和正交表。信噪比用来作为特征数衡量质量；正交表用来安排试验，选择最佳的参数组合。因此，从某种程度上来说，稳健设计就是信噪比的正交设计。

（1）信噪比。信噪比的概念首先是在无线电通信中提出来的，接收机输出功率可分成两部分：信号功率和噪声功率。理论上和实践中经常要考虑信号功率与噪声功率的比值，人们把这个比值称为信噪比，通常用 η 来表示。计算公式为

$$\eta = \frac{信号功率}{噪声功率} = \frac{S}{N}$$

η 越大，通信效果越好。1957 年，田口玄一提出在试验设计中采用信噪比。此后经过几十年的完善和实际应用，信噪比与正交试验相结合，解决了许多不同特性值的综合功能评价问题。

信噪比不是一个严格的定义式，而是某些特性的一种特定的表达式。引入信噪比之后，任何可量化的特性都可以用它的信噪比来代替。

按照质量特性的实际情况，信噪比可以分为以下四类，对于每一类均存在相应的计算公

式计算其相应的信噪比值。其相应的计算公式如表 4-23 所示。

表 4-23　各类信噪比的计算公式

类　别	计算公式（dB）	备　注
望目特性信噪比	$\eta = 10\lg \dfrac{\frac{1}{n}(S_m - V_e)}{V_e}$	$S_m = n\bar{y}^2$ $V_e = \dfrac{1}{n-1}\sum\limits_{i=1}^{1}(y_i - \bar{y})^2$
望小特性信噪比	$\eta = -10\lg \dfrac{1}{n}\sum\limits_{i=1}^{n} y_i^2$	$S_\beta = \dfrac{1}{r}\left[\sum\limits_{i=1}^{k}(M_i - \bar{M})T_i\right]^2$
望大特性信噪比	$\eta = -10\lg \dfrac{1}{n}\sum\limits_{i=1}^{n}\dfrac{1}{y_i^2}$	$r = r_0 \sum\limits_{i=1}^{k}(M_i - \bar{M})^2$
动态特性信噪比	$\eta = 10\lg \dfrac{\frac{1}{r}(S_\beta - V_e)}{V_e}$	式中，y 为质量特性值；n 为质量特性值的个数；k 为信号因子 M 的水平个数；r_0 为每一个水平下进行的试验次数；T_i 为所有试验数据总和

1）望目特性信噪比。其中，望目特性是指存在一个固定的目标，希望质量特性围绕目标值波动，而且波动越小越好。

2）望小特性信噪比。其中，望小特性是指质量特性是连续的、非负的，而且希望质量特性越小越好（理想值为 0），波动越小越好。

3）望大特性信噪比。其中，望大特性是指质量特性是连续的、非负的，而且希望质量特性越大越好，波动越小越好。

4）动态特性信噪比。其中，动态特性是指目标值可变的望目特性。

（2）灵敏度。灵敏度是稳健设计中用以表征质量特性可调整性的指标。灵敏度系数是控制因子值的函数，一个稳健的产品或工艺是灵敏度系数最小的情况。其中，灵敏度可以分为静态特性灵敏度和动态特性灵敏度。其计算公式如表 4-24 所示。

表 4-24　灵敏度计算公式

类　别	定　义　式	计算公式（dB）
静态特性灵敏度	产品质量特性 y 的期望值为 μ $S = \mu^2$	$\eta = 10\lg \dfrac{1}{n}(S_m - V_e)$
动态特性灵敏度	输出特性 Y 与信号因子 M 有线性关系 $Y = \alpha + \beta M + \varepsilon$ $S = \beta^2$	$\eta = 10\lg \dfrac{1}{r}(S_m - V_e)$

注：表中字母所代表含义同表 4-23 备注。

3. 稳健设计步骤

步骤一：确定主要功能、边际效果和失效的样式。为此，需要具备有关产品或工艺的管理知识，并了解顾客的需求。

步骤二：识别噪声因子，确定估算质量损失的试验条件，并做到对噪声因子的灵敏度读数最小化。为此，必须适当选择试验条件，做到能估计灵敏度。

步骤三：根据具体问题确定质量特性和优化的目标函数。

步骤四：确定控制因子和它们的可选择水平。控制因子可能很多，但只能选择主要的，并根据问题的具体情况决定选择多少。因子定下来后，因子的水平数值和水平个数也要确定。选择水平数值时，要考虑各水平数值对试验影响的差别。

步骤五：设计试验和进行正交试验。

步骤六：数据分析，确定控制因子的最佳水平。

步骤七：通过多次试验进行核实。

（三）三次设计

三次设计是系统设计（System Design）、参数设计（Parameter Design）和容差设计（Tolerance Design）的统称。它是指在专业设计的基础上，用正交设计方法选择最佳参数组合和最合理的容差范围，尽量用价格低廉的、低等级的零部件来组装产品的优化设计方法。

1. 系统设计

系统设计又称一次设计，是指传统的功能设计。顾客需求明确以后，如何有针对性地研发设计、生产出技术含量高、生命力强、满足顾客需求的产品，从根本上决定了产品的质量，也直接决定了企业经营的成败。从产品研发设计过程来说，急需科学的系统设计方法来指导和支持产品的研发设计，控制源头质量。在系统设计的步骤中，设计人员应以产品应用的功能为基础，研究分析多项不同的产品结构及工艺，然后从中选出一项被认为最合适的。系统设计是三次设计的基础，对于结构复杂的产品，要全面考察各种参数对质量特性值的影响，单凭专业技术进行定性的判断是不够的，因为这样无法定量地找出经济合理的最佳参数组合。系统设计可以帮助人们选择需要考察的因子及其水平。系统设计的设计质量由设计人员的专业技术水平和应用这些专业知识的能力所决定。

例如，在设计一台机床或一辆汽车时，首先要根据顾客使用的需要，选择结构模式、传动方式、重要零部件的材料，甚至要考虑到某些关键工艺的方法及实现的可能性。这些都是全局性的问题，而且是下一步进行更详细结构设计的依据。因此，系统设计质量水平的高低是形成产品质量的关键。

田口玄一倡导的三次设计创造性地提出了参数设计和容差设计的原理及方法，并开展了大量的实践，但没有提出系统设计的具体方法。长期以来，系统设计的具体方法一直影响着参数设计、容差设计等方法的正确和有效应用。

2. 参数设计

在产品结构设计前，一般应确定产品的主要参数，这些参数通常能反映产品主要的性能、质量特性或使用条件。所以，在系统设计的基础上，应该决定这些系统中各参数值的最优质量水平及其最佳组合。其基本思想就是利用试验设计等方法，寻求影响系统功能的各因素的最佳组合和系统、分系统或零部件间的最佳组合，从而尽量减少各种干扰的影响，以提高产品质量功能的稳定性。

在确定产品参数的同时，还应当考虑到其经济性，特别是对产品寿命、可靠性类似的参数，应当做经济分析和论证，选择最佳参数。例如，就产品寿命来讲，对于不同的产品，其考虑的原则可能不同。有的产品要求耐用，寿命越长越好；而有的产品却应当按照最经济的寿命设计，如考虑由于技术进步而引起的产品更新换代等；还有的产品寿命更短，仅使用一次就结束了。反映产品质量的性能参数往往很多，而且这些参数之间往往存在着相互影响，所以选择参数还有一个最佳组合问题。

在参数设计中，设计人员必须决定各项控制因子的最佳决策，使其不致影响制造成本，或保持质量损失最小。因此，必须降低产品或制造过程相对于全部噪声因子的敏感度，同时掌握各参数的目标值。进行参数设计时，要为噪声因子设定较宽的容差，并假定产品将采用较低等级的零部件或材料，也就是说要尽量降低制造成本，降低对噪声的敏感度，以减少质量损失。如果通过这一步的参数设计，质量损失符合规格了，说明已经达到最低成本，无须继续进行容差设计。然而在实际中，质量损失往往仍需再降低，因此仍需进行容差设计。

可见，参数设计是产品设计的核心工作。所谓参数设计，就是选择出影响质量特性值的各元器件参数的最佳值以及最适宜的组合，使系统的质量特性波动小、稳定性好。在产品的制造和使用过程中，由于受到多种因素的影响，产品的输出特性总是存在波动的。要绝对消除这些波动是不可能的，但是通过合理选择参数的组合，可以大大减小这种波动的程度，从而保证质量的稳定性。

3. 容差设计

容差设计是在完成系统设计和由参数设计确定了可控因素的最佳水平组合之后进行的。此时各元器件的质量水平较低，参数波动范围较宽。容差设计的目的是在参数设计阶段最佳条件的基础上，确定各个参数合适的容差。

容差设计的基本思想是根据各参数的波动对产品质量特性影响的大小，从经济性角度考虑有没有必要对影响大的参数给予较小的容差。由此，既可以进一步减少质量特性的波动，提高产品的稳定性，减少质量损失，又可以提高元器件的质量水平，使产品的成本有所提高。因此，容差设计阶段既要考虑进一步减少在参数设计后产品仍存在的质量损失，又要考虑缩小一些元器件的容差将会增加的成本，权衡两者，采取最佳决策。

通过容差设计可以确定各参数最合理的容差，从而使总损失达到最小。容差设计的任务是针对主要的误差因素，选取波动值较小的优质元器件，以减少质量特性值的波动。由于因此会带来质量成本的提高，所以只有在参数设计未能使内、外干扰充分减少的情况下，才进行容差设计。

对于容差设计，一般可以按照以下步骤进行：

第一步：针对参数设计所确定的最佳参数水平组合，根据专业知识设想出可以选用的低质廉价的元器件。例如，可以选择较低等级的元器件进行试验设计和计算分析。

第二步：为简化计算，通常选取与参数设计中相同的因素为误差因素，对任一误差因素，设其中心值为 m，波动的标准差为 σ。在最理想的情况下，取三个水平 $m - \sqrt{1.5}\sigma$、m、$m + \sqrt{1.5}\sigma$。

第三步：选取正交表，安排误差因素进行试验，测出误差值。

第四步：方差分析。为研究误差因素的影响，对测出的误差值进行方差分析。

第五步：容差设计。根据方差分析的结果对各因素选用合适的元器件：对影响不显著的因素，可选用低等级、低价格的元器件；对影响显著的因素，要综合考虑各等级产品的价格、各因素的贡献率大小、选用各等级元器件的质量损失等。

4. 质量损失函数

根据田口玄一的质量损失理论，产品质量指标存在客观的波动，有波动就会造成损失，质量损失的大小与波动程度相关。质量损失函数是指产品质量的特征值偏离目标值时所造成的经济损失随偏离程度的变化关系。如果设产品质量特征值的目标值为 m，而实际测量值为

y，质量损失函数表示为 $L(y)$。计算公式为

$$L(y) = k(y-m)^2$$

式中，$(y-m)^2$ 反映了质量特征值与目标值的接近程度，即产品功能波动大小；k 是一个与 y 无关的常数，为单位平方偏差的经济损失，k 越大，损失也就越大。

由上可知，$L(y)$ 为二次函数，因此，质量损失函数曲线是以 m 为中心的抛物线，如图 4-13 所示。

质量损失函数中系数 k 的确定可以有以下两种方法：

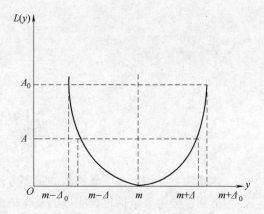

图 4-13 质量损失函数曲线

(1) 根据功能界限 Δ_0 和产品丧失功能时的损失 A_0 确定。Δ_0 是产品能够正常发挥功能的界限值。当 $|y-m| < \Delta_0$ 时，产品正常发挥功能；当 $|y-m| \geq \Delta_0$ 时，产品丧失功能。若产品丧失功能时的损失为 A_0，则可以认为在 $y = m \pm \Delta_0$ 两点上，均有 $L(y) = A_0$。

由 $L(y) = k(y-m)^2$ 可以得到

$$k = \frac{A_0}{\Delta_0^2}$$

(2) 根据容差 Δ 和产品不合格时的损失 A 确定。容差是指产品合格的范围。当 $|y-m| \leq \Delta$ 时，产品为合格品；而当 $|y-m| > \Delta$ 时，产品为不合格品。若产品为不合格品时的损失为 A，则此时在 $y = m \pm \Delta$ 两点上，均有 $L(y) = A$。

由 $L(y) = k(y-m)^2$ 可以得到

$$k = \frac{A}{\Delta^2}$$

思 考 题

1. 质量屋（HOQ）在质量功能展开（QFD）中是如何规划应用的？
2. 质量功能展开（QFD）的主要功效是什么？
3. 有交互作用的正交试验和无交互作用的正交试验的表头选择之间有什么区别？
4. 如何进行正交试验结果的方差分析？与极差分析法相比，方差分析法有什么优势？
5. 如何计算信噪比？
6. 请举例说明系统设计与容差设计的区别。
7. 请简要叙述质量损失理论。

第五章

过程质量控制

本章主要介绍过程质量控制的重要方法——过程能力、控制图和其他工具。其中,过程能力分析部分主要包括过程能力的基本概念、过程能力指数的计算与分析、过程能力的调查与提高以及过程性能和过程性能指数等内容;控制图部分主要包括控制图的基本概念、计量值控制图和计数值控制图的分析方法以及控制图的分析与判断准则等内容;其他工具主要包括调查表、排列图、直方图、因果图、8D法、佩恩特图等过程质量控制常用工具。

质量形成于一系列的过程之中,过程控制是质量管理工作的核心内容之一。本章将介绍过程质量控制的重要方法:过程能力、控制图和其他工具。

第一节 过程能力分析

一、产品质量波动

在生产实践中,即使操作者、机器、原材料、加工方法、测试手段、生产环境等条件都相同,生产出来的一批产品的质量特性值也并不完全相同,而总是存在着一定的差异。这就是产品质量的波动性,或者称为产品质量的变异性。一般来说,即使生产过程处于统计控制状态,产品质量出现波动也是不可避免的。但产品的质量特性统计数据往往服从于一定的分布规律,这就是产品质量的统计规律性。这种规律性为判别生产过程是否处于控制状态提供了分析依据。

1. 波动类型

要正确判断生产过程是否处于稳定状态,或者称生产过程处于统计控制状态,需要看产生产品质量波动的原因。一般来说,可以把产品质量波动的原因分成两类:正常波动和异常波动。

(1) 正常波动。正常波动是由随机因素(不可控制的因素)引起的产品质量波动。这些随机因素在生产过程中大量存在,对产品质量经常发生影响,但其所造成的质量特性值波动往往比较小。例如,原材料的成分和性能上的微小差异;机器设备的轻微振动;温度、湿度的微小变化;操作方面、测量方法、检测仪器的微小差异,等等。要消除这些波动的随机因素,在技术上难以达到,在经济上代价也很大。因此,一般情况下,这些质量波动在生产过程中是允许存在的,所以称为正常波动。公差就是承认这种波动的产物。通常把仅有正常波动的生产过程称为处于统计控制状态,简称为控制状态或稳定状态。

(2) 异常波动。异常波动是由系统因素引起的产品质量波动。这些系统因素在生产过程中并不大量存在,对产品质量也不经常发生影响,而一旦存在,对产品质量的影响就比较显著。例如，原材料的质量不符合规定要求；机器设备"带病"运转；操作者违反操作规程；测量工具带系统性误差，等等。由于这些因素引起质量波动的大小和作用方向一般具有一定的周期性或倾向性，因此比较容易查明、容易预防和消除。由于异常波动对质量特性值的影响较大，因此，一般来说，在生产过程中是不允许存在的。通常把有异常波动的生产过程称为处于非统计控制状态，简称失控状态或不稳定状态。

质量控制的一项重要工作就是找出产品质量波动的规律，把正常波动控制在合理范围内，消除由系统因素引起的异常波动。

2. 影响因素

从微观角度看，引起产品质量波动的因素主要来自以下六个方面：

（1）人（Man）：操作者的质量意识、技术水平、文化素养、熟练程度和身体素质等。

（2）机器（Machine）：机器设备、工夹具的精度和维护保养状态等。

（3）材料（Material）：材料的化学成分、物理性能和外观质量等。

（4）方法（Method）：加工工艺、操作规程和作业指导书的正确程度等。

（5）测量（Measure）：测量设备、试验手段和测试方法等。

（6）环境（Environment）：工作场地的温度、湿度、粉尘浓度、照明、噪声和振动等。

通常把上述因素称为引起产品质量波动的六大因素，或简称为"5M1E"因素。

3. 质量数据的类型和统计特性

（1）质量数据的类型。在生产过程中，人们通过测量、分析质量特性值，找出影响质量特性的各种因素，并采取针对性措施实现对过程的有效控制。因此，质量数据是进行质量控制的基础。一般来说，质量数据可以分为计量值数据和计数值数据两大类。

1）计量值数据。如长度、重量、时间、温度等可以连续变化的数据被称为计量值数据。这一类数据的特点是数量多，应用面广，在质量管理活动中占有相当重要的位置。

2）计数值数据。如废品数、缺陷数、不合格品数、出勤数等可以用0，1，2，…一直数下去的数据被称为计数值数据。计数值数据还可以进一步分为计件值数据和计点值数据。例如，不合格品数是计件值数据，而单位面积的缺陷数（如$1m^2$布上的疵点数、书中每一页上的印刷错字数等）则是计点值数据。计数值数据也是质量管理中常用的数据。

除了以上两种最常用的数据之外，还有顺序数据和优劣数据。例如，将10种产品按评审标准顺序排为1，2，…，10；又如，零件的表面质量可采取评级的方式评判为一级、二级、三级等。

在实际应用中，使用最多的是计量值数据和计数值数据。

（2）质量数据的统计特性。一组数据一般拥有两个基本统计特性：集中趋势和离散趋势。

1）集中趋势。集中趋势代表了事物的一般水平和总体趋势。常用的衡量集中趋势的指标有三个：算术平均数、中位数和众数。

算术平均数，即算术平均值。设一组数据为$X_1, X_2, …, X_n$，则其算术平均数为

$$\bar{X} = \frac{1}{n} \sum_{i=1}^{n} X_i$$

中位数是指将一组数据按从小到大的顺序排序后，位于中间位置的数值。当数据个数为偶数时，中位数是位于中间位置的两个数值的算术平均数。

众数是指数据中出现次数最多的数值。

2）离散趋势。离散趋势反映的是各变量值之间的差距和分散程度。常用的衡量离散趋势的指标有三个：极差、标准差和变异系数。

极差又称全距，是指数据中最大值和最小值的差，通常以 R 表示。其计算公式为

$$R = X_{max} - X_{min}$$

标准差是指各变量值与其算术平均数的离差平方的算术平均数的平方根，通常以 σ 表示（样本标准差通常以 S 表示）。标准差的平方是方差。标准差的计算公式为

$$\sigma = \sqrt{\frac{1}{n}\sum_{i=1}^{n}(X_i - \overline{X})^2}$$

$$S = \sqrt{\frac{1}{n-1}\sum_{i=1}^{n}(X_i - \overline{X})^2}$$

变异系数是指标准差与平均数的比值，通常以 CV 表示。其计算公式为

$$\text{CV} = \frac{\sigma}{\overline{X}}$$

二、过程能力

任何一种产品（有形产品）的实现，都需要经过生产资料的输入、工序加工直至产品形成这样一个过程。在产品的生产过程中，工序过程的生产状态是保证产品质量的基本环节。所谓过程能力（或称工序能力、工程能力，Process Capability），是指工序过程生产出合格产品的能力，也是指过程在稳定状态下的实际加工能力，即人员、机器、材料、方法、测量、环境等质量因素充分规范化，处于稳定控制状态下所表现出来的保证工序过程质量的能力。这是过程固有的一致性的能力。

过程能力 B 可以用质量特性值波动的大小定量表示，即

$$B = 6\sigma$$

式中，σ 为质量特性值的标准差。

B 值小，相当于 σ 小，说明过程的产品质量特性值的波动小、加工精度高，即过程能力强；反之，则过程能力弱。

为什么采用 6σ 表示工序能力呢？因为当生产处于稳定状态时，产品质量特性分布图往往是单峰对称形的，即数据的波动分布是对称的，这种分布称为正态分布。波动中心即正态分布的分布中心值，称为均值，记为 μ。数据的分散程度以 σ 表示，称 σ 为标准差。这时，数据落入区间 $(\mu - 3\sigma, \mu + 3\sigma)$ 内的概率为 99.73%。也就是说，抽取 1000 个产品测得数据，大约有 997 个数据在 $(\mu - 3\sigma, \mu + 3\sigma)$ 这个长度为 6σ 的区间内。这个结论通常被称为 3σ 原则，如图 5-1 所示。

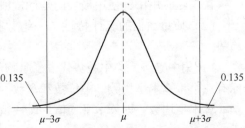

图 5-1 过程能力示意图

在实际计算时，μ 与 σ 都是未知的，往往需要从收集的数据中做近似的估算。常以样本

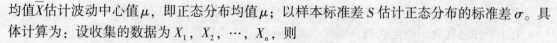

均值 $\bar{X}$ 估计波动中心值 μ，即正态分布均值 μ；以样本标准差 S 估计正态分布的标准差 σ。具体计算为：设收集的数据为 $X_1, X_2, \cdots, X_n$，则

$$B = 6\sigma \approx 6S = 6\sqrt{\frac{1}{n-1}\sum_{i=1}^{n}(X_i - \bar{X})^2}$$

三、过程能力指数

过程能力指数（Process Capability Index）是表示过程能力或工序能力满足过程质量标准（技术规格）要求程度的量值。它用产品的技术规格公差与过程能力的比值表示，即

$$C_p = \frac{T}{6\sigma} = \frac{T_U - T_L}{6\sigma}$$

式中，T 表示公差；T_U 和 T_L 分别表示公差的上、下限；σ 表示质量特性值的标准差。

下面介绍过程能力指数在实际应用时的几种计算方法。

1. 标准中心值与过程分布中心一致的情况

（1）过程能力指数。在双侧公差限的情况下，当标准中心值（即 $M = (T_U + T_L)/2$）与过程分布中心（μ）一致时，表明数据分布无偏，如图 5-2 所示。此时，过程能力指数记为 C_p，计算公式为

$$C_p = \frac{T}{6\sigma} = \frac{T_U - T_L}{6\sigma} \approx \frac{T}{6S}$$

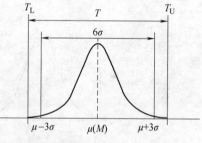

σ 反映了经过该工序后，产品质量的分布状况。σ 是相对该工序过程而言的，这个过程既包括已完成该工序的产品，也包括尚未完成该工序的产品。只要工序处于稳定状态，这个工序过程就存在一个标准偏差 σ，即有一个确定的分布。σ 可以用抽取样本的实测值计算出的样本标准偏差 S 来估计。

图 5-2 标准中心值与过程分布中心一致

（2）过程能力指数与不合格品率的关系。当质量特性值超出公差范围时，表示该产品属于不合格品。记不合格品率为 p，超出公差上、下限的不合格品率分别为 p_U 和 p_L，则

$$\begin{aligned}
p &= p_U + p_L = 2p_U \\
&= 2P(X > T_U) = 2P\left(\frac{X-\mu}{\sigma} > \frac{T_U - \mu}{\sigma}\right) \\
&= 2P\left(Z > \frac{T/2}{\sigma}\right) = 2P(Z > 3C_p) \\
&= 2[1 - P(Z < 3C_p)] = 2[1 - \Phi(3C_p)]
\end{aligned}$$

式中，$\Phi(\cdot)$ 可以通过标准正态分布表（见本章末附表）查得。

例 5-1 某零件的屈服强度设计要求为 $4.9 \times 10^8 \sim 5.3 \times 10^8 \mathrm{Pa}$。已知工序过程处于稳定状态，从中抽取 100 个样品，测得样本均值为 $5.1 \times 10^8 \mathrm{Pa}$，样本标准差为 $6.08 \times 10^6 \mathrm{Pa}$。求过程能力指数及其不合格品率。

解： 由题意可知，标准中心值为

$$M = \frac{T_U + T_L}{2} = \frac{5.3 \times 10^8 \mathrm{Pa} + 4.9 \times 10^8 \mathrm{Pa}}{2} = 5.1 \times 10^8 \mathrm{Pa}$$

因此，标准中心值等于样本均值，即标准中心值与过程分布中心一致。

由于工序过程处于稳定状态，而样本大小 $n=100$ 也足够大，故可用 S 估计 σ，计算公式为

$$C_p = \frac{T_U - T_L}{6\sigma} \approx \frac{T_U - T_L}{6S} = \frac{5.3 \times 10^8 \text{Pa} - 4.9 \times 10^8 \text{Pa}}{6 \times 6.08 \times 10^6 \text{Pa}} = 1.096$$

则不合格品率为

$$p = 2(1 - \Phi(3C_p)) = 2(1 - \Phi(3 \times 1.096))$$
$$= 2(1 - \Phi(3.288)) = 2 \times (1 - 0.9995) = 0.1\%$$

2. 标准中心值与过程分布中心不一致的情况

（1）过程能力指数。在双侧公差限的情况下，当标准中心值与过程分布中心不一致时，表明数据分布有偏，如图5-3所示。此时，过程能力指数 C_p 不能确切地反映真实的工序能力，需要进行修正。修正的工序能力指数用 C_{pk} 表示，计算公式为

$$C_{pk} = (1-k)C_p = (1-k)\frac{T}{6\sigma} \approx \frac{T - 2\varepsilon}{6S}$$

式中，k 为偏移系数；ε 为偏移量，且 $\varepsilon = |M - \mu| \approx |M - \overline{X}|$，$k = \frac{|M - \mu|}{T/2} \approx \frac{2|M - \overline{X}|}{T} = \frac{2\varepsilon}{T}$。

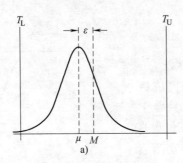
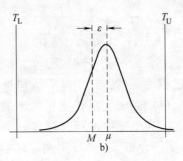

图5-3 标准中心值与过程分布中心不一致

（2）过程能力指数与不合格品率的关系。由图5-3可以看出，当数据分布有偏时，过程分布中心可能向公差上限偏移，也可能向公差下限偏移。因此，在计算不合格品率时需要分为以下两种情况：

1）过程分布中心向公差上限偏移时

$$p_U = P(X > T_U) = P\left(\frac{X - \mu}{\sigma} > \frac{T_U - \mu}{\sigma}\right) = P\left(Z > \frac{\frac{T}{2} - \varepsilon}{\sigma}\right) = P\left(Z > \frac{\frac{T}{2}(1-k)}{\sigma}\right)$$
$$= P(Z > 3C_p(1-k)) = 1 - P(Z < 3C_p(1-k)) = 1 - \Phi(3C_p(1-k))$$

同理可得

$$p_L = P(X < T_L) = P\left(\frac{X - \mu}{\sigma} < \frac{T_L - \mu}{\sigma}\right) = P\left(Z < -\frac{\frac{T}{2} + \varepsilon}{\sigma}\right) = P\left(Z < -\frac{\frac{T}{2}(1+k)}{\sigma}\right)$$
$$= P(Z < -3C_p(1+k)) = 1 - P(Z < 3C_p(1+k)) = 1 - \Phi(3C_p(1+k))$$

因此，不合格品率为

$$p = p_U + p_L = 2 - \Phi(3C_p(1-k)) - \Phi(3C_p(1+k))$$

当 k 较大时，p_L 趋近于零，可以忽略不计，此时

$$p \approx p_U = 1 - \Phi(3C_p(1-k))$$

2）过程分布中心向公差下限偏移时

同理可得

$$p_L = 1 - \Phi(3C_p(1-k)), p_U = 1 - \Phi(3C_p(1+k))$$

此时，不合格品率为

$$p = p_U + p_L = 2 - \Phi(3C_p(1+k)) - \Phi(3C_p(1-k))$$

当 k 较大时，p_U 趋近于零，可以忽略不计，此时

$$p \approx p_L = 1 - \Phi(3C_p(1-k))$$

例 5-2 已知某零件尺寸为 49.9 ~ 50.3mm，取样实测样本均值为 50.05mm，样本标准差为 0.061mm。求过程能力指数及其不合格品率。

解： 由已知条件可知

$$T = T_U - T_L = 50.3\text{mm} - 49.9\text{mm} = 0.4\text{mm}$$

标准规格中心值

$$M = \frac{50.3\text{mm} + 49.9\text{mm}}{2} = 50.1\text{mm}$$

而 $\bar{X} = 50.05$mm，因此

$$\varepsilon = 0.05\text{mm}, k = 0.25$$

由公式可得

$$C_p \approx \frac{T}{6S} = \frac{0.4\text{mm}}{6 \times 0.061\text{mm}} = 1.09$$

$$C_{pk} \approx \frac{T - 2\varepsilon}{6S} = \frac{0.4\text{mm} - 2 \times 0.05\text{mm}}{6 \times 0.061\text{mm}} = 0.82$$

又由于过程分布中心向公差下限偏移，因此，不合格品率为

$$p = p_U + p_L = 2 - \Phi(3C_p(1+k)) - \Phi(3C_p(1-k))$$
$$= 2 - \Phi(3 \times 1.09 \times (1+0.25)) - \Phi(3 \times 1.09 \times (1-0.25))$$
$$= 2 - \Phi(4.10) - \Phi(2.45) \approx 2 - 1.0000 - 0.9929$$
$$= 0.0071$$

3. 单侧公差限

（1）过程能力指数。以上都是双侧公差限的情况，也就是技术标准的公差有上限和下限。如果只给定一侧公差（见图 5-4），可按以下两种情况计算过程能力指数：

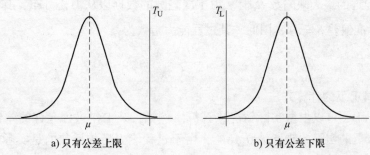

a) 只有公差上限　　　　　　　　b) 只有公差下限

图 5-4　单侧公差限

1)只有公差上限时,过程能力指数为

$$C_p = C_{pU} = \frac{T_U - \mu}{3\sigma} \approx \frac{T_U - \overline{X}}{3S}$$

2)只有公差下限时,过程能力指数为

$$C_p = C_{pL} = \frac{\mu - T_L}{3\sigma} \approx \frac{\overline{X} - T_L}{3S}$$

(2)过程能力指数与不合格品率的关系。具体分为以下两种情况:

1)只有公差上限时,不合格品率为

$$p = p_U = P(X > T_U) = P\left(\frac{X-\mu}{\sigma} > \frac{T_U - \mu}{\sigma}\right)$$
$$= P(Z > 3C_p) = 1 - P(Z < 3C_p) = 1 - \Phi(3C_p)$$

2)只有公差下限时,不合格品率为

$$p = p_L = P(X < T_L) = P\left(\frac{X-\mu}{\sigma} < \frac{T_L - \mu}{\sigma}\right)$$
$$= P(Z < -3C_p) = 1 - P(Z < 3C_p) = 1 - \Phi(3C_p)$$

例 5-3 某种金属材料抗拉强度要求不小于 3.2MPa。经抽样测量后计算得 $\overline{X} = 3.8$MPa,$S = 0.18$MPa。求过程能力指数及其不合格品率。

解:由于只有公差下限,因此,过程能力指数为

$$C_p = C_{pL} = \frac{\mu - T_L}{3\sigma} \approx \frac{\overline{X} - T_L}{3S} = \frac{3.8\text{MPa} - 3.2\text{MPa}}{3 \times 0.18\text{MPa}} = 1.111$$

不合格品率为

$$p = 1 - \Phi(3C_p) = 1 - \Phi(3 \times 1.111) = 1 - \Phi(3.333) = 1 - 0.99957 = 0.043\%$$

4. 计数值数据的计算方法

以上介绍的是计量值数据的过程能力指数的计算。如果数据是计数值,则计算方法如下:

(1)给定允许的最大不合格品率 p_U 时。由于不合格品率服从二项分布,其分布中心为平均不合格品率 p,p = 不合格品数/产品总数,标准偏差 $S = \sqrt{p(1-p)}$,因此,其过程能力指数为

$$C_{pU} = \frac{p_U - p}{3\sqrt{p(1-p)}}$$

(2)给定允许的最大缺陷数 C_U 时。由于缺陷数的数据服从泊松分布,其分布中心为平均缺陷数 λ,标准偏差 $S = \sqrt{\lambda}$,因此,其过程能力指数为

$$C_{pU} = \frac{C_U - \lambda}{3\sqrt{\lambda}}$$

5. 非定量情况下的计算方法

非定量情况下,可以根据实际情况来计算。例如,某工作过程允许的差错率为 0.2%,而测定某工作人员的实际差错率为 0.18%,由于过程能力指数反映的是实际过程满足技术标准的程度,所以可计算出 $C_p = 0.2\%/0.18\% = 1.111$。

四、过程能力指数分析

求出过程能力指数后,即可依据它对过程能力进行分析和判定,如表 5-1 所示。

值得注意的是,表 5-1 的分类及对策并不适用于所有类型的企业和过程,不同企业应结合自身实际情况来确定适宜的过程能力水平。当前风靡全球的六西格玛管理法要求过程能力指数 C_p 达到 2.0,便是对此种分类方法的一种挑战。

表 5-1 传统过程能力分级表

范围	等级	判断	措施
$C_p \geq 1.67$	特级	过程能力过剩	为提高产品质量,对关键或主要项目再次缩小公差范围;或为提高效率、降低成本而放宽波动幅度,降低设备精度等级等
$1.33 \leq C_p < 1.67$	一级	过程能力充分	当不是关键或主要项目时,放宽波动幅度,降低对原材料的要求;简化质量检验,采用抽样检验或减少检验频次
$1 \leq C_p < 1.33$	二级	过程能力尚可	必须采用控制图或其他方法对工序进行控制和监督,以便及时发现异常波动;对产品按正常规定进行检验
$0.67 \leq C_p < 1$	三级	过程能力不充分	分析分散程度大的原因,制定措施加以改进,在不影响产品质量的情况下,放宽公差范围,加强质量检验,全数检验或增加检验频次
$C_p < 0.67$	四级	过程能力严重不足	一般应停止继续加工,找出原因,改进工艺,提高 C_p 值,否则全数检验,挑出不合格品

五、过程能力的调查与提高

(一) 过程能力调查

过程能力是保证与提高产品质量的重要因素,过程能力指数综合、定量地反映了过程质量的状态。因此,进行过程质量控制,必须了解和掌握过程能力的状况,测算过程能力指数。所以,将了解和掌握过程能力的这种活动称为过程能力调查。

过程能力调查的作用,主要是通过工序标准化,消除工序中的异常因素,发现和解决质量问题,经济合理地选择和确定工艺标准和操作标准。正确计算和确定过程能力,不仅是对工序能否保证质量的一种评定,而且也是经济合理地进行产品设计和工艺验证的有力保障。

1. 过程能力调查的方法

过程能力调查的方法主要有以下两种:

(1) 直方图法。运用直方图法,不仅可以从直方图的形状大致观察出生产过程的状态,通过将直方图的分布范围同公差范围进行比较,简便而直观地判断出过程能力能否满足质量要求,还可以根据直方图算得的平均值 $\overline{X}$ 和标准偏差 S,简便地计算出过程能力指数 C_p 和 C_{pk},为分析过程中系统因素的影响提供依据。但是,直方图法不能看出质量特性值随时间变化的情况,即不能反映生产过程的稳定性。有时因为在样本中包含了特性值特大或特小的样品,会使得 S 值较大,过程能力指数偏低。

(2) 控制图法。控制图法是过程能力调查中较为精确的一种方法。因为控制图的绘制过程反映了较长时间内过程处于稳定状态的质量波动状况,排除了系统因素的影响,因而其分布的标准偏差 σ 较小,算得的过程能力较符合客观实际。从过程能力的定义来说,控制图法比较准确可靠。

（二）过程能力调查的步骤
（1）明确调查目的，制订调查计划。
（2）将过程因素标准化和实施标准化作业。
（3）收集数据资料。
（4）绘制直方图或分析用的控制图。
（5）计算过程能力指数。
（6）根据图形和计算结果分析评价过程质量。
（7）判断过程是否处于控制状态。
（8）整改、落实纠正措施。
（9）写出调查报告。

（二）提高过程能力的方法
由过程能力指数的公式可知，提高过程能力有以下三种方法：

1. 最大限度地减小偏移量
通过收集数据，进行统计分析，找出大量连续生产过程中由于工具磨损、加工条件随时间逐渐变化而产生偏移的规律，及时进行中心调整，或采取设备自动补偿偏移或刀具自动调整和补偿；配置更为精确的量规，由量规检验改为量值检验，或采用更高等级的量具检测等。

2. 进行必要的技术改进而减小标准偏差
主要包括以下技术改进方法：
（1）通过对关键工序、特种工艺的操作者进行技术培训，实行标准化的操作方法以减少产品质量的波动。
（2）修订、改进工艺方法，修订操作规程，优化工艺参数；检修、改造或更新设备，改造、增添与公差要求相适应的精度较高的设备。
（3）推广应用新材料、新工艺、新技术；增添工具工装，提高工具工装的精度；改造现有的现场环境条件，以满足产品对现场环境的特殊要求。

3. 放大公差范围
当确认设计要求过严时，可采取放大公差范围的措施。放大公差范围的前提条件是必须保证放大公差范围不会影响产品质量。在这个前提条件下，可以对不切实际的过高公差要求进行修订，以降低过程能力指数。

六、过程性能和过程性能指数

1. 过程性能
过程能力可以分为短期过程能力和长期过程能力两种。短期过程能力即过程能力，是指过程处于稳定状态下的固有能力，即过程仅受正常因素影响而不存在异常因素影响时的能力，通常用 6σ 表示。长期过程能力即过程性能，是指过程受正常因素和异常因素共同影响时的能力，反映的是过程的实际能力，通常用 $6S$ 表示。

2. 过程性能指数
过程性能指数（Process Performance Index）即长期过程能力指数，是美国三大汽车公司（克莱斯勒、福特、通用）联合制定的 QS 9000 标准中对统计方法的应用提出的更高要求。

长期过程能力指数用 P_p 表示，其计算方法与过程能力指数相类似，是产品的技术规格公差与过程性能的比值。

（1）标准中心值与过程分布中心一致

$$P_p = \frac{T}{6S} = \frac{T_U - T_L}{6S}$$

式中，$S = \sqrt{\frac{1}{n-1}\sum_{i=1}^{n}(X_i - \bar{X})^2}$。

（2）单侧公差上限

$$P_{pU} = \frac{T_U - \bar{X}}{3S}$$

（3）单侧公差下限

$$P_{pL} = \frac{\bar{X} - T_L}{3S}$$

（4）标准中心值与过程分布中心不一致

$$P_{pk} = \min(P_{pU}, P_{pL})$$

当过程分布中心向公差上限偏移时，有

$$P_{pk} = P_{pU} = \frac{T_U - \bar{X}}{3S} = \frac{T/2 - \varepsilon}{3S} = (1-k)\frac{T}{6S} = (1-k)P_p$$

同理，当过程分布中心向公差下限偏移时，也可以得到类似的结论。因此

$$P_{pk} = (1-k)P_p$$

第二节 控　制　图

一、控制图概述

对工序过程中的质量波动性进行控制，首先要解决的问题是如何科学地区分正常波动和异常波动，如何在生产过程中发现异常波动，及时调整消除异常波动，使过程处于受控状态，从而保证生产过程能够满足技术要求。应用控制图能达到这个目的。

本书所讲的控制图是指常规控制图，它是休哈特博士于 1924 年首先提出的，因此又被称为休哈特控制图（Shewhart Control Charts）。读者还可以查阅 GB/T 4091—2001《常规控制图》，以了解其相关知识。

（一）控制图的基本概念

控制图（Control Chart）又称为管理图，它是用来区分是由异常原因引起的异常波动，还是由过程固有原因引起的正常波动的一种有效的工具。它利用数理统计的基本原理，通过收集的有效数据建立控制图的控制界限。

控制图的控制界限是根据数据的统计规律来确定的。中心线（CL）是所观察数据的分布中心 μ，一般上、下控制界限使用所观察数据距平均值 3 倍的标准偏差 σ 来表示。即

$$中心线(CL) = \mu$$

$$上控制界限(UCL) = \mu + 3\sigma$$

下控制界限(LCL) = $\mu - 3\sigma$

当工序过程处于稳定状态时,所观察的质量特性数据有 99.73% 的可能性不会超出控制界限,这就是所谓的"3σ 原则"。3σ 原则是所有控制图的控制界限的理论基础。在实际应用中,常用样本均值 $\overline{X}$ 近似估计 μ,以样本的极差 R 或标准偏差 S 近似估计 σ。

控制图的种类很多,一般常按数据的性质分成计量值控制图和计数值控制图两大类(见表 5-2),而最常用的是计量值控制图中的平均值-极差控制图。

表 5-2 控制图的种类及适用场合

种类	名称	控制图符号	特点	适用场合
计量值控制图	平均值-极差(或标准差)控制图	$\overline{X}$-R 或 $\overline{X}$-S	最常用,判断工序是否正常的效果好,但计算工作量大	适用于产品批量较大的工序
	中位数-极差控制图	Me-R	计算简便,但效果较差	适用于产品批量较大的工序
	单值-移动极差控制图	X-R_s	简便省事,并能及时判断工序是否处于稳定状态。缺点是不易发现工序分布中心的变化	因各种原因(时间、费用等)每次只能得到一个数据,或希望尽快发现并消除异常因素
计数值控制图	不合格品数控制图	np	较常用,计算简便,操作人员易于理解	样本容量相等
	不合格品率控制图	p	计算量大,控制线凹凸不平	样本容量不等
	不合格数控制图	c	较常用,计算简单,操作人员易于理解	样本容量相等
	单位产品不合格数控制图	u	计算量大,控制线凹凸不平	样本容量不等

(二)控制图的作用

要判断一道工序是否处于稳定状态,首先要建立控制图,然后进行分析,这是分析用的控制图阶段;当判断生产过程处于稳定状态后,将分析用的控制图的控制界限延长作为控制用控制图,就进入了控制用的控制图阶段。总之,控制图具有以下作用:

(1)控制图可以用来判断工序过程的稳定性,进行质量诊断,即工序过程是否处于统计控制状态。

(2)使用控制图可以在质量控制过程中体现预防为主的原则,防患于未然。在生产中防止不必要的过程调整,通过控制图可以确定什么时候需要对工序过程加以调整,能够保证工序过程始终处于控制状态。

(3)通过比较改进前后的控制图,可以确认某过程的质量改进效果。

(4)控制图可以向管理人员提供过程的质量信息,为做出正确的管理决策提供依据。

(三)使用控制图容易出现的两类错误

第一类错误:虚发警报。当生产正常的情况下,点子偶然超出控制界限,误将生产过程判为异常,这就犯了第一类错误:"虚发警报"。一般将第一类错误发生的概率记为 α。第一类错误将造成寻找根本不存在的异常原因的损失,如图 5-5 所示。

第二类错误：漏发警报。当生产过程已经发生异常时，仍有部分产品的质量特性值位于控制界限内，如果取样时抽到这样的产品，点子仍然在控制界限内，这就犯了第二类错误："漏发警报"。一般将第二类错误发生的概率记为 β。第二类错误将造成废品和次品的增加，如图 5-5 所示。

由于抽样误差，无论如何调整控制界限，上述两类错误的发生都是不可避免的，解决的办法只能是如何将两类错误造成的总损失达到最小。实践证明，3σ 控制界限能比较好地解决这个问题。

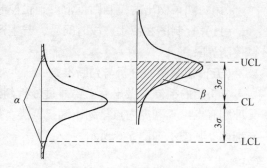

图 5-5 控制图的两类错误

（四）应用控制图的步骤

1. 控制图种类的选择原则

一般来说，可以根据质量特性数据的性质来选择控制图的种类。

（1）如果质量特性数据是计量值数据，要想及时发现预料不到的原因并加以消除，则可选用单值-移动极差控制图（$X\text{-}R_s$ 图）。另外，对于加工时间长，测量费用高，需要半天或一天，甚至几天才能取得一个数据的零件的质量控制，也可选用单值-移动极差控制图。

（2）如果质量特性数据是计量值数据，且比较容易采集样本数据，则可根据样本平均值计算的难易程度选用控制图。如果不易计算，选用中位数-极差控制图（$Me\text{-}R$ 图）；如果易于计算，选用平均值-极差控制图（$\overline{X}\text{-}R$ 图）或平均值-标准差控制图（$\overline{X}\text{-}S$ 图）。

（3）如果质量特性数据是计件式计数值数据，且样本容量是常数，则可以选用不合格品率控制图（p 图）或不合格品数控制图（np 图）；如果质量特性数据是计件式计数值数据，且各样本的容量（每个样本中所含数据的个数）不相等，则只能选用不合格品率控制图（p 图）。

（4）如果质量特性数据是计点式计数值数据，且样本容量是常数，则可以选用不合格数控制图（c 图）或单位产品不合格数控制图（u 图）；如果质量特性数据是计点式计数值数据，但样本容量不相等，则只能选用单位产品不合格数控制图（u 图）。

2. 控制图的应用步骤

（1）确定需要控制的质量特性值，如重量、长度、不合格品数、不合格品率等。

（2）选用合适的控制图种类。

（3）确定样本子组、样本容量大小和抽样间隔时间。

（4）收集并记录至少 20~25 个样本子组，每组取 4~5 个数据，或使用以前记录的数据，使数据总数达到 100 个左右。

（5）计算各组样本的统计量，如样本平均值 $\overline{X}$、样本极差 R 和样本标准差 S 等。

（6）计算控制图的控制界限。

（7）制作控制图并标出各组的统计量。

（8）分析判断控制图。如发现异常，查明原因并及时进行调整，然后再重新收集数据，做出正常的控制图。

（9）判断过程能力是否充分（即计算 C_p 和 C_{pk}）。

（10）如果做出的控制图正常，延长控制界限，进行日常控制。

（11）控制图在使用一段时间后，若生产条件或质量状况发生改变，则必须重新取样计算控制界限。

（五）控制图的分析与判断准则

分析用的控制图做出后，要通过分析判断，得出生产过程是否处于稳定状态的结论。判异准则有点出界和界内点排列不随机两类，GB/T 4091—2001《常规控制图》给出了 8 种判异准则，其图示如图5-6所示。

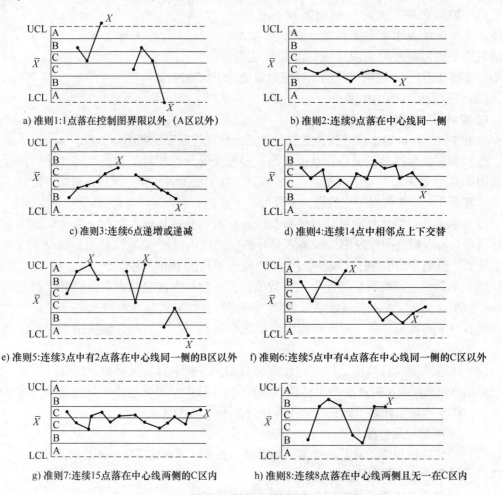

图 5-6　判异准则图示

注意：在判断时，将控制图上下控制界限内的区域分成 6 个等分区间，每个区间的宽度等于 σ。这样做的目的是更容易进行操作和判断。对于判异的点或一串点用"×"号表示出来，说明过程发生了异常现象。

1. 判异准则

准则 1：1 点落在控制图界限以外（A 区以外）。

根据前面所学知识，当工序过程处于稳定状态时，所观察的质量特性数据有 99.73% 的可能性不会超出控制界限，即 3σ 原则。也就是说，当生产正常的情况下，点子偶然超出控制界限，误将生产过程判为异常，即犯第一类错误的概率为 0.27%。因此，将"1 点落在控制图界限以外（A 区以外）"作为一条判异准则。

准则 2：连续 9 点落在中心线同一侧。

点子落在中心线上侧或下侧的概率为

$$P(\mu \leq X < \mu + 3\sigma) = P(\mu - 3\sigma < X \leq \mu) = \frac{0.9973}{2} = 0.49865$$

这样，连续 9 点落在中心线同一侧的概率为

$$p = 2 \times 0.49865^9 = 0.00381$$

因此，根据选取与准则 1 中 0.27% 相近概率的方式，将"连续 9 点落在中心线同一侧"作为一条判异准则。

准则 3：连续 6 点递增或递减。

显然，连续 6 个点按大小排列的方式共有 6! 种，而递增和递减则是其中的两种特殊情况。因此，连续 6 点递增或递减的概率为

$$p = \frac{2}{6!} \times 0.9973^6 = 0.00273$$

准则 4：连续 14 点中相邻点上下交替。

根据蒙特卡罗（Monte Carlo）实验可知，连续 14 点中相邻点上下交替时，其概率与 0.27% 相近。

准则 5：连续 3 点中有 2 点落在中心线同一侧的 B 区以外。

点子落在 B 区以外的概率为

$$P(\mu + 2\sigma \leq X < \mu + 3\sigma) = P(\mu - 3\sigma < X \leq \mu - 2\sigma) = 0.0214$$

因此，连续 3 点中有 2 点落在中心线同一侧的 B 区以外的概率为

$$p = 2 \times C_3^2 \times 0.0214^2 \times (0.9973 - 0.0214) = 0.00268$$

准则 6：连续 5 点中有 4 点落在同一侧的 C 区以外。

点子落在 C 区以外的概率为

$$P(\mu + \sigma \leq X < \mu + 3\sigma) = P(\mu - 3\sigma < X \leq \mu - \sigma) = 0.15731$$

因此，连续 5 点中有 4 点落在同一侧的 C 区以外的概率为

$$p = 2 \times C_5^4 \times 0.15731^4 \times (0.5 - 0.15731 - 0.00135) = 0.00209$$

准则 7：连续 15 点落在中心线两侧的 C 区内。

点子落在 C 区内的概率为

$$P(\mu - \sigma \leq X < \mu + \sigma) = 0.68268$$

因此，连续 15 点落在 C 区中心线两侧的 C 区内的概率为

$$p = 0.68268^{15} = 0.00326$$

准则 8：连续 8 点落在中心线两侧且无一在 C 区内。

由准则 6 的分析可知，点子落在 C 区以外的概率为 0.15731，因此，连续 8 点在中心线两侧且无一在 C 区内的概率为

$$p = 2 \times (C_8^1 + C_8^2 + C_8^3 + C_8^4 + C_8^5 + C_8^6 + C_8^7 + C_8^8) \times 0.15731^8 = 0.00019$$

2. 判稳准则

准则 1：连续 25 点，界外点个数 $d = 0$，且点子随机排列。

连续25点都在控制界限内的概率为
$$p = 0.9973^{25} = 0.93464$$
因此，连续25点有1点或1点以上在控制界限外的概率为
$$p = 1 - 0.9973^{25} = 0.06536$$
准则2：连续35点，界外点个数 $d \leq 1$，且点子随机排列。

连续35点至多有1点在控制界限外的概率为
$$p = C_{35}^{34} \times 0.9973^{34} \times 0.0027 + C_{35}^{35} \times 0.9973^{35} = 0.99591$$
因此，连续35点有2点或2点以上在控制界限外的概率为
$$p = 1 - (C_{35}^{34} \times 0.9973^{34} \times 0.0027 + C_{35}^{35} \times 0.9973^{35}) = 0.00409$$
准则3：连续100点，界外点个数 $d \leq 2$，且点子随机排列。

连续100点至多有2点在控制界限外的概率为
$$p = C_{100}^{98} \times 0.9973^{98} \times 0.0027^2 + C_{100}^{99} \times 0.9973^{99} \times 0.0027 + C_{100}^{100} \times 0.9973^{100} = 0.99738$$
因此，连续100点有3点或3点以上在控制界限外的概率为
$$p = 1 - C_{100}^{98} \times 0.9973^{98} \times 0.0027^2 - C_{100}^{99} \times 0.9973^{99} \times 0.0027 - C_{100}^{100} \times 0.9973^{100} = 0.00262$$

二、计量值控制图

计量值数据一般从集中趋势和离散趋势两个方面描述其特征。计量值控制图也由两个图组成：一个是反映组间差异的控制图，如平均值控制图、中位数控制图；另一个是反映组内差异的控制图，如极差控制图、标准差控制图。两者共同反映过程是否处于受控状态。

1. 平均值-极差控制图（$\bar{X} - R$ 图）

平均值-极差控制图（$\bar{X}$-R 图）是计量值控制图中最常用的一种质量控制工具，它是由平均值控制图和极差控制图共同组成的。表5-3给出了平均值-极差控制图控制界限公式，表5-4给出了计量值控制图控制界限系数。

表5-3 平均值-极差（或标准差）控制图控制界限公式

统 计 量	标准值未给定		标准值给定	
	中 心 线	UCL 与 LCL	中 心 线	UCL 与 LCL
$\bar{X}$	$\bar{\bar{X}}$	$\bar{\bar{X}} \pm A_2\bar{R}$ 或 $\bar{\bar{X}} \pm A_3\bar{S}$	X_0 或 μ	$X_0 \pm A\sigma_0$
R	$\bar{R}$	$D_4\bar{R}, D_3\bar{R}$	R_0 或 $d_2\sigma_0$	$D_2\sigma_0, D_1\sigma_0$
S	$\bar{S}$	$B_4\bar{S}, B_3\bar{S}$	S_0 或 $c_4\sigma_0$	$B_6\sigma_0, B_5\sigma_0$

注：X_0、R_0、S_0、μ 和 σ_0 为给定的标准值。

表5-4 计量值控制图控制界限系数表

样本中观测值个数 n	控制界限系数										中心线系数			
	A	A_2	A_3	B_3	B_4	B_5	B_6	D_1	D_2	D_3	D_4	C_4	$1/C_4$	d_2	$1/d_2$
2	2.121	1.880	2.659	0.000	3.267	0.000	2.606	0.000	3.686	0.000	3.267	0.7979	1.2533	1.128	0.8865
3	1.732	1.023	1.954	0.000	2.568	0.000	2.276	0.000	4.358	0.000	2.574	0.8862	1.1284	1.693	0.5907
4	1.500	0.729	1.628	0.000	2.266	0.000	2.088	0.000	4.698	0.000	2.282	0.9213	1.0854	2.059	0.4857
5	1.342	0.577	1.427	0.000	2.089	0.000	1.964	0.000	4.918	0.000	2.114	0.9400	1.0638	2.326	0.4299
6	1.225	0.483	1.287	0.030	1.970	0.029	1.874	0.000	5.078	0.000	2.004	0.9515	1.0510	2.534	0.3946

(续)

样本中观测值个数 n	控制界限系数										中心线系数			
	A	A_2	A_3	B_3	B_4	B_5	B_6	D_1	D_2	D_3	D_4	C_4	$1/C_4$	d_2	$1/d_2$
7	1.134	0.419	1.182	0.118	1.882	0.113	1.806	0.204	5.204	0.076	1.924	0.9594	1.0423	2.704	0.3698
8	1.061	0.373	1.099	0.185	1.815	0.179	1.751	0.388	5.306	0.136	1.864	0.9650	1.0363	2.847	0.3512
9	1.000	0.337	1.032	0.239	1.761	0.232	1.707	0.547	5.393	0.184	1.816	0.9693	1.0317	2.970	0.3367
10	0.949	0.308	0.975	0.284	1.716	0.276	1.669	0.687	5.469	0.223	1.777	0.9727	1.0281	3.078	0.3249
11	0.905	0.285	0.927	0.321	1.679	0.313	1.637	0.811	5.535	0.256	1.744	0.9754	1.0252	3.173	0.3152
12	0.866	0.266	0.866	0.354	1.646	0.346	1.610	0.922	5.594	0.283	1.717	0.9776	1.0229	3.258	0.3069
13	0.832	0.249	0.850	0.382	1.618	0.374	1.585	1.025	5.647	0.307	1.693	0.9794	1.0210	3.336	0.2998
14	0.802	0.235	0.817	0.406	1.594	0.399	1.563	1.118	5.696	0.328	1.672	0.9810	1.0194	3.407	0.2935
15	0.775	0.223	0.789	0.428	1.572	0.421	1.544	1.203	5.741	0.347	1.653	0.9823	1.0180	3.472	0.2880
16	0.750	0.212	0.763	0.448	1.552	0.440	1.526	1.282	5.782	0.363	1.637	0.9835	1.0168	3.532	0.2831
17	0.728	0.203	0.739	0.466	1.534	0.458	1.511	1.356	5.820	0.378	1.622	0.9845	1.0157	3.588	0.2787
18	0.707	0.194	0.718	0.482	1.518	0.475	1.496	1.424	5.856	0.391	1.608	0.9854	1.0148	3.640	0.2747
19	0.688	0.187	0.698	0.497	1.503	0.490	1.483	1.487	5.891	0.403	1.597	0.9862	1.0140	3.689	0.2711
20	0.671	0.180	0.680	0.510	1.490	0.504	1.470	1.549	5.921	0.415	1.585	0.9869	1.0133	3.735	0.2677
21	0.655	0.173	0.663	0.523	1.477	0.516	1.459	1.605	5.951	0.425	1.575	0.9876	1.0126	3.778	0.2647
22	0.640	0.167	0.647	0.534	1.466	0.528	1.448	1.659	5.979	0.434	1.566	0.9882	1.0119	3.819	0.2618
23	0.626	0.162	0.633	0.545	1.455	0.539	1.438	1.710	6.006	0.443	1.557	0.9887	1.0114	3.858	0.2592
24	0.612	0.157	0.619	0.555	1.445	0.549	1.429	1.759	6.031	0.451	1.548	0.9892	1.0109	3.895	0.2567
25	0.600	0.153	0.606	0.565	1.435	0.559	1.420	1.806	6.056	0.459	1.541	0.9896	1.0105	3.931	0.2544

例 5-4 某化学用品厂生产一种产品，每件产品需要反应试剂至少为 5g，但是不能超过 5.50g。为了控制生产过程，请用控制图对生产过程进行监控。

解：具体作控制图的步骤如下：

（1）选择合适的控制图。由于要控制的反应试剂是计量值数据，且样本平均值易于计算，因此选用 $\bar{X} - R$ 图。

（2）确定抽样的时间和方法。在本例中，以连续生产的 5 个产品为一个样本组（即样本容量 $n = 5$），每间隔 1h 抽取一个样本，共取 25 组（即组数 $k = 25$），将数据记入表 5-5 中。注意：为了计算方便，表 5-5 中的数据是经过整理（即（原始数据 – 5）×100）得到的。

（3）计算各组样本的平均值 $\bar{X}_i$（$i = 1, 2, \cdots, 25$）（即 5 个观测记录值的平均值）和极差 R_i（$i = 1, 2, \cdots, 25$）（即 5 个观测记录值的极差），并记入表 5-5 中。

例如，第一组为

$$\bar{X}_1 = \frac{26 + 12 + 33 + 15 + 30}{5} = 23.2$$

$$R_1 = 33 - 12 = 21$$

其余各组的计算类推。

（4）计算 25 组数据的总平均值 $\bar{\bar{X}}$ 和极差平均值 $\bar{R}$，记入表 5-5 中。

$$\bar{\bar{X}} = \frac{\sum_{i=1}^{k} \bar{X}_i}{k} = \frac{749.4}{25} = 29.98$$

$$\bar{R} = \frac{\sum_{i=1}^{k} R_i}{k} = \frac{673}{25} = 26.92$$

表 5-5　平均值-极差控制图数据计算表

样本序号	观测记录值					$\sum_{j=1}^{5} X_{ij}$	$\bar{X}_i$	R_i
	X_{i1}	X_{i2}	X_{i3}	X_{i4}	X_{i5}			
1	26	12	33	15	30	116	23.2	21
2	18	38	31	25	44	156	31.2	26
3	44	19	13	19	11	106	21.2	33
4	38	42	59	29	29	197	39.4	30
5	30	12	38	37	32	149	29.8	26
6	33	11	38	40	35	157	31.4	29
7	34	31	25	19	37	146	29.2	18
8	38	32	16	35	44	165	33.0	28
9	35	26	20	27	37	145	29.0	17
10	32	26	37	23	45	163	32.6	22
11	18	40	31	28	44	161	32.2	26
12	22	24	32	31	25	134	26.8	10
13	14	19	47	22	37	139	27.8	33
14	20	44	35	47	32	178	35.6	27
15	19	24	50	25	40	158	31.6	31
16	32	23	18	7	31	111	22.2	25
17	37	41	36	38	5	157	31.4	36
18	20	29	48	35	12	144	28.8	36
19	47	35	24	31	20	157	31.4	27
20	25	45	36	28	12	146	29.2	33
21	25	52	24	52	42	195	39.0	28
22	28	15	3	20	31	97	19.4	28
23	22	41	32	29	47	171	34.2	25
24	54	22	32	28	27	163	32.6	32
25	21	15	27	41	32	136	27.2	26
车间：　　　　工序：						累计：$\sum_{i=1}^{k} \bar{X}_i = 749.4$, $\sum_{i=1}^{k} R_i = 673$		
操作人：时间：						总平均值 $\bar{\bar{X}} = 29.98$，极差平均值 $\bar{R} = 26.92$		

(5) 计算各统计量的控制界限。

由表 5-3 和表 5-4 可知，$\bar{X}$ 图的控制界限为

$$\begin{cases} UCL = \bar{\bar{X}} + A_2\bar{R} = 29.98 + 0.577 \times 26.92 = 45.51 \\ CL = \bar{\bar{X}} = 29.98 \\ LCL = \bar{\bar{X}} - A_2\bar{R} = 29.98 - 0.577 \times 26.92 = 14.45 \end{cases}$$

R 图的控制界限为

$$\begin{cases} UCL = D_4\bar{R} = 2.114 \times 26.92 = 56.91 \\ CL = \bar{R} = 26.92 \\ LCL = D_3\bar{R} = (-) \text{（当} n \leqslant 6 \text{时}, D_3 \text{为负值}, LCL \text{不考虑）} \end{cases}$$

（6）绘制控制图。用坐标纸或控制图专用纸来绘制控制图。一般在上方位置安排$\bar{X}$图，在对应的下方位置安排 R 图，横轴表示样本序号，纵轴表示质量特性值$\bar{X}$和极差 R。中心线用实线，上、下控制界限用虚线绘制，并在各条线的右侧分别标出对应的 UCL、CL、LCL 符号和数值，在$\bar{X}$图上控制界限的左上方标记 n 的数值。本例的控制图如图 5-7 所示。

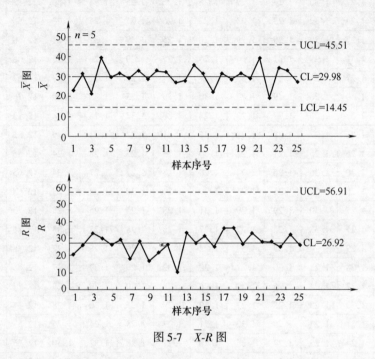

图 5-7　$\bar{X}$-R 图

以样本序号为横坐标，各样本组的平均值$\bar{X}$和极差 R 为纵坐标，在已经绘有控制界限的控制图上打点，并用折线连接各点，这样就得到了$\bar{X}$-R 图。

（7）研究分析。控制图没有出现越出控制界限的点子，也未出现点子排列有异常，可以认为过程处于控制状态。从本例中看到，$\bar{X}$-R 图中的两张控制图无任何异常，说明过程是正常的，即处于受控状态。

（8）判断过程能力。经计算，过程能力指数 $C_{pk} = 0.60$，说明过程能力严重不足，应对过程进行改进。

（9）若过程处于稳定状态，在不对该过程做任何调整的同时，继续用同样的方法对生产过程进行抽样、观测记录数据和打点，就可用该控制图进行过程控制。在继续观测时，如果控制图显示存在异常，则应对过程进行调整。

2. 平均值-标准差控制图（$\bar{X}$-S 图）

当样本容量较大时，一般考虑用标准差控制图代替极差控制图，即绘制平均值-标准差控制图。与极差控制图相比，标准差控制图的优点是准确性更高；但其缺点是计算量较大。标准差控制图控制界限的计算方法如表 5-3 和表 5-4 所示。

例 5-5 某工序加工棒材的直径要求为 $1.25^{+0.15}_{-0.10}$ cm。为了控制加工过程，现测得一组棒材直径数据（见表 5-6）。试用平均值-标准差控制图分析过程稳定性。

表 5-6　平均值-标准差控制图数据计算表　　　　　　　　（单位：cm）

样本序号	观测记录值										$\sum_{j=1}^{5} X_{ij}$	$\overline{X}_i$	S_i
	X_{i1}	X_{i2}	X_{i3}	X_{i4}	X_{i5}	X_{i6}	X_{i7}	X_{i8}	X_{i9}	X_{i10}			
1	1.23	1.28	1.27	1.35	1.30	1.24	1.24	1.22	1.27	1.26	12.66	1.266	0.038
2	1.33	1.24	1.26	1.30	1.28	1.25	1.30	1.26	1.27	1.28	12.77	1.277	0.027
3	1.30	1.27	1.30	1.27	1.29	1.23	1.26	1.25	1.33	1.33	12.83	1.283	0.033
4	1.27	1.24	1.32	1.23	1.23	1.23	1.26	1.27	1.27	1.23	12.55	1.255	0.029
5	1.24	1.27	1.29	1.29	1.29	1.26	1.25	1.19	1.31	1.21	12.60	1.260	0.038
6	1.28	1.31	1.29	1.21	1.24	1.25	1.27	1.29	1.26	1.26	12.66	1.266	0.029
7	1.28	1.27	1.25	1.28	1.25	1.27	1.28	1.24	1.26	1.29	12.67	1.267	0.016
8	1.24	1.30	1.26	1.29	1.22	1.30	1.29	1.23	1.35	1.30	12.78	1.278	0.040
9	1.29	1.27	1.28	1.27	1.28	1.28	1.32	1.25	1.28	1.21	12.73	1.273	0.024
10	1.26	1.26	1.27	1.28	1.28	1.32	1.31	1.27	1.31	1.29	12.85	1.285	0.022
11	1.25	1.26	1.25	1.21	1.27	1.30	1.25	1.25	1.28	1.24	12.56	1.256	0.024
12	1.22	1.30	1.25	1.26	1.24	1.28	1.28	1.27	1.34	1.34	12.63	1.263	0.040
13	1.30	1.20	1.29	1.26	1.21	1.29	1.24	1.30	1.24	1.29	12.62	1.262	0.038
14	1.21	1.27	1.30	1.29	1.29	1.31	1.28	1.25	1.25	1.28	12.73	1.273	0.029
15	1.32	1.25	1.32	1.23	1.27	1.27	1.28	1.25	1.27	1.35	12.81	1.281	0.038
16	1.30	1.29	1.24	1.32	1.32	1.22	1.24	1.30	1.28	1.27	12.78	1.278	0.035
17	1.33	1.28	1.28	1.30	1.22	1.30	1.32	1.29	1.27	1.27	12.86	1.286	0.031
18	1.28	1.27	1.24	1.28	1.25	1.30	1.26	1.28	1.30	1.30	12.77	1.277	0.022
19	1.28	1.30	1.23	1.28	1.27	1.29	1.29	1.25	1.30	1.28	12.77	1.277	0.022
20	1.26	1.31	1.27	1.25	1.22	1.21	1.27	1.25	1.24	1.25	12.53	1.253	0.028
21	1.28	1.25	1.24	1.27	1.25	1.20	1.28	1.32	1.30	1.27	12.66	1.266	0.033
22	1.24	1.30	1.31	1.25	1.34	1.29	1.21	1.27	1.24	1.26	12.71	1.271	0.039
23	1.27	1.25	1.27	1.24	1.25	1.29	1.27	1.27	1.29	1.19	12.59	1.259	0.029
24	1.26	1.30	1.24	1.27	1.28	1.31	1.23	1.28	1.29	1.27	12.73	1.273	0.025
25	1.21	1.26	1.31	1.24	1.30	1.29	1.28	1.16	1.29	1.23	12.57	1.257	0.047

车间：　　　　　工序：　　　　　　　　　累计：$\sum_{i=1}^{k} \overline{X}_i = 31.742$ cm, $\sum_{i=1}^{k} S_i = 0.776$ cm

操作人：

时间：　　　　　　　　　　　　　　　　总平均值 $\overline{\overline{X}} = 1.270$ cm, 标准差平均值 $\overline{S} = 0.031$ cm

解： 分析过程如下：

（1）计算各组样本的平均值 $\overline{X}_i (i=1,2,\cdots,25)$ 和标准差 $S_i (i=1,2,\cdots,25)$，并记入表 5-6 中。例如，第一组为

$$\overline{X}_1 = \frac{(1.23+1.28+\cdots+1.26)\text{cm}}{10} = 1.266 \text{cm}$$

$$S_1 = \sqrt{\frac{1}{9} \times [(1.23-1.266)^2 + (1.28-1.266)^2 + \cdots + (1.27-1.266)^2 + (1.26-1.266)^2]} \text{ cm}$$

$$= 0.038 \text{cm}$$

其余各组的计算类推。

(2) 计算 25 组数据的总平均值 $\overline{\overline{X}}$ 和标准差平均值 $\overline{S}$，记入表 5-6 中。

$$\overline{\overline{X}} = \frac{\sum_{i=1}^{k} \overline{X}_i}{k} = \frac{31.742\text{cm}}{25} = 1.270\text{cm}$$

$$\overline{S} = \frac{\sum_{i=1}^{k} S_i}{k} = \frac{0.776\text{cm}}{25} = 0.031\text{cm}$$

(3) 计算各统计量的控制界限。由表 5-3 和表 5-4 可知，$\overline{X}$ 图的控制界限为

$$\begin{cases} \text{UCL} = \overline{\overline{X}} + A_3\overline{S} = 1.270\text{cm} + 0.975 \times 0.031\text{cm} = 1.300\text{cm} \\ \text{CL} = \overline{\overline{X}} = 1.270\text{cm} \\ \text{LCL} = \overline{\overline{X}} - A_3\overline{S} = 1.270\text{cm} - 0.975 \times 0.031\text{cm} = 1.240\text{cm} \end{cases}$$

S 图的控制界限为

$$\begin{cases} \text{UCL} = B_4\overline{S} = 1.716 \times 0.031\text{cm} = 0.053\text{cm} \\ \text{CL} = \overline{S} = 0.031\text{cm} \\ \text{LCL} = B_3\overline{S} = 0.284 \times 0.031\text{cm} = 0.009\text{cm} \end{cases}$$

(4) 绘制控制图。用坐标纸或控制图专用纸来绘制控制图。一般在上方位置安排 $\overline{X}$ 图，在对应的下方位置安排 S 图，横轴表示样本序号，纵轴表示质量特性值 $\overline{X}$ 和标准差 S。中心线用实线，上、下控制界限用虚线绘制，并在各条线的右侧分别标出对应的 UCL、CL、LCL 符号和数值，在 $\overline{X}$ 图上控制界限的左上方标记 n 的数值。本例的控制图如图 5-8 所示。

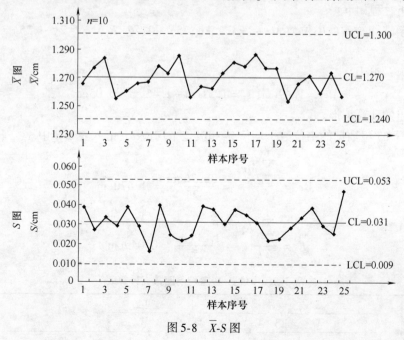

图 5-8 $\overline{X}$-S 图

以样本序号为横坐标，各样本组的平均值 $\overline{X}$ 和标准差 S 为纵坐标，在已经绘有控制界限的控制图上打点，并用折线连接各点，这样就得到了 $\overline{X}$-S 图。

(5) 研究分析。$\overline{X}$-S 图中的两张控制图无任何异常，说明过程是正常的，即处于受控状态。

(6) 判断过程能力。经计算，过程能力指数 $C_{pk}=1.25$，说明过程能力尚可。

(7) 延长控制界限，继续用同样的方法对生产过程进行抽样、观测记录数据和打点，用该控制图进行过程控制。在继续观测时，如果控制图显示存在异常，则应对过程进行调整。

3. 中位数-极差控制图（Me-R 图）

为了方便计算，有时用中位数代替平均值，绘制中位数-极差控制图（Me-R 图）。其优点是计算简便，便于现场操作人员掌握；缺点是反应不够灵敏。

中位数控制图控制界限的计算方法为

$$\begin{cases} UCL = \overline{Me} + A_4\overline{R} \\ CL = \overline{Me} \\ LCL = \overline{Me} - A_4\overline{R} \end{cases}$$

式中，A_4 的值如表 5-7 所示。

极差控制图控制界限的计算方法与平均值-极差控制图控制界限的计算方法一样，如表 5-3 所示。

表 5-7 A_4 的值

n	2	3	4	5	6	7	8	9	10
A_4	1.88	1.19	0.80	0.69	0.55	0.51	0.43	0.41	0.36

例 5-6 某工序加工孔内径的要求为 $1.50^{+0.04}_{-0.08}$ cm。为了控制加工过程，现测得一组孔内径数据（见表 5-8）。试用中位数-极差控制图分析过程稳定性。

解：分析过程如下：

(1) 计算各组样本的中位数 $Me_i(i=1,2,\cdots,25)$ 和极差 $R_i(i=1,2,\cdots,25)$，记入表 5-8 中。

例如，第一组为

$$Me_1 = 1.49\text{cm}, R_1 = 1.51\text{cm} - 1.46\text{cm} = 0.05\text{cm}$$

其余各组的计算类推。

(2) 计算 25 组数据的中位数平均值 $\overline{Me}$ 和极差平均值 $\overline{R}$，记入表 5-8 中。

$$\overline{Me} = \frac{\sum_{i=1}^{k} Me_i}{k} = \frac{36.76\text{cm}}{25} = 1.470\text{cm}$$

$$\overline{R} = \frac{\sum_{i=1}^{k} R_i}{k} = \frac{1.22\text{cm}}{25} = 0.049\text{cm}$$

表 5-8 中位数-极差控制图数据计算表 （单位：cm）

样本序号	观测记录值					Me_i	R_i
	X_{i1}	X_{i2}	X_{i3}	X_{i4}	X_{i5}		
1	1.46	1.49	1.51	1.50	1.48	1.49	0.05
2	1.51	1.45	1.47	1.49	1.48	1.48	0.06

(续)

样本序号	观测记录值					Me_i	R_i
	X_{i1}	X_{i2}	X_{i3}	X_{i4}	X_{i5}		
3	1.45	1.47	1.47	1.49	1.47	1.47	0.04
4	1.48	1.50	1.45	1.47	1.47	1.47	0.05
5	1.48	1.46	1.46	1.49	1.45	1.46	0.04
6	1.45	1.49	1.45	1.45	1.42	1.45	0.07
7	1.47	1.45	1.46	1.46	1.50	1.46	0.05
8	1.48	1.49	1.45	1.47	1.47	1.47	0.04
9	1.47	1.45	1.48	1.49	1.43	1.47	0.06
10	1.47	1.48	1.48	1.46	1.46	1.47	0.02
11	1.47	1.47	1.44	1.48	1.46	1.47	0.04
12	1.46	1.43	1.49	1.47	1.46	1.46	0.06
13	1.46	1.49	1.42	1.52	1.48	1.48	0.10
14	1.45	1.50	1.48	1.48	1.47	1.48	0.05
15	1.48	1.47	1.49	1.44	1.47	1.47	0.05
16	1.43	1.48	1.47	1.48	1.49	1.48	0.06
17	1.47	1.44	1.48	1.44	1.49	1.47	0.05
18	1.45	1.46	1.48	1.48	1.48	1.48	0.03
19	1.49	1.43	1.46	1.47	1.48	1.47	0.06
20	1.48	1.46	1.43	1.47	1.47	1.47	0.05
21	1.46	1.46	1.47	1.49	1.48	1.47	0.03
22	1.45	1.49	1.45	1.46	1.46	1.46	0.04
23	1.48	1.47	1.46	1.48	1.48	1.48	0.02
24	1.49	1.44	1.48	1.46	1.44	1.46	0.05
25	1.48	1.47	1.50	1.45	1.46	1.47	0.05

车间：　　　　　　工序：　　　　　累计：$\sum_{i=1}^{k} Me_i = 36.76 \text{cm}$，$\sum_{i=1}^{k} R_i = 1.22 \text{cm}$

操作人：

时间：　　　　　　　　　　　　　中位数平均值 $\overline{Me} = 1.470 \text{cm}$，极差平均值 $\overline{R} = 0.049 \text{cm}$

(3) 计算各统计量的控制界限。

由表 5-3、表 5-4 和表 5-7 可知，Me 图的控制界限为

$$\begin{cases} \text{UCL} = \overline{Me} + A_4\overline{R} = 1.470\text{cm} + 0.69 \times 0.049\text{cm} = 1.504\text{cm} \\ \text{CL} = \overline{Me} = 1.470\text{cm} \\ \text{LCL} = \overline{Me} - A_4\overline{R} = 1.470\text{cm} - 0.69 \times 0.049\text{cm} = 1.436\text{cm} \end{cases}$$

R 图的控制界限为

$$\begin{cases} \text{UCL} = D_4\overline{R} = 2.114 \times 0.049\text{cm} = 0.104\text{cm} \\ \text{CL} = \overline{R} = 0.049\text{cm} \\ \text{LCL} = D_3\overline{R} = (-)（当 n \leq 6 时，D_3 为负值，\text{LCL} 不考虑） \end{cases}$$

(4) 绘制控制图。用坐标纸或控制图专用纸来绘制控制图。一般在上方位置安排 Me 图，在对应的下方位置安排 R 图，横轴表示样本序号，纵轴表示中位数 Me 和极差 R。中心线用实线，上、下控制界限用虚线绘制，并在各条线的右侧分别标出对应的 UCL、CL、LCL 符号和数值，在 Me 图上控制界限的左上方标记 n 的数值。本例的控制图如图 5-9 所示。

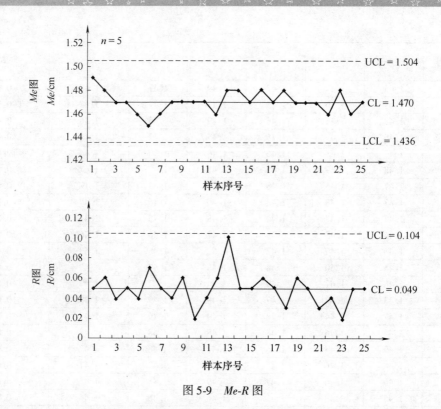

图 5-9 Me-R 图

以样本序号为横坐标,各样本组中位数 Me 和极差 R 为纵坐标,在已经绘有控制界限的控制图上打点,并用折线连接各点,这样就得到了 Me-R 图。

（5）研究分析。Me-R 图中的 R 控制图无任何异常,但 Me 控制图存在异常波动（判异准则 7）,说明过程不正常,即处于失控状态。

（6）控制图显示过程存在异常,则应对过程进行调整,直至过程处于稳定状态。

4. 单值-移动极差控制图（X-R_s 图）

在某些生产过程中,由于受到测量手段、测量费用的限制,如测量所需时间较长、费用较高或需要进行破坏性试验等,导致难以获取较大的样本量时,可以采用单值-移动极差控制图分析、控制生产过程。但是,单值控制图无法反映组内变异,因此,其灵敏度不如平均值控制图高。

移动极差是指相邻两个观测值差的绝对值,如第一个观测值与第二个观测值差的绝对值,第二个观测值与第三个观测值差的绝对值,即 $R_{si} = |X_i - X_{i-1}|$。

单值-移动极差控制图控制界限公式如表 5-9 所示。

表 5-9 单值-移动极差控制图控制界限公式

统 计 量	标准值未给定		标准值给定	
	中 心 线	UCL 与 LCL	中 心 线	UCL 与 LCL
X	$\bar{X}$	$\bar{X} \pm E_2 \bar{R}_s$	X_0 或 μ	$X_0 \pm 3\sigma_0$
R_s	$\bar{R}_s$	$D_4 \bar{R}_s, D_3 \bar{R}_s$	R_0 或 $d_2 \sigma_0$	$D_2 \sigma_0, D_1 \sigma_0$

注：1. X_0、R_0、μ 和 σ_0 为给定的标准值。

2. $\bar{R}$ 表示 $n=2$ 时观测值的平均移动极差。

3. 系数 d_2、D_1、D_2、D_4 以及 $E_2(=3/d_2)$ 由表 5-4 中 $n=2$ 行查得。

第五章　过程质量控制

例 5-7　某电子元器件的最大电流为 30A。为了控制生产过程，现测得 20 个最大电流数据（见表 5-10）。试用单值-移动极差控制图分析过程稳定性。

解：分析过程如下：

(1) 计算各组样本的移动极差 R_{si}，记入表 5-10 中。
例如

$$R_{s2} = |X_2 - X_1| = |30.60\text{A} - 30.58\text{A}| = 0.02\text{A}$$

其余各组的计算类推。

(2) 计算 20 个最大电流数据的平均值 $\overline{X}$ 和 19 个移动极差的平均值 $\overline{R}_s$，记入表 5-10 中。

$$\overline{X} = \frac{\sum_{i=1}^{k} X_i}{k} = \frac{610.65\text{A}}{20} = 30.533\text{A}$$

$$\overline{R}_s = \frac{\sum_{i=1}^{k} R_{si}}{k} = \frac{3.53\text{A}}{19} = 0.186\text{A}$$

表 5-10　单值-移动极差控制图数据计算表　　　　　　　　（单位：A）

统计量	观测值									
	1	2	3	4	5	6	7	8	9	10
X_i	30.58	30.60	30.44	30.45	30.57	30.63	30.56	30.37	30.24	30.62
R_{si}		0.02	0.16	0.01	0.12	0.06	0.07	0.19	0.13	0.38

统计量	观测值									
	11	12	13	14	15	16	17	18	19	20
X_i	30.52	30.79	30.78	30.21	30.43	30.43	30.72	30.42	30.78	30.51
R_{si}	0.10	0.27	0.01	0.57	0.22	0.00	0.29	0.30	0.36	0.27

车间：　　　　　工序：　　　　　累计：$\sum_{i=1}^{k} X_i = 610.65\text{A}$，$\sum_{i=1}^{k} R_{si} = 3.53\text{A}$
操作人：
时间：　　　　　　　　　　　　平均值 $\overline{X} = 30.533\text{A}$
　　　　　　　　　　　　　　　移动极差平均值 $\overline{R}_s = 0.186\text{A}$

(3) 计算各统计量的控制界限。
由表 5-9 和表 5-4 可知，X 图的控制界限为

$$\begin{cases} \text{UCL} = \overline{X} + E_2\overline{R} = 30.533\text{A} + 2.6595 \times 0.186\text{A} = 31.028\text{A} \\ \text{CL} = \overline{X} = 30.533\text{A} \\ \text{LCL} = \overline{X} - E_2\overline{R} = 30.533\text{A} - 2.6595 \times 0.186\text{A} = 30.038\text{A} \end{cases}$$

R_s 图的控制界限为

$$\begin{cases} \text{UCL} = D_4\overline{R} = 3.267 \times 0.186\text{A} = 0.608\text{A} \\ \text{CL} = \overline{R}_s = 0.186\text{A} \\ \text{LCL} = D_3\overline{R}_s = (-)（当 n \leq 6 \text{ 时}, D_3 \text{ 为负值,LCL 不考虑}）\end{cases}$$

(4) 画控制图。用坐标纸或控制图专用纸来画控制图。一般在上方位置安排 X 图，在对应的下方位置安排 R_s 图，横轴表示样本序号，纵轴表示单值 X 和移动极差 R_s。中心线用

实线,上、下控制界限用虚线绘制,并在各条线的右侧分别标出对应的 UCL、CL、LCL 符号和数值。本例的控制图如图 5-10 所示。

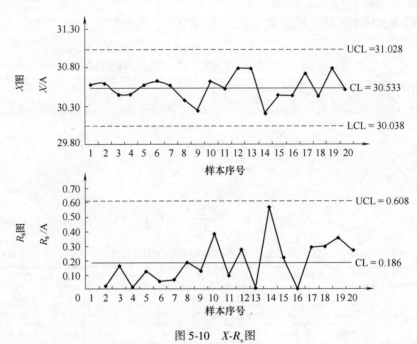

图 5-10 $X\text{-}R_s$ 图

以样本序号为横坐标,单值 X 和移动极差 R_s 为纵坐标,在已经画有控制界限的控制图上打点,并用折线连接各点,这样就得到了 $X\text{-}R_s$ 图。

(5) 研究分析。$X\text{-}R_s$ 图中的两张控制图无任何异常,说明过程是正常的,即处于受控状态。

(6) 延长控制限,继续用同样的方法对生产过程进行抽样、观测记录数据和打点,用该控制图进行过程控制。在继续观测时,如果控制图显示过程存在异常,则应对过程进行调整。

三、计数值控制图

计数值数据可以分为计件式和计点式两类。其中,计件式计数值数据服从二项分布,计点式计数值数据服从泊松分布。对于计数值数据,一般使用计数值控制图进行控制,包括计件式计数值控制图和计点式计数值控制图两种。计件式计数值控制图包括不合格品数控制图(np 图)和不合格品率控制图(p 图),计点式计数值控制图包括不合格数控制图(c 图)和单位产品不合格数控制图(u 图)。

计量值控制图中数据服从正态分布,而衡量正态分布的主要参数是反映集中趋势的平均值和反映离散趋势的标准差,因此,计量值控制图需要从这两方面进行控制。计数值控制图的数据服从二项分布或泊松分布,它们均只有一个反映集中趋势的平均值参数衡量,因此,计数值控制图只需要控制平均值。

计数值控制图控制界限公式如表 5-11 所示。

第五章 过程质量控制

表 5-11 计数值控制图控制界限公式

统计量	标准值未给定		标准值给定	
	中心线	UCL 与 LCL	中心线	UCL 与 LCL
np	$n\bar{p}$	$n\bar{p} \pm 3\sqrt{n\bar{p}(1-\bar{p})}$	np_0	$n\bar{p}_0 \pm 3\sqrt{n\bar{p}_0(1-\bar{p}_0)}$
p	$\bar{p}$	$\bar{p} \pm 3\sqrt{\bar{p}(1-\bar{p})/n}$	p_0	$\bar{p} \pm 3\sqrt{\bar{p}_0(1-\bar{p}_0)/n}$
c	$\bar{c}$	$\bar{c} \pm 3\sqrt{\bar{c}}$	c_0	$c_0 \pm 3\sqrt{c_0}$
u	$\bar{u}$	$\bar{u} \pm 3\sqrt{\bar{u}/n}$	u_0	$u_0 \pm 3\sqrt{u_0/n}$

注:np_0、p_0、c_0 和 u_0 为给定的标准值。

1. 不合格品数控制图(np 图)

不合格品数控制图和不合格品率控制图都是用于控制不合格品率或合格品率的控制图。当样本容量相同时,两者均可以使用;而当样本容量不相同时,只能使用不合格品率控制图。除了不合格品率或合格品率外,废品率、缺勤率、出勤率、差错率等也都可以用这两个控制图进行控制。

例 5-8 某元件需要测定电阻率来判断是否合格。为了控制生产过程,现取 20 组样本,样本容量为 100 个,测得的不合格品数如表 5-12 所示。试用不合格品数控制图分析过程稳定性。

表 5-12 不合格品数控制图数据计算表 (单位:个)

统计量	观测值									
	1	2	3	4	5	6	7	8	9	10
n	100	100	100	100	100	100	100	100	100	100
np	2	2	3	4	2	3	5	3	2	3
统计量	观测值									
	11	12	13	14	15	16	17	18	19	20
n	100	100	100	100	100	100	100	100	100	100
np	4	3	4	1	3	4	2	3	5	3
车间: 工序: 操作人: 时间:	累计:$\sum_{i=1}^{k} np_i = 61$ 个 平均不合格品数 $n\bar{p} = 3.05$ 个 平均不合格品率 $\bar{p} = 3.05\%$									

解:分析过程如下:

(1) 计算 20 组样本的平均不合格品数 $n\bar{p}$ 和平均不合格品率 $\bar{p}$。

$$n\bar{p} = \frac{\sum_{i=1}^{k} np_i}{k} = \frac{61 \text{ 个}}{20} = 3.05 \text{ 个}$$

$$\bar{p} = \frac{\sum_{i=1}^{k} np_i}{kn} = \frac{61 \text{ 个}}{2000 \text{ 个}} = 3.05\%$$

(2) 计算控制界限。由表 5-11 可知,np 图的控制界限为

$$\begin{cases} UCL = n\bar{p} + 3\sqrt{n\bar{p}(1-\bar{p})} = 3.05\ \text{个} + 3\times\sqrt{3.05\times(1-0.305\%)}\ \text{个} = 8.28\ \text{个} \\ CL = n\bar{p} = 3.05\ \text{个} \\ LCL = n\bar{p} - 3\sqrt{n(1-\bar{p})} = 3.05\ \text{个} - 3\times\sqrt{3.05\times(1-0.305\%)}\ \text{个} = -2.18\ \text{个}(负值,LCL 不考虑) \end{cases}$$

（3）绘制控制图。用坐标纸或控制图专用纸来绘制控制图。横轴表示样本序号，纵轴表示不合格品数 np。中心线用实线，上、下控制界限用虚线绘制，并在各条线的右侧分别标出对应的 UCL、CL、LCL 符号和数值。本例的控制图如图 5-11 所示。

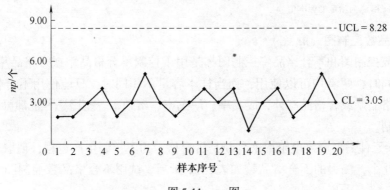

图 5-11　np 图

以样本序号为横坐标，不合格品数 np 为纵坐标，在已经绘有控制界限的控制图上打点，并用折线连接各点，这样就得到了 np 图。

（4）研究分析。np 图无任何异常，说明过程是正常的，即处于受控状态。

（5）延长控制界限，继续用同样的方法对生产过程进行抽样、观测记录数据和打点，用该控制图进行过程控制。在继续观测时，如果控制图显示过程存在异常，则应对过程进行调整。

2. 不合格品率控制图（p 图）

当样本容量不相同时，计件式计数值数据应当使用不合格品率控制图对生产过程进行控制。但根据不合格品率控制图控制界限公式（见表 5-11），不同的样本容量将导致各个样本点的上、下控制界限不相等，给分析和判断控制图造成了一定的困难。

例 5-9　某元件需要测定电阻率来判断是否合格。为了控制生产过程，现取 25 组样本，测得的不合格品数如表 5-13 所示。试用不合格品率控制图分析过程稳定性。

解：分析过程如下：

（1）计算各组样本的不合格品率 p_i，记入表 5-13 中。计算公式为

$$p_i = \frac{(np)_i}{n_i}$$

（2）计算 25 组样本的平均不合格品率 $\bar{p}$。计算公式为

$$\bar{p} = \frac{\sum_{i=1}^{k}(np)_i}{\sum_{i=1}^{k} n_i} = \frac{431\ \text{个}}{5835\ \text{个}} = 7.39\%$$

第五章 过程质量控制

表 5-13 不合格品率控制图数据计算表

样本序号	样本容量 n/个	不合格品数 np/个	不合格品率 p（%）	UCL（%）	LCL（%）
1	115	9	7.83	14.71	0.07
2	220	18	8.18	12.68	2.10
3	210	17	8.10	12.81	1.97
4	220	21	9.55	12.68	2.10
5	220	18	8.18	12.68	2.10
6	255	15	5.88	12.30	2.48
7	340	27	7.94	11.65	3.13
8	365	32	8.77	11.50	3.28
9	265	13	4.91	12.21	2.57
10	300	19	6.33	11.92	2.86
11	280	21	7.50	12.08	2.70
12	330	18	5.45	11.71	3.07
13	320	15	4.69	11.78	3.00
14	225	14	6.22	12.62	2.16
15	290	26	8.97	12.00	2.78
16	170	16	9.41	13.41	1.37
17	65	5	7.69	17.12	-2.34（0）
18	100	7	7.00	15.24	-0.46（0）
19	135	11	8.15	14.14	0.64
20	280	24	8.57	12.08	2.70
21	250	25	10.00	12.35	2.43
22	220	17	7.73	12.68	2.10
23	220	10	4.55	12.68	2.10
24	220	15	6.82	12.68	2.10
25	220	18	8.18	12.68	2.10

车间：　　工序：　　累计：$\sum_{i=1}^{k}(np)_i = 431$ 个，$\sum_{i=1}^{k} n_i = 5835$ 个
操作人：
时间：　　　　　　平均不合格品率 $\bar{p} = 7.39\%$

（3）计算控制界限，记入表 5-13 中。p 图的控制界限计算公式为

$$\begin{cases} UCL = \bar{p} + 3\sqrt{\bar{p}(1-\bar{p})/n} \\ CL = \bar{p} \\ LCL = \bar{p} - 3\sqrt{\bar{p}(1-\bar{p})/n} \end{cases}$$

（4）绘制控制图。用坐标纸或控制图专用纸来绘制控制图。横轴表示样本序号，纵轴表示不合格品率 p。中心线用实线，上、下控制界限用虚线绘制，并在各条线的右侧分别标出对应的 UCL、CL、LCL 符号和数值。本例的控制图如图 5-12 所示。

以样本序号为横坐标，不合格品率 p 为纵坐标，在已经绘有控制界限的控制图上打点，并用折线连接各点，这样就得到了 p 图。

（5）研究分析。p 图无任何异常，说明过程是正常的，即处于受控状态。

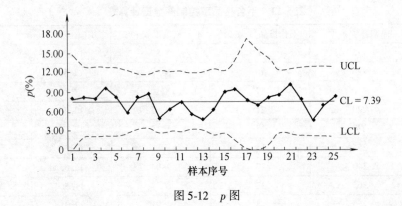

图 5-12 p 图

(6) 延长控制界限,继续用同样的方法对生产过程进行抽样、观测记录数据和打点,用该控制图进行过程控制。在继续观测时,如果控制图显示过程存在异常,则应对过程进行调整。

3. 不合格数控制图（c 图）

不合格数控制图和单位产品不合格数控制图都是用于控制单位产品不合格数或合格数的控制图。当样本容量相同时,两者均可以使用;当样本容量不相同时,只能使用单位产品不合格数控制图。

例 5-10 某汽车厂为控制车门喷漆工序,共抽取了 20 个车门,并分别统计了"露青"(即喷漆不全的现象)缺陷的数量(见表 5-14)。试用不合格数控制图分析过程稳定性。

表 5-14 不合格数控制图数据计算表　　　　　　　　　（单位:个）

统 计 量	观 测 值									
	1	2	3	4	5	6	7	8	9	10
c	6	5	7	1	3	2	6	6	3	5
统 计 量	观 测 值									
	11	12	13	14	15	16	17	18	19	20
c	2	1	0	3	5	4	7	0	0	6

车间:　　工序:　　　　　　　　累计:$\sum_{i=1}^{k} c_i = 72$ 个
操作人:
时间:　　　　　　　　　　　　单位产品不合格数 $\bar{c} = 3.6$ 个

解:分析过程如下:

(1) 计算 20 组样本的单位产品不合格数 $\bar{c}$。计算公式为

$$\bar{c} = \frac{\sum_{i=1}^{k} c_i}{k} = \frac{72 \text{ 个}}{20} = 3.6 \text{ 个}$$

(2) 计算控制界限。由表 5-11 可知,c 图的控制界限为

$$\begin{cases} UCL = \bar{c} + 3\sqrt{\bar{c}} = (3.6 + 3 \times \sqrt{3.6}) \text{ 个} = 9.29 \text{ 个} \\ CL = \bar{c} = 3.6 \text{ 个} \\ LCL = \bar{c} - 3\sqrt{\bar{c}} = (3.6 - 3 \times \sqrt{3.6}) \text{ 个} = -2.09 \text{ 个}(\text{负值},LCL \text{ 不考虑}) \end{cases}$$

(3) 绘制控制图。用坐标纸或控制图专用纸来绘制控制图。横轴表示样本序号,纵轴

表示不合格数 c。中心线用实线，上、下控制界限用虚线绘制，并在各条线的右侧分别标出对应的 UCL、CL、LCL 符号和数值。本例的控制图如图 5-13 所示。

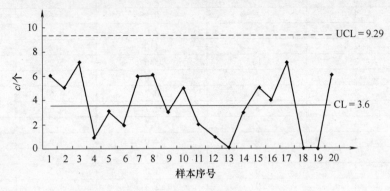

图 5-13　c 图

以样本序号为横坐标，不合格数 c 为纵坐标，在已经绘有控制界限的控制图上打点，并用折线连接各点，这样就得到了 c 图。

（4）研究分析。c 图无任何异常，说明过程是正常的，即处于受控状态。

（5）延长控制界限，继续用同样的方法对生产过程进行抽样、观测记录数据和打点，用该控制图进行过程控制。在继续观测时，如果控制图显示过程存在异常，则应对过程进行调整。

4. 单位产品不合格数控制图（u 图）

当样本容量不相同时，计点式计数值数据应当使用单位产品不合格品数控制图对生产过程进行控制。与不合格品率控制图相类似，根据单位产品不合格数控制图控制界限公式（见表 5-11），不同的样本容量将导致各个样本点的上、下控制界限不相等，给分析和判断控制图造成了一定的困难。

例 5-11　某钢板厂为了控制生产过程，现取 25 组样本，测得的钢板缺陷数如表 5-15 所示。试用单位产品不合格数控制图分析过程稳定性。

解： 分析过程如下：

（1）计算各组样本的单位产品不合格数，记入表 5-15 中。计算公式为

$$u_i = \frac{c_i}{n_i}$$

（2）计算 25 组样本的平均单位产品不合格数 $\bar{u}$。计算公式为

$$\bar{u} = \frac{\sum_{i=1}^{k} c_i}{\sum_{i=1}^{k} n_i} = \frac{141 \text{ 块}}{67} = 2.1 \text{ 块}$$

表 5-15　单位产品不合格数控制图数据计算表　　　　　　　　　　（单位：块）

样本序号	样本容量 n	不合格品数 c	单位产品不合格数 u	UCL	LCL
1	2	4	2.0	5.2	0
2	3	4	1.3	4.6	0

(续)

样本序号	样本容量 n	不合格品数 c	单位产品不合格数 u	UCL	LCL
3	2	5	2.5	5.2	0
4	3	1	0.3	4.6	0
5	4	8	2.0	4.3	0
6	2	8	4.0	5.2	0
7	2	10	5.0	5.2	0
8	2	8	4.0	5.2	0
9	3	2	0.7	4.6	0
10	3	8	2.7	4.6	0
11	4	2	0.5	4.3	0
12	3	6	2.0	4.6	0
13	4	6	1.5	4.3	0
14	2	6	3.0	5.2	0
15	4	9	2.3	4.3	0
16	5	4	0.8	4.0	0
17	2	9	4.5	5.2	0
18	2	6	3.0	5.2	0
19	2	4	2.0	5.2	0
20	2	6	3.0	5.2	0
21	2	5	2.5	5.2	0
22	1	7	7.0	6.4	0
23	2	2	1.0	5.2	0
24	4	6	1.5	4.3	0
25	2	5	2.5	5.2	0
车间： 操作人： 时间：	工序：		累计：$\sum_{i=1}^{k} c_i = 141$ 块，$\sum_{i=1}^{k} n_i = 67$ 块 平均单位产品不合格数 $\bar{u} = 2.1$ 块		

（3）计算控制界限，记入表 5-15 中。u 图的控制界限计算公式为

$$\begin{cases} UCL = \bar{u} + 3\sqrt{\bar{u}/n} \\ CL = \bar{u} \\ LCL = \bar{u} - 3\sqrt{\bar{u}/n} \end{cases}$$

（4）绘制控制图。用坐标纸或控制图专用纸来绘制控制图。横轴表示样本序号，纵轴表示单位产品不合格数 u。中心线用实线，上、下控制界限用虚线绘制，并在各条线的右侧分别标出对应的 UCL、CL、LCL 符号和数值。本例的控制图如图 5-14 所示。

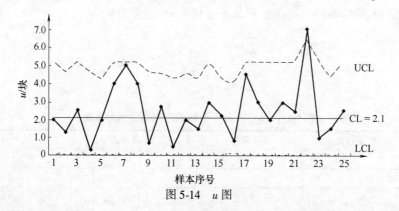

图 5-14　u 图

以样本序号为横坐标，单位产品不合格数 u 为纵坐标，在已经绘有控制界限的控制图上打点，并用折线连接各点，这样就得到了 u 图。

（5）研究分析。如果 u 图中存在出界点子，则说明过程是异常的，即处于失控状态。

（6）控制图显示存在异常，应对过程进行调整，直至过程处于稳定状态。

第三节 其他工具

过程质量控制中可以采用的工具多种多样，本节将介绍几种常用的工具。

一、调查表

调查表（Check Sheet）又称检查表、核对表、统计分析表，是用来系统地收集资料和积累数据，确认事实并对数据进行粗略整理和分析的统计图表。它能够促使人们按统一的方式收集资料，便于分析。

1. 几种常用的调查表

（1）不合格品项目调查表。不合格品项目调查表主要用来调查生产现场不合格品项目频数和不合格品率，以便继续用于排列图等的分析研究。

不合格品项目调查表的格式如表5-16所示。

表5-16 不合格品项目调查表

品名：			年　月　日	
工序：			部门：	
检查总数：			不合格品总数：	
操作者：			工作地点：	
不合格种类	项　目	频　数	比率（%）	累计（%）
A				
B				
C				
D				
E				
F				
合计				100
检查者：				
评审部门意见：				

（2）缺陷位置调查表。许多产品或零件常存在气孔、疵点、碰伤、脏污等外观质量缺陷，缺陷位置调查表可用来记录、统计、分析不同类型的外观质量缺陷所发生的部位和密集程度，进而从中找出规律性，为进一步调查或找出解决问题的办法提供事实依据。表5-17是反映汽车车身喷漆质量的缺陷位置调查表。从该表的图中可以明显看到，关于"色斑"，车门处特别容易发生色斑缺陷。因此，企业应首先从这里采取措施，提高喷漆质量。

表 5-17　汽车车身喷漆质量的缺陷位置调查表

车　型	XW123	检查处	车　身
工序	6	检查者	W
调查目的	喷漆缺陷	调查数	2139 辆

● 色斑
× 流漆
△ 尘粒

2017年8月18日

（3）质量分布调查表。质量分布调查表（见表 5-18）是对计量数据进行现场调查的有效工具。它是根据收集到的数据资料，将某一质量特性项目的数据分布范围分成若干区间而制成的表格，用来记录和统计每一质量特性数据落在某一区间的频数分布状况。

表 5-18　零件实测值分布调查表

调查人：王民　　　　　　时间：2016 年 4 月 30 日
调查总数：100 件　　　　调查方法：现场测量数据

频数		1	5	12	22	30	17	10	2	1		
40												
35												
30						正						
25						正						
20					丅	正						
15					正	正	丅					
10			丅		正	正	正					
5			正	正	正	正	正					
0		一	正	正	正	正	正	正	丅	一		
	0.5	5.5	10.5	15.5	20.5	25.5	30.5	35.5	40.5	45.5	50.5	55.5 （mm）

（4）矩阵调查表。矩阵调查表是一种多因素调查表，它要求把产生问题的对应因素分别排列成行和列，在其交叉点上标出调查到的各种缺陷、问题和数量。表 5-19 是某厂两台注塑机生产的某种制品外观质量调查表。从表中可以看出，2 号机发生的外观质量缺陷较多。经过进一步分析，发现是由 2 号机维护保养差所致。2 月 8 日两台注塑机所生产的产品的外观质量缺陷都比较多，而且气孔缺陷尤为严重。经过调查分析，发现是由当天的原材料湿度较大所致。

第五章 过程质量控制

表 5-19 某种制品外观质量调查表

缺陷符号：○气孔　△粗糙度达不到标准　●疵点　×变形　□其他

机号	2月5日		2月6日		2月7日		2月8日		2月9日		2月11日	
	上午	下午	上午	下午	上午	下午	上午	下午	上午	下午	上午	下午
1	○● ×○	●□	○○○	×□×	△○ △×	△○	○○○ ○△● ○○△	○○● △○○ ○△	□	○△	○×	××●
2	△○□	○○○ ●×	○××	●●△ △×	○●○ △	○○×	○○○ ●△○ ○○	●△× ○○ ○	●○	×○△ □	○○×	○□

调查者：××	地点：三车间
调查方式：实地观测	时间：2017年2月28日
备注	

2. 调查表的应用步骤

（1）首先确定收集资料的目的。

（2）针对目的（问题）收集所有相关的资料。收集的资料最好是现场数据和原始记录，这样才能反映出工作过程和生产过程的实际情况。

（3）确定负责人和整理资料使用的统计分析方法。

（4）设计调查表格式，根据不同目的确定表的内容。调查表还应包括调查者，调查的时间、地点和方式等相关栏目。

（5）对收集和记录的部分资料进行预先检查，审查表格设计的合理性。设计出调查表形式后要先使用几次，审查该表的设计是否合理，内容能否满足需要，使用是否方便等。如有必要，评审和修改该调查表的格式。

二、排列图

1. 排列图的概念

排列图（Pareto Diagram）又称帕累托图、主次图，是将出现的质量问题和质量改进项目按照重要程度依次排列而采用的一种图表。它可以用来分析质量问题，并确定造成质量问题的主要因素。排列图由一个横坐标、两个纵坐标、几个按高低顺序（"其他"项例外）排列的矩形和一条累计百分比折线组成，如图 5-15 所示。

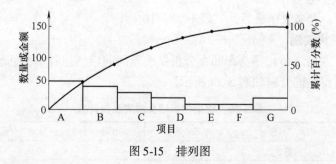

图 5-15 排列图

排列图是建立在帕累托原理"关键的少数和次要的多数"基础上的一种简单有效的统

计方法。通过排列图可以区分最重要的和次要的项目，从而用最少的人力、物力、财力投入获得最大的质量改进效果。

2. 排列图的主要用途

（1）找出质量控制项目中的关键因素。

（2）寻找产生质量问题的主要原因。

（3）识别进行质量改进的机会。

（4）通过比较质量改进前后的排列图，确定改进的效果。

3. 排列图的应用步骤

（1）选择质量分析的对象。如在分析产生不合格产品的原因时，不合格产品就是分析的对象。

（2）选择进行质量分析的度量单位（数量、金额等）。

（3）确定进行质量分析数据的时间间隔。

（4）画横坐标表示分析对象的分类项目。每一类项目等距离排列，将量值最小的一个项目或是将几个非常小的分类项目归并成"其他"项，放在最右端。

（5）画纵坐标。左边的纵坐标按度量单位标定，其高度必须与所有项目的量值和相等。右边的纵坐标表示累计百分数，与左边的纵坐标等高，并从 0~100% 进行标定。

（6）画长方形图。按照每分类项目的度量值由大到小画出长方形（当最后一个项目是"其他"时，其量值可以超过它前面项目的量值），其高度等于该分类项目度量单位的量值，以显示每个项目的影响大小。

（7）画出累计百分比折线。描出每个分类项目的累计百分数（把分类项量值由左向右累加后除以分类项总数，以%表示）与每个分类项目长方形右边竖线方向的交点，用折线将相邻两点用折线连接，就画出累计频率曲线（帕累托曲线），表示各个分类项目的累计影响。

（8）找出主要因素（原因）。将在排列图中占累计百分数 80% 的项目定为关键因素，需要进行分析，查明原因，并采取相应的措施。

4. 作排列图时应注意的事项

（1）累计百分比在 80% 的关键因素不宜过多，一般以 2~3 项为宜，最好应是分析者能够解决的问题，否则就失去了作图的意义。

（2）分类项目不宜太多，以 5~8 项为宜。

（3）取样数量不宜太少，至少 50 个数据。

（4）"其他"一定要放在最后，一般不大于 10%。

5. 排列图的应用实例

例 5-12 某工业有限公司钻头车间在分析钻头车间的锥柄扭制钻头的废品率较高的情况时，经统计整理后得到的资料如表 5-20 所示。

表 5-20 锥柄扭制钻头的废品统计表

序　号	项　目	频数/个	比率（%）	累计百分数（%）
A	接柄	26056	63.5	63.5
B	扭槽	10263	24.9	88.4

(续)

序 号	项 目	频数/个	比率（%）	累计百分数（%）
C	热处理	3355	8.2	96.6
D	车工	865	2.2	98.8
E	外加工	462	1.1	99.9
F	其他	69	0.1	100
合计		41070	100	

根据表 5-20 的统计资料加工整理成排列图，如图 5-16 所示。

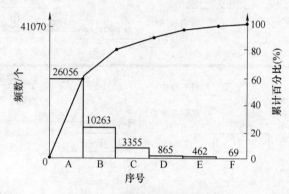

图 5-16 废品分类项目排列图

三、因果图

1. 因果图的概念

因果图（Cause-and-Effect Diagram）又称鱼刺图或特性要因图，是用来表示质量特性波动与其潜在（隐含）原因的关系，即分析表达因果关系的一种图表。它适用于有多种复杂原因影响质量结果，又无法用准确的数据进行定量分析的情况。因果图是根据已经产生的或预计产生的结果（或质量问题）进行讨论，并把造成这一结果的原因详细地一一分析，顺藤摸瓜，步步深入，直到找到具体原因并能采取纠正措施为止。

2. 因果图的应用步骤

（1）明确分析的主要问题，一般是产生的质量问题和需要分析的质量问题。

（2）确定可能发生的和对质量问题产生影响原因的主要类别。

（3）绘图时把"问题"或"结果"写在右边的矩形框中。把各类主要原因放在它的左边，作为"结果"框的输入，如图 5-17 所示。

（4）对每一类原因继续找出下一个层次的原因，并用箭线画在相应的枝上，这样一层层地展开。完整的因果图展开层次至少应有两层，一些情况下还可以有三层以上。

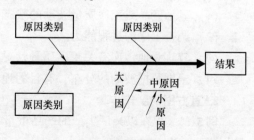

图 5-17 因果图结构

3. 作因果图时的注意事项

（1）作因果图时，要注意听取操作工人与技术人员的意见。

(2) 原因要素要展开到能采取措施为止。
(3) 一个质量问题只能画一个因果图。
(4) 按"因果关系"画图,箭头不可反向,箭线不允许交叉。

4. 因果图的应用实例

例 5-13 某工具厂钻头车间运用因果图对接柄工序废品的原因"噪声超标"进行分析后得到的结果如图 5-18 所示。

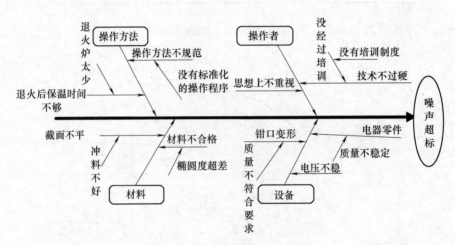

图 5-18 "噪声超标"因果图

因果图常同排列图、调查表联合起来应用,统称为"两图一表"。

四、直方图

1. 直方图的概念和作用

直方图(Histogram)是频数直方图的简称,它是用一系列宽度相等、高度不等的长方形表示数据分布状的图。长方形的宽度表示数据范围的间隔,长方形的高度表示落在给定间隔内的数据的频数。直方图一般用于观察和分析数据的波动情况。例如,加工一件轴承,由于不可预知的原因,它的直径长度与技术要求的中心值可能有一些误差,要了解已经加工的产品直径数据的分布状况,就可以利用绘制直方图达到这个目的。概括起来,直方图的作用主要有以下几个方面:

(1) 显示产品或工序质量波动的状态。
(2) 调查工序的过程能力。
(3) 较直观地传递有关工序质量状况的信息。
(4) 根据数据波动的分布,有目的地进行质量控制和质量改进。

2. 直方图的制作步骤

例 5-14 现在以某厂生产的产品重量为例,对应用直方图的步骤加以说明。该产品的重量规范要求为 $1000^{+0.50}_{0}$ g。

(1) 收集数据。作直方图所需数据一般应大于 50 个,以 100 个左右为宜。否则,数据太少不能真实反映实际情况。本例收集了生产过程中的 100 个数据列于表 5-21 中。为了简化运算，表 5-21 中的数据是实测数据减去 1000g 再乘以 100 的简化值。

表 5-21 例 5-14 数据表

43	28	27	26	33	29	18	24	32	14
34	22	30	29	22	24	22	28	48	1
24	29	35	36	30	34	14	42	38	6
28	32	22	25	36	39	24	18	28	16
38	36	21	20	26	20	18	8	12	37
40	28	28	12	30	31	30	26	28	47
42	32	34	20	28	34	20	24	27	24
29	18	21	46	14	10	21	22	34	22
28	28	20	38	12	32	19	30	28	19
30	20	24	35	20	28	24	24	32	40

（2）找出数据的最大值和最小值，并求出极差（R）。极差 R 等于数据的最大值减去最小值。在本例中，最大值为 48，最小值为 1，所以 $R = 48 - 1 = 47$。

（3）确定组距（h）。首先确定直方图的组数 k，也就是将数据分布的区域等分成 k 个小区域。组数 k 的确定可参考组数选用表（见表 5-22）。然后，以此组数 k 去除极差 R，可得直方图每组的宽度，称为组距。

本例取 $k = 10$，组距 $h = R/k = 47 \div 10 = 4.7 \approx 5$。组距一般取测量单位的整数倍，这样便于分组。

表 5-22 组数选用表

数 据 数 目	组数 k	常用组数 k
50~100	5~10	
100~250	7~12	10
250 以上	10~20	

（4）确定各组的界限值。组的界限值单位应取最小测量单位的 1/2。这样取值的目的是防止有数据落在组界限上，从而难以确定该数据属于哪一组。本例最小测量单位是个位，因此其界限值应取 0.5。分组时，第一组包括最小值，包括最大值的一组就是最后一组。注意，由于组距是取近似值，所以有时最后的分组可能多于 10 个或少于 10 个。

第一组下界限值为：最小值 - 0.5，即 1 - 0.5 = 0.5。

第一组上界限值为：第一组下界限值加组距，即 0.5 + 5 = 5.5。

第二组下界限值为：第一组上界限值，即 5.5。

第二组上界限值为：第二组下界限值加组距，即 5.5 + 5 = 10.5。

第三组以后，依此类推，定出各组的界限值。

（5）频数分布表（见表 5-23）。把各组的上下界限分别填入频数分布表内，并把数据表中的各个数据"对号入座"地列入相应的组，统计各组落入数据的频数（f）。

表 5-23 频数分布表

数据记录			频数分布表	2017 年 10 月 15 日	
组号	组界大小	组中值	频数统计		
1	0.5~5.5	3	/		1
2	5.5~10.5	8	///		3
3	10.5~15.5	13	//////		6
4	15.5~20.5	18	//////////////		14
5	20.5~25.5	23	///////////////////		19
6	25.5~30.5	28	///////////////////////////		27
7	30.5~35.5	33	//////////////		14
8	35.5~40.5	38	//////////		10
9	40.5~45.5	43	///		3
10	45.5~50.5	48	///		3
11					
12					
13					
14					
合计					100

(6) 按数据值比例画横坐标和纵坐标。以观测的数据值为横坐标,以数据频数为纵坐标。横坐标要显示出观测值所在的区域。如本例中,观测数据从 1 到 48,横坐标显示的区域至少要从 0 到 50。

(7) 画直方图。以组距为宽,频数为高,作出每个组的长方形图,依次排列,就得到直方图。每个长方形的高度代表了落在该组的数据频数。应当注意,在直方图上应标注出公差范围 T、公差上限 T_U、公差下限 T_L、样本容量 n、样本平均值 $\overline{X}$、样本标准偏差值 S 和公差中心 M($M = (T_U + T_L)/2$)的位置等,如图 5-19 所示。

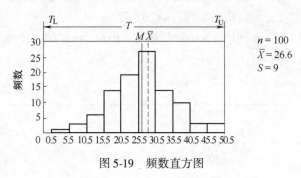

图 5-19 频数直方图

3. 对直方图的观察分析

对直方图的观察分析可从以下两方面入手:

(1) 形状分析与判断。观察分析直方图应着眼于整个图形的形状。图 5-20 给出了几种

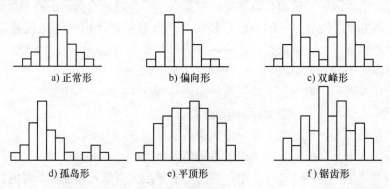

图 5-20 常见的直方图形态

常见的直方图形态。

1）正常形直方图。其中部有一顶峰，左右两边逐渐降低，近似对称。这时可判定工序运行正常，处于稳定状态。

2）偏向形直方图。其分为左偏型和右偏型。一般有形位公差要求的特性值分布往往呈偏向形；孔加工习惯造成的特性值分布常呈左偏形，而轴加工习惯造成的特性值分布常呈右偏形。

3）双峰形直方图。它出现两个顶峰是由于数据来自不同的总体，如把来自两个工人的产品混在一起造成的。

4）孤岛形直方图。它是由测量工具有误差、原材料一时的变化、混入规范不同的产品等原因造成的。

5）平顶形直方图。它是因生产过程有缓慢因素作用而造成的。

6）锯齿形直方图。它是由直方图分组过多或测量数据不准等原因造成的。

（2）与规范界限的比较分析。当直方图的形状呈正常形状时，即工序在此时刻处于稳定状态时，还需要进一步将直方图同规范界限（即公差）进行比较，以分析判断工序满足公差要求的程度。常见的典型状况如表 5-24 所示。

表 5-24　直方图表示的工序状况

图　例	调整要点
(1) 理想	图形对称分布，且两边有一定余量，是理想状态。此时应采取控制和监督办法
(2) 偏心	调整分布中心 $\bar{X}$，使分布中心 $\bar{X}$ 与公差中心 M 重合
(3) 能力无富余	采取措施，减少标准偏差 S
(4) 能力富余	工序能力出现过剩，经济性差。可考虑改变工艺，放宽加工精度或减少检验频次，以降低成本
(5) 能力不足	已出现不合格品，应多方面采取措施，减少标准偏差 S 或放宽过严的公差范围

五、流程图

1. 流程图的概念

流程图（Flow Chart）是将一项活动过程分成几个步骤，然后用图示标志的形式将各个步骤之间的逻辑关系表示出来的一种图示技术。通过对过程中各步骤之间关系的分析研究，找出发生故障的潜在因素，知道哪些环节需要进行质量控制和预防，哪些环节需要改进。

流程图的图示标志及所代表的含义如图 5-21 所示。

图 5-21　流程图的图示标志及其所代表的含义

2. 流程图的应用步骤

（1）明确一项活动过程的开始和结束（输入和输出）。

（2）确定活动中必要的步骤并程序化。观察活动从开始到结束的整个过程，将过程活动形象化，如输入、过程、判断、决定、输出等，以便规定该活动的过程程序。

（3）画出表示该过程的流程草图。

（4）评审草图。画出草图之后，要与该过程中所涉及的技术人员和操作人员一起评审流程草图设计的合理性，注意听取现场工作人员的意见。

（5）根据评审结果改进流程图。这个步骤与步骤（4）要反复进行，直到确定了正式流程图为止。

（6）制作出正式流程图，注明正式流程图的形成日期，以备将来使用和参考。

3. 流程图的应用实例

将复印文件的过程制作成流程图，如图 5-22 所示。

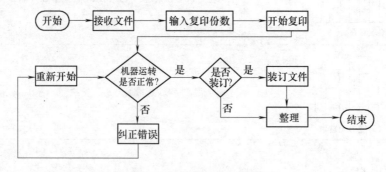

图 5-22　复印文件流程图

六、树图

1. 树图的基本概念

树图（Dendrogram）又称系统图，是表示某个质量问题与其组成要素之间的关系，把要实现的目的与需要采用的措施或手段系统地展开，寻求最适当的手段和措施来达到目的的一种树枝状图。树图常用于单目标展开，一般分为两大类；一类是把解决问题的目的、措施和手段系统地自上而下（或自左至右）展开，称措施展开形树图，又称宝塔形树图，如图 5-23 所示；另一类是把组成事项展开为目的-手段关系，称构成因素展开形树图，又称侧向形树图，如图 5-24 所示。

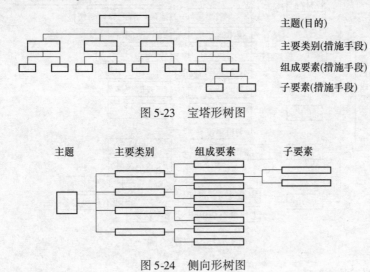

图 5-23　宝塔形树图

图 5-24　侧向形树图

2. 树图的主要用途

（1）企业方针目标实施项目的展开。

（2）在新产品设计开发过程中进行质量设计展开。

（3）质量保证要素的展开。

（4）对为解决企业内部各种问题所采取的措施加以展开等。

（5）工序分析中对质量特性进行主导因素的展开。

（6）用于质量问题的因果分析。

3. 树图的应用步骤

通过一个具体例子来说明树图的应用步骤。

（1）确定要研究的主题（如质量问题）。

某机电企业的一个 QC 小组对一个月以来漆包线表面疙瘩这一质量问题进行分析，显然，解决漆包线表面疙瘩的问题就是主题。把它明确地记录在卡片上，并注明需要的条件。

（2）确定与该主题关联的类别和层次。

QC 小组采用头脑风暴法对相关的意见和建议进行记录，把所有要达到目的的相关措施和手段做成卡片，按相互的逻辑关系分出层次展开。例如，把造成漆包线表面疙瘩的原因分成材料、操作人员、工艺、设备和环境五大因素作为主要类别。

（3）构造树图（自上而下或由左到右）。

将主题放在最上面（左面），主要类别依次平行放在主题下面（右边）。本例中将漆包线表面疙瘩这一主题放在最左边，而找出的五个因素平等地放在主题的右边。

（4）针对主要类别确定其组成要素和子要素，并按层次放在相应的方框中。

当找出了主要类别后，将每个类别看成主题，继续展开，一直分析到能够采取具体措施为止。如本例中操作人员的类别，就可以继续展开出技术水平低、责任心差、不执行工艺标准等要素（见图5-25）。

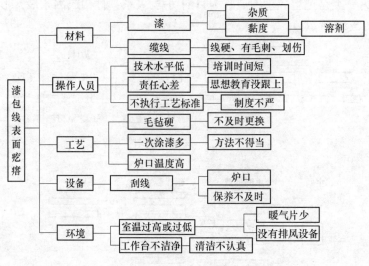

图 5-25　树图示例

4. 作树图时的注意事项

（1）因果分析树图一般是单目标的，即一个问题使用一张树图。

（2）树图中的主要类别是根据具体质量问题或逻辑关系选取的。

（3）分析原因时，原因不能交叉。

七、关联图

1. 关联图的基本概念和类型

关联图（Inter-relationship Diagraph）又称关系图，是用于关系复杂、因素之间相互制约又相互关联的单一或多个问题，但又要弄清因果关系，找出解决问题的措施和方法的一种图示技术。其基本形式如图5-26所示。关联图一般有以下两种类型：

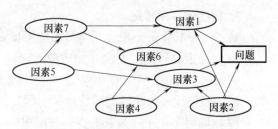

图 5-26　关联图的基本形式（单侧汇集型）

（1）中央集中型。这种类型的关联图把要分析的问题放在图的中央位置，把同问题发生关联的因素逐层排列在其周围。

（2）单侧汇集型。这种类型的关联图把要分析的问题放在右（或左）侧，把与其发生关联的因素从右（左）向左（右）逐层排列。

2. 关联图的用途

（1）制订企业质量管理的方针与计划。

（2）寻求生产过程中减少不合格品的对策和质量改进措施。

（3）制定QC小组活动规划，将目标展开。

（4）解决工期、工序管理上的问题。

（5）改善质量职能部门的工作。

(6) 其他。

3. 关联图的应用步骤

(1) 确定要分析的问题。问题一般用粗线方框"□"圈起来。

(2) 开会议题。与会者应用头脑风暴法，就分析的问题充分发表意见，找出可能导致问题产生的各种原因。

(3) 一边记录、一边绘制，反复修改关联图。

(4) 用箭头表示从原因到结果（目的与手段）的关系。

(5) 分析到直至找出末端原因为止。末端原因应是可以直接采取对策的原因，其识别标志是箭头只出不进。

4. 关联图的应用实例

例 5-15 某厂对产品非正常流失的问题进行了分析，根据分析结果作出关联图，如图 5-27 所示。

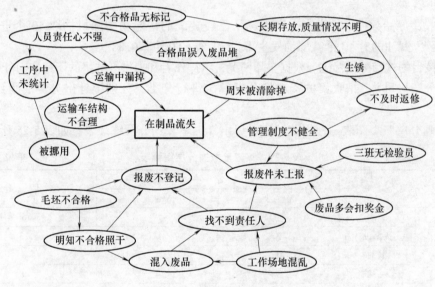

图 5-27　关联图的应用实例

八、分层法

1. 分层法的基本概念

分层法又称分类法、分组法。分层就是分类统计，它是按照一定的标志，把收集到的大量原始数据进行分类、整理和汇总的一种方法。或者说，分层法是一种管理思想的体现。

2. 分层标志

不同类型的数据混杂在一起，往往不易分清它们之间的规律。例如，不同技术等级的工人加工的产品质量有所不同。为了能真实地反映产品质量波动的原因和变化规律，就必须对质量数据进行适当的归类和整理。分层目的不同，分层标志也不一样。一般来说，分层可采用以下标志：

(1) 操作人员：可按年龄、工级和性别等分层。

(2) 机器设备：可按设备类型、新旧程度、不同的生产线和工夹具类型等分层。

(3) 原材料：可按产地、批号、制造厂、规格、成分等分层。
(4) 工艺方法：可按不同的工艺要求、操作参数、操作方法、生产速度等分层。
(5) 测量器具：可按测量设备、测量方法、测量人员、测量取样方法等分层。
(6) 工作时间：可按不同的班次、日期等分层。
(7) 生产环境：可按照明度、清洁度、湿度、温度等分层。
(8) 其他因素：可按地区、使用条件、缺陷部位、产品品种等分层。

分层时应当注意，同一层次内的数据波动幅度应尽可能小，而层与层之间的差别应尽可能大，否则就起不到分层的作用。

3. 分层法的应用步骤

下面通过一个实例说明分层法的应用步骤。

例 5-16 某企业在装配齿轮箱时，发现齿轮箱和箱盖之间经常漏油，由于该工序由甲、乙、丙三人分别操作，所使用的气缸垫由 M 和 N 两家企业提供，为查清原因，进行现场调查。具体步骤如下：

(1) 收集原始数据。首先在生产现场从已经装配的齿轮箱中随机抽取 50 个进行调查。经调查显示，漏油的有 19 个，漏油发生率为 19 个 ÷ 50 个 = 0.38。

(2) 按目的选择分层标志。根据实际情况，将操作者和提供气缸垫的厂家作为分层标志。

(3) 分层与归类。把收集的资料按分层标志进行分类，分别统计出分类后得到的相关信息。

(4) 画分层归类图表。根据统计资料得出气缸垫数据分层统计表，如表 5-25 所示。

表 5-25 气缸垫数据分层统计表　　　　　　　　　（单位：个）

操作者	材料	气缸垫		共计
		M 企业	N 企业	
甲	漏油	6	0	6
	无漏油	2	11	13
乙	漏油	0	3	3
	无漏油	5	4	9
丙	漏油	3	7	10
	无漏油	7	2	9
小计	漏油	9	10	19
	无漏油	14	17	31
共计		23	27	$N = 50$

经过分层分析，可以得出以下结论：
(1) 使用 M 企业的气缸垫时，操作者乙的操作方法好。
(2) 使用 N 企业的气缸垫时，操作者甲的操作方法好。

这说明按照分层法分析取得了令人满意的结果。

九、相关分析法和散布图

1. 相关关系与散布图

在实际生产过程中，普遍存在变量之间的关系，但又不能由一个变量（或几个变量）

的数值精确地求出另一个变量的数值，这类变量之间的关系称为相关关系（Correlation）。例如，加工工艺对质量特性值的影响、工人的操作水平不同对质量水平的影响等，都属于相关关系。相关关系可以用散布图表示。

散布图（Scatter Diagram）是研究成对出现的两组相关数据之间相关关系的简单图示技术。也就是说，散布图的作用是发现、显示和确认两组相关数据之间的关联程度，并确定两组数据预期的关系。例如，每对（X，Y）数据为平面上的一个点。在散布图中，成对的数据形成点子云，研究点子云的分布状态便可推断成对数据之间的相关程度。图 5-28 展示了六种典型的点子云形状。

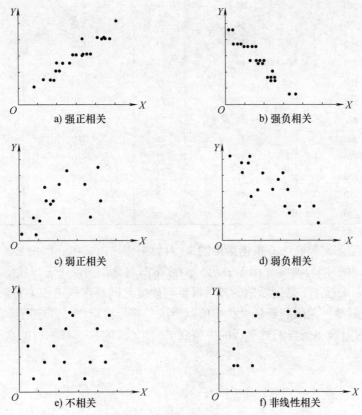

图 5-28　六种典型的点子云形状

2. 散布图的应用步骤

（1）收集数据。收集成对数据组（X，Y），数据组个数不得少于 30，否则不能有效地判断出两个变量数据的关联程度。

（2）做直角坐标系，标明 X 轴和 Y 轴。找出 X 和 Y 的最大值和最小值，并用这两个值标定横轴 X 和纵轴 Y。两个轴的长度应大致相等。

（3）描点。每组数据（X，Y）可以在平面上描出一个点，但要注意当两组数据值相等，即数据点重合时，可围绕数据点画同心圆表示。

（4）判断。对画出的点子云分布状况进行分析研究，确定相关关系的类型。

3. 散布图的相关性判断

散布图中数据点的相关性分析判断方法有三种，下面以一实例对这三种方法做简略介绍。

例 5-17 某厂测得钢的淬火温度与硬度之间的成对数据如表 5-26 所示。现用散布图对这 30 对相关数据的相关程度进行分析研究。

表 5-26 钢的淬火温度与硬度之间的成对数据

序号	淬火温度/℃	硬度 HRC	序号	淬火温度/℃	硬度 HRC
1	810	47	16	820	48
2	890	56	17	860	55
3	850	48	18	870	55
4	840	45	19	830	49
5	850	54	20	820	44
6	890	59	21	810	44
7	870	50	22	850	53
8	860	51	23	880	54
9	810	42	24	880	57
10	820	53	25	840	50
11	840	52	26	880	54
12	870	53	27	830	46
13	830	51	28	860	52
14	830	45	29	860	50
15	820	46	30	840	49

(1) 按照典型图例判断法。根据给出的 30 对数据作出散布图，如图 5-29 所示。将钢的淬火温度（用 X 表示）与硬度（用 Y 表示）的散布图与典型的点子云形状图进行对照比较，发现它与图 5-28a 接近，于是判断钢的淬火温度与硬度之间存在强正相关关系。

(2) 象限判断法。象限判断法又称中值判断法、符号检定法。其应用步骤如下：

1) 在散布图上画一条与 Y 轴平行的中值线 f，使 f 线的左、右两边的点子数大致相等，如图 5-30 所示。

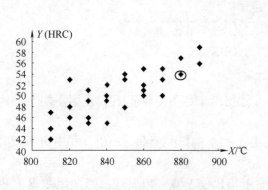

图 5-29 钢的淬火温度与硬度的散布图　　图 5-30 象限判断法散布图

在散布图上画一条与 X 轴平行的中值线 g，使 g 线上、下两边的点子数大致相等。

2) f、g 两条线把散布图分成四个象限区域：Ⅰ、Ⅱ、Ⅲ、Ⅳ，分别统计落入各象限区域内的点子数，依次为 n_1、n_2、n_3、n_4（线上的点子可略去）。在本例中，$n_1 = 11$，$n_2 = 3$，

$n_3 = 12$，$n_4 = 3$。

3）分别计算对角象限区内的点子数。在本例中，$n_1 + n_3 = 23$，$n_2 + n_4 = 6$。

4）判断规则。若 $n_1 + n_3 > n_2 + n_4$，则判为正相关；若 $n_1 + n_3 < n_2 + n_4$，则判为负相关。在本例中，$n_1 + n_3 = 23 > n_2 + n_4 = 6$，所以，淬火温度与硬度之间存在正相关关系。

（3）相关系数判断法。前面两种判断法较简便、直观，但显得粗糙，是简易的近似判断法。相关系数判断法较精确，但需要进行大量的计算。相关系数判断法的应用步骤如下：

1）简化 X、Y 数据，使简化后的数据为简单的正整数。这一步仅在 X、Y 数据较大时存在。在本例中，因淬火温度数据大，故需要简化；硬度数据虽不大，但也要一起简化。简化的计算公式一般用线性变换，$X_1 = a + bX$，$Y_1 = c + dY$。在本例中，简化后的 $X_1 = (X - 800)/10$，$Y_1 = Y - 40$。简化后的 X_1、Y_1 数据如表 5-27 所示。

表 5-27 相关系数数据计算表

序号	X_1	Y_1	X_1^2	Y_1^2	$X_1 Y_1$	$X_1 + Y_1$	$(X_1 + Y_1)^2$
1	1	7	1	49	7	8	64
2	9	16	81	256	144	25	625
3	5	8	25	64	40	13	169
4	4	5	16	25	20	9	81
5	5	14	25	196	70	19	361
6	9	19	81	361	171	28	784
7	7	10	49	100	70	17	289
8	6	11	36	121	66	17	289
9	1	2	1	4	2	3	9
10	2	13	4	169	26	15	225
11	4	12	16	144	48	16	256
12	7	13	49	169	91	20	400
13	3	11	9	121	33	14	196
14	3	5	9	25	15	8	64
15	2	6	4	36	12	8	64
16	2	8	4	64	16	10	100
17	6	15	36	225	90	21	441
18	7	15	49	225	105	22	484
19	3	9	9	81	27	12	144
20	2	4	4	16	8	6	36
21	1	4	1	16	4	5	25
22	5	13	25	169	65	18	324
23	8	14	64	196	112	22	484
24	8	17	64	289	136	25	625
25	4	10	16	100	10	14	196
26	8	14	64	196	112	22	484
27	3	6	9	36	18	9	81
28	6	12	36	144	72	18	324
29	6	10	36	100	60	16	256
30	4	9	16	81	36	13	169
合计	141	312	839	3778	1716	453	8049

2）将 X_1^2、Y_1^2、$X_1 Y_1$、$X_1 + Y_1$ 和 $(X_1 + Y_1)^2$ 的计算值列于表 5-27 中。

3）计算 $\sum X_1$、$\sum Y_1$、$\sum X_1 Y_1$、$\sum X_1^2$、$\sum Y_1^2$、$\sum (X_1 + Y_1)$ 和 $\sum (X_1 + Y_1)^2$，见表 5-27

中最后一行。

4）计算

$$L_{X_1X_1} = \sum X_1^2 - \frac{(\sum X_1)^2}{N} = 839 - \frac{141^2}{30} = 176.3$$

$$L_{Y_1Y_1} = \sum Y_1^2 - \frac{(\sum Y_1)^2}{N} = 3778 - \frac{312^2}{30} = 533.2$$

$$L_{X_1Y_1} = \sum X_1Y_1 - \frac{\sum X_1 \sum Y_1}{N} = 1716 - \frac{141 \times 312}{30} = 249.6$$

注意：以上计算是为后面计算做准备的。上面公式的由来可以查阅概率论与数理统计的相关书籍。

5）计算相关系数（R）。相关系数是表示两个变量之间相关程度的一个特征量，一般用 R 表示。其计算公式为

$$R = \frac{L_{X_1Y_1}}{\sqrt{L_{X_1X_1}}\sqrt{L_{Y_1Y_1}}}$$

在本例中有

$$R = \frac{L_{X_1Y_1}}{\sqrt{L_{X_1X_1}}\sqrt{L_{Y_1Y_1}}} = \frac{249.6}{\sqrt{176.3} \times \sqrt{533.2}} = 0.814$$

注意：表中 X_1+Y_1、$(X_1+Y_1)^2$ 栏是校对栏，以免前五栏计算错误时，导致相关性的结论错误。校核公式是 $\sum(X_1+Y_1) = \sum X_1 + \sum Y_1$ 与 $\sum(X_1+Y_1)^2 = \sum X_1^2 + 2\sum(X_1Y_1) + \sum Y_1^2$。

6）查出临界相关系数（R_α）。临界相关系数 R_α 是判断两变量相关与否的判别标准。可根据 $N-2$ 和显著水平 α 在表 5-28 中查到。其中，N 为数据组的个数。

在本例中，$N=30$，所以 $N-2=28$。若取 $\alpha=0.05$，查表 5-28 得，$R_\alpha = R_{0.05} = 0.361$。

7）判断规则：若 $|R| > R_\alpha$，则 X 与 Y 相关；若 $|R| < R_\alpha$，则 X 与 Y 不相关。

在本例中，$R = 0.814 > R_\alpha = R_{0.05} = 0.361$。所以，钢的淬火温度（$X$）与硬度（$Y$）之间是强正相关关系。

由此可见，用三种判断方法对同一实例进行分析判断的结论是一致的。

表 5-28　临界相关系数 R_α 表

$N-2$	α 0.05	0.01	$N-2$	α 0.05	0.01
1	0.997	1.000	10	0.576	0.708
2	0.950	0.990	11	0.553	0.684
3	0.878	0.959	12	0.532	0.661
4	0.811	0.917	13	0.514	0.641
5	0.754	0.874	14	0.497	0.623
6	0.707	0.834	15	0.482	0.606
7	0.666	0.798	16	0.468	0.590
8	0.632	0.765	17	0.456	0.575
9	0.602	0.735	18	0.444	0.561

（续）

$N-2$ \ α	0.05	0.01	$N-2$ \ α	0.05	0.01
19	0.433	0.549	30	0.349	0.449
20	0.423	0.537	35	0.325	0.418
21	0.413	0.526	40	0.304	0.393
22	0.404	0.515	45	0.288	0.372
23	0.396	0.505	50	0.273	0.354
24	0.388	0.496	60	0.250	0.325
25	0.381	0.487	70	0.232	0.302
26	0.374	0.478	80	0.217	0.283
27	0.367	0.470	90	0.205	0.267
28	0.361	0.463	100	0.195	0.254
29	0.355	0.456	200	0.138	0.181

十、8D 法

1. 8D 法的基本概念

8D（Eight-Discipline）法也可称为团队导向问题解决（Team Oriented Problem Solving，TOPS）方法，它是福特公司解决问题的标准方法，由 8 个步骤组成。这些步骤用来客观地确定、定义和解决问题并防止相似问题的再次发生。通常是顾客所抱怨的问题要求公司分析，并提出永久解决及改善的方法。

2. 8D 法的应用步骤

在准备 8D 过程阶段，根据现象评估 8D 过程是否需要。如果有必要，采取紧急反应行动来保护顾客，并开始 8D 过程（见图 5-31）。

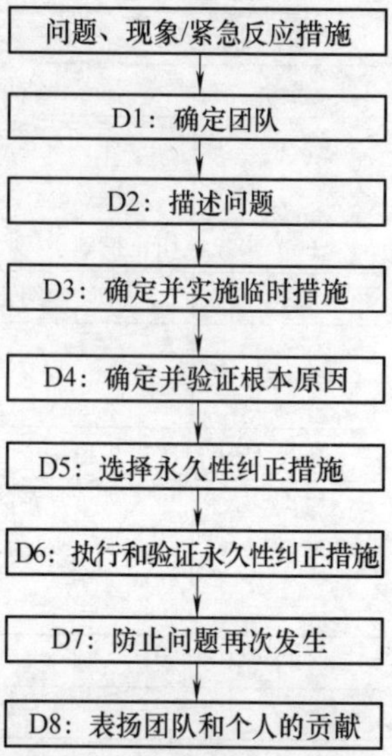

（1）D1：确定团队。建立一个团队来解决问题和执行纠正计划，团队成员应具备相关的产品、过程和管理知识，拥有必要的资源和权限。

（2）D2：描述问题。通过"4W1H"模型（即 Who（谁）、When（什么时候）、Where（哪里）、What（出了什么问题）、How（程度如何）），用定量化的描述或数据来细化问题。

（3）D3：确定并实施临时措施。确定和执行临时控制措施，以减轻正在发生的问题造成的不良后果。应注意在选择临时措施前仔细考虑增加的成本，预见因执行临时措施而产生的新风险，并采取适当的控制措施或应急对策，确保临时措施持续到永久纠正措施有效实施为止，并验证其有效性。

图 5-31　8D 法的应用步骤

（4）D4：确定并验证根本原因。根据问题描述测试每一个根本原因，从而确定和验证根本原因，确定和验证过程中根本原因的影响能够被检测和控制的环节。

（5）D5：选择永久性纠正措施。选取最佳永久性纠正措施来解决根本问题，同时选取最佳永久性纠正措施来控制根本原因的影响。验证执行两个决定是有效的，并且不会引起不必要的影响。

(6) D6：执行和验证永久性纠正措施。制订永久性纠正措施的实施计划并执行，去除临时措施；验证永久性纠正措施并监控长期的效果。

(7) D7：防止问题再次发生。修改现有的政策、制度、流程、组织、技术、方法等，并予以文件化、标准化，以防止同一个问题或相似问题再次发生。

(8) D8：表扬团队和个人的贡献。团队完成工作后，应表彰团队和个人的贡献。

表 5-29 为某企业的 8D 报告。

表 5-29 某企业的 8D 报告

问题编号		问题标题		提出时间		组长（指导员）	
顾客/供应商/发生单位				产品名称			
(2) 问题描述 签名： 日期：					(1) 团队成员/部门/电话		
(3) 临时措施					生效日期		
序号	措施		执行部门/人	审批	生产线		客户端
(4) 原因分析 分析人： 日期：					审批：		
(5) 纠正行动					生效日期		
序号	纠正行动		执行部门/人	审批	生产线		客户端
(6) 永久性纠正措施					生效日期		
序号	纠正措施		执行部门/人	审批	生产线		客户端
(7) 防止再次发生措施					生效日期		
序号	预防措施		执行部门/人	审批	生产线		客户端
(8) 结论和表彰							
		奖励方案			批准		日期

十一、佩恩特图

1. 佩恩特图的概念

佩恩特图（Paynter Chart）是一种用于论证纠正措施效果的图表。它具有与排列图类似的分类方法，并对实施改善后的效果进行鉴定。由于很多问题之间可能相互关联，一个问题纠正措施的应用可能会影响排列图中的其他子问题。这样的纠正措施既可能改善另外一个问题，也可能会带来负面影响。佩恩特图提供了一种评估方法，它不仅关注问题解决，而且还可以评估措施的实施会对其他哪一个问题产生影响。

2. 佩恩特图的应用方法

表 5-30 是佩恩特图应用示例。

（1）"状态"说明纠正措施正在实施或已结束。

（2）通过对问题发生次数进行一段时间的跟踪，验证纠正措施的有效性。

表 5-30　佩恩特图应用示例

项　目	状　态	1月	2月	3月	…
螺栓紧固不到位	进行中/结束				
纠正措施1 挑出不合格品	结束		不合格品已挑出		
纠正措施2 通知生产单位做出整改措施	结束		相关单位已做出整改		
纠正措施3 叠钻时将叠钻片数减少	进行中		正在进行试验	标准已制定，叠钻片数由原来的每次20片减少为每次16片	

（3）验证周期无强制要求。本例中以"月"为周期，当纠正措施进行到该月时，在相应的月份栏中注明验证结果，并在"状态"栏中注明状态。

（4）跟踪时间长短无强制要求。当问题发生次数明显减少时，可以在"状态"栏中标注"结束"，关闭项目。

表 5-31 是佩恩特图数据表示例。通过数据表格的应用，对缺陷和措施及缺陷发生的频率进行分类和统计，以体现纠正行动的有效性。

第一栏为对缺陷的描述，以月份进行分类，表中数据为各缺陷在每月发生的次数。其中，数字右上角有"＊"表示针对此缺陷采取了"增加泡沫带"的纠正行动；有"＊＊"表示针对此缺陷采取了"增加润滑轨"的纠正行动。并且，通过佩恩特图数据表可知，自4月问题逐渐减少，8月则不再发生。

表 5-31　佩恩特图数据表示例

缺陷：异响	1月	2月	3月	4月	5月	6月	7月	8月	9月	10月	11月	12月
面板异响	21	8＊	0	1	2	0	1	0	0	0	0	0
托盘咔嗒声	8	7	5＊＊	0	0	1	0	0	0	0	0	0
外壳咔嗒声	6	7	3	0	0	0	0	0	0	0	0	0
合计	35	22	8	1	2	1	1	0	0	0	0	0

注：＊增加泡沫带；＊＊增加润滑轨。

思 考 题

1. 波动的类型有哪些？它们各有什么特点？

2. 什么是过程能力？什么是过程能力指数？

3. 某轴件长度尺寸为 85.5~85.9mm。现随机抽取样本，测得其轴长均值为 85.73mm，标准差为 0.044mm。试计算其过程能力和不合格品率。

4. 某饮料的一种营养成分含量要求不得低于 2.5g/100mL。现随机抽取样本，测得其平均含量为 2.63g/100mL，标准差为 0.047g/100mL。试计算其过程能力和不合格品率。

5. 什么是过程性能？什么是过程性能指数？

6. 控制图的基本原理是什么？

7. 控制图都有哪些种类？其特点分别是什么？分别适用于哪些场合？

8. 某零件的加工公差要求为 $5.5^{+0.5}_{-0.3}$ mm，为了控制加工过程，现测得一组零件加工数据，如表 5-32 所示。试绘制其平均值-极差控制图，并判断过程是否处于稳定状态。

表 5-32　一组零件的加工数据

序号	观测值/mm				
	1	2	3	4	5
1	5.7	5.5	5.6	5.7	5.8
2	5.6	5.6	5.4	5.6	5.8
3	5.5	5.7	5.7	5.6	5.8
4	5.6	5.6	5.8	5.7	5.7
5	5.4	5.5	5.7	5.7	5.6
6	5.5	5.5	5.5	5.7	5.5
7	5.6	5.7	5.6	5.5	5.4
8	5.4	5.5	5.4	5.8	5.6
9	5.6	5.7	5.7	5.4	5.7
10	5.6	5.6	5.6	5.7	5.6
11	5.7	5.6	5.6	5.5	5.4
12	5.8	5.6	5.6	5.6	5.6
13	5.6	5.7	5.7	5.6	5.5
14	5.6	5.7	5.5	5.5	5.7
15	5.5	5.6	5.6	5.7	5.6
16	5.7	5.5	5.6	5.6	5.6
17	5.6	5.6	5.6	5.5	5.6
18	5.5	5.5	5.6	5.7	5.6
19	5.6	5.7	5.7	5.6	5.6
20	5.4	5.6	5.6	5.6	5.7
21	5.6	5.7	5.6	5.5	5.6
22	5.8	5.7	5.5	5.5	5.7
23	5.6	5.5	5.5	5.7	5.7
24	5.6	5.6	5.5	5.6	5.5
25	5.7	5.7	5.5	5.3	5.6

9. 控制图的判断准则有哪些？确定其为判断准则的依据是什么？

10. 直方图适用于什么场合？

第五章 过程质量控制

11. 因果图与树图有何相同点?
12. 佩恩特图和排列图的区别是什么?

附表 标准正态分布表

$$\Phi(x) = \int_{-\infty}^{x} \frac{1}{\sqrt{2\pi}} e^{-\frac{t^2}{2}} dt$$

x	0.00	0.01	0.02	0.03	0.04	0.05	0.06	0.07	0.08	0.09	x
0.0	0.5000	0.5040	0.5080	0.5120	0.5160	0.5199	0.5239	0.5279	0.5319	0.5359	0.0
0.1	0.5398	0.5438	0.5478	0.5517	0.5557	0.5596	0.5636	0.5675	0.5714	0.5753	0.1
0.2	0.5793	0.5832	0.5871	0.5910	0.5948	0.5987	0.6026	0.6064	0.6103	0.6141	0.2
0.3	0.6179	0.6217	0.6255	0.6293	0.6331	0.6368	0.6406	0.6443	0.6480	0.6517	0.3
0.4	0.6554	0.6591	0.6628	0.6664	0.6700	0.6736	0.6772	0.6808	0.6844	0.6879	0.4
0.5	0.6915	0.6950	0.6985	0.7019	0.7054	0.7088	0.7123	0.7157	0.7190	0.7224	0.5
0.6	0.7257	0.7291	0.7324	0.7357	0.7389	0.7422	0.7454	0.7486	0.7517	0.7549	0.6
0.7	0.7580	0.7611	0.7642	0.7673	0.7703	0.7734	0.7764	0.7794	0.7823	0.7852	0.7
0.8	0.7881	0.7910	0.7939	0.7967	0.7995	0.8023	0.8051	0.8078	0.8106	0.8133	0.8
0.9	0.8159	0.8186	0.8212	0.8238	0.8264	0.8289	0.8315	0.8340	0.8365	0.8389	0.9
1.0	0.8413	0.8438	0.8461	0.8485	0.8508	0.8531	0.8554	0.8577	0.8599	0.8621	1.0
1.1	0.8643	0.8665	0.8686	0.8708	0.8729	0.8749	0.8770	0.8790	0.8810	0.8830	1.1
1.2	0.8849	0.8869	0.8888	0.8907	0.8925	0.8944	0.8962	0.8980	0.8997	0.9015	1.2
1.3	0.9032	0.9049	0.9066	0.9082	0.9099	0.9115	0.9131	0.9147	0.9162	0.9177	1.3
1.4	0.9192	0.9207	0.9222	0.9236	0.9251	0.9265	0.9278	0.9292	0.9306	0.9319	1.4
1.5	0.9332	0.9345	0.9357	0.9370	0.9382	0.9394	0.9406	0.9418	0.9430	0.9441	1.5
1.6	0.9452	0.9463	0.9474	0.9484	0.9495	0.9505	0.9515	0.9525	0.9535	0.9545	1.6
1.7	0.9554	0.9564	0.9573	0.9582	0.9591	0.9599	0.9608	0.9616	0.9625	0.9633	1.7
1.8	0.9641	0.9648	0.9656	0.9664	0.9671	0.9678	0.9686	0.9693	0.9700	0.9706	1.8
1.9	0.9713	0.9719	0.9726	0.9732	0.9738	0.9744	0.9750	0.9756	0.9762	0.9767	1.9
2.0	0.9772	0.9778	0.9783	0.9788	0.9793	0.9798	0.9803	0.9808	0.9812	0.9817	2.0
2.1	0.9821	0.9826	0.9830	0.9834	0.9838	0.9842	0.9846	0.9850	0.9854	0.9857	2.1
2.2	0.9861	0.9864	0.9868	0.9871	0.9874	0.9878	0.9881	0.9884	0.9887	0.9890	2.2
2.3	0.9893	0.9896	0.9898	0.9901	0.9904	0.9906	0.9909	0.9911	0.9913	0.9916	2.3
2.4	0.9918	0.9920	0.9922	0.9925	0.9927	0.9929	0.9931	0.9932	0.9934	0.9936	2.4
2.5	0.9938	0.9940	0.9941	0.9943	0.9945	0.9946	0.9948	0.9949	0.9951	0.9952	2.5
2.6	0.9953	0.9955	0.9956	0.9957	0.9959	0.9960	0.9961	0.9962	0.9963	0.9964	2.6
2.7	0.9965	0.9966	0.9967	0.9968	0.9969	0.9970	0.9971	0.9972	0.9973	0.9974	2.7
2.8	0.9974	0.9975	0.9976	0.9977	0.9977	0.9978	0.9979	0.9979	0.9980	0.9981	2.8
2.9	0.9981	0.9982	0.9982	0.9983	0.9984	0.9984	0.9985	0.9985	0.9986	0.9986	2.9
3.0	0.9987	0.9990	0.9993	0.9995	0.9997	0.9997	0.9998	0.9998	0.9999	1.0000	3.0

第六章

抽样检验

本章介绍了质量检验的基本知识及质量检验的主要管理制度、抽样检验的基本理论、计数标准型和计数调整型抽样标准的理论及抽样程序。

第一节 质量检验概述

一、质量检验的定义

国际标准 ISO 9000：2015《质量管理体系 基础和术语》对检验的定义是："对符合规定要求的确定。"

为了确定是否符合规定的要求，就要对产品或服务的一个或多个质量特性进行观察、测量、试验，并将结果和规定的质量要求进行比较，以确定每项质量特性是否合格。

质量检验包括如下过程：

（1）准备。熟悉规定要求，选择检验方法，制定检验规范。

（2）测量或试验。按已确定的检验方法和方案，对产品或服务质量特性进行定量或定性的观察、测量、试验，得到需要的量值和结果。

（3）记录。对测量的条件、得到的量值和试验过程中的技术状态予以记录。

（4）比较和判定。将测量或试验得到的结果与规定要求进行比较，确定其是否符合规定要求，从而判定检验的产品或服务是否合格。

（5）处理。对合格品放行，对不合格品做出返工、返修或报废的处理。对批量产品，决定接收还是不接收；对不接收的批量产品，还要进一步做出全检、筛选或报废的处理。

二、质量检验的主要职能

质量检验是组织对内和对外质量保证的重要手段，主要有以下四个方面的职能：

1. 鉴别职能

依据产品或服务的规定（如标准、产品图样、工艺规程、合同、技术协议等），采用相应的测量、检查方法，对产品或服务的质量特性进行度量，判断质量特性是否符合规定的要求。只有经过鉴别，才能判断产品或服务质量是否合格。鉴别职能是质量检验各项职能的基础。

2. 把关职能

对鉴别发现的不合格品，实现严格把关，做到不合格的材料不投产、不合格的毛坯不加工、不合格的零件不装配、不合格的产品不出厂，从而保证产品的质量。把关职能是质量检验最重要、最基本的职能。

3. 预防职能

通过首件检验和巡回检验,预防批量产品质量问题的发生。通过进货检验、中间检验和完工检验,及早发现并排除原材料、外购件、外协件和半成品中的不合格品,防止不合格品流入下道工序,掌握质量动态,及时发现质量问题,预防和减少不合格品的发生,防止发生大批产品报废的现象。

4. 反馈职能

对质量检验获取的数据和信息,如产品合格率、损失金额等,经汇总、整理和分析后及时反馈给有关部门,为质量控制、质量改进、质量考核及质量决策提供可靠的依据。

三、质量检验的方式

在实践中,常按照不同的标准对质量检验的方式进行分类。

1. 按检验数量划分

(1) 全数检验。全数检验简称全检,又称100%检验,即对所考虑的产品集合内每个单位产品被选定的特性都进行的检验。

全数检验的优点是比较可靠,同时能提供比较完整的检验数据,获得较全面的质量信息。

全数检验的缺点或局限性是检验工作量大,检验周期长,检验成本高,漏检和错检难以避免,不适用于破坏性检验或检验费用昂贵的检验项目。

全数检验常应用于下面几种情况:

1) 精度要求较高的产品或零部件。
2) 对后续工序影响较大的质量项目。
3) 质量不够稳定的工序。
4) 需要对不接收的检验批进行全检及筛选的场合。

(2) 抽样检验。抽样检验是从所考虑的产品集合中抽取若干单位产品进行的检验。

抽样检验是根据数理统计的原理预先制订抽样方案,按一定的统计方法从待检的一批产品(或一个生产过程)中随机抽取一部分产品进行逐件试验测定,通过这部分产品质量的状况来推断整批(总体)产品的质量是否合格的检验方式。

抽样检验的优点是明显节约了检验工作量和检验费用,缩短了检验周期,减少了检验人员和设备。特别是进行破坏性检验时,只能采取抽样检验的方式。

抽样检验的缺点主要表现在两方面:一方面,在接收的整批产品中会混杂一些不合格品,反之,在不被接收的整批产品中也会有合格品;另一方面,存在一定的错判风险,例如,将接收批错判为不接收批,或把不接收批错判为接收批。虽然运用数理统计原理精心设计抽样方案可以减少和控制错判风险,但不可能绝对避免。

抽样检验一般适用于下面几种情况:

1) 破坏性检验,如产品的寿命或可靠性试验、零件的强度测定等。
2) 批量大、检查项目多、价值较低、质量要求不高的产品检验。
3) 被检对象是连续体,如油类、溶剂、钢水、钢带等。
4) 检验费用较高和检验时间比较长的产品或工序。

5）生产过程中工序控制的检验。

2. 按质量特性值划分

（1）计数检验。计数检验适用于质量特性值为计数值的场合。

（2）计量检验。计量检验适用于质量特性值为计量值的场合。

3. 按检验方法划分

（1）理化检验。理化检验是应用物理或化学的方法，依靠某种测量工具或仪器设备对产品进行的检验。理化检验通常能测得检验项目的具体数值，精度高，人为误差小。

（2）感官检验。感官检验是依靠人的感觉器官对质量特性或特征做出评价和判断。通常是依靠人的视觉、听觉、触觉和嗅觉等感觉器官，对产品的形状、颜色、气味、伤痕、污损、锈蚀和老化程度等进行检验和评价。感官检验的判定不易用数值来表达，在进行比较判断时，经常受到人自身状态的限制，检验的结果依赖于检验人员的经验，波动性较大。

4. 按检验后检验对象的完整性划分

（1）破坏性检验。破坏性检验的检验对象被检验后本身就不复存在或不能再使用了，如寿命试验、强度试验等往往都是破坏性检验。破坏性试验只能采用抽样检验方式。

（2）非破坏性检验。非破坏性检验的检验对象被检验后仍然完整无缺，不影响其使用性能。

随着检验技术的发展，无损检验技术的研究不断深入、应用不断增多，破坏性检验日益减少，非破坏性检验的使用范围不断扩大。

5. 按检验的地点划分

（1）固定检验。固定检验就是集中检验，是指在生产单位设立固定的检验站（点），各工作地点的待检产品送到检验站（点）集中检验。

（2）流动检验。流动检验就是由检验人员直接去工作地点检验，监视质量状况，做好检验记录，发现问题及时报告有关部门。

6. 按检验目的划分

（1）验收检验。验收检验是确定成批或其他一定数量的产品是否可接收的检验。验收检验的目的是把关，通过检验判断产品是否符合质量标准要求，对符合要求的予以接收，不符合要求的不接收或另做处理。验收检验广泛存在于生产全过程中，如原材料、外购件、外协件及配套件的进货检验，半成品的入库检验，成品的出厂检验等，都属于验收检验。

（2）监控检验。监控检验也称过程检验，是指在过程的适当阶段对过程参数或相应产品特性进行的检验。生产过程中的巡回抽检、定时抽检等方式，属于监控检验。其检验的结果作为监控和反映生产过程状态的信号，以决定是继续生产，还是需要对生产过程采取纠正措施。

监控检验的目的是控制生产过程的状态，通过检验判定生产过程是否处于稳定状态，以预防生产中大量出现不合格品。

（3）监督检验。监督检验是用户、受托的第三方机构或具有监督职能的管理部门对被检对象实施的检验活动。狭义的监督检验是指产品质量监督管理部门或其授权的质检机构的检验，是一种宏观的质量监测手段。它可以督促产品的生产者或经销者履行自己在产（商）品质量方面应负的责任，保护消费者利益。

7. 按检验实施主体划分

（1）第一方检验。第一方检验也称生产方检验，是生产企业自身进行的检验。其目的是控制和保证所生产产品的质量，例如，在生产过程的各个环节、各道工序进行的检验。

（2）第二方检验。第二方检验又称买方检验或验收检验，是买方为了保证所购买的产品符合要求进行的检验。其目的是保护自身的经济利益，例如，经销商对采购产品的检验等。这种检验根据合同和标准进行，以决定是否验收、进货。

（3）第三方检验。第三方检验是由置于买卖利益之外的独立的第三方（如专职监督检验机构），以公正、公平、权威的非当事人身份，根据有关法律、标准、合同等双方认可的依据进行的商品符合性检验、认可活动。第三方检验活动相对比较集中于工业活动，尤其是工业制造业。

四、质量检验的基本类型

质量检验活动可以分为三种类型，即进货检验、过程检验和完工检验。

1. 进货检验

进货检验是对采购的原材料、辅料、外购件、外协件及配套件等入厂时的检验。它是一种对外购货物的质量验证活动，是保证生产正常进行和确保产品质量的重要环节。为了保证外购产品的质量，进厂时的验收应由专职检验人员按照规定的检验内容、检验方法及检验数量进行严格的检验。

2. 过程检验

过程检验也称工序检验，是对原材料投产后陆续形成成品之前的每道工序上的在制品所做的符合性检验。其目的是防止出现不合格品并防止其流入下道工序。过程检验不仅要检验在制品是否达到规定的质量要求，还要检验影响产品质量的主要工序因素（如5M1E），以判断生产过程是否处于正常的受控状态。过程检验不是单纯的把关，不是单纯剔除不合格品，而是要通过检验获取信息，进行质量控制和质量改进。

3. 完工检验

完工检验又称最后检验，是对某一车间加工活动结束后的半成品或装配车间装配完成后的成品进行的检验。对于半成品来说，完工检验是一种综合性的核对活动，应按产品图样等有关规定认真核对。成品检验是对完工后的产品进行全面的检验与试验。它是产品出厂前的最后一道质量防线和关口，其目的是防止不合格品进入流通领域，对顾客和社会造成损害。

第二节　质量检验的主要制度

在长期的生产经营活动中，企业积累总结了一些行之有效的质量检验管理原则和制度。下面介绍几种主要的常用质量检验制度：

一、三检制

三检制是指"自检""互检""专检"三者相结合进行的一种检验制度。

"自检"是指生产者对自己生产的产品，按图样、工艺或合同中规定的技术标准自行检验，并做出是否合格的判断活动。

"互检"是指生产者之间对所生产出来的产品相互之间进行检验的活动。互检主要有以下几种情况：下道工序对上道工序产品的检验；同一工作地，下一个轮班生产者对上一个轮班生产者制造产品的检验；班组长对本班组工人制造产品的抽检等。

"专检"是指由专业检验人员进行的检验。

三检制以专业检验为主导。这是由于在现代生产中，检验已成为一种专门的工种和技术，专业检验人员熟悉产品技术要求、工艺知识和经验丰富，检验技能熟练，所用检测仪器也比较精密，检验结果通常更可靠，检验效率相对较高。自检的特点是检验工作基本上和生产加工过程同步进行。通过自检，操作者可以真正及时了解自己加工产品的质量以及工序所处的质量状态，当出现问题时可及时解决。互检是对自检的补充和监督，有利于进一步保证质量，避免上道工序或上一个轮班者的不合格品流到下道工序或下一个轮班生产者，有利于分清责任，有利于工人之间协调关系和交流技术。三检制可以发挥专业检验人员和生产者两方面的积极性，防止因疏忽大意而造成批量废品，保证产品质量。

二、追溯制

可追溯性是指追溯所考虑对象的历史、应用情况或所处位置的能力。对产品或服务而言，可追溯性可涉及：原材料和零部件的来源；产品的加工历史；产品或服务交付后的分布及所处位置。为了实现可追溯性，在生产或服务过程中，每完成一道工序或一项工作，都要记录其检验结果及存在问题，记录操作者及检验者的姓名、时间、地点和情况分析，在适当的产品部位或服务过程做出相应的质量状况标志。这些记录与带标志的产品同步流转，等产品完工或服务结束后要将记录保存。产品或服务的标志和记录以及在各种文件上的留名都是可追溯性的依据，在必要时，都能查清责任者的姓名、时间和地点。产品出厂时同时附有跟踪卡，随产品一起流通，以便用户把在使用产品时所遇到的问题及时反馈给生产厂商。追溯制是产品质量责任制的具体体现。

三、不合格品管理制度

不合格品管理是质量检验以至整个质量管理中的重要组成部分。从原材料、外购配套件、外协件进货，零部件加工，到成品交付的各个环节，存在不合格品是可能的，重要的是生产者应建立并实施不合格品的控制程序，做到不合格的原材料、外购配套件、外协件不接收、不投产，不合格的在制品不转序，不合格的零部件不装配，不合格的产品不交付，以确保防止用户误用或安装不合格的产品。

加强不合格品管理，一方面，能降低生产成本，减少浪费，提高企业的经济效益；另一方面，对保证产品质量、生产用户满意的产品、实现较好的社会效益也起着重要作用。因此，不合格品管理不仅是质量管理体系的一个重要组成部分，而且是现场生产管理的一项重要内容。

1. 不合格品的管理

不合格品的管理包括：规定对不合格品的判定和处置的职责和权限；当发现不合格品时，应根据不合格的管理程序，及时进行标识、记录、评价、隔离和处置；通报与不合格品有关的部门，必要时也应通知顾客。

在不合格品管理中，应坚持"三不放过"原则，即"不查清不合格原因不放过，不查清责任者不放过，不落实改进措施不放过"。

2. 不合格品的判定

质量有两种判定方法：符合性判定和适用性判定。符合性判定是指判定产品是否符合技术标准，做出合格或不合格的结论。这种判定由检验员或检验部门做出。

适用性判定是指判定产品是否还具有某种使用价值，对不合格品做出返工、返修、让步、降级、改作他用、拒收、报废等处置的过程。所谓适用性，是指满足顾客要求。一个不完全符合质量标准的产品对某些顾客来说，其性能和质量可能可以满足顾客的使用要求。所以，不合格品不一定等于废品，它可以经过返修再用，或者直接回用。不合格品的适用性判定是一项技术性很强的工作，一般不要求检验员承担处置不合格品的责任和拥有权限。

3. 不合格品的处置

按不合格程度和类型，对不合格品可做如下处置：

(1) 返工。返工是指"为使不合格产品或服务符合要求而对其采取的措施"。一些产品因质量不符合要求而需要被重新加工或改作他用，经过返工可以完全消除不合格，并使质量特性完全符合要求。例如，机轴直径偏大，可以通过机械加工使其直径符合公差范围，成为合格产品。

(2) 返修。返修是指"为使不合格产品或服务满足预期用途而对其采取的措施"。返修产品经采取补救措施后，仍不能完全符合质量要求，但基本上能满足预期使用要求。返修与返工的区别在于，返修不能完全消除不合格，而只能减轻不合格的程度，使不合格品尚能达到基本满足使用要求而被接收。

(3) 降级。降级是指"为使不合格产品或服务符合不同于原有的要求而对其等级的变更"。可以根据实际质量水平降低不合格品的产品质量等级或作为处理品降价出售。

(4) 报废。报废是指"为避免不合格产品或服务原有的预期使用而对其采取的措施"，如回收、销毁等。不合格品经确认无法返工和让步接收，或虽可返工但返工费用过高、不经济的，均按废品处理。对不合格服务的情况，可以通过终止服务来避免其使用。

(5) 让步。让步是指"对使用或放行不符合规定要求的产品或服务的许可"。让步是指产品虽不合格，但其不符合要求的项目和指标对产品的性能、寿命、安全性、可靠性、互换性及正常使用均无实质性影响，也不会引起顾客提出申诉、索赔而被准予放行。也就是对不合格品不返工或返修，直接交给顾客。

四、质量检验计划

质量检验计划是对检验涉及的活动、过程、程序和资源做出的规范化的书面（文件）规定，用以指导检验正确、有序、协调地进行。质量检验计划是对整个检验和试验工作进行的系统策划和总体安排，一般以文字或图表形式明确规定检验站的设置、资源（人员、设备、仪器、量具和检具等）的配备、检验和试验的方式、检验方法和检验工作量，是检验人员工作的依据，是企业质量计划的一个重要组成部分。

质量检验计划的基本内容包括：

1. 检验流程图

检验流程图用图形和符号表示了质量检验计划中特定产品的检验活动流程（过程、路线）、检验站点设置、检验方式、方法及其相互关系。一般以作业（工艺）流程图为基础进行设计。它是检验人员进行检验活动的依据。

2. 产品质量特性不合格严重程度分级

ISO 9000 对不合格的定义为："未满足要求。"产品对照产品图样、工艺文件、技术标准进行检验和试验，有一个或多个质量特性不符合（未满足）规定要求，即为不合格。

不合格严重程度分级，是将产品质量可能出现的不合格，按其对产品产生影响的不同进行分级。产品一般有多个质量特性，它们在质量和经济效果上的重要性可能各不相同。不合格是质量特性偏离规定要求的表现，而这种偏离因其质量特性的重要程度不同和偏离规定的程度不同，对产品产生的影响也不同。对不合格进行分级的目的在于明确检验重点，选好验收抽样方案，分级管理不合格，综合评价产品质量和提高质量检验的有效性。

关于质量特性不合格严重程度的分级，世界各国有不同做法，一般将其分为三级或四级。我国国家标准将不合格的严重程度分成 A、B、C 三级；而美国贝尔系统则将不合格的严重程度分为 A（非常严重）、B（严重）、C（中等严重）、D（不严重）四级。

A 类不合格：单位产品极其重要的特性值不符合规定标准，对产品功能产生致命损害或预料会对使用、维护和保管这种产品的人带来危险或不安全的不合格。例如，汽车方向盘失灵、继电器线圈断线。

B 类不合格：单位产品的重要特性值不符合规定标准，能造成故障或大大降低产品预定性能和实际使用性能的不合格。例如，汽车行李箱的锁不能打开、继电器接触不良。

C 类不合格：单位产品的一般特性值不符合规定标准，不妨碍或轻微影响产品的有效使用或操作的不合格。例如，汽车底盘上的锈蚀、木器家具涂层的轻微划痕。

3. 检验站的设置

检验站是根据生产作业分布（工艺布置）及检验流程设计确定的作业过程中的最小检验实体。

检验站的设置有多种方式，可以按产品类别设置、按工艺流程顺序设置、按生产作业组织设置、按检验技术的性质和特点设置。

（1）按产品类别设置。同类产品在同一检验站检验，不同类别产品分别设置不同的检验站。其优点是检验人员对产品的构成、性能易于掌握和熟悉，有利于提高检验的效率和质量，便于交流经验和安排工作。这种设置适合产品的工艺流程简单、每种产品的批量很大的情况。

（2）按工艺流程顺序设置。在工艺流程的不同环节设置检验站。例如，进货检验站，负责对外购原材料、辅助材料、产品组成部分及其他物料等的进厂检验和试验；过程检验站，负责对生产过程中在制品的检验；完工检验站，负责对产品在某一作业过程、环节（如某生产线或作业组织）全部工序完成以后的检验。

（3）按生产作业组织设置。例如，一车间检验站、二车间检验站、三车间检验站、热处理车间检验站、铸锻车间检验站、装配车间检验站、大件工段检验站、小件工段检验站、精磨检验站等。

（4）按检验技术的性质和特点设置。针对不同检测技术和不同的测试设备而设置专门、专项的检验站。例如，为高电压的试验、无损探伤检测、专项电器设备检测等项目设置的检验站。

检验站的设置要重点考虑：设在质量控制的关键部位和控制点；能满足生产作业过程的需要；有适宜的工作环境；节约检验成本，有利于提高工作效率。

4. 检验指导书

检验指导书是具体规定检验操作要求的技术文件，又称检验规程或检验卡片。它是检验计划的一个重要部分，用以指导检验人员规范、正确地实施产品和过程的检查、测量和试验。

由于在产品形成过程中，具体作业的特点、性质不同，因此检验指导书的形式、内容也不相同。一般对重要产品的组成部分和关键作业过程的检验活动应编制检验指导书。

检验指导书的内容一般包括：检验对象、质量特性值及其技术要求、检验方法、检测手段和检验判定等。

第三节 抽样检验的基本理论

一、抽样检验的概念和特点

抽样检验是从所考虑的产品集合中抽取若干单位产品进行的检验。抽样检验从一批产品或一个过程中随机地抽取样本进行检验，从而对总体质量做出判断。

抽样检验的特点是：检验对象是一批产品；经检验判为接收的批中可能包含不合格品，不接收的批中也可能包含合格品。

二、抽样检验的相关术语

1. 单位产品

单位产品是指能被单独描述和考虑的一个事物，它是为实施抽样检验的需要而划分的单位体。有的单位产品可以按自然形态划分，是可分离的货物，如一台机床、一台电视机、一个电阻等，分别可以看成一个单位产品；而有的产品不能自然划分，其量具有连续的特性，产品的状态可以是液体、气体、颗粒、固体、线状或板材，如钢水、布匹、大米等，可以根据不同要求，人为地规定一个单位量，如一炉钢水、1m布、1kg大米等。

2. 检验批

检验批简称批，是提交进行检验的一批产品，也是作为检验对象而汇集起来的一批产品。

构成检验批的所有单位产品，在质量方面不应有本质差别，只能有随机波动。所以，一个检验批应当由同一种类、同一规格型号、同一质量等级，且工艺条件和生产时间基本相同的单位产品所组成。批的形式有稳定批和流动批两种：前者是将批中所有单位产品同时提交检验；后者是指将批中各单位产品一个个从检验点通过。

3. 批量

批量是指检验批中包含的单位产品数量，常用 N 表示。

有关批量大小和识别批的方式，应由供方与使用方协商确定。通常，体积小、质量稳定的产品，批量宜大些，但也不宜过大。过大的批量难以获得有代表性的样本，而且该批一旦被拒收，会造成较大的经济损失。

4. 不合格品与合格品

具有一个或一个以上不合格的产品称为不合格品；没有任何不合格的单位产品为合格品。

根据不合格的分类，不合格品可分为以下三种：

（1）A 类不合格品。包含一个或一个以上 A 类不合格（也可能同时包含 B 类和 C 类不合格）的单位产品称为 A 类不合格品。

（2）B 类不合格品。包含一个或一个以上 B 类不合格（也可能同时包含 C 类不合格，但不包含 A 类不合格）的单位产品称为 B 类不合格品。

（3）C 类不合格品。包含一个或一个以上 C 类不合格（但不包含 A 类和 B 类不合格）的单位产品称为 C 类不合格品。

5. 抽样方案

抽样方案为样本量和批接收准则的组合。

6. 批质量的表示方法

批质量的表示方法就是对一批产品质量状况的描述。由于质量特性值的属性不同，衡量批质量的方法也不相同。以下分别介绍计数值和计量值批质量水平的表示方法：

（1）计数值批质量水平的表示方法

1）批不合格品率 p：批中不合格品数 D 除以批量 N。其计算公式为

$$p = \frac{D}{N} \times 100\% \approx \frac{d}{n} \times 100\%$$

式中，D 为总体或批中不合格品数；d 为样本中的不合格品数；N 为总体量或批量；n 为样本量。

2）批不合格品百分数：批中不合格品数 D 除以批量 N，再乘以 100。其计算公式为

$$100p = \frac{D}{N} \times 100 \approx \frac{d}{n} \times 100$$

式中，p 为批不合格品率；D 为总体或批中不合格品数；d 为样本中的不合格品数；N 为总体量或批量；n 为样本量。

以上两种表示方法用于计件抽样检验。

3）批每百单位产品不合格数：批中不合格数 D 除以批量 N，再乘以 100。其计算公式为

$$\text{批每百单位产品不合格数} = \frac{D}{N} \times 100 \approx \frac{d}{n} \times 100$$

式中，D 为总体或批中不合格数；d 为样本中的不合格数；N 为总体量或批量；n 为样本量。

这种表示方法用于计点抽样检验。

（2）计量值批质量水平表示方法。用批平均值 μ、批标准差 σ 和批产品不合格品率 p 表示。

1）批平均值 μ：批中单位产品质量特性值之和除以批量 N。其计算公式为

$$\mu = \frac{\sum_{i=1}^{N} x_i}{N}$$

2）批标准差的计算公式为

$$\sigma = \sqrt{\frac{\sum_{i=1}^{N}(x_i - \mu)^2}{N}}$$

3）批产品不合格品率的计算公式为

$$p = \frac{D}{N} \times 100\%$$

式中，x_i 为批中单位产品质量特性值；N 为批量；D 为质量特性超出公差范围的产品件数。

7. 过程平均

过程平均是指在规定的时段或生产量内质量水平的平均，即数批产品初次检验（不包括第一次交检被判为不合格，经过返修再次提交的检验批）时的平均质量水平。它常用不合格品率或每百单位产品不合格数表示。

假设有 k 批产品，其批量分别为 N_1，N_2，$\cdots$，N_k，经检验，其不合格品数分别为 D_1，D_2，$\cdots$，D_k，则过程平均不合格品率为

$$\overline{P} = \frac{D_1 + D_2 + \cdots + D_k}{N_1 + N_2 + \cdots + N_k} \times 100\%$$

由于在抽样检验要求下，无法得到准确的 $\overline{P}$ 值，因此，需从上述 k 批产品中顺序抽取含量为 n_1，n_2，$\cdots$，n_k 的 k 个样本，检验得到 k 个样本中的不合格品数依次为 d_1，d_2，$\cdots$，d_k，计算样本的平均不合格品率 $\overline{p}$，即

$$\overline{p} = \frac{d_1 + d_2 + \cdots + d_k}{n_1 + n_2 + \cdots + n_k} \times 100\%$$

$\overline{p}$ 是过程平均不合格品率 $\overline{P}$ 的一个估计值。只要抽样合理，就能确保 $\overline{p}$ 值是 $\overline{P}$ 值的一个良好估计值。

若每批产品不合格数为 D_1，D_2，$\cdots$，D_k，则过程平均每百单位产品不合格数为

$$过程平均每百单位产品不合格数 = \frac{D_1 + D_2 + \cdots + D_k}{N_1 + N_2 + \cdots + N_k} \times 100$$

同 $\overline{P}$ 计算相似，计算过程平均每百单位产品不合格数也需要用 k 个样本中的不合格数 d_1，d_2，$\cdots$，d_k 来进行估计。其计算公式为

$$过程平均每百单位产品不合格数 = \frac{d_1 + d_2 + \cdots + d_k}{N_1 + N_2 + \cdots + N_k} \times 100$$

计算过程平均的目的：①评价在正常情况下连续数批产品的平均质量水平；②在生产条件稳定时，用来预测最近将要交检的产品批的质量水平。因此，用于计算的批数一般应不少于 20 批。

三、抽样检验的分类

1. 按检验的目的分类

按检验的目的分类，抽样检验可分为验收抽样检验和监督抽样检验。

（1）验收抽样检验。验收抽样检验是指用抽样检验判定是否接收的检验。它是由使用方（或使用方与生产方共同）采取的一种微观质量控制手段，主要目的是检验供方（或生产方）提交的批质量水平是否处于或优于相互认可的质量水平。所用的抽样标准有 GB/T 13262、GB/T 2828.1、GB/T 6378.1 等标准。

（2）监督抽样检验。监督抽样检验是指由独立的检验机构进行的决定监督总体是否可通过的抽样检验。它是一种宏观质量监测手段，是第三方检验，目的是保证产品质量和保护消费者利益。所用的抽样标准有 GB/T 2828.4、GB/T 2828.11、GB/T 6378.4、GB/T 16306 等标准。

2. 按单位产品的质量特性分类

按单位产品的质量特性分类,抽样检验可分为计数抽样检验和计量抽样检验。

(1) 计数抽样检验。计数抽样检验是指根据观测到的样本中各单位产品是否具有一个或多个规定的质量特性,从统计上判定批或过程可接收性的抽样检验。常用不合格品数或不合格数判定批是否接收。

(2) 计量抽样检验。计量抽样检验是指根据来自批的样本中各单位产品的规定质量特性测量值,从统计上判定批或过程可接收性的抽样检验。常用样本均值或样本标准差判定批是否接收。

3. 按抽取样本的次数分类

按抽取样本的次数分类,抽样检验可分为一次抽样检验、二次抽样检验、多次抽样检验与序贯抽样检验。

一次抽样检验是最简单的抽样检验,只需要从批中抽取一个样本,就可以做出该批产品是否接收的判定。二次抽样检验是至多抽取两个样本的多次检验。多次抽样检验是在每检验一个样本后,基于确定的判断准则,做出接收该批,或不接收该批,或需要从批中抽取另一个样本判定的抽样检验。也就是从批量 N 中需要抽取一个、两个直至规定的最大样本次数之后,才能做出接收或不接收判定的检验。序贯抽样检验是指在检验每一单位产品后,根据累计的样本信息及确定的规则,做出接收该批、不接收该批或需接着检验该批中另一单位产品的抽样检验。序贯抽样所检验的单位产品的总数预先并不固定,常商定一个最大样本量。在检验最后一个样本产品后,必须做出接收批或不接收批的判定。

4. 按抽样方案是否调整分类

按抽样方案是否调整分类,抽样检验可分为调整型抽样检验和非调整型抽样检验。

(1) 调整型抽样检验。调整型抽样检验是根据一系列批质量水平的变化情况,按照转移规则,调整抽样方案。它适用于连续系列批。调整型抽样标准有 GB/T 2828.1、GB/T 8051、GB/T 6378.1、GB/T 16307 等标准。

(2) 非调整型抽样检验。非调整型抽样检验不需要利用产品质量的历史资料,使用中也没有调整规则。常用的非调整型抽样检验有以下几种:

1) 标准型抽样检验。标准型抽样检验只需要判定批本身的质量是否合格,并做出保护供需双方利益的有关规定。它适用于孤立批产品的检验。GB/T 13262、GB/T 8054 属于标准型抽样标准。

2) 挑选型抽样检验。挑选型抽样检验是指需要预先规定检验方法的抽样检验。对合格批进行接收;对不合格批要逐个产品地进行挑选,检出的不合格品要更换(或修复)成合格产品后,进行二次提交。GB/T 13546 属于挑选型抽样标准。

3) 连续型抽样检验。连续型抽样检验是相对于稳定批而言的一种抽样检验。产品在流水线上连续生产,不能预先构成批,检验是对连续通过的产品进行的。GB/T 8052 属于连续型抽样标准。

四、抽样检验标准体系

我国目前有二十几项抽样检验国家标准,涉及生产方、使用方验收抽样检验,产品质量监督抽样检验,商品质量监督抽样检验等,构成了一个比较完整的抽样标准体系。常用抽样检验国家标准目录如表6-1所示。

表6-1 常用抽样检验国家标准目录

抽样检验类型		标准编号	标准名称
抽样基础	抽样导则	GB/T 13393—2008	验收抽样检验导则
		GB/T 2828.10—2010	计数抽样检验程序 第10部分：GB/T 2828 计数抽样检验系列标准导则
	抽样方法	GB/T 10111—2008	随机数的产生及其在产品质量抽样检验中的应用程序
计数抽样方案	标准型抽样检验	GB/T 13262—2008	不合格品百分数的计数标准型一次抽样检验程序及抽样表
		GB/T 13264—2008	不合格品百分数的小批计数抽样检验程序及抽样表
	调整型抽样检验	GB/T 2828.1—2012	计数抽样检验程序 第1部分：按接收质量限（AQL）检索的逐批检验抽样计划
	挑选型抽样检验	GB/T 13546—1992	挑选型计数抽样检查程序及抽样表
	孤立批抽样检验	GB/T 2828.2—2008	计数抽样检验程序 第2部分：按极限质量（LQ）检索的孤立批检验抽样方案
	跳批抽样检验	GB/T 2828.3—2008	计数抽样检验程序 第3部分：跳批抽样程序
	序贯抽样检验	GB/T 2828.5—2011	计数抽样检验程序 第5部分：按接收质量限（AQL）检索的逐批序贯抽样检验系统
		GB/T 8051—2008	计数序贯抽样检验方案
	连续型抽样检验	GB/T 8052—2002	单水平和多水平计数连续抽样检验程序及表
	周期型抽样检验	GB/T 2829—2002	周期检验计数抽样程序及表（适用于对过程稳定性的检验）
计量抽样方案	标准型抽样检验	GB/T 8054—2008	计量标准型一次抽样检验程序及表
	调整型抽样检验	GB/T 6378.1—2008	计量抽样检验程序 第1部分：按接收质量限（AQL）检索的对单一质量特性和单个AQL的逐批检验的一次抽样方案
	序贯抽样检验	GB/T 16307—1996	计量截尾序贯抽样检验程序及抽样表（适用于标准差已知的情形）
监督抽样方案	计数监督抽样	GB/T 2828.4—2008	计数抽样检验程序 第4部分：声称质量水平的评定程序
		GB/T 2828.11—2008	计数抽样检验程序 第11部分：小总体声称质量水平的评定程序
	计量监督抽样	GB/T 6378.4—2008	计量抽样检验程序 第4部分：对均值的声称质量水平的评定程序
	监督复查抽样	GB/T 16306—2008	声称质量水平复检与复验的评定程序
	商品质量监督抽样	GB/T 28863—2012	商品质量监督抽样检验程序 具有先验质量信息的情形
散料抽样方案	散料抽样检验	GB/T 13732—2009	粒度均匀散料抽样检验通则
		GB/T 22555—2010	散料验收抽样检验程序和抽样方案

五、批质量的抽样判断过程

在提交检验的一批产品中，批不合格品率 p 是反映一批产品质量水平最重要的指标之一。该指标适用面广（既适用于计量抽样检验，又适用于计数抽样检查），因此常被用来作为判断批质量水平优劣的指标或标准。$p=0$ 是理想状态，但很难做到，从经济上讲往往也没有必要。在抽样检验时，首先要确定一个可接收的批质量水平，即确定该批产品不合格品率的界限值 p_t。若抽检后产品批不合格品率 $p \leq p_t$，则对该批产品予以接收；若 $p > p_t$，则对该批产品予以拒收。由于利用抽样方法不可能准确地得到一批产品的不合格品率 p 值，除非进行全数检验，因此不能以此来对批的接收与否进行判断。

在实际中，需要制订并实施一个有科学依据的抽样检验方案来完成对批质量的判断。在计数型抽样方案中，在保证样本量 n 对批量 N 有代表性的前提下，可以用样本中包含的不合格（品）数 d 来推断整批质量，并与标准要求进行比较来判断批的接收与否。因此，对一次抽样，检验批的验收归结为三个参数：样本量 n、接收数 Ac 和拒收数 Re。这样就形成了抽样方案 (n, Ac, Re)。由于一次抽样的 $Re = Ac + 1$，一次抽样方案可记为 (n, Ac)。

接收数 Ac 是指计数抽样方案中接收该批所允许的样本中不合格或不合格品数的最大数目，也称为合格判定数。拒收数 Re 是指不接收该批所要求的样本中不合格或不合格品数的最小数目，也称为不合格判定数。

计数一次抽样检验的判断程序如下：根据规定的抽样方案，从批量 N 中随机抽取含量为 n 的样本，检测样本中的全部产品，记下其中的不合格品数（或不合格数）d。如果 $d \leq Ac$，则接收该批产品；如果 $d \geq Re$，则不接收该批产品。一次抽样检验的判断程序如图 6-1 所示。

计数二次抽样方案的一般表达式为

$$\begin{pmatrix} n_1, Ac_1, Re_1 \\ n_2, Ac_2, Re_2 \end{pmatrix}$$

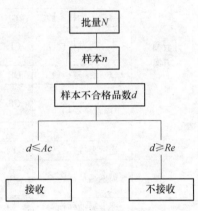

图 6-1　一次抽样检验的判断程序

计数二次抽样检验的判断程序如下：从批量 N 中随机抽取样本量为 n_1 的第一个样本，检测样本中的全部产品，记下其中的不合格品数（或不合格数）d_1。如果 d_1 小于或等于第一接收数 Ac_1，则判定接收该批产品；如果 d_1 大于或等于第一拒收数 Re_1，则判定不接收该批产品。如果在第一个样本中发现的不合格品数 d_1 介于 Ac_1 和 Re_1 之间，则继续抽取容量为 n_2 的第二个样本进行检验，得到该样本的不合格品数（或不合格数）d_2，将两次的不合格品数 d_1 和 d_2 相加。如果 $d_1 + d_2$ 小于或等于第二接收数 Ac_2，则接收该批产品；如果 $d_1 + d_2$ 大于或等于第二拒收数 Re_2，则不接收该批产品。二次抽样检验的判断程序如图 6-2 所示。

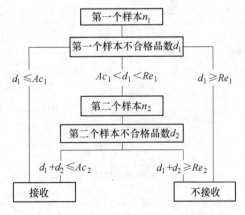

图 6-2　二次抽样检验的判断程序

多次抽样检验的判定程序基本上是二次抽样检验程序的延续。GB/T 2828.1 规定，抽样方案的最高样本数为五个，也就是五次抽样检验。

究竟采用几次抽样检验为好,需要根据产品检验的具体情况而定。上述三种抽样检验所体现的抽样方案各有其优点和缺点。以根据第一个样本估计检验批的平均质量而论,一次抽样检验最好,二次抽样检验次之,多次抽样检验最差;以每检验批可抽取的平均单位产品数而论,一次抽样检验最多,二次抽样检验次之,多次抽样检验最少;以所需要的检验费用而论,一次抽样检验最高,二次抽样检验次之,多次抽样检验最少;以对供应商的心理影响而论,一次抽样检验最差,二次抽样检验次之,多次抽样检验最好。最后需要指出,无论选择哪一种抽样检验方式,仅影响抽样方案的处理和运用,而不涉及检验结果的可靠性。

六、接收概率及操作特性(OC)曲线

1. 接收概率

接收概率是指当使用一个给定的抽样方案时,具有特定质量水平的批或过程被接收的概率。

对确定的抽样方案,如用它来对某个检验批做抽样检验,则该检验批被判为接收是一个随机事件。这一随机事件的发生概率即为抽样方案对检验批的接收概率。

如果批质量水平用批不合格品率 p 表示,则接收概率与批不合格品率 p 有着密切关系:产品质量好,批不合格品率 p 小,接收概率高;反之,接收概率低。接收概率是批质量水平 p 的函数,表示为 $P_a = L(p)$。这个函数称为抽样方案 (n, Ac) 的操作特性函数,记为 OC 函数。

具体的计算方法有下列三种:

(1) 超几何分布计算法。计算公式为

$$L(p) = \sum_{d=0}^{Ac} \frac{C_{Np}^{d} C_{N-Np}^{n-d}}{C_{N}^{n}}$$

式中,C_N^n 为从批量 N 中随机抽取 n 个单位产品的组合数;C_{Np}^{d} 为从批含有的不合格品数 Np 中抽取 d 个不合格品的全部组合数;C_{N-Np}^{n-d} 为从批含有的合格品数 $N-Np$ 中抽取 $n-d$ 个合格品的全部组合数。

例 6-1 计算 $N=1000$,抽样方案 $(30, 3)$,不合格品率 $p=5\%$ 的批的接收概率。

解:

$$L(5\%) = \sum_{d=0}^{3} \frac{C_{50}^{d} C_{1000-50}^{30-d}}{C_{1000}^{30}} = \frac{C_{50}^{0} C_{1000-50}^{30}}{C_{1000}^{30}} + \frac{C_{50}^{1} C_{1000-50}^{29}}{C_{1000}^{30}} + \frac{C_{50}^{2} C_{1000-50}^{28}}{C_{1000}^{30}} + \frac{C_{50}^{3} C_{1000-50}^{27}}{C_{1000}^{30}}$$

$$= 0.210 + 0.342 + 0.263 + 0.128 = 0.943$$

计算结果表明,当采用抽样方案 $(30, 3)$ 进行验收时,每 100 批具有这种质量的产品中约有 94 批会被接收,6 批不被接收。

(2) 二项分布计算法。计算公式为

$$L(p) = \sum_{d=0}^{Ac} C_n^d p^d (1-p)^{n-d}$$

研究表明,当 $n/N \leq 0.1$(即样本容量相对总体较小)时,可以用二项分布来近似超几何分布;当 N 较大时,二项分布的计算要比超几何分布的计算方便得多。

(3) 泊松分布计算法。计算公式为

$$L(p) = \sum_{d=0}^{Ac} \frac{(np)^d}{d!} e^{-np}$$

当 $n/N \leq 0.1$ 且 $p \leq 0.1$ 时，可以用泊松分布来近似超几何分布；当 n 较大（如 $n \geq 100$），p 较小（如 $p \leq 0.1$），同时 $np \leq 4$ 时，可以用泊松分布来近似二项分布。这种近似引起的误差并不影响实际使用，但泊松分布的计算比另两种分布的计算容易得多。

2. 操作特性曲线——OC 曲线

接收概率 $L(p)$ 随批质量水平 p 变化的曲线，称为操作特性曲线或 OC 曲线。

有一个抽样方案，就一定能绘出一条与之相对应的 OC 曲线，即 OC 曲线与抽样方案是一一对应的关系。每条 OC 曲线反映了它所对应的抽样方案的特性。它定量地告诉人们批质量状况和被接收可能性大小之间的关系，也就是当采用某个抽样方案时，具有不合格品率为 p 的某批产品被判为接收的可能性有多大；或者要使检验批以某种概率接收，它应有的批不合格品率 p 是多少。同时，可以通过比较不同抽样方案的 OC 曲线，确定各个抽样方案对产品质量的辨别能力，以便从中选择合适的抽样方案。

例 6-2 已知 $N=1000$，采用抽样方案（30，3），用超几何分布计算 $p=5\%$，10%，15%，20% 时，样本中出现不合格品数 d 的概率及 $L(p)$。

计算结果如表 6-2 所示。

表 6-2 用抽样方案（30，3）检验 $N=1000$、p 取不同值时的结果

d \ p(%)	0	5	10	15	20
0	1	0.210	0.040	0.007	0.001
1	0	0.342	0.139	0.039	0.009
2	0	0.263	0.229	0.102	0.032
3	0	0.128	0.240	0.171	0.077
$L(p)$	1	0.943	0.648	0.319	0.119

以 p 为横坐标，$L(p)$ 为纵坐标，将表 6-2 的数据描绘在平面上，得到如图 6-3 所示曲线。这条曲线称为抽样方案（30，3）的操作特性曲线。

3. OC 曲线分析

（1）理想的 OC 曲线。如果规定，当批的不合格品率 p 不超过 p_t 时，该批产品可以接收，那么理想的抽样方案应当满足：当 $p \leq p_t$ 时，接收概率 $L(p)=1$；当 $p > p_t$ 时，接收概率 $L(p)=0$。对应的理想 OC 曲线如图 6-4 所示。

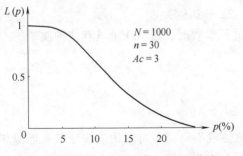

图 6-3 抽样方案（30，3）的 OC 曲线

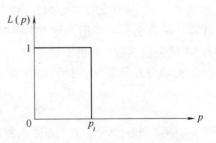

图 6-4 理想的 OC 曲线

然而，由于抽样检验中存在两类错误，所以这样的理想方案实际上是不存在的。即使采用全数检验，也难免出现错检和漏检，很难得到理想的抽样方案。

（2）不理想的 OC 曲线。例如，对于批量 $N=10$ 的一批产品，采用抽样方案（1，0）来验收，该抽样方案的 OC 曲线为一条直线，如图 6-5 所示。当批的不合格品率 p 达到 50% 时，接收概率 $L(p)$ 仍有 0.5，对于不合格品率如此之高、质量如此之差的产品，抽检时两批中仍会有一批被接收。可以看出，这个方案对批质量的判断能力是很差的，因此，这是一条很不理想的 OC 曲线。

（3）实际的 OC 曲线。理想的 OC 曲线实际上是不存在的，而不理想的 OC 曲线判断能力又很差，所以就需要设法找到一种既能为实际所用，又能有较大把握判断批质量的抽样方案及其对应的 OC 曲线。实际的 OC 曲线如图 6-6 所示。规定 p_0 和 p_1 两点的位置，它们分别表示希望判为接收的批质量水平和希望判为不接收的批质量水平。由此，OC 曲线可分为三个区：

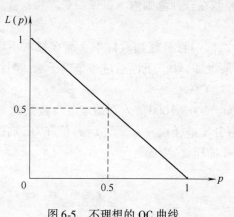

图 6-5　不理想的 OC 曲线

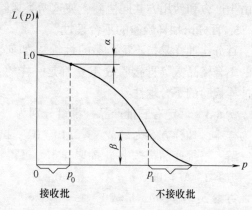

图 6-6　实际的 OC 曲线

1）接收区，即检验批"几乎能肯定"（高概率）被判为接收的批质量水平范围。
2）不接收区，即检验批"几乎能肯定"（高概率）被判为不接收的批质量水平范围。
3）中性区，即检验批被判为接收或被判为不接收的批质量水平范围。

显然，人们希望缩小中性区的范围，通常增大样本含量便可达到这一要求。

对 OC 曲线的评价，实质上是对与之对应的抽样方案的评价。因此，一个好的抽样方案应达到的要求是：当检验批质量较好，如 $p \leqslant p_0$ 时，能以高概率判定接收该批产品；当检验批质量水平变坏时，接收概率迅速降低；当检验批质量水平超过某个规定界限时，如 $p \geqslant p_1$ 时，能以高概率判定不接收该批产品。

4. 抽样检验中的两类错误和两类风险

抽样检验是通过样本来判断总体，难免会产生判断错误。在抽样检验中存在两类判断错误：第一类错误是将接收批判断为不接收批，对生产方不利；第二类错误是将不接收批判为接收批，对使用方不利。

如图 6-6 所示，规定 p_0 是合格质量水平，当检验批的实际质量水平 $p \leqslant p_0$ 时，说明批质量是合格的，应 100% 接收该批产品。但由于抽检误差，在 $p = p_0$ 时，检验批的接收概率是 $1-\alpha$，不接收概率为 α。α 是出现第一类错误的概率，因为这种错判对生产方不利，α 称为生产方风险。所谓生产方风险，是指对于给定的抽样方案，当批质量水平刚好为合格质量水平时，判定批不接收的概率。它反映了把接收批错判为不接收批的可能性大小。与生产方风险 α 相对应的质量水平 p_0 称为生产方风险质量水平。

当批实际质量水平 $p \geq p_1$ 时，说明批质量不合格，应 100% 不接收该批产品。但实际上当 $p = p_1$ 时，检验批可能会以 β 的概率被接收。β 是出现第二类错误的概率，因为这种错判对使用方不利，β 称为使用方风险。所谓使用方风险，是指对于给定的抽样方案，当批质量水平刚好为某一指定的不合格品百分数时，判定批接收的概率。它反映了把不接收批错判为接收批的可能性大小。与规定的使用方风险 β 相对应的质量水平 p_1 称为使用方风险质量。

α 和 β 的计算公式分别为

$$\alpha = 1 - L(p_0)$$
$$\beta = L(p_1)$$

显然，对生产方而言，α 越小越好；对使用方而言，β 越小越好。在选择抽样方案时，应由生产方和使用方共同协商，使这两类风险都控制在合理范围内，以保护双方的利益。

5. 百分比抽样检验的不合理性

百分比抽样是指不论产品的批量 N 如何，均按同一百分比抽取样本，而在样本中可允许的不合格品数（即接收数 Ac）都是一样的，一般设 $Ac = 0$。下面通过一个例子来证明百分比抽样检验的不合理性。

例 6-3 假定有三批产品，批量分别为 $N = 100$，200，1000，分别抽取各自数量的 10% 作为样本，抽样方案为（$n/N = 0.10$，0）。试求百分比抽样检验方案的 $L(p)$ 值和 OC 曲线。

解：三批产品都按 10% 抽取样本，可得到三种抽样检验方案：

方案 1：$N = 100$，$n = 10$，$Ac = 0$。
方案 2：$N = 200$，$n = 20$，$Ac = 0$。
方案 3：$N = 1000$，$n = 100$，$Ac = 0$。

百分比抽样检验中，三种方案 p 取不同值时，$L(p)$ 值的计算如表 6-3 所示。

表 6-3 p 取不同值时 $L(p)$ 值的计算

方案 \ p	0.01	0.02	0.04	0.06	0.08	0.10
1	0.904	0.817	0.665	0.539	0.434	0.349
2	0.818	0.668	0.442	0.290	0.189	0.122
3	0.366	0.113	0.017	0.002	0.00024	0.00002

作出这三种抽样检验方案的 OC 曲线，如图 6-7 所示。

从图 6-7 可以看出，在不合格品率相同的情况下，方案 3 最严格，方案 1 最宽松，即按同一个百分比抽样检验，批量越大，抽样检验方案越严，批量越小，方案越宽松。例如，检验批的不合格品率 p 为 0.01 时，每批 100 件提交检验时，接收概率为 0.904；每批 200 件提交检验时，接收概率为 0.818；每批 1000 件提交检验时，接收概率仅为 0.366。可以看出，只

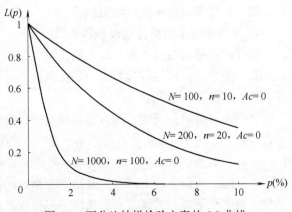

图 6-7 百分比抽样检验方案的 OC 曲线

是批量的不同,就导致接收概率相差悬殊,这足以说明百分比抽样检验的不合理性。

为了克服上述百分比抽样检验的不合理性,有人提出了双百分比抽样检验方式,即除了 n 随 N 变化外,接收数也随 n 成固定比例变化。这样做虽然比单百分比抽样检验合理,但未能从根本上消除百分比抽样检验的不合理性,仍然存在着对批量过大者严格、对批量过小者宽松的弊端。可以通过一个例子证明这个结论。

例 6-4 对于批量分别为 500 和 1000 的两批产品,按照双百分比抽样检验方式分别抽取各自批量的 10% 作为样本。若第一个批量的抽样检验方案为 (50,1),则第二个抽样检验方案的样本量是第一个样本量的 2 倍,则接收数也是第一个方案的 2 倍,即第二个抽样检验方案为 (100,2)。将求得的双百分比抽样检验方案在不同 p 值下 $L(p)$ 值的变化列入表 6-4 中,相应的 OC 曲线如图 6-8 所示。

表 6-4　双百分比抽样检验中 p 取不同值时 $L(p)$ 值的计算

方案 p	0.01	0.02	0.03	0.04	0.05	0.06
$N=500$ (50, 1)	0.910	0.736	0.558	0.406	0.287	0.199
$N=1000$ (100, 2)	0.920	0.677	0.423	0.238	0.125	0.061

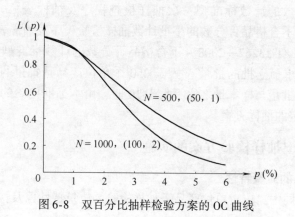

图 6-8　双百分比抽样检验方案的 OC 曲线

第四节　计数标准型抽样检验

一、计数标准型抽样检验的原理

所谓标准型抽样检验,就是同时规定对生产方的质量要求和对使用方的质量保护要求的抽样检验过程。

标准型抽样检验方案是指同时适合于生产方风险质量、使用方风险质量、生产方风险和使用方风险的抽样检验方案。典型的标准型抽样检验方案是这样确定的:事先确定两个质量水平 p_0 与 p_1,$p_0 < p_1$。希望不合格品率为 p_1 的批尽可能不被接收,设其接收概率 $L(p_1) = \beta$;希望不合格品率为 p_0 的批尽可能高概率被接收,设其不接收概率 $1 - L(p_0) = \alpha$。一般规定

$\alpha = 0.05$, $\beta = 0.10$。这样，这种抽样检验方案的 OC 曲线应通过 A、B 两点，如图 6-9 所示。

其中，A 点称为生产方风险点，是 OC 曲线上对应于规定的生产方风险质量 p_0 和生产方风险 α 的点；B 点称为使用方风险点，是 OC 曲线上对应于规定的使用方风险质量 p_1 和使用方风险 β 的点。

在对检验批进行抽样检验时，如果一个抽样检验方案把 A、B 两点控制住了，就等于既保护了生产方的经济利益，又保证了使用方对产品批的质量要求。

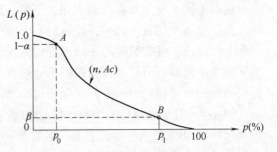

图 6-9 计数标准型抽样检验方案的 OC 曲线
A—生产方风险点 B—使用方风险点
p_0—生产方风险质量 p_1—使用方风险质量
α—生产方风险 β—使用方风险

二、计数标准型抽样标准

标准型抽样检验方案适用于孤立批，适用于使用方对每批产品的质量要求较严格，或者对供方所提供的产品质量历史无所了解时。除了可以应用于最终产品、零部件和原材料外，还可以应用于操作、在制品、库存品、维修操作、数据或记录、管理程序等。

我国发布的计数标准型抽样检验国家标准有：当批量 $N > 250$ 时，采用 GB/T 13262—2008《不合格品百分数的计数标准型一次抽样检查程序及抽样表》；当 $N < 250$ 时，采用 GB/T 13264—2008《不合格品百分数的小批计数抽样检验程序及抽样表》。

本节介绍的是 GB/T 13262—2008《不合格品百分数的计数标准型一次抽样检查程序及抽样表》的内容。要求孤立批的批量 N 大于 250 个单位产品且批量与样本量之比大于 10。当批量 N 小于 250 或批量与样本量之比不大于 10 时，由本标准检验的方案是近似的，建议选择 GB/T 13264 确定的抽样方案。

三、计数标准型抽样检验方案的实施

1. 规定单位产品的质量特性

在技术标准和合同中，应对单位产品需抽样检验的质量特性以及接收与否的判定准则做出规定。

2. 规定质量特性不合格的分类与不合格品的分类

根据单位产品质量特性重要程度或质量特性不符合的严重程度，将不合格（缺陷）分为 A 类、B 类及 C 类三种。单位产品极重要的质量特性不符合要求，或单位产品的质量特性极严重不符合要求，称为 A 类不合格；单位产品的重要质量特性不符合要求，或单位产品的质量特性严重不符合要求，称为 B 类不合格；单位产品的一般质量特性不符合要求，或单位产品的质量特性轻微不符合要求，称为 C 类不合格。根据产品的实际情况，也可分为少于三种或多于三种类别的不合格。

按照质量特性不合格的分类，分别划分不合格品的类别。不合格品通常按不合格的严重程度分类，例如：

A 类不合格品，包含一个或一个以上 A 类不合格，同时还可能包含 B 类不合格和 C 类不合格的产品。

B 类不合格品,包含一个或一个以上 B 类不合格,同时还可能包含 C 类不合格,但不包含 A 类不合格的产品。

C 类不合格品,仅有 C 类不合格的产品。

3. 生产方风险质量与使用方风险质量的规定

对批量生产的产品,在产品技术标准中规定对产品的批质量要求(合格质量水平)。

确定生产方风险质量 p_0 和使用方风险质量 p_1,应根据产品技术标准中对批质量的要求,综合考虑对双方的保护、抽检的经济性等因素,由生产方和使用方协商确定。一般来说,生产方风险质量应等于合格质量水平。

原则上,应按不合格品的分类分别规定不同的 p_0 或 p_1 值。例如,一般对 A 类不合格品规定的 p_0 值要小于对 B 类不合格品规定的 p_0 值,对 C 类不合格品规定的 p_0 值要大于对 B 类不合格品规定的 p_0 值。同样的要求也适用于对 p_1 值的确定。

此外,在确定 p_0 和 p_1 值时,也要注意 p_1/p_0 值的大小。如果 p_1/p_0 过小,增加抽查个数,使检验费用增加;而如果 p_1/p_0 过大,则又会增大使用方风险。通常当 α 为 0.05,β 为 0.10 时,p_1/p_0 值取 4~10 为宜。

总之,确定 p_0 和 p_1 时,要综合考虑生产能力、制造成本、产品不合格对顾客造成的损失、质量要求和检验费用等因素。

4. 检查批的组成

单位产品经简单汇集组成检验批。组成批的基本原则是:同一批内的产品应由同一种类、同一规格型号,且工艺条件和生产时间基本相同的单位产品组成。批的组成、批量大小以及标识批的方式等,应由生产方与使用方协商确定。通常,体积小、质量稳定的产品,批量可以适当大些。但是,过大的批量很难得到有代表性的样本,并且一旦被拒收,会造成较大的经济损失。这也是生产方需要考虑的一点。

5. 抽样方案的检索

GB/T 13262 如附表 6-1 所示。在抽样表中给出了用 p_0、p_1 检索的一次抽样方案。p_0 的值从 0.095% 至 10.5% 共 42 档;p_1 的值从 0.75% 至 34% 共 34 档,在 p_0、p_1 相交栏给出了抽样方案。

抽样方案检索的具体步骤如下:

(1) 在附表 6-1 中找到规定的 p_0 和 p_1 所在行和列。

(2) p_0 行与 p_1 列相交栏即为抽样方案,栏中左侧数值为样本量 n,右侧数值为接收数 Ac。

(3) 若求出的样本量 n 值大于批量,应进行全数检查。

例 6-5 规定 $p_0 = 0.370\%$,$p_1 = 1.70\%$,检索计数标准型一次抽样方案。

解:从附表 6-1 中找出含有 p_0 为 0.370% 的 0.356%~0.400% 一行,含有 p_1 为 1.70% 的 1.61%~1.80% 一列,在行列相交栏中查到 (490, 4),即抽样方案为样本量 n 为 490,接收数 Ac 为 4。

6. 样本的抽取

样本应从整批中随机抽取,可在批构成之后或在批的构成过程中进行。通常采用的取样方法是随机抽样法。随机抽样包含简单随机抽样、分层随机抽样、整群随机抽样和系统随机抽样等方法。

7. 样本的检验

根据技术标准或合同等有关文件规定的试验、测量或其他方法，对抽取的样本中每一个单位产品逐个进行检验，判断是否合格，并统计出样本中的不合格品总数 d。

8. 判定准则

根据样本检验结果，若样本中发现的不合格品数 d 小于或者等于接收数 Ac，则接收该批；若样本中发现的不合格品数 d 大于接收数 Ac，则不接收该批（认为该批不合格）。

9. 检验批的处置

对判为接收的批，使用方应整批接收，并剔除样本中的不合格品，同时允许使用方在协商的基础上向生产方提出某些附加条件。如果批已被接收，使用方有权不接收发现的任何不合格品，而不管该产品是否构成样本的一部分。

若对抽样检验的结果有异议可进行复检，在复检时可以进行全检，通过全检可得到批的实际质量水平。当批的实际质量水平劣于合格质量水平时，该批是不合格批；当批的实际质量水平优于合格质量水平时，该批是合格批。

第五节 计数调整型抽样检验

一、计数调整型抽样检验概述

计数调整型抽样检验是指根据一系列批质量的变化情况，按一套规则随时调整检验的严格程度的抽样检验过程。计数调整型抽样检验方案不是一个单一的抽样检验方案，而是由一组严格程度不同的抽样检验方案和一套转移规则组成的抽样体系。当产品质量正常时，采用正常检验；当产品质量下降或生产不稳定时，转移到加严检验；如果质量一直比较好，可转移到放宽检验。

计数调整型抽样检验方案的选择完全依赖于产品的实际质量，检验的宽严程度就反映了产品质量的优劣。一旦发现批质量变坏时，将正常检验调整转移到加严检验，目的是通过批不被接收而使生产方在经济上和心理上产生压力，促使其将过程平均质量水平值保持在规定的接收质量限以下，同时给使用方接收劣质批的概率提供一个上限，从而保护了使用方的利益。若质量一贯保持较高的水平，采用放宽检验可以减少检验费用，对生产方是有利的。

具有代表性的计数调整型抽样检验标准是美国军工标准 MIL-STD-105D（1963 年），它起源于 1945 年由哥伦比亚大学统计小组为美国海军制定的抽样检验表。1973 年，国际标准化组织（ISO）在该标准第 4 版的基础上制定了计数调整型抽样检验国际标准，1974 年正式颁布实施，代号为 ISO 2859：1974。1989 年，国际标准化组织将其修订为 ISO 2859—1：1989。1999 年，又对其做了重大修订，将该标准作为一个通称为《计数抽样检验程序》的系列标准的第 1 部分，即《按接收质量限（AQL）检索的逐批抽样计划》，代号为 ISO 2859—1：1999。如今，该标准已成为全世界工商业界进行计数调整型抽样检验时所依据的最重要的检验标准。

我国参照 ISO 2859：1974 于 1987 年制定出《逐批检查计数调整型抽样程序及抽样表》，代号为 GB/T 2828—1987，并于 1988 年 5 月 1 日实施；2003 年等同采用 ISO 2859—1：1999，发布了 GB/T 2828.1—2003《计数抽样检验程序 第 1 部分：按接收质量限（AQL）

检索的逐批检验抽样计划》；2012年又对其做了修订，代号为GB/T 2828.1—2012。

计数调整型抽样检验适用于最终产品、零部件和原材料、操作、在制品、库存品、维修操作、数据或记录、管理程序等。

计数调整型抽样检验主要是为适用连续系列批的检验而设计的，但是，当满足一定要求时，也可用于孤立批的检验。

二、接收质量限及其作用

接收质量限（AQL）是指当一个连续系列批被提交验收抽样时，可容忍的最差过程平均质量水平。

AQL是整个抽样系统的基础，是制订抽样方案的重要参数。抽样表是按AQL设计的。在GB/T 2828.1中，接收质量限（AQL）用于检索抽样方案。

抽样系统的设计原则是：当生产方提交了等于或优于AQL的产品批时，抽样方案应保证绝大多数的产品批被接收，以保护生产方的利益；当生产方提交的产品批质量水平低于AQL的产品批时，将正常检验转换为加严检验，这样，生产方就要被迫改进质量，从而保护使用方的利益。在抽样系统中规定了从正常检验转为加严检验的内容和规则，这是基于AQL的整个抽样系统的核心。

在调整型抽样表中，接收质量限（AQL）值自0.010至1000有26个档值（见附表6-2等），应用时需从中选择。对于表中的AQL值，自0.010至10的16个档值对不合格品百分数或每百单位产品不合格数均适用，而自15至1000的10个档值仅适用于每百单位产品不合格数表示的质量水平。当以不合格品百分数表示质量水平时，档值加上"%"才表示AQL值。如档值"0.10"实际表示AQL＝0.10%。当以每百单位产品不合格数表示时，档值表示每100个单位产品所有的不合格总数，如档值"250"实际表示每100个单位产品有250个不合格，或平均每个单位产品中有2.5个不合格。

三、计数调整型抽样检验程序

计数调整型抽样标准GB/T 2828.1由三部分组成：正文、主表和辅助图表。正文给出了标准所用到的名词术语和实施检验的规则；主表部分包括样本量字码表及正常、加严和放宽检验的一次、二次和五次抽样表；辅助图表给出了方案的OC曲线、平均样本量ASN曲线和数值。

根据GB/T 2828.1的规定，计数调整型抽样检验的使用程序如下：

1. 确定质量标准

明确规定质量特性合格与不合格（缺陷）的标准。根据产品特点和实际需要，将产品分为A、B、C类不合格或不合格品。

2. 确定接收质量限

通常，AQL值的确定要综合考虑以下几个方面的因素：

（1）使用方的质量要求。当使用方提出必须保证的质量水平时，可将该质量水平作为确定AQL值的主要依据。但AQL值并不是可以任意选取的，在计数调整型抽样检验方案中，AQL（%）只能采用0.01，0.015，…，1000，共26档。

（2）生产方的过程平均。根据生产方近期提交的初检批的样本检验结果，对过程平均上限加以估计，与此值相等或稍大的标称值如能被使用方接受，则可作为AQL值。此种方法多用于单一品种大批量生产且质量信息充分的场合。

（3）产品不合格的类别。对于不同的不合格类别的产品，分别规定不同的 AQL 值。越是重要的检验项目，验收后的不合格品造成的损失越大，越应制定严格的 AQL 值。一般对 A 类规定的 AQL 值要小于对 B 类规定的 AQL 值，对 C 类规定的 AQL 值要大于对 B 类规定的 AQL 值。此种方法多用于多品种、小批量生产及产品质量信息不多的场合。

（4）检验项目的多少。当同一类的检验项目有多个时，AQL 的取值应比只有一个检验项目时适当大一些。

（5）双方共同确定。为使使用方要求的质量与生产方的生产能力协调，双方可协商确定 AQL 值，这样可减少双方由 AQL 引起的纠纷。

3. 检验水平

检验水平是抽样方案的一个事先选定的特性，反映批量 N 与样本含量 n 之间的关系。当批量 N 确定时，只要明确检验水平，就可以检索到样本量字码和样本量 n。在 GB/T 2828.1 中，规定了七种检验水平，分为两类：一般检验水平和特殊检验水平。三个一般检验水平Ⅰ、Ⅱ、Ⅲ。无特殊要求时均采用一般检验水平Ⅱ。四个特殊检验水平 S-1、S-2、S-3、S-4。特殊检验水平又称小样本检验水平，可用于必须使用相对小的样本量，并且允许有较大抽样风险的情形。

不同检验水平，当批量一定时，要求的样本含量不一样。一般检验水平的样本含量比率约为 0.4:1:1.6。可见，检验水平Ⅰ比检验水平Ⅱ判断能力低，而检验水平Ⅲ比检验水平Ⅱ判断能力高。

同一检验水平，当批量增大时，样本含量也会相应增大，但不是成比例地增大，即批量越大，样本含量占的比例越小。建立这种关系的好处是，大批量时能得到较大的样本，因而易于保证获得一个有代表性的随机样本，减少错判的风险，不使样本含量随批量增大而成比例地增大，有利于抽样的经济性。

检验水平还同抽样方案对生产方和使用方提供的质量保护程度有关。由图 6-10 可知，当检验水平变化时，对 α 的影响不大，但对 β 的影响比较大。由此看出，不同检验水平，对生产方提供的质量保护接近一致，但对使用方提供的保护则有明显不同。随着检验水平由低（如Ⅰ）到高（如Ⅲ），OC 曲线变陡，使用方风险明显减小，即对使用方提供了更好的质量保护。这时，抽样方案区分优质批和劣质批的能力得到加强。

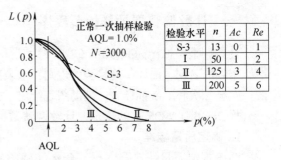

图 6-10 检验水平变化时的 OC 曲线

选择检验水平的原则是：

（1）产品的复杂程度与价格。构造简单且价格低的产品，选择较低的检验水平；反之，选择高检验水平。检验费用高的产品宜选用低检验水平。

（2）是否为破坏性检验。进行破坏性检验时，选择低检验水平或特殊检验水平。

（3）保护使用方的利益。如果想让大于 AQL 的劣质批尽量不合格，则宜选用高检验水平。

（4）生产的稳定性。稳定连续性生产宜选用低检验水平；不稳定或新产品生产宜选用高检验水平。

（5）各批之间质量的差异程度。批间质量差异小而且检验总是合格的产品批，选用低检验水平；反之，选用高检验水平。

（6）批内产品质量波动的大小。批内产品质量波动比标准的波动幅度小的，选用低检验水平；反之，选用高检验水平。

4. 检索样本量字码表

GB 2828.1 给出了样本量字码表（见表6-5）。当已知批量 N 且确定检验水平时，便可以从该表中查出相应的字码：A、B、C 等字码与各种检验方案表中的样本量 n 呈对应关系。采用样本量字码表是为了简化抽样表的设计和方便抽样方案的检索，这也是调整型抽样检验方案表的构成特点。

表 6-5 样本量字码表

批量 N	特殊检验水平				一般检验水平		
	S-1	S-2	S-3	S-4	Ⅰ	Ⅱ	Ⅲ
2～8	A	A	A	A	A	A	B
9～15	A	A	A	A	A	B	C
16～25	A	A	B	B	B	C	D
26～50	A	B	B	C	C	D	E
51～90	B	B	C	C	C	E	F
91～150	B	B	C	D	D	F	G
151～280	B	C	D	E	E	G	H
281～500	B	C	D	E	F	H	J
501～1200	C	C	E	F	G	J	K
1201～3200	C	D	E	G	H	K	L
3201～10000	C	D	F	G	J	L	M
10001～35000	C	D	F	H	K	M	N
35001～150000	D	E	G	J	L	N	P
150001～500000	D	E	G	J	M	P	Q
500001 及其以上	D	E	H	K	N	Q	R

例如，已知批量 $N=1000$，检验水平为 Ⅱ，由表 6-5 查得样本量字码为"J"。当然，要想知道与 J 对应的样本量具体值，还需要确定检验方式和检验宽严程度。

5. 规定检验的严格程度

检验的严格程度是指检验批接受检验的宽严程度。在 GB/T 2828.1 中规定了三种严格程度不同的检验：正常检验、加严检验和放宽检验。

（1）正常检验。正常检验是指当过程平均优于 AQL 值时，所使用的一种能保证批以高概率被接收的抽样方案的检验。正常检验可以较好地保护生产方的利益。

（2）加严检验。加严检验是指使用比相应的正常检验抽样方案接收准则更为严格的接收准则的一种抽样方案的检验。当连续批的检验结果表明过程平均可能劣于 AQL 值时，应进行加严检验，以更好地保护使用方的利益。与正常检验相比，加严检验原则上不变动样本含量，但是接收数减少。加严检验是带有强制性的。

（3）放宽检验。放宽检验是指使用样本量比相应的正常检验抽样方案的样本量小，接收准则和正常检验抽样方案的接收准则相差不大的一种抽样方案的检验。当连续批的检验数据表明过程平均明显优于 AQL 值时，可进行放宽检验。放宽检验的样本量一般为正常检验样本量的40%，可以节省检验成本。放宽检验是非强制性的。

在检验开始时，一般采用正常检验；对加严检验和放宽检验，要根据已经检验的信息和转移规则选择使用。

从一种检验状态向另一种检验状态转变的规则称为转移规则。GB/T 2828.1 的转移规则如下：

（1）从正常检验到加严检验。当正在采用正常检验时，只要初次检验中连续5批或少于5批中有2批不被接收，就应转移到加严检验。

（2）从加严检验到正常检验。当正在采用加严检验时，如果初次检验中连续5批被接收，就应恢复正常检验。

（3）从正常检验到放宽检验。当正在采用正常检验时，如果下列各条件均满足，则应转移到放宽检验：

1）当前的转移得分至少是30分。

2）生产稳定。

3）负责部门同意使用放宽检验。

其中，转移得分的计算一般是在正常检验开始时进行的。在正常检验开始时，转移得分设定为0，而在检验完每个批以后应更新转移得分。一次抽样方案转移得分的计算方法如下：

① 当接收数等于或大于2时，如果当AQL加严一级后该批被接收，则给转移得分加3分；否则，将转移得分重新设定为0。

② 当接收数为0或1时，如果该批被接收，则给转移得分加2分；否则，将转移得分重新设定为0。

例 6-6 对批量 $N=1000$ 的某产品，采用 AQL = 1.0%，检验水平为 Ⅱ 的一次正常检验，查得正常检验一次抽样方案为（80, 2），AQL 加严一级，即 AQL = 0.65%，此时正常检验一次抽样方案为（80, 1）。连续15批的检验，记录每批中不合格品数依次为

$$1, 2, 1, 1, 2, 1, 1, 1, 0, 1, 1, 0, 1, 0, 1$$

分析：正常检验一次抽样方案的接收数为2，加严检验的接收数为1，只有检验批中的不合格品数小于或等于1时，该批产品转移得分为3分，否则为0。从正常检验开始，转移得分设定为0，第1批接收，转移得分为3分，第2批的不合格品数为2，判接收，但转移得分为0，并且转移得分重新设定为0；第3批判接收，转移得分为3分；第4批接收，转移得分为6分，第5批转移得分0分，重新设定为0分；第6批至15批的10批产品全部被接收，每批的转移得分依次为

$$3, 0, 3, 6, 0, 3, 6, 9, 12, 15, 18, 21, 24, 27, 30$$

（4）从放宽检验到正常检验。当正在进行放宽检验时，如果初次检验出现下列任何一种情况，则应恢复正常检验：

1）1批不被接收。

2）生产不稳定，生产过程中断后恢复生产。

3）有恢复正常检验的其他正当理由。

（5）暂停检验。在初次加严检验一系列连续批中，当不被接收批累计达到5批时，应暂时停止检验。只有当采取了改进产品质量的措施，并且负责部门认为此措施有效时，才能恢复检验。恢复检验应从加严检验开始。

计数调整型抽样检验方案的转移规则如图6-11所示。

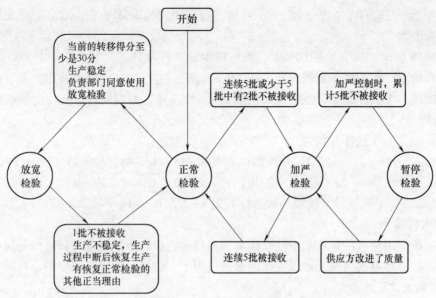

图 6-11 转移规则简图

6. 选取抽样方案类型

在 GB/T 2828.1 中分别给出了一次、二次和五次三种类型的抽样方案。对于同一个 AQL 值和同一个样本量字码,可以采用其中任何一种类型的抽样方案,其 OC 曲线基本上是一致的,也就是它们对批质量的鉴别能力是一样的。具体采用哪种抽样方案,可以根据实际情况,由供需双方协商确定。

7. 组成检验批

检验批可以是投产批、运输批、销售批,但每个批应该由同型号、同等级、同类型、同尺寸、同成分,并且生产条件和生产时间基本相同的产品组成。

8. 检索抽样方案

抽样方案的检索首先根据批量 N 和检验水平从样本字码表中检索出相应的样本量字码,再根据样本量字码和接收质量限(AQL),从抽样表(见附表 6-2 ~ 附表 6-4)检索抽样方案。对于一个规定的 AQL 和一个给定的批量,应使用 AQL 和样本量字码的同一组合从正常、加严和放宽检验表检索抽样方案。

例 6-7 某公司采用 GB 2828.1 对购进的零件进行检验,规定 AQL = 1.5%,检验水平为 Ⅱ,求 $N = 2000$ 时的正常检验一次抽样方案。

解:从样本字码表中(见表 6-5),在 $N = 2000$ 和检验水平 Ⅱ 的相交处找到字码 K。

由 GB/T 2828.1 的正常检验一次抽样方案(见附表 6-2)中 K 所在行向右,在样本大小栏内读出 $n = 125$;由 K 所在行与 AQL = 1.5% 所在列相交处读出 (5, 6),检索出的正常检验一次抽样方案为

$$n = 125, Ac = 5, Re = 6$$

由同一样本量字码 K 和 AQL,可以检索出(见附表 6-3 和附表 6-4)加严检验一次抽样方案和放宽检验一次抽样方案。

加严检验一次抽样方案 $n = 125, Ac = 3, Re = 4$

放宽检验一次抽样方案 $n = 50, Ac = 3, Re = 4$

例 6-8 设 $N=500$，$AQL=250\%$ 不合格，规定采用检验水平 Ⅱ，给出一次正常、加严和放宽抽样方案。

解：由批量 $N=500$，检验水平 Ⅱ，查得样本量字码为 H。

由正常检验一次抽样方案查得 $n=50$，在 $n=50$，$AQL=250\%$ 处无适用方案，可以使用箭头上面的第一个抽样方案，查得判定组数为 (44, 45)。根据同行原则，应使用样本量字码 E，$n=13$。

同理，查得一次抽样方案为

$$\text{正常检验一次抽样方案 } n=13, Ac=44, Re=45$$
$$\text{加严检验一次抽样方案 } n=13, Ac=41, Re=42$$
$$\text{放宽检验一次抽样方案 } n=5, Ac=21, Re=22$$

9. 抽取样本

一般应按简单随机抽样从批中抽取样本。当检验批由若干层组成时，就以分层抽样方法抽取样本。抽取样本的时间，可以在批的形成过程中，也可以在批组成以后。

10. 检验样本

根据产品技术标准或合同中对单位产品规定的检验项目，逐个对样本中的单位产品进行检验，并累计不合格品数或不合格数（当不合格分类时应分别累计）。

11. 判断批的接收性

在 GB/T 2828.1 中包括一次、二次和五次抽样方案。对于一次抽样方案，若样本中的不合格品数 $d \leq Ac$，则判定接收该批产品；若 $d > Ac$，则判定不接收该批产品。对于二次抽样方案，若第一个样本中的不合格品数 $d_1 \leq Ac_1$，则判定接收该批产品；若 $d_1 \geq Re_1$，则判定不接收该批产品。若 $Ac_1 \leq d \leq Re_1$，则需要抽取第二个样本，累计 d_1 和 d_2，$d_1+d_2 \leq Ac_2$，判定接收该批产品；$d_1+d_2 \geq Re_2$，判定不接收该批产品。五次抽样方案类似于二次抽样方案，最多在检验第五个样本后做出是否接收的判断，即做出"接收"还是"不接收"的结论。

对于产品具有多个质量特性且分别需要检验的情形，只有当该批产品的所有抽样方案检验结果均为接收时，才能判断最终接收该批产品。

12. 检验批的处理

对判为接收的批，使用方应整批接收。但使用方有权不接收样本中发现的任何不合格品，生产方必须对这些不合格品加以修理或用合格品替换。

对不接收的产品批可以做降级、报废处理；也可以在对不合格批进行 100% 检验的基础上，将发现的不合格品剔除或修理好以后，再次提交检验。

对于再次提交检验的批，是使用正常检验还是加严检验，是检验所有类型的不合格还是仅仅检验成批不合格的个别类型的不合格，均由使用方决定。

思 考 题

1. 试述一次、二次和多次抽样方案的基本程序。
2. 什么是操作特性曲线？抽样检验的两类风险是什么？
3. 试分析 C=0 的抽样方案是否合理？为什么？
4. 计数标准型抽样方案的特点是什么？

5. 计数调整型抽样方案的特点是什么？
6. 在计数标准型抽样检验中，规定 $p_0 = 0.32\%$，$p_1 = 1.9\%$，求抽样方案。
7. 在某产品的验收检验中，规定 AQL $= 1.5\%$，批量 $N = 2000$，检验水平为 Ⅱ。如果采用一次抽样检验，求调整型正常检验、加严检验和放宽检验三个抽样方案。

附表 6-1　不合格品百分数的计数标准型一次抽样检验程序及抽样表（GB/T 13262—2008）

$p_1(\%)$ / $p_0(\%)$	0.75	0.85	0.95	1.05	1.20	1.30	1.50	1.70	1.90	2.10	2.40	$p_1(\%)$ / $p_0(\%)$
0.095	750,2	425,1	395,1	370,1	345,1	315,1	280,1	250,1	225,1	210,1	185,1	0.091~0.100
0.105	730,2	665,2	380,1	355,1	330,1	310,1	275,1	250,1	225,1	200,1	185,1	0.101~0.112
0.120	700,2	650,2	595,2	340,1	320,1	295,1	275,1	245,1	220,1	200,1	181,1	0.113~0.125
0.130	930,3	625,2	580,2	535,2	305,1	285,1	260,1	240,1	220,1	200,1	180,1	0.126~0.140
0.150	900,3	820,3	545,2	520,2	475,2	270,1	250,1	230,1	215,1	195,1	175,1	0.141~0.160
0.170	1105,4	795,3	740,3	495,2	470,2	430,2	240,1	220,1	205,1	190,1	175,1	0.161~0.180
0.190	1295,5	980,4	710,3	665,3	440,2	415,2	370,2	210,1	200,1	185,1	170,1	0.181~0.200
0.210	1445,6	1135,5	875,4	635,3	595,3	395,2	365,2	330,2	190,1	175,1	165,1	0.201~0.224
0.240	1620,7	1305,6	1015,5	785,4	570,3	525,3	350,2	325,2	300,2	170,1	160,1	0.225~0.250
0.260	1750,8	1435,7	1165,6	910,5	705,4	510,3	465,3	310,2	290,2	265,2	150,1	0.251~0.280
0.300	2055,10	1545,8	1275,7	1025,6	810,5	625,4	450,3	410,3	275,2	260,2	240,2	0.281~0.315
0.340		1820,10	1385,8	1145,7	920,6	725,5	555,4	400,3	365,3	250,2	230,2	0.316~0.355
0.380			1630,10	1235,8	1025,7	820,6	640,5	490,4	355,3	330,3	220,2	0.356~0.400
0.420				1450,10	1100,8	910,7	725,6	565,5	440,4	315,3	295,3	0.401~0.450
0.480					1300,10	985,8	810,7	545,5	505,5	390,4	285,3	0.451~0.500
0.530						1165,10	875,8	715,7	495,5	454,5	350,4	0.501~0.560
0.600							1035,10	770,8	640,7	435,5	405,5	0.561~0.630
0.670								910,10	690,8	570,7	390,5	0.631~0.710
0.750									815,10	620,8	510,7	0.711~0.800
0.850										725,10	550,8	0.801~0.900
0.950											650,10	0.901~1.00
1.05												1.01~1.12
1.20												1.13~1.25
1.30												1.26~1.40
1.50												1.41~1.60
1.70												1.61~1.80
1.90												1.81~2.00
2.10												2.01~2.24
2.40												2.25~2.50
2.60												2.51~2.80
3.00												2.81~3.15
3.40												3.16~3.55
3.80												3.56~4.00
4.20												4.01~4.50
4.80												4.51~5.00
5.30												5.01~5.60
6.00												5.61~6.30
6.70												6.31~7.10
7.50												7.11~8.00
8.50												8.01~9.00
9.50												9.01~10.0
10.50												10.1~11.2
$p_0(\%)$ / $p_1(\%)$	0.71~0.80	0.81~0.90	0.91~1.00	1.01~1.12	1.13~1.25	1.26~1.40	1.41~1.60	1.61~1.80	1.81~2.00	2.01~2.24	2.25~2.50	$p_0(\%)$ / $p_1(\%)$

(续)

$p_0(\%)$ \ $p_1(\%)$	2.60	3.00	3.40	3.80	4.20	4.80	5.30	6.00	6.70	7.50	8.50	9.50	$p_1(\%)$ \ $p_0(\%)$
0.095	160,1	68,0	64,0	58,0	54,0	49,0	45,0	41,0	37,0	33,0	30,0	27,0	0.091~0.100
0.105	160,1	150,1	60,1	56,0	52,0	48,0	44,0	40,0	37,0	33,0	29,0	27,0	0.101~0.112
0.120	160,1	150,1	130,1	54,0	50,0	46,0	43,0	39,0	36,0	33,0	29,0	26,0	0.113~0.125
0.130	160,1	150,1	130,1	115,1	48,0	45,0	41,0	38,0	35,0	32,0	29,0	26,0	0.126~0.140
0.150	160,1	140,1	130,1	115,1	100,1	43,0	40,0	37,0	33,0	31,0	28,0	26,0	0.141~0.160
0.170	160,1	140,1	125,1	115,1	100,1	92,1	38,0	35,0	33,0	30,0	27,0	25,0	0.161~0.180
0.190	155,1	140,1	125,1	115,1	100,1	92,1	82,1	34,0	31,0	29,0	26,0	24,0	0.181~0.200
0.210	155,1	140,1	125,1	115,1	100,1	92,1	82,1	72,1	30,0	28,0	25,0	23,0	0.201~0.224
0.240	145,1	135,1	125,1	115,1	100,1	90,1	82,1	72,1	64,1	27,0	25,0	23,0	0.225~0.250
0.260	140,1	130,1	120,1	110,1	100,1	90,1	80,1	72,1	64,1	56,1	24,0	22,0	0.251~0.280
0.300	135,1	125,1	115,1	110,1	98,1	88,1	80,1	70,1	64,1	56,1	50,1	21,0	0.281~0.315
0.340	210,2	120,1	110,1	105,1	96,1	86,1	80,1	70,1	62,1	56,1	50,1	45,1	0.316~0.355
0.380	205,2	190,2	110,1	100,1	92,1	86,1	78,1	70,1	62,1	56,1	50,1	45,1	0.356~0.400
0.420	195,2	180,2	165,2	95,1	88,1	82,1	76,1	68,1	62,1	56,1	49,1	45,1	0.401~0.450
0.480	260,3	175,2	165,2	150,2	84,1	80,1	74,1	68,1	62,1	56,1	49,1	44,1	0.451~0.500
0.530	255,3	230,3	155,2	145,2	135,2	76,1	70,1	64,1	60,1	54,1	49,1	44,1	0.501~0.560
0.600	310,4	225,3	205,3	140,2	125,2	115,2	68,1	62,1	58,1	54,1	48,1	44,1	0.561~0.630
0.670	360,5	275,4	200,3	185,3	125,2	115,2	105,2	59,1	56,1	52,1	47,1	43,1	0.631~0.710
0.750	350,5	320,5	250,4	180,3	165,3	110,2	105,2	94,2	54,1	49,1	46,1	42,1	0.711~0.800
0.850	455,7	310,5	285,5	220,4	160,3	145,3	100,2	90,2	84,2	47,1	44,1	40,1	0.801~0.900
0.950	490,8	405,7	275,5	255,5	195,4	140,3	130,3	86,2	82,2	74,2	42,1	39,1	0.901~1.00
1.05	580,10	435,8	360,7	245,5	225,5	175,4	125,3	115,3	78,2	72,2	64,2	37,1	1.01~1.12
1.20	715,13	515,10	390,8	280,6	220,5	165,4	155,4	115,3	105,3	70,2	64,2	58,2	1.13~1.25
1.30		635,13	465,10	350,8	250,6	195,5	150,4	135,4	100,3	66,2	62,2	58,2	1.26~1.40
1.50		825,18	565,13	410,10	310,8	220,6	175,5	130,4	120,4	90,3	58,2	54,2	1.41~1.60
1.70			745,18	505,13	360,10	275,8	195,6	155,5	115,4	110,4	78,3	52,2	1.61~1.80
1.90				660,18	445,13	325,10	245,8	175,6	140,5	105,4	95,4	70,3	1.81~2.00
2.10					585,18	400,13	290,10	220,8	155,6	125,5	95,4	86,4	2.01~2.24
2.40						520,18	360,13	260,10	195,8	140,6	110,5	84,4	2.25~2.50
2.60							470,18	320,13	230,10	175,8	125,6	100,5	2.51~2.80
3.00								415,18	280,13	205,10	155,8	110,6	2.81~3.15
3.40									350,17	250,13	180,10	140,8	3.16~3.55
3.80										310,17	225,13	165,10	3.56~4.00
4.20											275,17	200,13	4.01~4.50
4.80												245,17	4.51~5.00
5.30													5.01~5.60
6.00													5.61~6.30
6.70													6.31~7.10
7.50													7.11~8.00
8.50													8.01~9.00
9.50													9.01~10.0
10.50													10.1~11.2
$p_0(\%)$ \ $p_1(\%)$	2.51~2.80	2.81~3.15	3.16~3.55	3.56~4.00	4.01~4.50	4.51~5.00	5.01~5.60	5.61~7.10	7.11~7.10	7.11~8.00	8.01~9.00	9.01~10.0	$p_0(\%)$ \ $p_1(\%)$

（续）

$p_0(\%)$ \ $p_1(\%)$	10.5	12.0	13.0	15.0	17.0	19.0	21.0	24.0	26.0	30.0	34.0	$p_1(\%)$ \ $p_0(\%)$
0.095	24,0	22,0	19,0	17,0	15,0	13,0	11,0	10,0	9,0	8,0	7,0	0.091~0.100
0.105	24,0	21,0	19,0	17,0	15,0	13,0	11,0	10,0	9,0	7,0	7,0	0.101~0.112
0.120	24,0	21,0	19,0	17,0	15,0	13,0	11,0	10,0	9,0	7,0	7,0	0.113~0.125
0.130	23,0	21,0	19,0	17,0	15,0	13,0	11,0	10,0	9,0	7,0	6,0	0.126~0.140
0.150	23,0	21,0	19,0	16,0	15,0	13,0	11,0	10,0	9,0	7,0	6,0	0.141~0.160
0.170	23,0	21,0	18,0	16,0	15,0	13,0	11,0	10,0	9,0	7,0	6,0	0.161~0.180
0.190	22,0	21,0	18,0	16,0	14,0	13,0	11,0	10,0	9,0	7,0	6,0	0.181~0.200
0.210	22,0	20,0	18,0	16,0	14,0	13,0	11,0	10,0	9,0	7,0	6,0	0.201~0.224
0.240	21,0	19,0	18,0	16,0	14,0	12,0	11,0	10,0	9,0	7,0	6,0	0.225~0.250
0.260	20,0	19,0	17,0	16,0	14,0	12,0	11,0	10,0	9,0	7,0	6,0	0.251~0.280
0.300	19,0	18,0	17,0	15,0	14,0	12,0	11,0	10,0	9,0	7,0	6,0	0.281~0.315
0.340	19,0	17,0	16,0	15,0	13,0	12,0	11,0	10,0	9,0	7,0	6,0	0.316~0.355
0.380	40,1	17,0	15,0	14,0	13,0	12,0	11,0	10,0	9,0	7,0	6,0	0.356~0.400
0.420	40,1	35,1	15,0	14,0	12,0	11,0	10,0	9,0	8,0	7,0	6,0	0.401~0.450
0.480	40,1	35,1	31,1	13,0	12,0	11,0	10,0	9,0	8,0	7,0	6,0	0.451~0.500
0.530	39,1	35,1	31,1	28,1	11,0	11,0	10,0	9,0	8,0	7,0	6,0	0.501~0.560
0.600	39,1	35,1	31,1	27,1	24,1	10,0	9,0	9,0	8,0	7,0	6,0	0.561~0.630
0.670	39,1	35,1	31,1	27,1	24,1	21,1	9,0	8,0	8,0	7,0	6,0	0.631~0.710
0.750	38,1	35,1	31,1	27,1	24,1	21,1	19,1	8,0	7,0	7,0	6,0	0.711~0.800
0.850	38,1	34,1	31,1	27,1	24,1	21,1	19,1	17,1	7,0	7,0	6,0	0.801~0.900
0.950	36,1	34,1	30,1	27,1	24,1	21,1	19,1	17,1	15,0	6,0	6,0	0.901~1.00
1.05	35,1	32,1	30,1	27,1	23,1	21,1	19,1	17,1	15,1	6,0	6,0	1.01~1.12
1.20	33,1	31,1	29,1	26,1	23,1	21,1	18,1	17,1	15,1	6,0	6,0	1.13~1.25
1.30	52,2	30,1	28,1	25,1	23,1	21,1	18,1	16,1	15,1	13,1	5,0	1.26~1.40
1.50	50,2	47,1	26,1	24,1	22,1	20,1	18,1	16,1	14,1	13,1	5,0	1.41~1.60
1.70	49,2	45,2	41,2	23,1	21,1	20,1	18,1	16,1	14,1	13,1	11,1	1.61~1.80
1.90	47,2	44,2	41,2	36,2	21,2	19,1	18,1	16,1	14,1	13,1	11,1	1.81~2.00
2.10	62,3	42,2	39,2	36,2	32,2	18,1	17,1	16,1	14,1	13,1	11,1	2.01~2.24
2.40	76,4	56,3	37,2	34,2	31,2	28,2	16,1	15,1	14,1	12,1	11,1	2.25~2.50
2.60	74,4	54,4	50,3	33,2	30,2	28,2	25,2	15,1	13,1	12,1	11,1	2.51~2.80
3.00	86,5	66,4	48,3	44,3	29,2	27,2	25,2	22,2	13,1	12,1	11,1	2.81~3.15
3.40	100,6	78,5	60,4	42,3	39,3	26,2	24,2	22,2	20,2	11,1	10,1	3.16~3.55
3.80	125,8	90,6	70,5	52,4	37,3	35,3	23,2	21,2	20,2	17,2	10,1	3.56~4.00
4.20	145,1	110,8	78,6	62,5	46,4	33,3	31,3	20,2	19,2	17,2	10,1	4.01~4.50
4.80	180,13	130,1	100,8	70,6	54,5	41,4	30,3	28,3	18,2	17,2	15,2	4.51~5.00
5.30	220,17	160,13	115,10	86,8	62,6	48,5	37,4	27,3	25,3	16,2	15,2	5.01~5.60
6.00		195,17	140,13	100,10	68,7	54,6	43,5	33,4	23,3	22,3	14,2	5.61~6.30
6.70			175,17	120,12	82,9	60,7	48,6	38,5	29,4	21,3	14,2	6.31~7.10
7.50				150,16	105,12	74,9	54,7	44,6	34,5	26,4	18,3	7.11~8.00
8.50					130,16	90,12	66,9	48,7	39,6	30,5	23,4	8.01~9.00
9.50						115,16	82,12	59,9	43,7	34,6	27,5	9.01~10.0
10.50							105,16	74,12	52,9	38,7	26,5	10.1~11.2
$p_0(\%)$ \ $p_1(\%)$	10.1~11.2	11.3~12.5	12.6~14.0	14.1~16.0	16.1~18.0	18.1~20.0	20.1~22.4	22.5~25.0	25.1~28.0	28.1~31.5	31.6~35.5	$p_0(\%)$ \ $p_1(\%)$

附表 6-2 正常检验一次抽样方案

样本量字码	样本量	接收质量限（AQL）																															
		0.010		0.015		0.025		0.040		0.065		0.10		0.15		0.25		0.40		0.65		1.0		1.5		2.5		4.0		6.5		10		15		25		40		65		100		150		250		400		650		1000	
		Ac	Re	Ac	Re	Ac	Re	Ac	Re	Ac	Re	Ac	Re	Ac	Re	Ac	Re	Ac	Re	Ac	Re	Ac	Re	Ac	Re	Ac	Re	Ac	Re	Ac	Re	Ac	Re	Ac	Re	Ac	Re	Ac	Re	Ac	Re	Ac	Re	Ac	Re	Ac	Re	Ac	Re	Ac	Re	Ac	Re
A	2																															↓			0	1	⇑		⇑		1	2	2	3	3	4	5	6	7	8	10	11	14	15	21	22	30	31	44	45
B	3																													↓				0	1	⇑		1	2	2	3	3	4	5	6	7	8	10	11	14	15	21	22	30	31	44	45	⇐	
C	5																												↓				0	1	⇑		1	2	2	3	3	4	5	6	7	8	10	11	14	15	21	22	30	31	44	45	⇐			
D	8																											↓				0	1	⇑		1	2	2	3	3	4	5	6	7	8	10	11	14	15	21	22	⇐								
E	13																									↓				0	1	⇑		1	2	2	3	3	4	5	6	7	8	10	11	14	15	21	22	⇐										
F	20																							↓				0	1	⇑		1	2	2	3	3	4	5	6	7	8	10	11	14	15	21	22	⇐												
G	32																					↓				0	1	⇑		1	2	2	3	3	4	5	6	7	8	10	11	14	15	21	22	⇐														
H	50																			↓				0	1	⇑		1	2	2	3	3	4	5	6	7	8	10	11	14	15	21	22	⇐															
J	80																	↓				0	1	⇑		1	2	2	3	3	4	5	6	7	8	10	11	14	15	21	22	⇐																	
K	125															↓				0	1	⇑		1	2	2	3	3	4	5	6	7	8	10	11	14	15	21	22	⇐																			
L	200													↓				0	1	⇑		1	2	2	3	3	4	5	6	7	8	10	11	14	15	21	22	⇐																					
M	315											↓				0	1	⇑		1	2	2	3	3	4	5	6	7	8	10	11	14	15	21	22	⇐																							
N	500									↓				0	1	⇑		1	2	2	3	3	4	5	6	7	8	10	11	14	15	21	22	⇐																									
P	800							↓				0	1	⇑		1	2	2	3	3	4	5	6	7	8	10	11	14	15	21	22	⇐																											
Q	1250					↓				0	1	⇑		1	2	2	3	3	4	5	6	7	8	10	11	14	15	21	22	⇐																													
R	2000			↓				0	1	⇑		1	2	2	3	3	4	5	6	7	8	10	11	14	15	21	22	⇐																															

注：
⇓——使用箭头下面的第一个抽样方案。
⇑——使用箭头上面的第一个抽样方案。
Ac——接收数。
Re——拒收数。
⇐——当样本量大于或等于批量时，执行100%的检验。

附表 6-3 加严检验一次抽样方案

样本量字码	样本量	接收质量限(AQL)																									
		0.010	0.015	0.025	0.040	0.065	0.10	0.15	0.25	0.40	0.65	1.0	1.5	2.5	4.0	6.5	10	15	25	40	65	100	150	250	400	650	1000
		Ac Re	*Ac Re*	*Ac Re*	*Ac Re*	*Ac Re*	*Ac Re*	*Ac Re*	*Ac Re*	*Ac Re*	*Ac Re*	*Ac Re*	*Ac Re*	*Ac Re*	*Ac Re*	*Ac Re*	*Ac Re*	*Ac Re*	*Ac Re*	*Ac Re*	*Ac Re*	*Ac Re*	*Ac Re*	*Ac Re*	*Ac Re*	*Ac Re*	*Ac Re*
A	2	⇩	⇩	⇩	⇩	⇩	⇩	⇩	⇩	⇩	⇩	⇩	⇩	⇩	⇩	⇩	0 1	⇩	⇩	1 2	2 3	3 4	5 6	8 9	12 16	18 19	27 28
B	3	⇩	⇩	⇩	⇩	⇩	⇩	⇩	⇩	⇩	⇩	⇩	⇩	⇩	⇩	0 1	⇩	⇩	1 2	2 3	3 4	5 6	8 9	12 13	18 19	27 28	41 42
C	5	⇩	⇩	⇩	⇩	⇩	⇩	⇩	⇩	⇩	⇩	⇩	⇩	⇩	0 1	⇩	⇩	1 2	2 3	3 4	5 6	8 9	12 13	18 19	27 28	41 42	⇧
D	8	⇩	⇩	⇩	⇩	⇩	⇩	⇩	⇩	⇩	⇩	⇩	⇩	0 1	⇩	⇩	1 2	2 3	3 4	5 6	8 9	12 13	18 19	27 28	41 42	⇧	⇧
E	13	⇩	⇩	⇩	⇩	⇩	⇩	⇩	⇩	⇩	⇩	⇩	0 1	⇩	⇩	1 2	2 3	3 4	5 6	8 9	12 13	18 19	27 28	41 42	⇧	⇧	⇧
F	20	⇩	⇩	⇩	⇩	⇩	⇩	⇩	⇩	⇩	⇩	0 1	⇩	⇩	1 2	2 3	3 4	5 6	8 9	12 13	18 19	⇧	⇧	⇧	⇧	⇧	⇧
G	32	⇩	⇩	⇩	⇩	⇩	⇩	⇩	⇩	⇩	0 1	⇩	⇩	1 2	2 3	3 4	5 6	8 9	12 13	18 19	⇧	⇧	⇧	⇧	⇧	⇧	⇧
H	50	⇩	⇩	⇩	⇩	⇩	⇩	⇩	⇩	0 1	⇩	⇩	1 2	2 3	3 4	5 6	8 9	12 13	18 19	⇧	⇧	⇧	⇧	⇧	⇧	⇧	⇧
J	80	⇩	⇩	⇩	⇩	⇩	⇩	⇩	0 1	⇩	⇩	1 2	2 3	3 4	5 6	8 9	12 13	18 19	⇧	⇧	⇧	⇧	⇧	⇧	⇧	⇧	⇧
K	125	⇩	⇩	⇩	⇩	⇩	⇩	0 1	⇩	⇩	1 2	2 3	3 4	5 6	8 9	12 13	18 19	⇧	⇧	⇧	⇧	⇧	⇧	⇧	⇧	⇧	⇧
L	200	⇩	⇩	⇩	⇩	⇩	0 1	⇩	⇩	1 2	2 3	3 4	5 6	8 9	12 13	18 19	⇧	⇧	⇧	⇧	⇧	⇧	⇧	⇧	⇧	⇧	⇧
M	315	⇩	⇩	⇩	⇩	0 1	⇩	⇩	1 2	2 3	3 4	5 6	8 9	12 13	18 19	⇧	⇧	⇧	⇧	⇧	⇧	⇧	⇧	⇧	⇧	⇧	⇧
N	500	⇩	⇩	⇩	0 1	⇩	⇩	1 2	2 3	3 4	5 6	8 9	12 13	18 19	⇧	⇧	⇧	⇧	⇧	⇧	⇧	⇧	⇧	⇧	⇧	⇧	⇧
P	800	⇩	⇩	0 1	⇩	⇩	1 2	2 3	3 4	5 6	8 9	12 13	18 19	⇧	⇧	⇧	⇧	⇧	⇧	⇧	⇧	⇧	⇧	⇧	⇧	⇧	⇧
Q	1250	⇩	0 1	⇩	⇩	1 2	2 3	3 4	5 6	8 9	12 13	18 19	⇧	⇧	⇧	⇧	⇧	⇧	⇧	⇧	⇧	⇧	⇧	⇧	⇧	⇧	⇧
R	2000	0 1	⇧	⇩	1 2	2 3	3 4	5 6	8 9	12 13	18 19	⇧	⇧	⇧	⇧	⇧	⇧	⇧	⇧	⇧	⇧	⇧	⇧	⇧	⇧	⇧	⇧
S	3150			1 2																							

注：⇩——使用箭头下面的第一个抽样方案，当样本量大于或等于批量时，执行 100% 的检验。

⇧——使用箭头上面的第一个抽样方案。

Ac——接收数。

Re——拒收数。

附表 6-4 放宽检验一次抽样方案

样本量字码	样本量	接收质量限 (AQL)																							
		0.010	0.015	0.025	0.040	0.065	0.10	0.15	0.25	0.40	0.65	1.0	1.5	2.5	4.0	6.5	10	15	25	40	65	100	150	250	400	650	1000
		Ac Re	Ac Re	Ac Re	Ac Re	Ac Re	Ac Re	Ac Re	Ac Re	Ac Re	Ac Re	Ac Re	Ac Re	Ac Re	Ac Re	Ac Re	Ac Re	Ac Re	Ac Re	Ac Re	Ac Re	Ac Re	Ac Re	Ac Re	Ac Re	Ac Re	Ac Re
A	2															↓	↓	↓	0 1	0 1	1 2	2 3	3 4	5 6	7 8	10 11	14 15
B	2														↓	0 1	↑	↑	0 1	1 2	2 3	3 4	5 6	7 8	10 11	14 15	14 15
C	2													↓	0 1	↑	↑	0 1	1 2	2 3	3 4	5 6	6 7	8 9	10 11	14 15	21 22
D	3												↓	0 1	↑	↑	0 1	1 2	2 3	3 4	5 6	6 7	8 9	10 11	14 15	21 22	30 31
E	5											↓	0 1	↑	↑	0 1	1 2	2 3	3 4	5 6	6 7	8 9	10 11	14 15	21 22	30 31	
F	8										↓	0 1	↑	↑	0 1	1 2	2 3	3 4	5 6	6 7	8 9	10 11	↑				
G	13									↓	0 1	↑	↑	0 1	1 2	2 3	3 4	5 6	6 7	8 9	10 11	↑					
H	20								↓	0 1	↑	↑	0 1	1 2	2 3	3 4	5 6	6 7	8 9	10 11	↑						
J	32							↓	0 1	↑	↑	0 1	1 2	2 3	3 4	5 6	6 7	8 9	10 11	↑							
K	50						↓	0 1	↑	↑	0 1	1 2	2 3	3 4	5 6	6 7	8 9	10 11	↑								
L	80					↓	0 1	↑	↑	0 1	1 2	2 3	3 4	5 6	6 7	8 9	10 11	↑									
M	125				↓	0 1	↑	↑	0 1	1 2	2 3	3 4	5 6	6 7	8 9	10 11	↑										
N	200			↓	0 1	↑	↑	0 1	1 2	2 3	3 4	5 6	6 7	8 9	10 11	↑											
P	315		↓	0 1	↑	↑	0 1	1 2	2 3	3 4	5 6	6 7	8 9	10 11	↑												
Q	500	↓	0 1	↑	↑	0 1	1 2	2 3	3 4	5 6	6 7	8 9	10 11	↑													
R	800	0 1	↑																								

注：
↓——使用箭头下面的第一个抽样方案。
↑——使用箭头上面的第一个抽样方案，当样本量大于或等于批量时，执行100%的检验。
Ac——接收数。
Re——拒收数。

第七章

六西格玛管理

本章主要对六西格玛管理的基本概念、实施六西格玛管理的组织结构、六西格玛项目管理、六西格玛改进、六西格玛设计、精益六西格玛以及大数据技术在精益六西格玛中的应用做简要介绍,基本涵盖了六西格玛管理哲学和方法的主要内容和最新进展;关于六西格玛管理所用到的一些具体方法,本章中并未展开,读者可参考其他六西格玛管理方面的专业书籍。

第一节 六西格玛管理概述

一、六西格玛管理的概念

六西格玛管理诞生于全面质量管理盛行的 20 世纪 80 年代中期,是通过对全面质量管理进行继承和改进,以及在实践中不断充实和总结而发展形成的一种管理理念和系统方法。它不是单纯的质量改进,而是通过使企业保持持续改进,增强企业的综合领导能力,不断提高顾客满意度以及经营绩效来获得巨大利润的系统方法。

摩托罗拉公司在 1986 年率先提出了六西格玛管理模式并在公司中推行。在发起六西格玛活动两年之后,摩托罗拉公司就荣获了美国波多里奇国家质量奖。在摩托罗拉公司开展六西格玛管理的 1987—1999 年的 12 年间,生产率平均每年提高 12.3%,因质量缺陷造成的损失减少 84%,利润率每年攀升将近 20%,产生的累计节约额达到 140 亿美元,摩托罗拉的股价平均每年上涨 21.3%。

后来让六西格玛管理模式声名大振的则是美国的通用电气(GE)公司。该公司自 1995 年开始推行六西格玛管理模式,由此产生的效益每年加速递增:1997 年节省成本 3 亿美元,1998 年节省 7.5 亿美元,1999 年节省 15 亿美元。通用电气公司的营业毛利率也一个季度接一个季度地不断刷新纪录,利润率从 1995 年的 13.6% 提高的 1998 年的 16.7%。

摩托罗拉和通用电气公司的成功经验说明,六西格玛相对于其他质量管理模式具有巨大的优势。因此,越来越多的企业加入六西格玛管理的实践中。这些企业包括 ABB、百得、庞巴迪、杜邦、陶氏化学、联邦快递、强生、柯达、纳威司达、宝丽来、希捷科技、索尼、东芝等。这些企业的六西格玛实践产生了各种各样令人印象深刻的改善,使客户和股东都从中受益。如今六西格玛已经被公认为是企业界最先进的质量管理方法和工具之一。

西格玛(σ)是希腊文中的一个字母,在统计学上用来表示标准差,用以描述总体中的个体偏离均值的程度。对于连续可计量的质量特性而言,σ 值越大,说明数据的离散性越大,如图 7-1 所示。对同一质量特性而言,σ 控制在不同的范围之内,就意味着失误和缺陷数量的多少，显示了企业的产品质量和竞争能力。

6σ = 3.4 失误/百万机会——意味着卓越的管理、强大的竞争力和忠诚的客户。

5σ = 233 失误/百万机会——意味着优秀的管理、很强的竞争力和比较忠诚的客户。

4σ = 6210 失误/百万机会——意味着较好的管理和运营能力及满意的客户。

3σ = 66807 失误/百万机会——意味着平常的管理，缺乏竞争力。

2σ = 308537 失误/百万机会——意味着企业资源每天都有 1/3 的浪费。

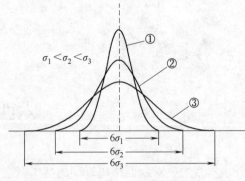

图 7-1　σ 大小不同的比较图

1σ = 697672 失误/百万机会——每天有 2/3 的事情做错，企业无法生存。

3σ 表示 99.7% 的产品合格率，这已经达到较高的标准；而 6σ 的不合格品率或差错率仅为 3.4PPM（PPM 表示百万分之一），即 100 万个产品中只有 3.4 个不合格。很多人认为产品达到 3σ 水平已经非常满意，可是 6σ 要求的 99.9997% 的完美目标却使这些以往被认为是"优异"的绩效看起来是相当差的。表 7-1 对 3σ 水平与 6σ 水平进行了对比，从中会看到令人惊讶的差距。

表 7-1　3σ 水平与 6σ 水平的对比

3σ 水平的企业	6σ 水平的企业
每年有 54000 次药品调剂错误	25 年中只有 1 次药品调剂错误
每年因护士或医生的错误造成新生儿死亡 40500 名	100 年中因护士或医生的错误造成新生儿死亡 3 名
每月有 2h 喝被污染的水	16 年中只有 1s 喝被污染的水
每周有 2h 不能提供电话服务	100 年中有 6s 不能提供电话服务
每周飞机发生 5 次着陆错误	美国所有航空公司 10 年发生 1 次着陆错误
每周发生 1350 次外科手术事故	20 年发生 1 次外科手术事故
每小时遗失 54000 件邮件	每年遗失 35 件邮件

以上是从统计的角度解释六西格玛的含义，除此之外，六西格玛还有更为深刻的多重管理含义，包括：

（1）实施六西格玛并不是一定要达到六西格玛水平的质量，而在于对过程进行突破性的改进和创新。六西格玛的目标就是"又精又准"，即使过程趋于目标值并减少波动，追求零缺陷，追求完美。

（2）六西格玛是一套系统的业务改进方法体系，是旨在持续改进企业业务流程、实现顾客满意的管理方法。它通过系统、集成地采用业务改进流程，实现无缺陷的过程设计，并对现有过程进行界定、测量、分析、改进、控制，消除过程缺陷和无价值作业，从而提高质量和服务、降低成本、缩短运转周期，最终达到顾客完全满意，增强企业竞争力。

综上所述，六西格玛管理就是以质量为主线，以顾客需求为中心，利用对事实和数据的分析，改进提升一个组织的业务流程能力，从而增强企业竞争力的一套灵活、综合的管理方法体系。

二、六西格玛管理的基本原则

任何一种管理模式，不管在理论上有多大的创新和价值，如果不能给企业带来实际收益，都是毫无意义的。六西格玛管理是能给企业带来多方面切实收益的一种管理模式。提高企业经济效益有两个方面：一是增加收入（销售额）、利润和市场份额。这可以通过加强领导、提高效率、改进雇员工作以及提高雇员和顾客的满意度等方式来实现。二是降低经营所需资源的成本，减少资源投资。由于销售质量低劣的产品和服务会给企业带来损失，并使其在市场竞争中处于不利地位，其他的损失可能会使市场份额减少，如组织形象和信誉不佳、顾客抱怨、责任风险等，以及人力和财务资源的浪费。减少这些损失，可以降低经营所需资源成本。

六西格玛管理既能使企业在经营上成功，又能使其经营业绩最大化。它可以使企业的市场占有率提高，顾客满意度提升，营运成本降低，缺陷率降低，企业文化改变，最终实现最佳社会效益，如图7-2所示。

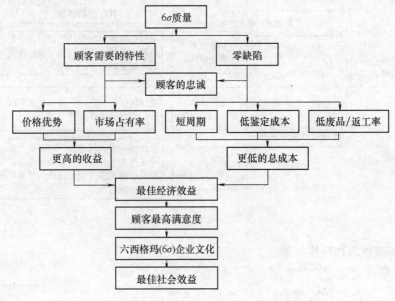

图7-2 六西格玛管理效益实现图

六西格玛管理之所以能使企业获得这样的效益，主要还在于它遵循三个基本原则：

1. 提高顾客满意度的原则

在任何时候，顾客满意对组织而言都是极为重要的，它在很大程度上决定着组织的市场份额，因此也可以说决定着组织的生存和发展。组织要取悦于它的顾客，可能需要很大的投入，但对顾客有益的不一定对组织有益。企业毕竟是以盈利为目的的，通常管理层的首要任务就是为股东创造价值。传统的做法是将大部分注意力集中在顾客方面，而且，企业为实现顾客满意所做的各种努力与为盈利所做的努力之间是断裂的，没有建立任何联系。六西格玛则强调从整个经营的角度出发，而不只是强调单一产品、服务或过程的质量，将注意力同时集中在顾客和企业两个方面。

2. 降低质量成本的原则

六西格玛管理从质量成本分析入手，分析质量成本占销售额的比例来寻求改善之策。由

图 7-3 可知，质量成本是由符合性成本和非符合性成本构成的。一般而言，非符合性成本占销售额的 4%～5%，所以，降低非符合性成本是六西格玛管理突破的关键。六西格玛管理不仅关注非符合性成本，而且十分关注劣质成本。所谓劣质成本，就是指不能给过程增值的那部分运行成本。它既包括非符合性成本，又包括符合性成本不增值的部分（见图 7-4）。一般劣质成本占总成本的 15%～20%。减少劣质成本，消除不增值的"隐蔽工厂"，是六西格玛管理的突破口。劣质成本存在于企业的各个层面，如加班过多、上门服务支出过多、文件延迟、报价或结账错误、未按时完成销售订单、不必要的快递、顾客赔偿、产品开发失败、生产安排脱节、顾客投诉、设备闲置和利用率低等，都是劣质成本产生的根源。消除这些劣质成本，就可以极大地降低质量成本，这是六西格玛管理关注的重点，也是实施六西格玛管理的关键。

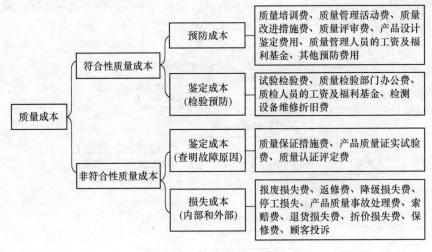

图 7-3　质量成本构成

3. 降低资源成本和风险的原则

六西格玛管理蕴含这样的思想：所有缺陷和错误都代表了风险。六西格玛管理的目的在于降低风险，而非仅仅减少缺陷。

六西格玛管理一方面可以降低顾客购买产品或服务的风险；另一方面也可以降低产品或服务提供者的风险。换言之，应用六西格玛来降低风险意味着所有方面业绩的提高，如质量、能力、周期、库存以及其他关键因素。

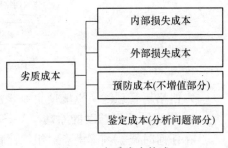

图 7-4　劣质成本构成

为此，从符合性成本和非符合性成本的角度来寻求和识别六西格玛改进的机会和项目是十分关键的。六西格玛管理要求降低经营资源成本，就要降低非符合性成本和符合性成本。符合性成本由增值和不增值两部分组成。要通过有效的手段，找出不增值的部分，加以改进，消灭所谓的"隐蔽工厂"，从而降低成本和风险。当然，要做到这一点，就必须实施质量成本分析，界定质量改进项目，并通过测量手段和统计分析，在测量和分析中发现那些对顾客来说十分关键、对组织来说非常重要的因素，采取有效的改进措施和控制手段，使其达到一个较高的绩效水平。

三、实施六西格玛管理的意义

在激烈的市场竞争中，摩托罗拉公司为了生存，提出了六西格玛管理，从而使摩托罗拉公司从濒临倒闭发展成全球芯片制造、电子通信领导者，并于1998年获得美国波多里奇国家质量奖。通用电气公司前CEO杰克·韦尔奇很早就意识到人们对质量的要求会越来越高，他认为企业应该趁着还在赚钱的时候，将成本投注在质量的改善上，而不是等到面临困境才寻求改善。于是，他于1996年开始在通用电气公司推动六西格玛管理的实施，使得通用电气公司一年获利增加7.5亿美元，并大幅降低了成本。统计资料表明，一个达到3σ水平的企业直接与质量问题有关的成本占其销售收入的15%~30%；一个6σ水平的企业仅需耗费年销售额的1.5%来矫正失误。所以，提高企业的综合质量水平对提高企业的效益有着直接的促进作用。最为重要的是，企业拥有高质量和稳定的业务流程，是提高客户满意度的根本要素。麦肯锡公司的调查和研究表明，对一个3σ水平的企业来说，提高1σ水平可获得：利润率增长20%；产出能力提高12%~18%；劳动力减少12%；资本投入减少10%~30%。而且，直至提升到4.8σ，企业均无须进行大的资本投入。当达到4.8σ时，再提高到6σ则需要增加投入，但此时产品的竞争力已大幅度提高，市场占有率极高，给企业带来的利润将远远大于此时的投入。通用电气、摩托罗拉、杜邦、福特、美国快递、联信等公司实施六西格玛管理取得的巨大成功就是最佳证明。

我国的大多数企业运作在3σ~3.5σ的质量水平，这意味着每百万个机会中已经产生10000~66800个缺陷，而所有的不良品要么成为废品，要么需要返工或在客户现场维修或调换，这些都是企业的成本。从市场环境来看，世界经济一体化加剧了企业间的竞争，一个停留在3σ、4σ或5σ质量水平的企业是无法与一个6σ质量水平的企业竞争的。国家与国家之间的竞争也最终体现在综合实力方面的竞争。一个只有不到3σ质量水平的国家，其内部将会有大量的资源浪费、缺乏竞争力的产品和不满意的消费者，在世界经济中很难与一个具有6σ质量水平的国家进行较量。因此，六西格玛管理是一个追求世界级水平的质量评价过程，近年来已经引起全球各国企业的重视，也应该被我国企业高度重视。

相关调查研究表明，当顾客遭遇了有缺陷的产品和过程的恶果时，他们不仅感到沮丧，而且会有所行动：一个不满意的顾客会把不愉快的经历告诉9~10个人，甚至更多；如果问题处理得很满意，这个顾客会告诉5个人；31%遇到服务问题的顾客由于怕麻烦而不会投诉，而其中仅有9%的顾客会继续同这家企业有业务往来。也就是说，缺陷会导致顾客流失，而顾客满意则会使顾客主动帮助企业宣传。当顾客的要求越来越高、耐心越来越少时，高缺陷率无疑会使企业陷于重大的风险之中。市场是由顾客决定的，由前面的分析可知，六西格玛质量具有强劲的市场竞争力，实施六西格玛管理将会增加企业市场占有率、提高顾客满意度、缩短生产周期、降低缺陷率、降低成本、创造良好的企业文化，从而提升企业的核心竞争力，保证企业持续发展。

四、六西格玛管理的新发展

六西格玛管理理论自产生之后，一直在不断吸收新的理论和知识，改进方法和流程。

首先，在传统六西格玛理论之后，摩托罗拉公司提出了"新六西格玛"理论——一种由沟通、培训、领导艺术、团队合作、度量和以顾客为中心等价值驱动的变革方法，旨在提升企业竞争力，变革企业文化。传统的六西格玛方法被广泛应用于制造业，用于提高产品质量，降低差错率。而新六西格玛方法是一种领导力管理程序，是一种总体业务改进的方法，适用于各个行业。与传统的六西格玛方法相比，它更能从宏观的角度进行改进。

新六西格玛方法是将传统的六西格玛方法与平衡计分卡、业务流程再造、对核心业务流程进行持续不断的监控等工具整合起来所得到的一套理论。表7-2列出了新六西格玛方法的领导力原则。

表7-2 新六西格玛方法的领导力原则

领导力原则	解释
整合	以美国波多里奇质量奖为依据，采用卓越绩效的模式，将顾客需求、企业战略以及核心业务流程相结合 确定战略实施目标，制定具有挑战性的具体目标和恰当的衡量标准，以提供持续不断的、可测量的、基本的经营结果要求，推动经营目标的实现
调动	团队授权：高级经理人员选择项目，团队利用项目管理方法和六西格玛方法达到企业制定的改进目标 通过项目立项表、成功准则、严格的评估等方法将团队组织起来 向团队提供及时的培训服务，并鼓励他们将其付诸行动
加速	采用学以致用的方法，将系统的培训与实际的项目工作和指导结合起来，迅速消除由学习到实践的差距；采取相应的激励措施使员工行动起来，以按时达到项目目标
控制	以平衡计分卡模型建立考核体系，据此进行控制，促进战略的实施 系统的流程审核包括对结果控制卡的审核，必要时要审核流程和项目的细节

其次，随着大数据技术的发展，六西格玛方法（尤其是精益六西格玛）与大数据技术开始结合起来。由于六西格玛的核心目标是利用数据和统计分析工具来提高质量、利润和市场竞争力，大数据技术的发展给六西格玛管理提供了更有力的武器。电子商务、社交媒体、自动化生产线和物联网产生了大量的关于产品的结构化数据和非结构化数据，对这些数据加以有效利用，可以发现改进质量和提高市场竞争力的途径。最近，企业界和学术界均在探讨精益六西格玛和大数据技术的相互结合。这种结合具体表现在以下层面：

（1）这种结合能够在精益六西格玛管理中应用先进的分析技术。在精益六西格玛中，黑带和绿带都要接受统计技术的培训，但主要是探索性数据分析和描述性统计；大数据技术的发展，能够使更加高级的统计分析技术应用到精益六西格玛项目中。

（2）在精益六西格玛项目中使用大数据技术，将使从业人员能够利用积累的大量信息来更好地测量过程，并寻找可以促进过程改进和创新的方法。除非利用大数据技术，否则这些方法可能无法利用传统分析工具去发现。

（3）许多企业开始加大对物联网的投入和重视。例如，通用电气公司和思科公司，它们是实施精益六西格玛的优秀企业，而物联网技术的应用使它们获得了利用互联网数据提升质量和竞争力的能力。

在精益六西格玛中，应用大数据技术已经有了很多成功案例。玛内蒂（Manenti，2014）报告称，英特尔公司在2012年通过使用大数据来进行预防性分析，为单微处理器芯片生产线节省了300万美元。将该技术应用到更多的芯片线，预计未来几年可节省3000多万美元。通用电气航空公司通过在过程检测中利用大数据技术，使生产速度提高了25%。奥彻斯基

(Auschitzky，2014）等报告称，一家生物制药公司使用大数据技术对制造流程进行分析，确定过程相互依赖的关系以及影响疫苗产量的参数，结果疫苗产量增加了50%，并且每年可节约经费500万~1000万美元。

五、六西格玛与企业文化

六西格玛对企业最深远的影响莫过于对企业文化的影响。企业文化的核心是企业的核心价值观，六西格玛的价值观既是六西格玛的管理哲学，也是企业实施六西格玛的行为准则。经过20多年的提炼和总结，六西格玛管理形成了以下六个方面的价值观：

（1）以顾客为中心。"以顾客为中心"是六西格玛管理最基本的价值观。企业依存于顾客，获得高顾客满意度和忠诚度是企业追求的目标。六西格玛管理强调"倾听顾客的声音"，通过建立良好的顾客关系提高顾客满意度和忠诚度。

（2）以事实和数据驱动管理。"以事实和数据驱动管理"是现代企业管理和传统企业管理之间的分水岭。六西格玛管理把"以事实来管理的理念"提到一个更高的层次，通过分清什么是衡量企业业绩的尺度，应用数据和分析来促进对关键变量的理解，并进一步优化结果。

（3）聚焦流程，以流程为重。精通流程不仅是必要的，而且是在给客户提供价值时建立竞争优势的有效方法。在六西格玛管理中，流程是采取行动的地方。设计产品和服务、度量业绩、提高效率和客户满意度，甚至改善经营等，都是流程。流程在六西格玛管理中被定位为成功的关键。

（4）有预见的积极管理。"有预见的积极管理"即在事情发生之前就主动采取行动。有预见的积极管理意味着：企业要设定具有挑战性的目标并经常回顾目标；确定清晰的工作优先次序；将注意力集中在预防问题上，而不是已发生的差错；质疑为什么要这样做，而不是不加分析地维持现状。通过有预见的积极管理，可以有效地提高企业的管理效率。

（5）无边界的协力合作。经济全球化使得无边界的协力合作成为可能。改进企业内部各部门之间、企业和供货商之间、企业和顾客之间的合作关系，可以为企业带来巨大的商机。六西格玛管理强调无边界的协力合作，让员工了解自己应该如何配合组织行动，并衡量企业流程中各部门活动之间的关联性。六西格玛管理能够营造一种真正支持团队合作的管理结构和环境。

（6）追求完美，但同时容忍失败。在实施六西格玛的企业中，员工不断追寻既能够提供较好的服务，又能够降低成本的方法。企业持续追求完美，但也能接受或处理偶发的挫败，从失败中总结经验教训。

第二节 六西格玛管理的组织

一、六西格玛管理的组织结构

实施六西格玛管理需要一定的组织准备。那些致力于把六西格玛主题和实践贯穿于日常管理中，并在过程绩效和顾客满意度上取得显著改进的组织，称为六西格玛组织。

在这里需要强调的是，符合上述定义的组织并不一定要求在任何过程中都达到六西格玛标准。其实，像通用电气和摩托罗拉这些公司，也只是某些方面达到了六西格玛的水平。对有的企业来说，只要在所有过程中都实现了四西格玛水平，就是很大的成功。

企业实施六西格玛管理的首要任务是创建一个致力于流程改进的专家团队。而六西格玛的最大特色就是创建了一个由倡导者、黑带大师（主管）、黑带、绿带等构成的组织机构（见图7-5），为企业提供了一批实施持续改进活动所必需的人才。这些人才是推动企业变革的核心力量，应该具有较强的组织能力和较高的专业技术水平。他们来自企业的各个岗位，经过六西格玛专门培训，为六西格玛管理提供组织上的保障。

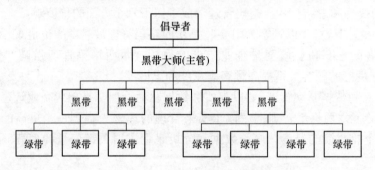

图7-5 六西格玛管理组织机构

1. 倡导者

倡导者是六西格玛管理中的关键角色，是企业高级管理层中负责六西格玛实施的管理者。倡导者通常是企业推行六西格玛管理领导小组的成员或企业中层以上的管理人员，其工作通常是全面、战略性地部署实施战略、确定目标、分配资源及监控过程，最后对六西格玛活动整体负责。倡导者的核心任务包括：充分认识变革，为六西格玛确定前进方向；发起和支持黑带项目，确认和支持六西格玛管理的全面推行，制定具有战略性的项目规划；决定"应该做什么"，确定任务的优先实施顺序；合理分配资源，提供必要的支持；消除障碍；检查进度，确保按时、按质完成既定目标；了解六西格玛管理工具和技术的应用；管理及领导黑带大师和黑带。

2. 黑带大师（主管）

黑带大师是实施六西格玛项目的主要技术负责人，是协助倡导者选择和实施改进项目的六西格玛专家，是全职的六西格玛人员，负责从上到下实施持久而根本的变革。他们通常具有工科和理科背景，或具有管理方面的较高学位，是运用六西格玛管理工具的高手。六西格玛黑带大师的主要职责为：担任六西格玛方案专职培训师，为黑带学员培训六西格玛管理及统计方面的知识；帮助倡导者、管理者选择合适的人员，协助筛选最能获得潜在利润的改进项目；为参加六西格玛项目的黑带提供指导和咨询；作为指导者，保证黑带及其团队保持在正确的轨道上，能够顺利地完成他们的工作；具体指导和协助黑带及其团队在六西格玛改进过程中完成每个步骤的关键任务；为团队在收集数据、进行统计分析、设计试验及与关键管理人员沟通等方面提供意见和帮助。

3. 黑带

黑带是六西格玛管理中最为重要的一个角色。他们专职从事六西格玛改进项目，是成功完成六西格玛项目的技术骨干，是六西格玛组织的核心力量。他们的努力程度决定着六西格

第七章 六西格玛管理

玛管理的成败。黑带来自企业的各个部门，对六西格玛项目目标的实现起着承上启下的作用。他们必须具备管理和技术两方面的才能：一方面，他们要有较强的组织与协调能力，能够激发一线员工的积极性和创造性，具有一定的工作实践经验和较强的运用统计技术工具的能力；另一方面，他们必须熟悉六西格玛项目的改进过程，掌握和了解六西格玛管理的工具和方法，能够组织团队快速有效地达到改进目标。黑带的主要任务是：在倡导者及黑带大师的指导下界定六西格玛项目，带领团队运用六西格玛方法完成项目；决定项目每一个步骤需要完成的任务，包括组织跨职能的工作；具有培训技能，为项目团队成员提供新的战略、有效的工具及技术应用的专门培训；为成员提供一对一的支持，带领绿带队友快速有效地达成改进目标；在各种形式的培训、案例研究、工作座谈会和交流活动中，将新的战略和工具方法传递给团队的其他成员；在企业内部或外部（如供应商和顾客等）找出运用新战略和新工具方法的机会，与黑带大师一起确定有价值的项目，解决一些有关资源的问题；通过与其他组织合作，发现新的商业机会；拥有良好的人际关系和组织技巧，令团队始终保持高昂的士气与稳定的情绪；项目完成后，向最高管理层提供项目报告。

在六西格玛项目中，黑带负责组织、管理、激励、指导一支特定的六西格玛团队开展工作，负责团队运作的启动、管理团队的进展，并最终使项目获得成功。在推行六西格玛改进的企业里，如果没有一些具有实力且不怕辛苦的黑带，六西格玛项目通常不会取得最佳效果。作为一名黑带，必须拥有以下多项技能：

（1）管理和领导能力。黑带必须能够运用权力和职责来指导项目的完成，要能够综合运用自己的管理能力和领导才能，熟练运用项目管理的方法和技巧。一个成功的黑带要能够回顾和预见项目任务的所有方面，对项目细节过分关注则可能影响对项目整体的判断。作为项目领导，黑带必须具有一定的人格魅力：诚实、有能力、可信赖、有包容心；与项目倡导者和组织的主要相关方建立良好的关系；能将具有不同背景的人员组成一个统一的团队。

（2）决策能力。在六西格玛项目中，黑带可能要做无数次的决策。与其他项目管理活动相同，六西格玛项目管理包括：目标建立、项目细化、绘制工作流程、任务调度、成本预算、协调团队、组员沟通等活动。黑带必须进行有效的策划和高效的行动，平衡项目规划和进度安排，这些是项目成功的关键。为了能够及时做出决策，黑带必须随时掌握和了解项目的每一个方面，平衡成本、时间和效果三者之间的关系。

（3）沟通技能。这里的沟通是指对项目活动内容和结果，及时与相关人员进行传递和反馈。黑带必须能够与不同的人建立持久的联系，如上层管理者、顾客、组织的关键股东、团队成员、项目倡导者及供应商等，这是由上级认同的特权。一个优秀的黑带必须能够经常与上级领导沟通和谈判，使六西格玛项目的进行获得优先权。

特别强调的是，黑带的挑选和培训是骨干队伍建设工作的重中之重。六西格玛管理是通过一个个项目的实施来实现的，作为项目领导者的黑带的素质和水平对项目的成功起着决定性作用。因此，挑选和培训黑带对于一个组织成功实施六西格玛管理来说尤其关键。成功的组织选择最好的人才担当六西格玛黑带角色，并且将六西格玛黑带作为组织未来的领导者来培养——他们结束黑带使命后将会走上领导岗位。通用电气公司追求的目标是："在未来几年内，组织中层以上领导者中，有过六西格玛黑带经历的应达到100%。"

六西格玛团队形成的关键是团队领导和成员的选择及团队成员达成共识。在团队组建初期找出合适的突破性项目，并针对改进项目组建团队，是最主要的工作。倡导者、黑带大师和黑带都是六西格玛推进活动的领导者,应慎重选择。特别是黑带的选择,直接关系到六西格玛改进活动的成功与否。在六西格玛团队建设的过程中,应包括团队使命、基础、目标、角色、职责及主要里程碑等要素;同时,应做好团队激励及团队培训等工作。

4. 绿带

绿带是非全职参加六西格玛项目的基层管理者或员工,是对持续改进工作真正有兴趣的人。他们接受六西格玛技能培训的项目与黑带类似,但内容层次相对较低。在一些实施六西格玛的企业中,很大比例的员工都接受过绿带的培训。他们的作用是把六西格玛的新概念和工具带到企业的日常活动中去。在六西格玛管理中,绿带的人数最多,也是最基本的力量。他们的职责是:提供相关过程的专业知识;建立绿带项目团队,并与非团队的同事进行沟通;促进团队观念改变;把时间集中在项目上;执行改进计划以降低成本;与黑带讨论项目执行情况及今后的项目;保持高昂的士气。

二、六西格玛管理培训

六西格玛组织是一个学习型组织,需要不断地从其顾客和外部环境中获得新的信息和新的思想。无论是在企业的开始阶段还是发展阶段,培训都是六西格玛方法获得成功的关键因素。有效的六西格玛管理培训的要点与其他任何培训并没有太大区别,其培训过程主要分为三个层次(见表7-3)。这些培训适合不同层次的人员,只有经过相应的培训,才能承担起六西格玛管理的工作。

表7-3 六西格玛管理培训一览表

培训层次	培训内容	培训对象
六西格玛基本知识培训(初级培训)	①了解六西格玛的基本知识;②了解六西格玛的统计知识;③统计知识的基本应用;④计算过程能力及过程基准	基层员工或高层领导
六西格玛中级培训(包含初级培训内容)	①了解抽样检验原理及假设检验方法;②如何应用统计工具进行假设检验;③如何应用和实施突破策略;④如何决定占主导地位的因子;⑤了解试验设计的基本原理;⑥如何进行多因子试验;⑦如何解释试验结果;⑧如何进行变量研究;⑨了解基本的过程控制内容;⑩如何建立、使用和保持特性数据;⑪如何建立、使用和保持变量数据;⑫如何计划和执行过程控制系统	六西格玛实施和执行人员(绿带)
六西格玛高级培训(包含初、中级培训内容)	①如何进行六西格玛项目管理;②如何进行六西格玛项目评估;③如何进行六西格玛项目策划;④如何进行六西格玛项目实施;⑤如何实施通力合作计划;⑥如何建立无界限的组织	高级经理人员、黑带和黑带主管

在培训中需要注意以下几方面事项:

(1)要亲身实践地学习。实践是最好的老师,任何与实践相脱离的学习,其效用必打折扣。无论是领导还是员工,只有把六西格玛的概念和工具运用到实践中,才能发挥培训的作用,从而真正掌握六西格玛的内容。

(2)应当提供相关实例,加强与实际的结合。培训是为了在实际工作中发挥六西格玛管理的作用。要想使人们真正地认识到六西格玛在组织中的运作过程,应当在培训中提供足够的与具体行业相联系的实例训练。参加培训者可以在培训中了解自己在工作中所遇到的问题应当如何处理,增强培训的针对性和实用性。

（3）用灵活的培训方式积累知识。培训如果涉及太多资料和专业术语的讲解就容易使人厌倦。六西格玛的概念是有趣且令人兴奋的。在培训过程中，最好用通俗易懂的语言建立起关键原理和要领的基础知识结构，在授课方式上可以不拘一格，如采用视频、游戏、实训练习等方式，以提高受训者的兴趣，为以后学习复杂的技能和方法做好准备。

（4）培训应成为持续不断的过程。六西格玛的精髓在于不断地改进，知识的更新也在不断地进行，偶尔一次的培训在当今时代是无法达到预期目的的。组织应当定期地组织相关培训，定期更新受训人员的知识，使知识改进与企业过程的更新改进一同进行。这也是对学习型组织的必然要求。

第三节　六西格玛项目管理

项目管理包括启动、规划、执行、控制和收尾五个过程。在六西格玛项目管理中，启动过程包括六西格玛项目选择和六西格玛项目立项表制定；规划过程包括六西格玛项目计划制订；执行和控制过程包括六西格玛项目团队建设、六西格玛改进（DMAIC）或六西格玛设计的实施和监控；收尾过程包括六西格玛项目总结、成果评审与分享。

一、六西格玛项目选择

六西格玛管理是通过有组织、有计划地实施六西格玛项目来实现其经济效益的，同时也是通过六西格玛项目的实施来促进人们观念和行为方式的转变。项目是指由一组有起止日期的、相互协调的受控活动组成的独特过程，该过程要达到符合包括时间、成本和资源的约束条件在内的规定要求的目标。六西格玛项目是指由职责明确的团队通过运用六西格玛方法，在规定时间内寻找最佳方案并实现预定目标的特定过程。

1. 六西格玛项目选择原则

（1）有意义、有价值。六西格玛项目要支持顾客满意度的改善；支持企业战略目标的实现；具有挑战性；强调过程的改进；能为企业带来较大的经济效益。

（2）可管理。六西格玛项目欲解决的问题应清晰且可测量；六西格玛项目的范围应清晰可控；六西格玛项目应得到管理层的支持和批准。

2. 六西格玛项目选择流程

（1）确定项目的大方向 Y。确定项目的大方向，如同在大海中找到指明航向的灯塔。只有找到了正确的项目方向，才能实施正确的项目。在确定项目方向时，可以从以下几个方面考虑：

1）根据卓越模式评估，找出自己存在差距的方面，作为项目的方向。
2）根据公司或部门的平衡计分卡，确定项目的方向。
3）根据与主要竞争对手的分析结果比较，确定项目的方向。
4）根据对顾客声音的分析，确定项目的方向。

（2）确定影响 Y 的主要方向 y。在确定项目的大方向 Y 后，由于 Y 是综合因素的反映，并且涉及的方面较多，一般难以针对 Y 直接进行改进。因此，需要分析影响 Y 的主要方面，通过逐层分解，确定需要改进的主要方向 y。

（3）针对选定的需要改善的 y，明确顾客的需求。在选定了项目 y 之后，还不能直接确定 y 为改进的项目，这时还必须调查并了解顾客对 y 的需要，从而确定顾客最关心的关键质量特性（CTQ）。

（4）确定项目课题。完成上述三步以后，企业就已经明确了项目的改进点 y 和在改进点 y 上顾客最关注的特性。最后，完成项目课题的确定。

1）确定项目。确定项目的方式有两种：一是直接将顾客的 CTQ 确定为改善项目；二是通过矩阵图，找出影响顾客 CTQ 的相关流程，确定对一个或几个流程的改善为改善项目。

2）进行完整的问题陈述，言简意赅地定义问题并使之量化。

3）确定项目主题名称。

4）项目目标描述要做到"SMART"，即具体（Specific）、可测（Measurable）、可行（Attainable）、相关（Relevant）和有时间限制（Time-bound）。

3. 选择六西格玛项目需注意的问题

在选择项目的过程中，常出现一些问题和错误，在这些情况下不适合作为六西格玛项目。例如：

（1）项目要解决的问题与企业发展重点或关键顾客需求等没有联系，因此体现不出项目价值，无法得到管理层的支持和承诺。

（2）项目改进内容不是针对顾客的 CTQ，项目实施后看不到对 Y 的改善，不见成效。

（3）没有针对 Y 进行分析、分解，直接将 Y 作为改善项目。

（4）要解决的问题原因已经明确，行动措施已经初步确定。

（5）项目衡量指标不明确或项目目标没有挑战性。

（6）项目难度太大，超出项目团队的能力或授权。

（7）项目改善空间小，预期收益太低，企业得不到适当的回报。

二、六西格玛项目立项表和计划

在完成六西格玛项目选择后，就要制订项目立项表和计划，委派项目组长组成项目团队，明确项目目标和各种环境因素以及总体进度等，指明团队努力的方向，为项目的实施奠定基础。

1. 项目目标的确定

一个项目最需要的就是一个定义明确、大家都理解的目标。作为一个项目的负责人，就要带领大家一起制定明确的项目目标，从而带领团队朝着目标努力。

在确定项目目标时，通常应考虑以下几个因素：

（1）目前水平。目前水平即当前的状况，也就是项目的基线，应以此为基准进行改善。

（2）顾客需求。项目目标应该逐步满足甚至超越顾客的期望。

（3）业界标准。项目目标的设立应以业界最佳水平为标杆，设立具有挑战性的目标，不断缩小与行业最佳的差距，实现持续改善。

（4）企业目标。项目的目标要同企业整体目标相一致。

2. 项目计划的制订

在制订项目计划时，必须采取以目标为导向的策略，项目计划必须与目标紧密结合。在制订项目计划的过程中，最重要的是团队成员的参与并达成一致意见。在制订项目计划时，团队成员可以参照以下步骤完成：

（1）任务分解（WBS）。将项目目标分解成为可执行、可跟踪的工作单元（任务、活动或关键阶段）。为进一步明确、区分各工作单元，还可以制定工作任务分解表。

（2）估算任务时间并确定任务之间的关系。明确了各个工作单元之后，就要估计每个单元所需的时间及彼此之间的先后关系，明确相关责任人。

时间估算的方法很多，现介绍其中的一种——三点法。其计算公式为

$$E = \frac{O + 4M + P}{6}$$

式中，E 为时间估算结果；O 为乐观估计时间；M 为正常估计时间；P 为悲观估计时间。

各工作单元之间关系的确定主要是考虑各任务之间的衔接，如哪项工作应该在哪项工作完成之后才能开始等。

（3）编制项目工作计划。为使六西格玛项目有效实施，有必要编制项目工作计划。在制订计划时，应让团队成员共同参与，这有助于增进团队的向心力。

在六西格玛项目计划的制订过程中，一般应先制定项目计划工作表。根据项目计划工作表中注明的团队活动里程碑的要求，团队可以编制项目甘特图，以便于管理。

3. 编写项目文件

作为六西格玛项目管理的一部分，规范一致的项目文档是必需的。这些规范的文档对持续改进活动以及知识的积累都会起到很好的作用。在项目实施过程中，应派专人管理文档。

六西格玛项目文档通常包含以下内容：项目名称、项目来源、团队成员、项目目标、项目收益预测与资源需求、项目推进计划、团队规则、项目风险管理计划、项目计划的确认和批准。

三、六西格玛团队组建

1. 团队的组建和授权

（1）团队组成要素。拥有具有极高热情的团队成员与拥有受过专业训练的领导者同样重要。团队应做好准备工作，团队成员要对目标形成共识，然后决定如何实现目标。作为团队成员，必须明确以下内容：

1）使命：团队成立或存在的目的。

2）基础：团队的使命如何与企业目标或计划配套。

3）目标：对现状及绩效的挑战。

4）角色：团队成员（黑带、绿带）。

5）职责：根据项目分配给每位成员的职责和任务。

6）主要里程碑：项目活动的时间表、项目报告日期。

7）授权：获得管理层的授权和支持。

（2）选择团队成员。六西格玛团队通常由以下人员组成：

1）项目负责人或组长：通常受业务负责人的指派，对整个项目负责。

2）核心成员：一般由项目负责人或组长来选择实施项目计划的人员，他们对项目负责或对组长负责。

3）扩展成员：根据项目的需要，只需部分参与项目的成员。

4）业务负责人：一般由管理者担任。

5）项目指导人：为团队成员提供六西格玛方法、工具指导的人员，直接对项目业务负责人负责。

2. 团队动力与绩效

（1）建立团队的技巧。组长负责组建团队，并对项目目标负责。一个跨部门的团队通常由4~7名核心成员及其他必要的扩展成员组成。选择核心成员时，除了专业知识及背景外，还需要考虑如下因素：具有团队精神和团队工作的经验；良好的沟通能力；愿意接受挑战；勇于提出潜在的问题。

一个成功的团队应该是一个高度团结、独立自主的团队。这些不仅要在选择团队成员时加以注意，在团队开展工作时也要努力营造。通常团队建设的步骤如下：

1）仔细分析任务，确定所需的技能组合和工作风格，以使组建的团队能力互补、互相促进。

2）向每一位团队成员讲述团队的愿景、目标以及对个人的任务要求。

3）提供必要的技能培训以及必要的处理工具。

4）共同建立团队规则，包括团队的例会制度、问题的沟通解决机制、编制项目特许任务书等。

5）监控进度，保证团队凝聚力，并不断向目标迈进。

6）注意团队工作中的成绩，并给予祝贺。

（2）指导团队的技巧。面对六西格玛管理的挑战，六西格玛团队必须讲究团队技巧。团队的绩效不仅依赖于个人的努力，而且与黑带的领导有很大的关系。

作为团队的负责人，想要让其成员共同为项目负责，掌握一定的激励技巧是十分必要的。TARGET激励法可以起到很好的作用，具体如下：

T 即事实（Truth），团队成员必须知道事实的真相。

A 即负责（Accountable），团队成员应为自己的绩效负责。

R 即尊重（Respect），团队成员应本着正直与坦诚的原则，相互学习，交换心得。

G 即成长（Growth），团队成员及团队本身都必须经常学习，以便有能力挑战更困难的工作任务。

E 即授权（Empowered），成功的群体仍然需要个别的行动，黑带应协调业务负责人，让团队成员取得足够的授权。

T 即信任（Trust），作为一个高效的群体，六西格玛团队成员之间应该相互信任，并且同心协力完成指定的任务。

高效六西格玛团队的共同特征是：跨职能团队；挑战性绩效；有意义的目标；清楚的方法；开放的沟通；公正的回报。

（3）团队绩效评估。在项目团队的发展过程中，应当不断对项目团队的绩效进行评估，及时发现团队发展中的问题。项目团队也应当进行自我评价，并向倡导者和业务负责人报告这些评价指标的测评结果。团队绩效评估是向管理层反馈团队在实现目标过程中进展情况的一种有效手段，它对项目团队获得管理层的支持十分重要。

四、六西格玛项目控制与促进变革

1. 六西格玛项目控制

（1）项目的控制原则。项目控制就是监督项目计划实施情况的过程，其中包括监测过程，预测、发现并解决问题以及重新制作计划，以使项目恢复正常运作。

项目控制的目的是在预算内按时完成任务。在项目进行过程中，经常会出现与计划不一致的事情，对此团队需要迅速地识别问题，解决问题，尽快使项目恢复正常。项目控制的常用流程是项目标准——实际测量——找出差距——问题解决。在制订项目计划时，为了便于以后的跟踪控制，项目计划中应该有里程碑计划，对每一项工作都应该有明确的输出要求。

（2）项目的控制工具和方法。主要有以下控制工具和方法：

1）项目柔性分析。项目监控的目的是使项目在预算时间内按时完成。但事实上，在规定的时间和预算内完成任务的项目并不多。这样，项目控制就涉及项目调整的问题。当项目遇到问题需要调整时，团队应首先考虑是否增加资源，以确保项目能在规定时间内完成。

2）风险管理计划。风险管理计划的制订可以参照风险识别、风险评估、预防计划三个步骤完成。

① 风险识别：团队可以运用头脑风暴法识别项目风险。

② 风险评估：一般对风险的评估从三个方面进行，即风险发生后果的严重性、风险发生的可能性和及时发现风险的难易程度。

③ 预防计划：主要从三个方面考虑预防计划，即预防措施、应急措施和风险发生的临界定义，最好指定一名风险负责人。

（3）建立阶段或里程碑汇报制度。建立 DMAIC（Define、Measure、Analyze、Improve、Control，即界定、测量、分析、改进、控制）五个阶段的项目进展汇报机制，根据项目工作计划表，通过各阶段目标达成情况的回顾和评估，使问题在过程中被发现，及时调整资源和计划，以保证项目目标的实现。

2. 六西格玛项目推进

（1）管理变革。六西格玛项目的实施过程是一个流程变革、系统变革和文化变革的过程。变革管理工作的核心是沟通。管理变革必须实现以下目标：

1）项目团队与业务部门领导、企业决策层之间能进行开诚布公、及时有效的沟通，从而获得他们的支持、参与和推动。

2）项目团队内部能进行清楚、高效的沟通，以保证项目团队成员的工作协调一致，按时、保质、保量实现预期的目标，并得到认同和提升。

（2）项目成功的障碍。在推进六西格玛项目的过程中，会遇到各种各样的障碍。例如，员工由于"惯性"的影响，容易对新生事物产生敌意；"路径依赖理论"的作用，即现有的规则容易对新生规则产生负面影响；企业中可能存在"宿命论"，对六西格玛项目缺乏信心；对六西格玛相关理论和工具使用不当，等等。面对各种障碍，企业应团结一切力量，科学分析障碍产生的原因，合理使用管理工具来扫除障碍，以保证项目的成功实施。

（3）谈判与解决冲突的技巧。项目的进展不会是一帆风顺的，团队总是会面临一些问题和障碍。项目负责人在解决冲突时，首先要求对冲突持积极主动的正视态度；接下来，要冷静分析冲突产生的根源；最后，要恰当地对冲突做出反应，有效解决冲突。解决冲突的方式有很多，最佳方式之一是沟通谈判，使冲突双方尽可能达成一致。而谈判的技巧也有很多，在六西格玛团队中，最重要的一条就是团队成员要有妥协精神。

（4）激励技巧。关于激励的传统观点是马斯洛的需求层次理论，即生存需求、安全需求、归属感、尊重、成就或自我实现。其中，第五种需求在知识员工中尤为重要，由此可以得到五个新的激励因素：目的、积极主动、分享收获、个人发展、专业上的认可。通过对员工的激励，团队的效率可以得到很大提高。

（5）沟通。成功的团队应该随时保持良好的沟通。良好的沟通不是只在开会时才能进行，沟通无处不在。开会并不是最佳沟通方式，不同的团队可以根据自己团队成员的特点，采用不同的沟通方式。沟通的目的是使团队统一思想，采取正确的行动。因此，无论何时、何地，以何种方式，双向互动式的沟通都非常重要。

为了确保高效和交互式的沟通，项目负责人必须做到：以身作则，做一个良好的沟通模范；肯定员工优秀的沟通技巧；建立团队的沟通制度；不断进行培训和训练，以提高沟通技巧；提供面对面的、电子以及其他形式的沟通途径，鼓励频繁的、坦诚的沟通；提供充分的非正式交流机会，融洽合作关系。

五、六西格玛项目策划和管理工具

1. 六西格玛团队工具

（1）头脑风暴法。头脑风暴法一般可以分为三个阶段：第一阶段关注的是小组创造出的点子数量；第二阶段需要审视这些点子，删除与实现目标无关的点子；第三阶段对筛选下来的点子做进一步的审视，并按照小组的意见对它们进行优先排序。

1）想法表。头脑风暴的主题应为小组接受，并能用清晰的语句，以小组成员都能看到的方式写出来；领导者或推进者向小组成员征求想法；写下每个想法，不讨论、不分析、不批评；此过程持续进行到没有新的想法出现为止。再次审视想法表，保证每个人都理解它，然后将相似的想法合并，形成可以进行投票的想法表。

2）轮回法。要求小组的每一个成员每次提出一个想法，如果有人没有想法，则简单地跳过他，接着询问下一个人的想法，然后是再下一个，依次类推，直到最后一圈每个人都没有新的想法提出为止。

3）纸片法。请每个人制作自己想法列表的纸片，接着统一递给一个可依赖的人，将其编辑成为单一的列表。

（2）名义组技术。处理头脑风暴所产生想法的一般方法是名义组技术。它由下列步骤构成：

1）对想法列表进行整理，并简化或合并，使想法列表完整、清晰且不重复。

2）请每个参加者为各个想法按顺序标出等级。

3）在每项旁边记录全部参加者评出的等级。

4）对每项等级评分求和。

那些总分最低的项目是人们乐意接受的选择。

（3）多重投票法。多重投票法是使团队成员将想法统一起来的另一种方法。

首先，将团队成员的所有想法列表；然后，要求他们投票选出自己认为最适宜的想法，通常允许每人投的票数是总数的一半左右；在全部参加者都做出投票选择之后，项目负责人将逐项进行统计；按照帕累托多数原则，保留得票较多的，将没有得票或得票很少的挑出并从列表中剔除；重复进行投票过程，直到达到预期的项目数量。

（4）力场分析。力场分析是库尔特·勒温（Kurt Lewin）提出的一种方法，能够用于察看各种关系及影响其变化的因素。采用这个概念，一个组织中各种事情的目前状态被看成是一种平衡状态，维持这种平衡状态的是来自相反方向的两组力：驱动力趋向变化；阻止力阻碍变化。一项变革不可能在阻力强过动力时发生。增加动力无疑会促进变革的发生，但减少阻力可能会取得更好的效果。

力场分析能帮助团队选择实施变革或新措施的时机，还为管理者明确了阻力的来源，有助于做好有针对性的工作。

2. 六西格玛项目管理和策划工具

（1）亲和图。亲和图是川喜田二郎于1970年前后研究开发并加以推广的一种质量管理方法，又称 KJ 法。

亲和图法就是针对某一问题，充分收集各种经验、知识、想法和意见等语言、文字资料，通过图表进行汇总，并按其相互之间的亲和性归纳整理这些资料，使问题得以明确，求得统一认识和协调工作，以利于问题的解决。

亲和图的主要用途是：归纳思想，认识事物；打破现状和可能的束缚；计划组织；贯彻方针。

（2）关联图。关联图也称关系图，是把几个问题与其主要因素之间的因果关系用箭条线连接起来表示逻辑关系，进而找出解决问题的适当措施的一种方法。

关联图的主要用途是：有效解决多目标型问题；确定质量方针；拟定制造过程中预防不合格品的措施；提出解决市场问题的措施；改善企业的日常管理活动。

（3）系统图。系统图又称树形图或树图，是将欲实现的目标与需要采取的措施或手段系统地展开的工具。它依据"目标-手段"的思路进行系统的展开，以寻求最佳手段或措施。

（4）矩阵图。矩阵图就是从问题的各种关系中找出成对要素，并按数学中矩阵的形式把问题及与其有对应关系的各个因素按行和列排列，并在其交点处标出两者之间的关系，从中确定关键点的方法。

矩阵图的主要用途是：设定系统产品开发或改进的着眼点；产品的质量展开以及其他展开，被广泛应用于质量功能展开之中；系统核实产品的质量与各项操作和管理活动之间的关系，从而便于全面地对工作质量进行管理；发现制造过程中产生不合格品的原因；了解市场与产品的关联性分析，制定市场产品发展战略；明确一系列项目与相关技术之间的关系；探讨现有材料、元器件、技术的应用新领域。

（5）数据矩阵分析法。数据矩阵分析法就是将矩阵图中各元素之间的关系用数据定量化，主要方法为主成分分析法。

主成分分析法是一种将多个变量化为少数综合变量的多元统计方法。其主要用途是：分析含有复杂因素的工序；从大量数据中分析产生不合格品的原因；从市场调查的数据中把握质量要求，进行产品市场定位分析；感官特性的分类系统化；复杂的质量评价；对应曲线的数据分析。

（6）过程决策程序图。过程决策程序图又称 PDPC 法，于1976年由日本学者提出。它是运筹学的一种方法，是为了完成某个任务或达到某个目标，在制订行动计划或进行方案设计时，预测可能出现的障碍和结果，并相应地提出多种应变计划的一种方法。

PDPC 法有如下特征：从全局、整体掌握系统的状态，因而可做全局性判断；可按时间先后顺序掌握系统的进展状况；密切注意系统进程的动向；掌握系统输入与输出之间的关系；情报及时，计划措施可被不断补充、修订。

（7）箭条图法。箭条图法也称网络图、统筹法，它是安排和编制最佳日程计划、有效地实施管理进度的一种科学管理方法，其工具是箭条图。箭条图是把推进计划所必需的各项工作按时间顺序和从属关系，用网络形式表示的一种矢线图。它是计划评审法（PERT）和关键路线法（CPM）的结合。

箭条图是一张有向无环图，顶点表示事件，弧表示活动，弧上的权值表示活动持续的时间。在箭条图中，路径最长（权重数值最大）的路径称为关键路线（又称主要矛盾线），它的长度代表完成整个工程的最短时间，称为总工期。关键路线上的作业称为关键作业，在时间上没有回旋的余地。

六、六西格玛项目总结与成果审批

项目管理的最后一个过程是"项目收尾"，包括行政收尾和合同收尾。对于六西格玛项目而言，主要包括六西格玛项目总结、项目成果评审与分享。

1. 六西格玛项目总结

（1）项目总结报告的编写。为交流和承认结果，推进六西格玛项目的持续发展，项目团队应基于项目立项表和项目文档，对活动记录进行整理归纳，撰写成果报告书，要求文字简练、条理清楚，尽量用图表表达。项目总结报告一般可包括以下内容：

1）前言。

2）界定：项目背景、项目目标、项目计划、项目团队、流程分析等。

3）测量：过程输出绩效的测量、过程因素分析、过程因素测量、测量系统分析等。

4）分析：潜在失效模式与效应分析、关键过程因素与输出绩效的回归和相关分析、假设检验、方差分析等。

5）改进：试验设计、解决方案的确定和实施等。

6）控制：改进效果验证、收益评估、控制图与过程能力分析、标准化等。

7）经验教训、遗留问题和下一步打算等。

（2）项目总结报告的审核。项目总结报告应报请业务负责人、财务主管、资深黑带和倡导者审核。业务负责人从过程的角度核实项目过程及效果的真实性；财务主管核实项目财务收益的计算方法和结果；资深黑带对项目的全过程进行全面核实；倡导者则更多地从文化和战略的宏观角度审核六西格玛项目的成果。

（3）项目的移交。在项目成果经过审核确认后，项目团队应将其移交给过程所属部门或区域，后者对项目成果进行日常监测和控制，同时做好项目文档的最终归档。

2. 六西格玛项目成果评审与分享

企业应当对六西格玛项目成果进行科学、全面的评价，建立符合企业自身特点的激励政策，使改革活动能够良性循环。

（1）成果发布、评审与分享。企业应根据六西格玛管理的推进情况，定期举行六西格玛项目的成果发布、评审与分享。参加者包括评审人员、项目团队成员，以及各相关过程、部门的人员。

项目评审一般包括以下几方面内容：

1）项目的合理性。

2）应用六西格玛理念方法和统计技能。

3）项目收益。

4）项目范围和推广的应用前景。

5）发布人的思辨、表达、沟通、组织协调、回答问题等软性技能表现。

（2）成果激励。六西格玛成果是追求卓越绩效的体现，值得公开承认和奖励，以增强参与员工的自尊和成就感。激励可以包括物质激励和精神激励。例如，物质激励可以是奖金、奖品，也可以对员工进行晋升或加薪；精神激励可以采用举办成果发布会并让参与者及其家属参加，利用媒体进行表彰，举办表彰大会，授予获奖人员证书等形式。

第四节 六西格玛改进的模式——DMAIC 模型

20 世纪 90 年代，许多世界级公司开始六西格玛管理实践，并在实施六西格玛的过程中形成了自己的操作方法。六西格玛管理的创立者摩托罗拉公司有著名的实现六西格玛的六步法，其他企业的各种实施操作方法大同小异，但目标都是实现六西格玛质量水平，达到顾客满意。通用电气公司总结了众多企业实施六西格玛的经验，系统地提出了六西格玛管理 DMAIC 模型（见图 7-6）。

DMAIC 模型是一个逻辑严密的过程循环，强调以顾客（外部和内部）为关注焦点，并将持续改进与顾客满意以及企业经营目标紧密地联系起来；强调以数据的语言来描述产品或过程业绩，依据数据进行管理，并充分运用定量分析和统计思想；追求打破旧有习惯、有真正变化的结果和带有创新的问题解决方案以适应持续改进的需要；强调面向过程，并通过减少过程的变异或缺陷实现降低风险、成本与缩短周期等目的。现在 DMAIC 模型已被广泛认可，它是实施六西格玛更具操作性的模式，主要侧重于已有流程的质量改善方面。所有六西格玛管理涉及的专业统计工具与方法，都贯穿于每一个六西格玛质量改进项目的环节中。

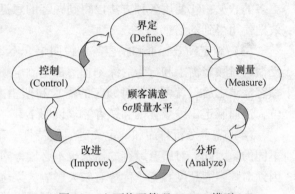

图 7-6 六西格玛管理 DMAIC 模型

DMAIC 模型将六西格玛项目的实施分为五个步骤，分别为界定（Define）、测量（Measure）、分析（Analyze）、改进（Improve）与控制（Control）。

一、界定

界定是识别顾客要求、确定影响顾客满意度的关键因素。界定就是明确要解决的问题，找准需要改进的产品或过程，决定实施改进项目需要的资源。界定阶段的主要工作是识别顾客的需求，明确要解决的问题，明确过程输出变量的测量和标准，确定项目涉及的内部流程，从而确立项目责任以及项目目标和项目实施的关键步骤。

1. 确定顾客需求

界定阶段的一项重要工作就是识别顾客，并确认其需求。如果不知道顾客需要什么，就很难给予顾客想要的东西。因此，只有对顾客的需求有清晰的认识，才能实现六西格玛绩效,否则,再精确的测量也无济于事。当顾客的需求被理解并恰当地被确定为过程的输出质量要求时,才能识别哪些是关键的要求,也就是关键质量特性。

(1) 输出要求和过程要求。输出要求是过程输出的产品或服务具有的特性,即过程的最终顾客所接收到的产品或服务所具备的质量特性。过程要求是过程运行中对待顾客和服务顾客的标准,即在这个过程中顾客期望被对待的标准。六西格玛质量的前提基于这样两点:首先,输出要求必须满足顾客需求;其次,过程要求能够保证输出要求。

(2) 收集顾客数据,制定"顾客的声音"战略。要真正把握顾客需求,首先要了解"顾客的声音",建立顾客反馈系统,才能够正确传递顾客声音。这是了解顾客需求的关键一步,必须给予充分的重视。这一过程被称为收集"顾客的声音"。

顾客声音系统的关键因素主要有:①企业要持续地把顾客声音系统作为优先考虑的事情;②要清楚地界定企业的顾客;③顾客声音系统不是接受抱怨,而是通过不断调整以听到更多的意见;④使用各种方法以得到顾客的意见;⑤寻找具体数据,注意形势的变化;⑥有效地使用得到的信息。

(3) 制定绩效标准和顾客需求说明书。不论是根据现有数据还是根据顾客声音系统的反馈,对顾客需求和行为的深刻理解都是制定绩效目标和顾客满意指标的基础。在明确定义顾客需求之后,就可以针对顾客的需求和期望来测量实际绩效以及评估企业战略和市场定位,进而制定出绩效标准和顾客需求说明书。

(4) 需求分析排序和确定关键质量特性。不同顾客对企业产品或服务中不足的反应是不同的。因此,对所有顾客的需求也不必同等对待。企业根据对顾客需求的分析,得出哪些因素对顾客满意度和竞争优势有较大影响,以选择确定最优先的改进项目。

在得出输出需求的情况下,需要进行需求排序。可以根据项目的总体规划,依次对需求进行排序,明确关键的顾客需求(CCR),并以此确定输出的关键质量特性(CTQ)。

2. SIPOC 分析

(1) SIPOC 的构成。SIPOC 图是用于过程管理和改进的一种最常用的技术,经常作为识别核心过程的首选方法。它的基本元素主要包括:

1) 供方(Supplier):提供产品的组织或个人。在六西格玛项目管理中,专指向过程提供关键信息、材料或其他资源的个人或组织。

2) 输入(Input):供方提供的产品。

3) 过程(Process):将输入转化为输出的活动。过程包括使输入发生改变的一组步骤,理论上,过程将增加输入的价值。

4) 输出(Output):过程的产品。

5) 顾客(Customer):接受输出的人、组织或过程。

通常,此图还可以加上两个因素:输入的基本要求和输出的基本要求。

SIPOC 图连同过程的框架用来表示在一个业务流程或产品(服务)实现过程中的主要活动或子过程,以供方、输入、过程、输出和顾客为代表。SIPOC 图用于帮助界定过程的范围和关键因素,确定关键输入变量和关键输出变量,而且能够避免不必要的细节。

SIPOC 图有如下优点:能在一张简单的图中展示一组跨职能部门界限的活动。不论一个组织的规模有多大,SIPOC 图都可以用一个框架来勾画其业务流程,这有助于保持全景视角,还可以向全景中增添附加细节,如图 7-7 所示。

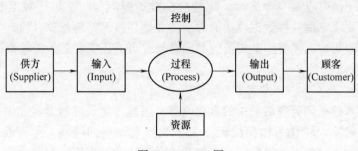

图 7-7　SIPOC 图

（2）SIPOC 的分析步骤
1）确定要用图形描绘的过程并给它一个名称。
2）确定过程的范围。
3）指定输出以及与它们相对应的顾客。
4）指定供应商以及他们提供的输入。
5）选择和确定过程的促成因素。过程的促成因素是指在过程中不会被消耗或改变的，而又能使过程得以实现的因素。
6）把顾客对输出的需求记录下来，或者在完成将"顾客的声音"转变成可测量的顾客需求的工作后，再将它们添加进来。
7）SIPOC 中的"P"或者说"过程"的每一个部分，代表过程中一项主要的活动或一个子步骤。
8）与其他人一起对 SIPOC 图进行核实。
（3）SIPOC 分析。为了保持 SIPOC 图的正确性，可采取下面一些检验活动：
1）如果 SIPOC 图的"P"中步骤数量超过 7 个，项目团队可能已经进入了更详细的子过程。
2）把 SIPOC 图展开。
3）找出提供输入的供应商。
4）如果 SIPOC 图显示出需要对项目的范围进行重新确定，这时就应该对项目的特许任务书进行修改。

二、测量

测量是六西格玛项目工作中一个非常重要的阶段，没有测量，也就没有改进。测量就是定义缺陷，收集和整理有关产品或过程现状的数据，确定改进的目标。测量是六西格玛管理分析的基础。通过测量来收集关键质量值的基本数据，使量化管理成为可能，因此，有了测量才能应用统计技术与方法。

为了获取真实、准确、可靠的数据，需要对测量的系统进行校准，才能对关键质量指标进行测量。无论是生产制造流程还是交易流程，都有输入和输出。通常把需要输入的东西用 x 表示，把产生的结果或输出用 y 表示，所以，任何流程都可表示成这样一个函数：$y = f(x)$。输入是多种多样的，甚至输入还包括一些影响结果的干扰因素。输入变量 x 可以是一个向量，表示这个输入是由多种因素组成的，函数 $f(x)$ 可以看成是一个企业或组织的运作系统；输出 y 也可以是一个向量。测量就是对关键的 y 与 x 进行数据收集和计量。另外，数据收集还要求掌握一些数据收集的方法，如抽样技术、检查单、检查表等，同时做出数据收集计划。收集数据需要团队成员的共同参与，可能还需要其他一些资源，这需要黑带负责协调工作。

1. 过程分析

过程分析是六西格玛管理活动中的重要内容，也是测量阶段的重要工作。

过程是一组将输入转化为输出的相互关系或相互作用的活动。过程有这样一些特征：①过程将输入转化为输出；②过程是一组相互关联的活动，它将一个概念、一项要求或一个订单转化为一种可交付的产品或服务；③过程是一个或一组活动，它接受输入并增加价值，然后向内部或外部顾客提供输出。

不管是生产活动还是服务活动或管理活动，都可以视为是由同一系列过程构成的。从过程的观点来看，产品与服务的质量、生产效率、经营管理活动的绩效等，都是过程的输出，它们的好坏取决于过程方法。而改善过程输出的最有效途径，就是改善产生这些输出的过程方法。

在测量阶段，需要对准备改善的过程进行分析，需要考察这些过程的构成和步骤。其目的是：使项目团队对准备改善的过程达成统一的认识；对产生问题或缺陷的区域进行定位；识别不增值步骤，以便加以改进；记录过程步骤的现状并形成文档，以便与改善后的状况进行对比。

2. 六西格玛质量管理指标选取

（1）西格玛水平 Z。在六西格玛管理中，通常使用西格玛水平 Z 作为满足顾客要求程度的质量水平度量。西格玛水平综合了标准差与公差限的计算值，公式为 $Z = (USL - LSL)/(2\sigma)$，即顾客需求的公差限除以 2 倍标准差。由于顾客需求是不断提高的，即公式中分子所代表的公差将不断减小，要求标准差应不断降低，以适应顾客需求，提高企业质量竞争力。

达到六西格玛水平是指 $Z = 6$。用正态分布来解释，就是在正态分布单侧从均值到公差上限或下限范围内可容纳 6 个标准差。西格玛水平 Z 高，意味着满足顾客需求的能力强；西格玛水平 Z 低，意味着满足顾客需求的能力差，也意味着质量、成本、周期的损失。

（2）单位缺陷数、机会缺陷率和百万机会缺陷数。在统计和计算这些指标时，首先要明确下述概念：

缺陷，是指产品或服务或过程的输出没有达到顾客要求或超出规格规定。

缺陷机会数，是指产品或服务或过程的输出可能出现缺陷之处的数量。

单位缺陷数（DPU），计算公式为 DPU = 缺陷总数/单位总数，表示平均每个单位上有多少缺陷。

单位机会缺陷数（DPO），计算公式为 DPO = 缺陷总数/缺陷机会数，即每次机会中出现缺陷的比率，表示每个样本量中缺陷数占全部机会数的比例。

百万单位缺陷机会数（DPMO），计算公式为 DPMO = DPO × 1000000，表示百万单位缺陷机会缺陷数。DPMO 值可以用来综合度量过程的质量。在生产过程中，缺陷机会虽然不同，但不管生产何种规格的产品，都可以统计出现缺陷的数量和缺陷机会的数量，然后用总的缺陷数量除以总的机会数量，即得到 DPMO。即使每天的产品种类不同，也可以做同样的统计。

（3）合格率和流通合格率。合格率和流通合格率主要在全过程绩效测量中使用，具体包括以下几种：

最终合格率（PFY），是过程的最后合格率，通常是指通过检验的最终合格单位数占过程全部生产单位数的比率。但是，这种质量评价方法不能计算该过程的输出在通过最终检验前发生的返工、返修或报废的损失。

首次合格率（FTY），是指一次就将事情做对，由没有经返工便通过的过程输出单位而计算出的合格率。

流通合格率（RTY），是指构成过程的每个子过程的 FTY 的乘积，公式为 $RTY = FTY_1 \times FTY_2 \times \cdots \times FTY_n$，表明一个大过程是由很多子过程构成的。从中可以发现，步骤越多、技术含量越高的过程，对 FTY 的要求越高。

流通合格率是一种能够找出隐蔽工厂的地点和数量的度量方法。所谓隐蔽工厂，是指过程的输出在通过最终检验前发生的返工、返修或报废的损失。

三、分析

分析主要是分析在测量阶段收集的数据，确定和检验组织可能存在问题的根本原因。分析阶段是 DMAIC 各个阶段中最难以预见的阶段。项目团队所使用的方法在很大程度上取决于所涉及的问题与数据的特点。分析可以运用多种统计技术和方法来进行，如回归分析、相关分析、假设检验、实验设计、直方图、排列图、鱼刺图、散点图、控制图等。影响产品质量和顾客满意度的因素很多，一般需要从 5M1E，即人、机、法、料、环、测六个方面进行有效分析，运用上述统计技术和方法对各要素进行排列，就可以找出影响顾客满意度的主要原因及其影响规律。

DMAIC 团队用循环分析方法来关注对原因的探索。这个循环从数据的测量开始，通过对过程的分析，提出对原因的初始推测或者假设；接着收集和关注更多数据和其他看得见的证据，对这些推测或者假设做出进一步的判断；分析循环继续进行，各种假设不断地被确认或被拒绝，直到真正的问题根源被数据分析明确识别出来。

在项目分析时，往往同时使用探索性数据分析和过程分析两种工具。一般是先做探索性数据分析，再做过程分析，也可以同时进行。不管团队采用哪种模式，缺陷原因分析在步骤上一般都经过以下三个阶段：

（1）推测。以开放的态度调查数据和过程，目的是找出可以研究的项目。

（2）提出关于原因的假设。运用已有的知识，提出最有可能的缺陷原因。

（3）证实或排除原因。利用数据、试验或进一步的过程分析对原因的假设做出判断、证实，确认哪个因素或环节是引起缺陷的最主要原因。

无论团队如何进行原因分析，这三个阶段往往不可截然分开，而是一个循环的过程。

1. 探索性数据分析

探索性数据分析利用测量值和有关数据（已经收集的数据或在分析阶段收集的新数据）来发现、建议、支持或排除缺陷原因理论的模式、趋势和其他异常，分辨问题模式、问题趋势或其他一些有关因素。这些因素可以是推测出来的，也可以是已证明或未证明的可能因素。

（1）数据分析原则。为了有效地进行数据分析，必须坚持一定的原则：

1）明确要深入了解的方向，要经常重新翻看项目特许任务书和问题陈述，时刻牢记团队的目的。

2) 不断提出假设,要充分接受"假设是有缺陷的"这种可能性,不能对那些与假设不符的数据视而不见。

3) 注意关于事件发生的频率、影响程度以及与问题缺陷症状相关的问题。

(2) 数据分析的步骤。数据分析的目的是用各种方法将数据转化为信息,使数据变得有意义。但这种转化往往非常复杂。数据分析也分为三个阶段:

1) 数据分析的第一阶段:推测。这个阶段主要是根据数据分析的原则对测量阶段得到的分析数据加以利用,利用逻辑分析对问题的原因进行推测。例如,下面是一些有用的逻辑问题,可以帮助分析问题产生的原因:这些缺陷属于同一类吗?缺陷人员、方法和过程步骤方面有哪些不同?这些问题是否在某处更容易出现?这些出现故障的地方有哪些不同之处?是否在某个时间段内?这些缺陷是非常普遍的吗?这个时间段与平常比有什么不同?当缺陷出现或数据发生波动时,是否有其他事物或者变量也发生了波动?思考这些问题可以帮助团队提出假设,并逐个论证,最后找出几个最有可能的原因。

进行一定的逻辑分析后,可以做一些初步数据分析。团队可以使用许多不同的方法和工具来初步分析数据,如排列图(帕累托图)、走势图(趋势图)、直方图(频率图)、多变异图等。这些简单的工具可以帮助团队从整体和直观的角度初步了解问题的状况。

2) 数据分析的第二阶段:提出关于原因的假设。发现问题的原因并不是一件简单的工作,必须透过问题的表面现象进行深入研究,找出问题真正的潜在原因。在寻找原因这一阶段,最常用的两大工具是因果图和关系图,它们为找到真正的根源性原因提供了关键链接。使用这些工具时有两点需要注意:①它们仅仅能帮助团队进行系统的思考并发现问题可能的潜在原因,仍需进一步收集数据才能证实究竟什么才是问题的真正原因;②它们的有效性直接与思考的创造性和深度有关,往往需要很多人同时进行头脑风暴,经过认真讨论,列出一张广泛而深入的潜在原因分析检查表。

3) 数据分析的第三阶段:证实或排除原因。验证引起缺陷的原因可以通过三种途径:因果逻辑分析、统计验证检验和试验验证。

① 因果逻辑分析。它是指仅从逻辑的角度验证原因假设是否可以解释出现的问题。

② 统计验证检验。它是指利用统计方法,如散点图和相关分析,验证原因 X 和结果 Y 之间的相关程度。相关程度越高,则原因对问题的解释程度越好。

③ 试验验证。有时候想用收集到的数据来证实导致失误的准确原因是很困难的,这时可以进行小试验,通过改变过程来消除可疑的原因,看看结果是否符合预计的结果,最终判断这个原因是不是导致过程出现缺陷的真正原因。

2. 过程分析

数据分析是以过程中收集到的数据为依据的,但有时对问题原因的分析不能仅依靠数据,对过程的细致研究同样可以得到很多收获。在六西格玛团队建立之后,并不是每个成员都非常了解系统的过程,借助详细的流程图或过程影射图可以帮助全体成员对过程的认识达成一致,并更加清楚地了解整个过程的细节,从中发现过程中可能存在的疑点。

所谓过程分析,即深入研究并分析过程工作是如何开展的,从而识别出与过程目标不一致的、可能引起问题或导致问题发生的环节。通过增值分析,可以判别过程中哪些环节对顾客是增值的,哪些环节对顾客是非增值的但对过程是增值的,哪些环节是不增值而且可以删除的,哪些是不能确定是否增值的,最终找到过程不能满足顾客需求的真正原因,找出改进的方向。进行过程分析,也要经过与数据分析类似的三个阶段。

四、改进

改进是实现目标的关键步骤。改进活动包括拟订改善方案、对方案进行试点、持续改进,达到或超过顾客的期望要求。在分析环节,明确缺陷产生的根本原因之后,工作的重点就转移到寻找解决问题的办法上来。在多数情况下,同一问题有多种解决方案,应选择成本低、速度快的最佳方案来执行。如果条件许可,在全面执行解决方案之前,先在小范围内进行试点,这样不仅能证明解决方案是否有效,还有助于克服企业中存在的潜在障碍,为度量满足顾客需求而改进的新流程的能力提供有价值的数据。一旦试点成功,就可以制订真正的实施计划并加以执行。通过改进工作,可以确保找出有效的解决问题的方案,分析解决方案的潜在影响和实施成本,证明方案的有效性,评估实施的风险,完成解决方案的综合实施计划。在找到了要改进的环节和方案之后,重要的是去实施,而实施的困难往往在于员工的长期习惯不会轻易转变。企业可以跟踪检查改进项目,应用模型进行控制,从而使企业收益和顾客满意度都达到最高。

改进阶段一般需要完成以下工作:
(1) 产生解决方案。
(2) 评价解决方案。
(3) 完成改进方案的风险评估。
(4) 验证改进方案的有效性。

在改进阶段,使用的主要方法有相关分析、回归分析、方差分析和试验设计方法(Design of Experiment,DOE)等。试验设计是研究如何制订适当的试验方案,以便对试验数据进行有效统计分析的数学理论与方法。试验设计应遵循三个原则:随机化、局部控制和重复。随机化的目的是使试验结果尽量避免受到主客观系统因素的影响而呈现偏倚性;局部控制就是划分区组,使区组内部尽可能条件一致;重复是为了降低随机误差的影响,目的仍在于避免可控的系统性因素的影响。试验设计大致可以分为四种类型:析因设计、区组设计、回归设计和均匀设计。析因设计又分为全面实施法和部分实施法。

五、控制

控制是将主要变量的偏差控制在许可范围之内,其核心是保持所取得的成果,防止流程恢复到原来的状态。对流程进行一定的改进之后,接下来的问题就是坚持,避免回到旧的习惯和流程,这是控制的主要目的。六西格玛管理通过将满足项目要求的过程实体程序化、标准化和文件化,使之正常运作;通过对其有效控制,可以确保改进结果的正确评估,保持所取得的成就,确保新流程变异最小化。六西格玛项目的成功依赖于那些始终坚持如一的人。在控制过程中,流程中每个环节的每个人都必须知道自己的工作描述和过程,否则就谈不上控制。控制阶段使用的主要工具是控制图。

六、DMAIC 小结

DMAIC 模型是一种改善企业现有流程的强大工具,也是处理复杂系统问题的全面方法。

它把各种数理统计工具和方法融入模型的各个环节中（见表7-4），这是六西格玛管理突出的特点。DMAIC 模型要求从顾客需求开始，确保整个项目都以顾客需求为中心，最后以数据及尺度为基础做出决策，确保所取得的成果能够保持下去，并能够满足顾客需求。

表7-4　DMAIC 模型各阶段的工作内容和常用工具、方法

DMAIC 模型的阶段	工 作 内 容	常用工具、方法
界定 （Define）	确立改进活动和所需资源，确定改进的目标。高层目标可以是高投资回报率和市场份额；作业层目标可以是增加产出；项目级目标可以是减少缺陷和增加产出	头脑风暴法、帕累托图、质量功能展开（QFD）、流程图、质量成本分析、因果图、满意度分析、顾客需求分析、项目进展计划
测量 （Measure）	测量现有过程或体系。首先确定目前的状况或水准，制定合理的、可靠的衡量标准，监督过程的进度	数据收集计划、过程能力分析、柱状图、排列图、因果图、结构图、测量系统分析、过程流程图、西格玛水平计算
分析 （Analyze）	分析过程或体系的数据，确定影响质量的关键变量，决定应用哪些方法来消除目前业绩与目标之间的差异，寻找解决问题的最优方案	头脑风暴法、多变量图、确定关键变量的置信区间、假设检验、直方图、排列图、多变量相关分析、回归分析、方差分析
改进 （Improve）	优化解决方案，持续改进过程或体系。运用新方法、新观点、新理论达到预期的目标值，应用各种管理工具和统计方法来确认这些改进	质量功能展开、试验设计、正交试验、方差分析、正态分布、成本-效益分析、项目管理、目标管理、头脑风暴法
控制 （Control）	控制过程或体系，确保过程的改进能够持之以恒，并确保过程不会恢复到原来状态。通过修订激励机制、方针、目标等，使改进后的体系或过程制度化	质量功能展开、试验设计、正交试验、西格玛计算、控制表图、标准化、过程能力计算、标准作业程序、过程文件控制

DMAIC 模型的应用是一个循环过程。DMAIC 模型作为实施六西格玛的操作方法，其运作程序与六西格玛项目的周期及工作阶段紧密结合。DMAIC 模型从界定到控制不是一次性的直线过程，有些技术与方法被反复使用。只有不满足现状、勇于创新，才能在六西格玛管理中取得卓越成就。

第五节　六西格玛设计

六西格玛改进是对现有流程的改进，即对产品或流程中的缺陷产生原因采取纠正措施，通过不断改进，使流程趋于完美。然而，对流程的改造是有极限的，当改进达到了流程设计所能达到的最大极限，就无法进一步提高产出的质量了。一般当过程的西格玛水平接近 5 时，进一步改进的空间就变得非常狭小，这时就应该考虑放弃原来的流程，对原流程进行重新设计。这种重新设计过程的方法就是六西格玛设计。

六西格玛设计就是按照合理的流程、运用科学的方法准确理解和把握顾客需求，对新产品或流程进行稳健设计，使产品或流程本身具有抵抗各种干扰的能力，从而在低成本下实现 6σ 甚至更高的质量水平。

六西格玛设计是一种途径而不是既成的方法，它是对产品或服务自下而上进行设计与复设计，旨在对产品研发流程与生产变更进行预测性管理。

六西格玛设计的主要工具可分为市场需求分析、系统设计、稳定性优化设计、面向 X 的设计、适用的可靠性工程和设计验证六个模块，每个模块中又包含若干个技术工具。其中

常用的技术工具有质量功能展开（QFD）、系统设计、参数设计、容差设计、FMEA分析、面向X的设计和设计验证技术。

实施六西格玛设计的重要意义可以从经济、技术和管理的角度分析。从经济的角度来看，企业通过实施六西格玛设计，可以从设计阶段就开始节约成本；同时，通过六西格玛设计设计出的产品更能满足顾客需求，随之而来的是企业销售量的增加，企业也因此获得更多的收益。从技术的角度来看，六西格玛设计在设计阶段就赋予了商品很高的设计质量，对企业而言，通过采用六西格玛设计，梳理了企业原有的生产流程和生产工艺，并进一步做了改进，设计出新的产品，记录了新的流程和工艺知识。从管理的角度来看，朱兰博士提出质量管理三部曲：质量计划、质量控制和质量改进。其中，质量计划是最重要的，它也是企业质量管理成本的产生阶段，理应得到企业足够的重视。但是，实际工作中，企业往往把大部分精力放在质量控制和质量改进上。如果把企业的质量管理过程看成是一场火灾，企业就会将大部分精力放在了"救火"上。如此便是本末倒置，虽然付出了很多金钱和精力，但是收效甚微。六西格玛设计则是在质量计划阶段就在产品上赢得了主动，构建一套"防火工程"，全面提高企业的质量管理水平。

一、六西格玛设计的基本条件和原则

1. 六西格玛设计的基本条件

实施六西格玛设计存在很多不确定因素。企业进行六西格玛设计，必须满足两个条件：①企业中存在重要的需求、威胁或机会，这是进行设计的根本动因；②企业已经准备并愿意承担风险，这是由设计本身存在的不确定性决定的。

2. 六西格玛设计的原则

在进行六西格玛设计时，要注意以下几条原则：

（1）时刻将顾客作为关注焦点。因为设计的目标要保证与顾客需求完全一致，不符合顾客需求的产品即使精度再高，也不可能达到六西格玛质量水平。

（2）提高产品的抗干扰能力，减少质量波动。这是提高六西格玛质量水平的根本途径，也是达到六西格玛设计成效的必要条件。

（3）尽量缩短进行过程设计的周期，降低成本。实施六西格玛设计，应当在提高产品质量的同时，尽可能缩短周期、降低成本，以提高企业的绩效。

二、六西格玛设计流程

六西格玛设计到目前为止还没有形成统一的模式。迄今为止，专家已提出的六西格玛设计流程主要有以下几种：①DMADV流程。该模式主要适用于流程的重新设计和对现有产品的突破性改进。其阶段包括界定阶段（Define）、测量阶段（Measure）、分析阶段（Analysis）、设计阶段（Design）、验证阶段（Verify）。②DMEDI流程。该流程包括界定（Define）、测量（Measure）、探索（Explore）、研发（Develop）、实现（Implement）。③IDDOV流程。这是著名的六西格玛管理专家乔杜里（Chowdhury）提出的关于六西格玛设计的流程，也是公认的适用于制造业的六西格玛设计流程。其阶段包括识别（Identify）、界定（Define）、研发（Develop）、优化设计（Optimize）、验证（Verify）。④ICOV流程。该流程包括识别（Identify）、特性实现（Characterize）、优化（Optimize）、验证（Verify）。

下面主要介绍 IDDOV 流程，其中的研发（Develop）在此称为设计（Design）。

1. 识别阶段

识别阶段的主要内容是寻找市场机会，识别顾客需求，进行项目论证。这个阶段可以划分为"寻找市场机会""识别顾客需求""制定项目特许任务书"三个步骤，要应用质量功能展开（QFD）、卡诺分析、新 QC 七种工具、风险分析等方法寻找市场机会，识别顾客需求，论证和确定要展开六西格玛设计的项目，组织项目团队，落实人员和职责，并编写和批准六西格玛设计项目特许任务书。

2. 界定阶段

界定阶段的主要内容是顾客需求的确定和展开，产品方案的论证和设计。该阶段可划分为"顾客需求的确定和展开"和"产品总体设计方案论证和确定"两个步骤，要通过质量功能展开深入分析，将顾客需求逐层地展开为设计要求、工艺要求、生产要求，并采用系统设计、面向 X 的设计（DFX）、FMEA、新 QC 七种工具、风险分析、全生命周期费用分析等方法，通过创造性思维和自顶向下的设计，形成一个可以实现顾客需求的总体设计方案。

3. 设计阶段

设计阶段的主要内容包括全尺寸样机的设计、制造过程设计和保障资源设计。该阶段可以划分为"初步设计""全尺寸样机的设计""过程设计和样机的试制"三个步骤，主要采用系统设计、质量功能展开、FMEA、面向 X 的设计、参数设计、容差设计、CAD/CAM 等方法进行产品的初步设计，产品各子系统、部件、设备和供应商的确定，全尺寸样机及其制造过程的设计，保障资源的设计等。

4. 优化阶段

优化阶段的主要内容包括产品和过程设计参数的优化和正样的设计。该阶段可以划分为"产品设计的优化"和"过程设计的优化"两个步骤，通过稳健设计和 FMEA、面向 X 的设计等方法，产品质量特征稳定在目标附近，在使用中抗干扰，并进行过程优化设计。

5. 验证阶段

验证阶段的主要任务是样机试制和产品设计方案的正确性是否达到质量水平的验证。该阶段可以划分为"设计质量的验证""制造质量的验证""产品的验证与确认"三个步骤，可以通过小样本统计过程控制（SPC）、验收检验规程等方法进行过程能力的分析、制造质量的验证，通过仿真实验、V&V 实验、可靠性试验、寿命试验等方法进行六西格玛设计产品的验证与确认，以及通过对平均故障间隔时间和信噪比的统计及六西格玛设计计分卡等来考察产品的质量水平，并请顾客试用来验证六西格玛设计是否达到了希望的目标。当然，最优化的方案还应当通过技术状态控制的方法固化下来，以保证设计的产品在后续加工过程中完全符合顾客的需求。

第六节　精益六西格玛管理

一、精益六西格玛管理的含义

精益生产源自日本丰田汽车公司创造的丰田生产模式，其基本理念是在产品设计、制造、销售以及零部件库存等各个环节消除一切不必要的浪费。六西格玛是一种统计上的衡量标准，用来描述产品质量与客户目标之间的符合程度。六西格玛质量是所有企业追求的一种卓越质量目标。为实现客户满意度达到六西格玛目标，而将精益生产与六西格玛管理结合起来形成的一系列管理方法、工具的总称，就是精益六西格玛管理。

精益生产是指通过识别客户认可的价值，并以此为基础，要求减少那些不能够给客户提供增值作用的工作环节，减少不能够起到增值作用的资源消耗。六西格玛管理则通过对大量的流程信息、数据进行分析，找到造成产品缺陷的主要原因，确定导致流程产出不稳定的因素，然后提出和实施有针对性的改进措施，优化流程，以达到用较少的资源、较高的效率、稳定的产出来满足客户需求的目的。

精益六西格玛管理是一套系统的业务改进方法，以追求客户满意为导向，依照数据和事实进行决策，研究业务流程，通过组织一个个流程改善的项目，达到对内降低运营成本、提高效率、改善产品质量，对外提高客户满意度的目的。

精益六西格玛管理是精益生产与六西格玛管理的结合，其本质是消除浪费。精益六西格玛管理的目的是通过整合精益生产与六西格玛管理，吸收两种生产模式的优点，弥补单个生产模式的不足，达到更佳的管理效果。精益六西格玛管理不是精益生产和六西格玛管理的简单相加，而是二者的互相补充、有机结合。按照所能解决问题的范围，精益六西格玛管理包括了精益生产和六西格玛管理。根据精益六西格玛管理解决具体问题的复杂程度和所用工具，精益六西格玛活动分为精益改善活动和精益六西格玛项目活动。其中，精益改善活动全部采用精益生产的理论和方法，解决的问题主要是简单问题；精益六西格玛项目活动主要针对复杂问题，需要把精益生产和六西格玛管理的哲理、方法和工具结合起来。

精益六西格玛管理最终能够帮助企业获得以下四个方面的优势：

（1）消除库存和浪费，降低企业的经营成本。精益六西格玛管理最大的特点就是将精益生产理念和六西格玛管理方法结合起来，最大限度地消除库存和浪费，降低成本。

（2）消除过程波动，提高产品质量。精益六西格玛管理还是一种质量改进的方法，它继承了六西格玛方法更多地关注过程的特点，通过对过程的严格控制，保证产品质量，进一步消除了浪费。

（3）推行看板拉动生产，实现准时、保质、保量交货。精益六西格玛管理受益于精益生产理论，源于制造业企业，但同样适用于服务业。采用看板拉动生产，可以保证产品生产的一致性，同时提高了生产效率，促进了准时交货。

（4）实现多品种小批量生产，增加企业柔性。精益六西格玛管理的提出使高效多品种小批量生产成为可能，提高了企业柔性，增强了企业在竞争激烈的市场环境下应对挑战的能力。

二、精益六西格玛管理的关键成功因素

实施精益六西格玛管理的关键成功因素包括以下几方面：

1. 关注系统

精益六西格玛管理的力量在于整个系统。精益六西格玛管理不是精益生产和六西格玛管理的简单相加，而是要把二者有机地结合起来，处理整个系统的问题。对于系统中的不同过程或同一过程不同阶段的问题，精益生产和六西格玛管理相互补充，才能达到更好的效果。当过程处于起始状态，问题较为简单，可以直接用精益生产的方法和工具解决；随着过程的

发展，当问题变得复杂时，就要用六西格玛管理的方法解决。所以，在实施中要关注整个系统，用系统的思维方式综合考虑、恰当选用精益六西格玛管理的方法或工具。一些企业实施精益六西格玛管理之所以没有达到预期效果，就是因为它们虽然同时采用了精益生产和六西格玛管理，但是并没有把二者结合在一起，而是不同的部门分别使用不同的模式。

2. 重视文化建设

不论是精益生产还是六西格玛管理，文化对其成功都起到了重要的作用；同样，实施精益六西格玛管理也离不开文化建设。企业通过文化建设，能够使每一个员工形成一种做事的习惯，自觉地按精益六西格玛管理的方式去做事。精益六西格玛管理的文化是持续改进、追求完美、全员参与的文化。只有追求完美，持续地对过程进行改进，才能不断超越现状，取得更好的绩效。而现代的组织管理是一个非常复杂的系统，个人或一部分人的力量是有限的，只有依靠全员参与，才能最大限度地发挥出集体的能力。

3. 以流程管理为中心

精益生产和六西格玛管理都是以流程为中心的管理方式，因此，精益六西格玛管理也必须以流程为中心，摆脱以组织功能为出发点的思维方式。只有以流程为中心，才能真正发现在整个价值流中的不足和问题，从而进行高效的管理。

4. 领导的支持

精益六西格玛管理需要处理整个系统的问题，同时要分析和解决的问题也更复杂，需要与不同的部门进行沟通，得到更多的资源支持，所以，没有领导的支持是不可能成功的。领导的支持应该是实实在在的支持，而不是仅仅有口头上的承诺，这就要求领导也参与到精益六西格玛管理变革中。领导只有亲自参与其中，才能发现问题，进而有力地推动精益六西格玛管理。

5. 正确使用方法和工具

在利用精益六西格玛管理方法对系统进行分析之后，针对具体问题，可能仅仅用到精益生产或者六西格玛管理的方法或工具，也可能需要把两个管理模式中的方法或工具结合起来使用。例如，对于简单问题，就应该用精益生产的方法或工具直接解决，如果还用六西格玛管理的方法或工具，则必然降低了过程的速度；而对于复杂的问题，如果不用六西格玛管理的方法或工具，就不能发现真正的原因，不能有效解决问题；还有一些复杂问题需要同时利用精益生产和六西格玛管理的方法或工具来解决，才能达到其目的。因此，精益六西格玛管理要实现精益生产的速度和六西格玛管理的过程稳健性，必须确定问题的种类，针对具体问题选用恰当的处理方法或工具。

三、精益六西格玛项目的实施

实施一个精益六西格玛改进项目的过程，大致需要经过以下一些具体步骤：

1. 识别目标客户

这涉及企业的市场定位问题。目标客户应该是那些企业既能满足其需求，又能从为其服务过程中赚取利润的特定群体。很多职能部门并不直接面对市场，但是它们也在间接地为实现企业的目标而工作，它们的客户就是内部客户。在每个流程中，下游的工作人员就是上游流程的客户。只有识别客户，才能明确企业的服务对象。

2. 识别客户的需求和关键质量点

客户购买企业的服务，是为了实现其价值，而这些价值需要企业来生产。企业能否实现客户的价值决定着客户是否认同企业的产品。对于识别出的客户需求，企业还需要进行分类，并且判断它们的不同重要性。客户满意与否是一个结果，企业应该通过控制和改变产生这一结果的过程以及过程中的关键质量点，去满足或超越客户的预期。

3. 了解流程，了解现状

企业要完成对顾客的服务，首先要研究需要什么资源。有了足够的资源以后，接下来研究企业是如何组织这些资源的，通过什么过程将其变成可以影响最终客户满意的产品。上游提供的资源不符合要求、本身的流程不当，都会造成产出不合格或者成本过高。在具体的流程改善活动中，必须区别流程方法要素和流程资源投入要素，并实施改进措施。

4. 检查流程能力，识别差距

这一步骤的目的是检查企业现在的流程能力能否满足客户需求。对流程能力进行定义，实质是设定对该流程考核指标的过程。六西格玛管理强调定义流程能力需要按照客户需求来定义，并且可以计量。如果指标没有以客户为导向，就不会生产出让客户满意的产品。

有了正确的评价指标，能否计量也非常重要。组织实施改进存在一个假设前提，即组织现在做得不够好，而评价好坏的前提是存在明确且可量化的指标。如果不存在一个明确的指标，就很难去评价相关的流程是否有效。

5. 进行流程分析

当企业发现流程产出与客户需求之间存在差距，并且这一需求对客户非常重要时，企业就找到了一个值得改进的机会。企业应组织专家对流程进行细致的分析，找出生产环节中存在的问题和不足。

6. 改进方案设计

找到流程中存在的问题后，企业就可以考虑如何改进了，可以应用前面提到的一系列方法来达到目的。科学技术的进步，尤其是信息技术的应用，给企业提供了很多改善服务质量、提高效率的机会。企业要尝试把一些新的技术引入生产流程。

在寻找改进方法的过程中，企业需要注意现实与理想的区别。理论上的一个完美方案，可能在现实中根本行不通。在项目实施中，宁可牺牲方案技术上的完美性，也要获得更高的可操作性。

7. 依靠行政力，实施改进方案

改进方案只是一个比较科学的实现目标的蓝图，要将它变成现实，还需要付出很多的努力。在这一步骤中，精益六西格玛管理既强调项目责任人的责任，又强调领导者的力量。项目责任人（绿带或黑带）应该运用各种沟通工具，通过宣传和培训，使更多的人从心理和技术上接受改进方案。而领导者在改进方案的实施中，需要完成责任的重新划分、争取财物的支持等工作。这些在现实中往往是难度最大的，当然也只能由领导者来推动。

8. 控制改进效果

改进措施落实后，项目责任人要对流程的效果进行持续的跟踪评价，对未达到预期效果或者流程不稳定的原因，需要进一步收集、分析数据，持续改进。

以上是企业实施一个精益六西格玛流程改进项目的过程。在具体改进项目的实施中，这些步骤可能或简或繁，各有侧重，但都是不可缺少的。它通过DMAIC模型，对过程进行规范；通过对一系列工具的应用，保证流程改进活动的结果与企业目标相一致，以及保证改进活动是一种理性且可控的过程。

对于企业而言，精益六西格玛管理还具有更加重要的意义。成功推动精益六西格玛管理的企业，会要求所有的部门人人都学习和掌握这样的方法，并且不断实施一个又一个围绕客户满意、成本控制的项目。这样，改进就会逐渐演变为个人的一种意识、一种行为，持续改进、数据决策、客户导向也就会逐渐成为企业文化的一部分。当然，精益六西格玛管理的推进要取得更大的成效，也离不开领导者更多、更直接的参与。

四、在精益六西格玛管理中使用大数据技术

在精益六西格玛管理中使用大数据技术可以分为两个层面：一个是生产层面；另一个是服务层面。

1. 生产层面

在生产层面，主要利用物联网数据进行过程和质量改进。在生产过程中，生产设备通过物联网技术连接在一起，进行信息交换和通信，积累大量数据。而在六西格玛管理理念中，任何可以被测量的东西都可以被监控，任何可以被监控的东西都可以被改进；一个系统或多个过程可以通过从定义的标准中识别其偏差（或变化）的原因来进行改进。六西格玛管理在非设计环境中使用DMAIC模型（定义、测量、分析、改进和控制），它使用了回归分析、试验设计、鱼骨图等工具。另外，精益生产集中通过减少浪费来改善流程，为资源更少的客户创造更多价值。精益生产使用价值流图、即时看板、SMED等工具来识别和消除系统中的浪费。所以，物联网正成为精益六西格玛管理的技术潮流。具体而言，物联网可以在以下方面支持精益六西格玛管理：

（1）数据完整性。精益六西格玛管理的大部分工具依靠数据来识别、定义和分析问题。数据对推动流程改进非常重要。然而，获得正确的数据及正确的数据格式始终是一项具有巨大挑战性的任务，从事六西格玛工作的人员经常面临数据完整性的问题。而物联网能够帮助消除数据收集过程中的人为干预。并且，由于物联网设备通常连接到云端和数据分析软件，传感器收集的数据可以直接传送给任何人或进行分析的软件。此外，数据分析人员可以跟踪数据收集过程，报告和整合各个部分的数据，从而保持数据的完整性。

（2）识别问题或缺陷。物联网设备通常连接到具有增强数据分析功能的云基础设施。通过适当的数据可视化工具和从数据分析中获得的信息，可以在早期就识别出过程中的异常变化。通过设定变化范围的规则（如控制限制之外的数据规则），可以在问题影响最终产出或过程质量之前被识别出来。物联网的重要性在于数据可以传输到云端，也可以传输到平板电脑或手机。不仅主要用户，其他人也可以跟踪这些数据，并且可以监视流程或产品中的偏差。例如，通过使用物联网设备，负责人可以非常容易地在智能手机或平板电脑上获知其中一个过程的偏差，而不必等待生产人员的通知。

（3）找到根本原因。应用精益六西格玛管理最重要的目的是找出问题的根本原因。要找到真正的根本原因，必须进行"五个为什么"（5WHY）分析和验证"五个为什么"的所有答案。物联网可以提高验证的速度。在精益六西格玛管理方法中，出现问题经常需要到现

场查看，并且往往需要多次收集数据，才能就根本原因做出结论。通常，精益六西格玛专家需要现场员工的帮助来获取这些数据。而物联网可以提供易于安装的模块，供精益六西格玛专家直接使用，以收集所需的数据，从而提高寻找问题根本原因的速度。

（4）提供更好的监控。对于一个成功的项目，必须监控和维持基于真实根本原因的行动计划，而这往往意味着要找到与行动计划密切相关的新的关键绩效指标（KPI）。但监控新的 KPI 并不那么容易，因为没有安装相应测量设备；或者，如果 KPI 是手动监控的，则意味着负责该流程的员工需要承担额外的工作，而这种情况可能导致员工加班或过度劳累。而使用轻松部署、即插即用的物联网模块可以更方便地监控新的 KPI，并且任何参与该项目的人员都可以在计算机、智能手机或平板电脑等设备上轻松访问这些数据。

2. 服务层面

在服务层面，主要是利用社交媒体、移动和电子商务来进行改进和提升。IBM 公司建议通过两个方面，在精益六西格玛管理中使用大数据技术。首先，企业应通过社交工具来拓展其已有的核心业务流程；其次，企业应改进业务流程以鼓励社交行为。例如，大数据营销已经在促使企业和顾客、顾客和顾客之间进行大量的互动。

顾客互动会产生大量的 UGC（用户创造内容）。利用迅速发展的自然语言处理技术和机器学习算法，企业能够快速从 UGC 中发现主要话题、挖掘顾客满意度和产品质量缺陷，从而捕捉消费者行为，洞察顾客的消费经历和期望，识别新的商业机会，支持新产品开发。一般而言，UGC 中蕴含着顾客关于质量和满意的信息，目前，自然语言处理技术的发展已经使得从中自动提取这些信息成为可能。例如，米兰达（Miranda，2014）等人利用文本和情感分析技术从在线评论中提取顾客满意度；塔克（Tucker，2011）等人利用文本挖掘技术从在线评论中挖掘产品质量信息，与质量功能展开（QFD）结合进行产品设计；拉伊（Rai，2012）利用文本挖掘技术从用户评论中挖掘产品质量属性，并进行排序，从而用于产品设计。目前，企业可以利用的相关技术包括以下几种：

（1）网络爬虫。网络爬虫是一种按照一定的规则自动地抓取万维网信息的程序或者脚本。大量的网络爬虫通过 Python 编写，可以采集互联网中的用户评论信息。

（2）分词技术。分词技术把文本分成具有独立活动的有意义的最小语言成分。英文单词之间是以空格作为自然分界符的，而汉语是以汉字为基本书写单位的，词语之间没有明显的区分标记，因此，中文词语分析是中文信息处理的基础与关键。进行英文分词的知名工具是 NLTK（Natural Language Toolkit），可以在 Python 中调用；中文分词工具有 Jieba，同样可在 Python 中调用。

（3）主题模型。它是用来在一系列文档中发现抽象主题的一种统计模型。知名的主题模型软件包有斯坦福主题模型工具（Stanford TMT）、百度自然语言处理（NLP）等。

（4）机器学习。机器学习又可以进一步分为有监督、无监督和半监督方法。常用的模型有朴素贝叶斯、逻辑回归、最大熵和支持向量机等。在 Python 中，Scikit-learn 提供了 6 种机器学习方法可供调用。

随着物联网和云计算的发展，以及越来越多的自然语言处理工具（或软件包）和机器学习算法变得普及和可以利用，大数据技术正日益成为企业实施精益六西格玛管理的基础之一，能够帮助企业更好地实施过程和质量改进，提升企业竞争力。

思 考 题

1. 简述 DMAIC 模型各阶段的主要工作。
2. 简述六西格玛组织中各角色的主要职责。
3. 简述选择六西格玛项目的流程。
4. 简述使用 SIPOC 进行过程识别的步骤。
5. 简述六西格玛管理的基本原则。
6. 简述 IDDOV 模型各阶段的主要内容。
7. 简述在精益六西格玛管理中应用大数据技术的途径。

第八章

顾客满意管理

本章的主要内容包括顾客和顾客需求的识别、顾客满意度模型、顾客满意度调查的方法、调查表的设计、顾客满意信息的分析和应用等。

第一节 顾客满意管理概述

本节将首先讨论顾客的识别，即解决谁是企业的顾客这一问题；其次是对已经识别的顾客确定其需求，即确定顾客真正需要的产品和服务是什么，以及这些需求如何进行表述；最后结合 GB/T 19000—2016 标准的要求，探讨顾客满意管理的总体思路。

一、顾客的识别

顾客满意既是企业质量管理的出发点，也是企业质量管理的归宿。企业质量管理体系的各个过程始终处于"顾客需求"和"顾客满意"之间，顾客满意是检验企业的质量管理体系是否有效的根本依据。

根据 GB/T 19000—2016 标准的定义，顾客满意就是"顾客对其期望已被满足程度的感受"。要实现顾客满意，首先必须识别顾客，识别顾客需求，即谁是企业的顾客，顾客的需求是什么。顾客是"能够或实际接受为其提供的产品或服务的个人或组织"，如消费者、委托人、最终使用者、零售商、受益者和采购方。顾客与组织密切相关。组织是"为实现目标，由职责、权限和相互关系构成自身功能的一个人或一组人"，如制造商、批发商、零售商、服务或信息的提供者。

在质量管理体系策划、实施和改进的适当阶段，管理者代表或高层管理者可以组织跨职能的质量管理小组，利用头脑风暴法来回答"谁是外部顾客"这一问题。这种方法往往非常有效。为什么要强调跨职能呢？因为对顾客的识别，不同职能部门可能有各自不同的看法，综合各职能部门的意见，可以使对顾客和顾客需求的识别更加全面、客观。在采用头脑风暴法时，不要预先设置框框，让参加会议的人员畅所欲言，可以迅速列出明显的顾客，接着还会出现一些补充顾客，有些顾客以前可能并没有引起大家的注意。

有时候，顾客是多种角色组成的群体。例如，一家把产品销售给医院的企业，其产品将影响到以下人员：①签订采购合同的采购经理；②规定质量保证程序的质量管理人员；③各专业部门（如 X 射线科、妇产科、内科等）的领导；④医生；⑤护士；⑥各行政科室的领导等。除以上人员之外，甚至还可以延伸到病人、病人家属、保险公司等。这些受到影响的组织或个人都是这家企业的顾客。

认识到"顾客是多种角色组成的阵容"可以改善决策，减少出现不愉快后果的风险。

福特汽车公司成功开发金牛座车型的一个重要原因就是受产品影响人员的积极参与。作为先决条件，这就要求运用"顾客是多种角色组成的阵容"这一观念。

一个类似"顾客是多种角色组成的阵容"的例子是商业链，即在到达最终用户之前，销售可能要通过若干中间环节。例如一家制造家电的企业，试图通过中间商（如进口商、分配商）到国外市场销售产品。如果企业能够同国外市场当地的销售大企业直接签订合同，它的销售额就可能急剧上升，所以中间商是不可忽视的顾客。

除了那些具有特定顾客的企业（如军工企业），许多企业随着规模的不断扩大，顾客的数量也在不断增加。如果企业已经拥有了一个数量比较大的顾客群，那么应该认识到，每个顾客对企业业绩的影响不是完全相同的。作为负责顾客满意管理的工作人员，对顾客的重要性也不应该看作是相同的。因此，有必要对顾客进行分类，使管理人员能够按照顾客的重要性和影响程度来安排优先次序和分配资源。

按照关键的少数和次要的多数分类方法，可以将顾客分为两类。应用排列图分析可以看出，在任何一个顾客群体中，往往是相对较少的人发挥着相当大的作用。这种现象被广泛地称为帕累托分析（排列图分析）。例如，精明的市场经理发现，约80%的销售额来自20%的顾客。这少数的顾客通常被称为关键顾客。图8-1显示了这一关系。

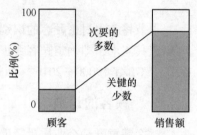

图8-1　关键顾客分析

一旦明确了关键顾客，就要制定措施，管理好与关键顾客的关系。但应当注意的是，一般情况下，企业自己确定的关于谁是关键顾客、谁是一般顾客的文件或信息，如果不是确有必要，最好不要公开，防止引起不良后果。

关键顾客和一般顾客在一定的条件下会互相转化，有时候在某些方面、某时间段是次要的多数顾客，在其他方面、其他时间段又成了关键的少数顾客。对这种关系及其转化，组织应及时识别。

既要充分满足关键少数的需求，又不慢待次要多数的需求，应是企业的正确态度。有的文献认为对次要的多数可以不予关注，甚至可以舍弃次要的多数，这种看法可能并不可取。

二、顾客需求的识别

对顾客需求的识别最简单的设想是，顾客对自己的需求完全了解。有的企业设计一个问卷式调查表对顾客进行调查，认为这样就可以直接从顾客那里获得需要的信息，有的甚至认为这样的第一手资料是绝对真实的。其实，事情并不是如此简单。在某些情况下，顾客可能是最不了解自己需求的人。但是，作为企业的经营者，如果不能及时、正确地识别顾客需求，就很难为自己的产品或服务定位，其结果可能是灾难性的。例如，在笔记本电脑问世以前，几乎没有顾客能够表达自己对这种产品的需求。谁会异想天开地认为能带着电脑旅行呢？然而，随着该产品的上市，许多顾客发现自己真的需要它。

顾客需求是不断变化的，任何人都不可能列出一张最终的顾客需求清单；顾客需求是多种多样的，为了研究这些需求，可以将顾客需求进行分类。对顾客需求的分类有各种各样的方式，企业可以尝试多种分类方式，这样可以加深对顾客需求的理解。

在此，将顾客需求分为以下类别：表述的需求、真正的需求、感觉的需求和文化的

第八章 顾客满意管理

需求。

1. 表述的需求与真正的需求

顾客通常是从自己的视角、用自己的语言来表述自己的需求的。例如，顾客购买商品，可能会就自己希望购买的商品表述自己的需求。然而，他们真正的需求其实是产品能够提供的服务，如表 8-1 所示。

表 8-1 顾客表述的需求和真正的需求

顾客希望购买（表述的需求）	顾客真正的需求	顾客希望购买（表述的需求）	顾客真正的需求
食品	充饥、有营养、好的味道	彩电	娱乐
汽车	运输	房屋	居住空间

如果不能很好地掌握表述的需求与真正的需求之间的差异，有时候会造成错觉，把表面的东西作为真正的东西，做出错误的决策。

就这个问题，朱兰博士曾经举过一个例子：两家公司曾为发网（一种妇女固定发型的产品）的销售市场展开竞争，它们都将注意力集中在了产品本身上——纤维品的种类和花色、制造发网的工艺过程、包装以及销售渠道等。而当定型发胶出现后，两家竞争对手同时消失了。因为虽然顾客表述的需求是买发网，而实际上她们真正的需求是有效地固定发型的产品。

在企业建立和改进质量管理体系时，可以通过提出并回答下列问题对顾客真正的需求进行识别：顾客为什么购买这种产品？顾客想从该产品上得到什么？

仔细观察一下现实生活，并不是每一个人都对这些问题十分清楚。过去曾出现过"抢购风"，人们根本没有时间考虑自己真正需要什么，因为商品短缺，抢到什么算什么。一般消费者这样做可能会造成一些损失，但是不会造成极大的伤害；而对企业管理者来说，这种不问真正需求的盲目跟风或者对顾客需求的错误判断，可能会毁掉一个企业。

2. 感觉的需求

顾客很自然地在其感觉的基础上陈述自己的需求，其中有一些感觉是与产品有关的，而其他感觉似乎与产品毫无关系。从对这类情形的考察中可以看到，就"产品"一词的含义来说，顾客与组织的感觉存在差异。

服务业中大量的实例说明，对构成产品及质量的要求，顾客与组织有不同的理解。

假设两个人都需要就餐，一个人去了高级酒店，另一个人去了路边摊点。最后两个人都吃饱了，结果呈现了实际上相同的外在效果，不同之处在于他们所支付的价格，以及对"产品"所包含内容的感觉。

如果一个人想要寄信，需要购买一张 1.2 元的邮票。而当这张邮票的印刷有纰漏时，人们会感到它的价值会上涨到几千元甚至更高，而且可能纰漏越多，其价值越高。这也是一种感觉，不一定合理，但事实的确如此。

服务业中的这些感觉也会出现在制造业与商业上，同样也有很多例子。

例如，工厂将月饼通过输送带运到包装部门，在皮带的末端有两组包装人员：一组用普通纸袋包装，以供平价商场销售；另一组用豪华盒子包装，以供豪华商场销售。仅仅因为包装不同，等质、等量的月饼可能会有几倍的价格差异，原因就是顾客感觉的需求不同。难怪有人说，超过 100 元一斤的月饼，吃的人不买，买的人不吃（大部分用来当作礼物），图的就是一种感觉。

人们往往认为，这种感觉的需求有时候不合理，甚至是疯狂的，但是它的确是一种顾客需求。有需求就有商机，在遵纪守法经营的前提下，企业可以发现并满足顾客的这些需求。

3. 文化的需求

有时候顾客的需求超出了产品或服务质量特性的范围，还包括自尊、受到尊重、成就感等，以及其他更广泛意义上的属于所谓文化模式的一些因素。很多企业确定顾客需求失败就在于不能理解这种文化模式的性质，甚至不了解它的存在。

例如，一家制鞋厂遭到销售地顾客的投诉，最后经过反复调查发现，原因是该厂生产的皮鞋的鞋底花纹违反了销售地顾客的风俗习惯。

顾客文化的需求既表现在外部顾客，也表现在内部顾客。企业在内部顾客关系管理上，对这种文化的需求应该更加注意。

三、以顾客为关注焦点的质量管理

明确了顾客是谁，识别了顾客需求，在企业质量管理体系的策划、实施和改进中就应该全面管理好与顾客的关系。这些管理是多方面的，按照 PDCA 循环的顺序，企业可以考虑采取以下活动进行顾客满意度管理：

1. 全面了解顾客的需求和期望

GB/T 19001—2016 标准 8.2 条款"产品和服务的要求"就是关于这一方面的要求。这是企业管理的最基本的要求，从街头商贩到跨国公司，在做生意以前首先都应该了解、确定顾客的需求。

顾客的需求和期望主要表现在对产品和服务的特性方面。企业管理者要及时运用技术规范或其他形式的企业语言表达顾客的需求，并在企业内进行有效沟通，以保证顾客的需求得到实现和满足。

例如，一家化工厂在与顾客签订合同时，顾客提出某种化工产品中硫酸的残留含量应低于 0.8%，并提出了验收方法，这就是顾客的需求。但是，销售人员误认为是硫酸残留含量应高于 0.8%，结果造成大批产品不合格，不仅给企业造成了损失，也得罪了一个老顾客，这个顾客断绝了与该企业的业务联系。

2. 确保企业的各项目标能够体现顾客的需求和期望

企业在策划和实施质量目标时，应以顾客满意为出发点，充分考虑顾客的需求和期望。这要求管理者从顾客的角度去识别和定义质量，而不是习惯上从企业自身的角度、从专家的角度或者从技术的角度去识别和定义质量。

例如，对于一个长途汽车站来说，没有候车厅是不行的。一家企业在制定自己的发展目标时，为了做大做强汽车站，投资建设了规模恢宏的候车厅。但由于候车厅的占地面积太大，占据了本应该是客车停放的位置，而没有客车进站，再豪华的候车厅也是没有用处的。这个例子说明，企业如果不能很好地体现顾客的需求和期望，那么既做不大也做不强。

在确定企业的目标时，不仅要考虑外部顾客的需求，还要考虑内部顾客的需求。根据内部顾客的需求制定目标，这在各部门制定自己的质量目标时尤其重要。

把顾客的需求与企业的目标紧密联系起来，进行定量和定性的描述，有助于顾客意识的形成，有助于实施顾客满意度的监视和测量，有助于在整个企业中形成一种关注顾客需求的文化氛围。

3. 确保顾客的需求和期望在整个企业中得到沟通

企业的管理者和全体员工都要能够了解顾客需求的内容、细节和变化，并采取措施来满足顾客的需求。企业的全部活动均应以满足顾客的需求为目标，因此，必须将顾客的需求在企业内部进行有效的沟通，以确保企业内的全体成员都能够理解顾客的需求和期望，并且知道如何为实现这些需求和期望而运作。

在关注外部顾客对产品或服务的总体要求的前提下，沟通的具体内容应当根据企业的不同部门和不同岗位而有所不同，有的侧重于外部顾客的需求，有的则侧重于内部顾客的需求。

当然，由于员工在企业中所处位置和所负责任的不同，对顾客需求的了解范围是不一样的，不要机械地认为全体员工都应该丝毫不差地了解顾客的需求，如处于加工或检验岗位的员工可能只需要了解技术规范就可以了，因为技术规范就是顾客需求的集中体现。

4. 有计划地、系统地测量顾客满意度，并针对测量结果采取改进措施

所谓有计划地、系统地测量顾客满意度，是指这种测量是一种经常性的、有目的的活动，而不是一种突击性的临时行动。因此，应对这种测量在企业的质量管理过程中进行策划和实施，不能够也不应该把这种测量仅仅委托给企业之外的专家去完成。

测量和数据分析的方法应该是立足于对质量管理体系的保持和改进的有效性。当前有关顾客满意度的测量方法很多，顾客满意度的指标也很多，然而，许多方法是专门咨询机构使用的非常复杂的专业方法，对企业的顾客满意管理不一定有特别的价值。所以，企业在进行顾客满意度测量和分析时，一定要坚持有效性原则，不必追求时髦复杂的方法。

测量的目的在于改进，如果没有针对性的改进，无论企业使用多么先进的顾客满意度体系和现代化的分析手段，任何顾客满意度测量都只是空谈。这就像人们看病一样，做任何检查的目的都在于医治，如果不医治，做任何检查都是无用的。

顾客满意度的测量、分析和改进也可以包括内部顾客。例如，山东东阿阿胶集团公司在建立和实施质量管理体系时制定了《员工满意控制程序》，对内部员工满意度的信息收集、分析和利用明确了职责、规定了程序。实践证明，这种做法对企业追求卓越是有好处的。

5. 处理好与顾客的关系，力求顾客满意

企业与顾客的关系是通过企业为顾客提供产品或服务为纽带而产生的，良好的顾客关系有助于保持顾客的忠诚，提升顾客满意度。

6. 对关注顾客的榜样进行鼓励和表彰

如果企业已经具有了以顾客为关注焦点的意识，在条件成熟时不妨进行一次为顾客着想的革命，再次强调任何工作都要从顾客的角度去考虑，哪怕是最微小过程的最细微之处，也就是说，要站在顾客（当然包括内部顾客）的立场去感觉它、认识它。要让为顾客着想的员工成为企业各个部门的榜样，对关注顾客有突出贡献的员工给予相应的表彰。

如果一个企业还没有建立以顾客为关注焦点的企业文化，则应该按照本节介绍的前五个步骤逐步建立这种文化，真正在企业的各个岗位、各种职能上都树立顾客至上的质量文化观念，因为关注顾客就是关注企业本身。

第二节 顾客满意度的测量方法

对顾客满意度进行监视和测量，这既是 GB/T 19001—2016 标准 9.1.2 条款"顾客满意"中的要求，也是整个质量管理体系标准的重点。在进行过程的监视和测量时，许多过程都含有与顾客有关的要求，都含有顾客满意度的要求。在对这些过程进行监视和测量时，仍然应该考虑顾客满意度的信息。

顾客满意度的监视和测量方法多种多样，有简有繁。企业在选用测量方法时，要坚持有效性原则，选择适合企业实际的方法。需要注意的是，顾客满意度指数（Customer Satisfaction Index，CSI）测评是评价顾客满意度的一种方法，并不是每个企业都必须采用这种测评方法。顾客满意度指数通常是基于一定的满意度模型对调查数据进行统计分析，进而得到顾客满意度的综合度量值。

目前，已有不少国家和地区进行了顾客满意度指数测评，其中影响较大的有瑞典、美国、欧洲和中国。瑞典首先于 1989 年在全国范围内进行顾客满意度指数测评，之后，德国（1992 年）、美国（1994 年）、欧洲（1999 年）等国家和地区也都开展了顾客满意度指数测评。1999 年 12 月，我国国务院发布了《关于进一步加强产品质量工作若干问题的决定》，提出"要研究和探索产品质量用户满意度指数测评方法"。此后，在国家质量监督检验检疫总局的领导下，清华大学中国企业研究中心提出了具有中国特色的顾客满意度指数测评模型，并于 2002 年正式在全国范围内进行测评。

一、顾客满意度指数模型简介

（一）瑞典顾客满意度晴雨表

1989 年，美国密歇根大学国家质量研究中心（NQRC）的科罗思·费耐尔（Claes Fornell）教授应用结构方程模型理论，构建了瑞典顾客满意度晴雨表（Swedish Customer Satisfaction Barometer，SCSB）模型，用于测评顾客满意度指数（见图 8-2）。

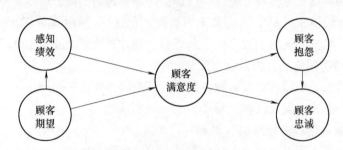

图 8-2 瑞典顾客满意度晴雨表模型

该模型包含五个潜在变量和六种关系。其中，顾客期望和感知绩效是顾客满意度的前提变量，顾客抱怨和顾客忠诚是顾客满意度的结果变量。潜在变量不能直接测量，需要由观测变量间接测量。

顾客期望是指顾客在购买产品或服务之前对其质量的预期。感知绩效是指顾客购买产品或服务后结合价格的综合感受，包括质量（给定价格）和价格（给定质量）两个观测变量。

顾客满意度是指顾客对产品或服务的综合满意程度,包括总体满意度、与期望的差距和与理想产品或服务的差距三个观测变量。顾客抱怨用于测评顾客不满意的程度,包括对员工的抱怨和对管理的抱怨两个观测变量。顾客忠诚是指顾客愿意再次购买的可能性,包括价格承受度和再次购买意向两个观测变量。

(二)美国顾客满意度指数

1990年,美国国民经济研究协会(NERA)、美国质量协会(ASQ)以及国家质量研究中心(NQRC)等机构在研究瑞典顾客满意度晴雨表的基础上,开始建立美国顾客满意度指数。1994年,美国顾客满意度指数(American Customer Satisfaction Index,ACSI)模型正式被提出(见图8-3)。

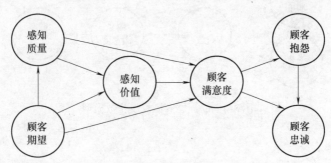

图8-3 美国顾客满意度指数模型

该模型包含六个潜在变量和九种关系。其中,顾客期望、感知质量和感知价值是顾客满意度的前提变量,顾客抱怨和顾客忠诚是顾客满意度的结果变量。相比SCSB模型,ACSI模型增加了"感知质量"这一变量。感知质量是指顾客在购买产品或服务后对质量的实际感受,它对感知价值和顾客满意度产生影响。

顾客期望包括总体期望、顾客化期望和可靠性期望三个观测变量;感知质量包括总体感知质量、顾客化感知质量和可靠性感知质量三个观测变量;感知价值包括给定价格下对质量的感知和给定质量下对价格的感知两个观测变量;顾客满意度包括总体满意度、与预期产品或服务的差距和与理想产品或服务的差距;顾客抱怨的观测变量是顾客是否对产品或服务进行正式或非正式的抱怨;顾客忠诚包括重复购买的可能性、重复购买的前提下容忍涨价幅度和导致重复购买的降价幅度三个观测变量。

(三)欧洲顾客满意度指数

欧洲顾客满意度指数(European Customer Satisfaction Index,ECSI)模型由欧洲质量组织(EOQ)和欧洲质量管理基金会(EFQM)等机构于1999年提出,并在欧盟的12个国家进行了调查(见图8-4)。与ACSI模型相比,ECSI模型去掉了"顾客抱怨"变量而增加了"企业形象"变量。各种研究显示,顾客抱怨处理对顾客满意度和顾客忠诚的影响较小。企业形象是指顾客对企业的印象,这一印象会对顾客的期望值、满意度以及忠诚度产生影响。

(四)中国顾客满意度指数

清华大学中国企业研究中心在国内外研究的基础上,结合我国国情,提出了中国顾客满意指数(Chinese Customer Satisfaction Index,CCSI)模型(见图8-5)。该模型包括六个潜在变量和 11 种关系。其中，品牌形象、预期质量、感知质量和感知价值是顾客满意度的前提变量，顾客忠诚是顾客满意度的结果变量。与其他模型对比不难发现，在潜在变量方面，CCSI 模型与 ECSI 模型相类似，但变量间的关系有所不同。在 CCSI 模型中，品牌形象对预期质量、感知质量、感知价值以及顾客满意度产生影响。

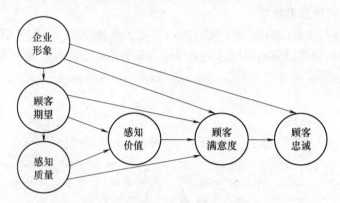

图 8-4　欧洲顾客满意度指数模型

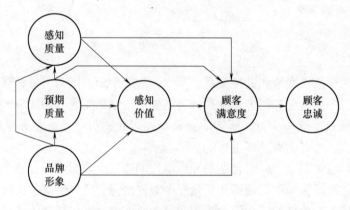

图 8-5　中国顾客满意度指数模型

清华大学中国企业研究中心在 CCSI 模型的基础上，又结合各行业的不同特点，分别设计了耐用消费品顾客满意指数模型、非耐用消费品顾客满意指数模型、服务行业顾客满意指数模型和特殊行业顾客满意指数模型。

二、顾客满意度调查的程序

顾客满意度调查的形式多种多样，但就其一般过程而言，它们的基本程序都是相同的，图 8-6 表明了顾客满意度调查的基本程序。

下面根据图 8-6 所示的顺序，对顾客满意度调查的基本步骤进行简单的介绍。

1. 确定调查目的

顾客满意度调查对组织来说往往是一件大事，既要花费时间，又要支付成本。特别是重大项目的顾客满意度调查，可能花费更大，并且调查目的可能不止一个。但如果在一次调查中目的过多，调查得到的效果就可能差一些。一般来说，调查的目的越单纯，调查项目就越简洁，因而调查的效果就会好一些，调查结果与实际情况的误差也就小一些。不要幻想通过一次调查就什么结果都能得到，什么问题都能解决。确定调查目的，应是做好顾客满意度调查的第一步。

2. 确定调查方案

调查方案就是调查的具体实施计划，包括对资源的要求、数据收集和分析的方法等。调查的组织者应根据调查目的来确定调查方案，这实际上就是一个质量策划的过程。策划得好，调查所获得的效果就好；策划不完整，就很容易导致调查失败或支付更多的费用。

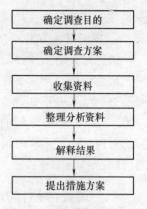

图 8-6 顾客满意度调查的基本程序

调查方案一般应形成文件，纳入相应的顾客满意度管理的质量计划之中或作为其附件。通常情况下，调查方案应由参与调查的人员共同拟订。如果参与调查的人员没能参与调查方案的拟订，则应在调查之前对调查方案进行认真研究，使参与调查的人员对调查方案有清晰的认识和理解。

3. 收集资料

收集资料是顾客满意度调查最关键的环节。没有资料、资料不足或资料本身未能真实反映顾客的情况，顾客满意度调查的结论必然出现严重缺陷，甚至得出相反的结论。因此，在制订顾客满意度调查方案时，应对收集资料的方法、数量、质量等进行认真考虑，并做出明确规定。

组织应充分利用日常工作所收集的顾客信息，对顾客来信、来电、来访资料以及新闻媒体刊载的有关资料等，平时就应注意做好记录和整理，定期进行分析。这样，既可以达到了解顾客满意度的目的，又可以节约时间和费用。

4. 整理分析资料

顾客满意度调查的主要目的是改进，因而收集资料后，要对资料进行系统的分析，从中找出规律性的东西。由于每次顾客满意度调查得到的信息量和信息的复杂程度不同，所以信息的整理和分析的方法也是不同的，有时候使用简单的数据分析方法就能够得出理想的结论，有时候则需要使用专门的分析方法和统计软件进行分析。

5. 解释结果

经过对调查收集到的资料进行整理分析，有时候结果就自动显现出来了，企业可以针对这些结果采取改进措施，这就达到了调查的目的。有时候调查结果比较复杂，需要专业人员对顾客满意度调查分析的结果从技术的角度解释结果、确定原因。解释结果要注意寻找末端因素，即确定引起现象的真正原因；而不是把一个大现象分解为几个小的现象，从中找出一个或几个中间现象。这些中间现象并不是真正的末端因素，企业不能针对这些中间现象采取改进措施。

解释结果是顾客满意度调查的关键步骤，如果解释的结果是错误的，那么整个顾客满意度调查工作可能都会被引入歧途。企业由于资源的限制，并且为了使改进能够取得预期的效果，最后确定的原因一般不应太多。如果原因太多，将会造成企业对质量改进无从下手，其结果仍然没有什么实际意义。例如，一个咨询公司对一家企业的顾客满意度调查，分析得出的结论有 100 条之多。那么，不论咨询公司有多么良好的愿望并且工作多么认真，企业管理者对这些结论仍然会是雾里看花。

6. 提出措施方案

根据调查结果及对结果的解释，调查小组还应提出措施方案，这些措施方案往往与纠正、预防措施和持续改进有关。不进行改进，任何数据分析都是没有实际意义的，顾客满意度调查的结果也是如此。针对顾客满意度调查的结果制定纠正和预防措施，要按照GB/T 19001—2016标准关于纠正和预防措施的要求，实施有效的控制，以确保纠正和预防措施所需的资源，并对采取的纠正和预防措施实施有效的跟踪，以确保所采取的措施达到组织预期的目的。

三、调查的抽样方法

在顾客满意度调查中，调查范围内顾客的全体称为总体。为了对顾客满意的情况进行全面的分析，在理想的情况下，需要对总体进行全面研究。然而，由于各种原因（如总体的范围太大、调查成本太高等）的限制，人们常常难以对总体进行全面的研究。在这种情况下，就需要进行抽样调查。

所谓抽样调查，就是按照预先设计好的抽样方案，从总体中抽取样本，对样本进行分析，然后用样本的信息去推断（估计）总体信息的过程。

对于顾客数量较少的调查项目，也可以采取全数调查的方法。例如，山东省某公路机械厂进行顾客满意度调查。由于该厂生产的稳定土拌和机是大型施工机械，顾客不是很多，因而其采用了对当年新购买该厂稳定土拌和机的全部顾客进行调查的方法。当然，这种全数调查也可以看作是抽样调查的特殊形式。

抽样方法可以分成两类：概率抽样和非概率抽样。在前一种类型的样本中，每个被调查者被选择的概率是已知的；在后一种类型的样本中，每个被调查者被选择的概率是未知的。

1. 概率抽样

根据样本的抽取方法不同，概率抽样又可分为三种。有的资料上介绍概率抽样分为四种，其中"顺序抽样"由于在顾客满意度调查时使用较少而在本节中略去。

（1）随机抽样（Random Sampling）。依据概率理论，以随机方式从总体中抽取一定比例的受试者，抽样对象为观察值个体，使用方法如抽签法、随机数表法等。

这是最常使用的一种方法，如图8-7所示。

（2）分层随机抽样（Stratified Random Sampling）。在进行顾客满意度调查时，如果被调查对象总体间的差异很大或某些样本点很少，为顾及小群体的样本点也能被抽取，采用分层随机抽样较为适宜（见图8-8）。在实施上，调查方案应根据调查的准则，先将被调查者总体分成几个互斥的层（不同的小群体），各层间尽可能异质，而各层内尽可能同质，然后在每层中利用一般随机抽样方法，依一定比例各抽取若干样本。

分层随机抽样的步骤如下：

1）确认与界定被调查对象总体。

2）决定所需样本的大小。

3）确认子群（层次），以确保抽样的

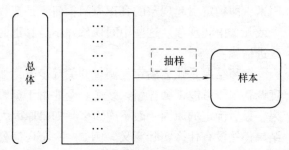

图8-7 随机抽样示意图

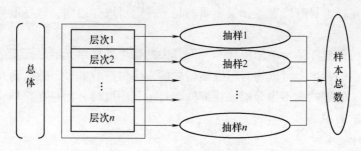

图 8-8　分层随机抽样示意图

代表性。

4）依实际调查情形，把总体的所有成员划分成若干层次。

5）使用随机方式从每个子群中抽取适当的个体。适当的个体意指按照一定的比例人数进行计算。

（3）整群抽样（Cluster Sampling）。如果样本所属的总体数量很大或涵括的地理位置很广，则适合采用整群抽样（见图8-9）。整群抽样以一个组群或一个团体为抽样单位，而不以个人为抽样单位，因而采用整群抽样时，抽取的样本点是一个或几个组群，组群与组群之间的特征比较接近，组群内成员之间的差异较大。在顾客满意度调查中，整群抽样的组群如班级、企业、地区、社区、学校、小组、车间、部门等。

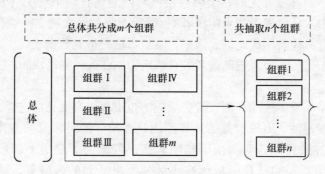

图 8-9　整群抽样示意图

整群抽样的步骤如下：

1）确认与界定被调查对象总体。

2）决定所需的样本大小。

3）确认与定义合理的组群。

4）列出总体所包括的所有组群。

5）估计每个组群中的平均个体数。

6）以抽取的样本总数除以组群平均个体数，来决定要选取的组群数目。当所得的商不是整数时，取整数。取整数的方法根据顾客满意度调查的具体情况决定，一般情况下可以采取四舍五入的方法，当组群数较多时，也可以采取舍弃小数的做法。

7）使用随机取样方式，选取所需的具体组群。

8）被选取的整个组群中的所有成员即成为调查样本。

选取样本时，最重要的是样本要具有代表性，因为只有具有代表性，才能从样本推论出总体的性质。要使样本具有代表性，最重要的是坚持随机取样原则，包括取样的随机性和组群选取的随机性。

整群样本也可以看作是简单随机样本，但其中的每个抽样单元都是元素的一个集合。例如，若要调查学生的情况，可以先对班级或宿舍的学生做整群抽样，然后再从抽到的组群中抽取学生的样本。整群抽样不像分层抽样那样在每一层中取样，而是在组群中取样，它有时也称为面积抽样法。

2. 非概率抽样

在概率抽样中，一个元素从总体中被选出的概率是已知的。但是，在概率抽样之外，有许多调查（一般是较小的）采用非概率抽样。非概率抽样的缺点是元素被选出的概率是未知的，调查者一般不能声称其样本对于较大的总体具有代表性。这就大大限制了把调查结果推广到样本范围之外的可能性。此外，调查者无法估算抽样误差。

非概率抽样的优点是麻烦甚少，费用颇低。如果调查者不想把其发现推广到样本以外，非概率样本是极为可取的；如果调查仅仅是为一个较大的调查做试验，情况也是如此。

（1）随意抽样。在随意抽样中，调查者仅仅选取最接近的人作为被调查者。这种抽样方法在精确性方面受到限制，但是能在时间和开支方面得到补偿。

（2）限额抽样。限额抽样相当于分层抽样的非概率抽样，另外，它还要求每一层次的样本代表它在总体中所占的比例。

在限额样本里，调查者首先要判定哪些层次可能与调查结果有关（例如在对市民购房需求和期望的调查中，已购房者和未购房者），然后为每一层次确立一个限额，其大小与该层次在总体中所具有的代表性成比例。例如，某城市已获得的数据表明，15%的市民已经购房，85%的市民还未购房。如果被调查者的总数定为200人，则选取30人为已购房者，170人为未购房者。

尽管限额抽样是非概率性的，调查者仍然应防止出现带有偏见的选择，并且尽可能确保样本具有代表性和普遍性。出现偏差的主要原因是在抽样的时候只图方便。例如，调查员在对居民小区的顾客进行调查时，由于楼层较高，可能为了避免上高层而将抽样限定为容易找到的顾客对象上，如住在一层或在小区公园里活动的人群等。这些做法容易导致资料错误。

（3）鉴定抽样。在鉴定抽样中，调查者通过自己对顾客的鉴定来选择样本，一般只选取那些最符合调查目的的人。

鉴定抽样的优点是，可以充分发挥调查者的研究技巧和已有知识来选择顾客。例如，为了预测某一顾客群体的满意情况，一种常用的技巧就是设法找到一个这类顾客集中的区域。这些顾客多年来使用公司的产品，一直是忠诚的顾客，所以，通过鉴定抽样看忠诚度是否有变化，是否有外来的"入侵者"。另一种情况是寻找异常情况的原因，即针对问题寻找答案，了解究竟是什么原因使它们离开正常情况。

（4）滚雪球抽样。滚雪球抽样法近年来得到越来越多地应用，对从事观察研究和群体调查来说尤其如此。滚雪球抽样不论是概率性或非概率性的都是逐步产生的。第一步，确认几个具有所需特征的人并访问他们，用这几个人作为标准，辨认其他可以包括在样本中的人；第二步，访问新选出的人，由他们再辨认出更多的人以便在第三步去访问，以此类推。

如果要使滚雪球抽样成为概率抽样，只需在每一阶段进行随机抽样即可；如果用非概率抽样，只需在每一阶段使用非概率样本即可。

四、样本大小的确定

从事过顾客满意度调查的人员都知道，调查人员往往强调样本要"足够大"，因为只有样本量足够大，其样本的分布才接近正态分布，也只有这样，才能够使用常用的数据分析工具对调查得到的数据进行有效分析。

那么，样本要有多少才算"足够大"呢？

样本量的大小涉及调查中所要包括的人数或单元数。确定样本量，既要有定性的考虑，也要有定量的考虑。

1. 定性因素

（1）决策的重要性。一般来说，关于顾客满意的重要决策，需要更多的信息，而为了更准确地得到这些信息，就需要较大的样本。

（2）调查的性质。调查的性质对样本量的大小也有影响。对探索性的研究，如采用定性方法的研究，样本量一般都比较小；对结论性的研究，如描述性的调查（如顾客满意度指数分析），一般则需要较大的样本。

（3）回收率。确定样本量时，还需要考虑"合格"调查对象可能拒绝接受调查的情况。例如，如果调查人员估计合格调查对象完成调查的比率是85%，那么样本就应当乘以一个1.18的因子。

（4）资源限制。确定样本量时还应考虑人力、物力和财力等资源，以及其他一些限制，如是否有足够的能胜任数据收集工作的人员等。

2. 定量因素

按统计方法来决定样本量的大小，依据的是传统的统计推断方法。在这些方法中，精度水平是事先规定好的，然后用适当的公式来计算样本量。

按统计方法确定的是纯净的样本量，即去掉可能不合格的以及不回答的调查对象以后的纯量。因此，实际使用的样本量可能要比纯净的样本量大一些，这主要取决于回收率。

在简单随机抽样的情况下，要求置信水平为95%时，用于确定样本量的计算公式为

$$n = \left(a \times \frac{S}{d}\right)^2$$

式中，d 表示允许的最大抽样误差；S 表示样本标准差；系数 a 的大小由置信水平的大小决定，在95%的置信水平下该系数为1.96。

注意：该公式仅在顾客总量较大的情况下适用，总量小的情况可用全数抽样。

可见，当置信水平确定后，样本量的大小主要由最大允许抽样误差和样本标准差两个参数来决定。

这里有一个问题，就是在计算样本量时还没进行抽样，如何才能知道样本标准差？这通常可以通过估计得出。以下是两种估计的方法：①根据以往资料估计；②用两步抽样法，由第一步抽取的部分样本计算得出样本标准差的估计值，将这个值代入公式后得出样本量，然后再抽取其余部分。

3. 参考数据

如果感觉样本大小的确定过于复杂,这里再给出几个常用数据供参考:

(1) 在进行与前人相类似的调查时,可参考别人选取的样本数,作为自己取样的参考。当然,对前人使用的样本量要问清楚为什么,如果能够根据自己企业的实际情况进行必要的调整更好,不应盲目照搬,防止将错就错的恶性循环发生。

(2) 如果是地区性的研究,平均样本人数在 500~1000 人较为适合;而如果是全国性研究,平均样本人数在 1500~2500 人较为适合。

(3) 进行描述性研究时,样本数最少占母群体的 10%。如果母群体较小,则样本数最好占母群体的 20%。

(4) 如果相关研究的目的在于探究变量之间有无关系存在,受试者至少在 30 人以上。

(5) 进行因果比较研究与许多实验研究时,各组的人数至少要有 30 人。

(6) 如果实验研究设计适宜,有严密的实验控制,每组受试者至少在 15 人以上,也有人认为每组受试者最少应有 30 人才适宜。

五、选用顾客满意度调查方法的注意事项

在其他各项策划完成以后,方法的选用也非常重要,没有恰当的方法,任何目标都难以实现。

1. 调查方选择

企业自行进行顾客满意度调查,可以直接面对顾客,而且双方可以进行交流,成本费用相对较低。但是,由于企业调查人员和顾客属于直接的供需双方,有时候顾客不愿说出真实意见,因而也存在不足。

委托专业的第三方顾客满意度调查机构进行调查,其优点是专业化程度高,比较客观。如果企业选择的机构具有顾客调查的良好记录,那么一般情况下可以做到调查表设计更合理、抽样结果更科学、调查访问更容易被顾客接受,因而调查结果也更具真实性。但是,只重视形式、华而不实的第三方调查机构也不少,企业在选择调查机构时要注意收集信息、认真分析,三思而后行。

2. 集中调查和平时收集信息相结合

邮寄调查表、走访顾客虽然是收集信息的有用方法,但毕竟要支付一定的费用;而平时顾客的来电、来信、来访是顾客意见最真实、最直接的反映,因而更加重要。平时注意收集资料,既可以减少集中性的调查,从而节约成本,又可以达到调查顾客满意度的目的。

企业质量管理体系建设中对顾客满意度的监控和测量,主要应采取平时对顾客满意度信息收集、积累和分析的方法,并且及时把这些信息反馈给有关部门,及时调整顾客满意度管理的控制措施。

3. 顾客满意度调查的风险

所谓顾客满意度调查的风险,就是由于调查结果反映顾客真实意图程度方面的偏差所造成的风险,而这种风险又是与用样本估计总体的有效性和无偏性密切相关的。只要在选用调查方法时,能够按照科学的抽样方法实施抽样,就能把这种风险控制在可以接受的范围内。

(1) 大规模的顾客满意度调查不宜经常进行。一般情况下,不必经常进行大规模的顾客满意度调查,可以采用召开典型顾客座谈会之类的方式,加上充分利用现有资料,来把握顾客的满意度。

（2）相信科学的抽样调查结果。只要抽样方法是科学的，并有一定数量的样本，其调查结果并不比全数调查的结果风险大。如果抽样方法不科学，那么样本数量再大，也不一定能反映顾客满意度的真实信息。

（3）要选择和管理好调查人员。调查人员的素质对调查结果的影响是不言而喻的。调查人员正式进行调查以前应对其进行必要的培训，评价合格后才能被准许进行调查。对合格的调查人员，也要按照形成文件的规定进行管理。要严格按照调查方案实施调查，改变调查方案必须经项目负责人批准，防止调查工作出现偏差。要特别注意防止形式主义、造假包装、虚拟引导等严重影响顾客满意度调查真实性的情况发生。

（4）选用科学的方法。顾客满意度调查是一门科学性很强的工作，从方案设计到抽样方法，从调查表设计到访问技巧，从资料收集到整理分析，无论哪一步出现问题，都会引发成本增加、结果虚假等风险。

4. 正确对待被调查对象

对顾客满意度进行调查，毋庸置疑，这件事本身最终对顾客有利，但是这种有利是隐性的，顾客可能一时难以看到。另外，企业要正视这样一个现实，那就是这种调查毕竟会给顾客增加麻烦。首先，顾客并没有义务回答问题，他们完全可以拒绝访问；其次，顾客有自己的工作要做，即使忽视企业提出的这些问题也不应该大惊小怪。如果企业设计的调查表令顾客难以回答，调查人员更应该有耐心，绝对不能对顾客指手画脚。因此，不论采用哪种方式，都应正确对待顾客，绝不能因调查顾客满意度而伤害顾客。

为了使顾客更好地配合调查，组织可以采用以下一些方法：

（1）向顾客讲明调查的意义。不论采用何种调查方式，都应向顾客讲明调查的意义和这种调查与其切身利益的关系，使他们理解调查，从而支持调查。

（2）尽量少让顾客支付费用和时间。调查表应简明，便于顾客理解和回答；如果需要顾客寄回调查表，可以采用由企业支付邮资的方式；如果采用电话访问形式，应该由企业支付电话费用。

（3）采用奖励政策，吸引顾客参与调查。例如，设置奖项，对认真回答的顾客给予奖励。但这种方法可能会导致顾客按企业的思路去回答问题，从而降低调查结果的真实性。另一种方法是对所有参与调查的顾客都给予奖励（如赠送纪念品），但这样又会增加组织的调查费用。还有一种方法是设立奖资，所有接受调查的顾客都可以抽奖，这样能吸引更多的顾客参与。

注意奖励的应用要恰当，否则会适得其反。例如，某客运公司对乘客满意度情况进行调查，为了得到乘客的配合，公司购买了一批纪念品。乘客将填写好的调查表交到客运公司总服务台，就可以得到一个纪念品。后来公司发现，有的乘客为了多得到纪念品而多次索要和填写调查表。最后，公司采取了调查表与车票一起使用的方法，再配合赠送乘客有趣的纪念品，得到了很好的效果。

（4）正确对待每一位顾客。对态度不好或有怨气的顾客，更需要予以关注，因为这些顾客有可能提供重要的信息。如果条件允许，可以反复解释、以情动人，说不定能有意外收获。对那些有影响力的顾客或典型顾客，更应作为调查重点。在顾客满意度调查中，不能使一部分顾客产生误解，以为自己被冷落了，从而产生怨气。如果有的顾客始终不予配合，也要对其说声"谢谢"，企业可以从候补的被调查顾客中收集信息。

第三节　调查表的设计

选定样本之后，就要对调查的内容、评分标准进行策划，以确保调查结果的真实性，达到调查的目的。策划人员要紧紧围绕已经确定的顾客满意度调查目的设计调查表。由于顾客满意度调查属于社会调查的范畴，这些调查理论是根据抽样研究方法构建出来的，调查时的视角不同，很可能会造成得到的结果不同。调查结果与调查表的内容有很大关系，同一个调查对象、同一个调查内容、同一个调查员，如果调查表不一样，调查的结论可能相差悬殊。

不要把调查表的设计看作是纯粹的技术问题，它关系到调查信息的真实性，因而企业的管理者要对调查表的设计提出具体要求，并对设计过程实施控制。设计完成的调查表应经过有关授权人员的评审，评审合格后还要经过负责人的批准。

有人说顾客满意度调查有点像变魔术，动机不正确的人员能够把"红球"变成"白球"，而且难以发现蛛丝马迹。这话有一定的道理。企业的管理者一定要防止这种"变魔术"的把戏在自己的企业中出现，因为这种把戏除了误导企业和麻痹顾客之外，没有任何好处。

顾客满意度调查表需要根据企业的具体情况设计，没有固定不变的样式和所谓标准的内容，应根据企业的实际和管理者的需要设计。调查表设计本身也蕴含着风险，这种风险就是调查表的设计有可能影响调查结果，如果调查表的设计存有缺陷，就可能造成调查结果"失真"。如果能加强调查表的设计控制，很多风险是能够避免的，至少可以使风险减小到能够被接受的程度。下面就调查表设计中的几个最重要的问题做一些说明。

在调查表的设计方面，有一些技巧和方法。如果有类似的调查表可供参考，可以根据新的调查任务和现实情况的变化，对原有的调查表加以修改、增删、完善，这样可以减少一些工作量。

一、调查表的基本结构

调查表是指为了调查和统计使用的一种表格，是顾客满意度测量中最常用的一种测量工具。调查表通常由三部分组成：开头、正文和结尾。

1. 开头

调查表的开头是调查表说明，包括调查员的自我介绍，说明调查的主办单位和个人的身份，调查的内容、目的、填写方法和所需的时间，并说明希望被调查者给予合作和帮助。必要时，要说明保证替被调查者保守秘密，并表示真诚的感谢或说明将赠送的小礼品。开头部分应简明扼要，防止长篇大论，以能够说明问题为宜。开头部分需要告诉顾客的内容，应使用亲切、诚恳和礼貌的语言。

调查表的开头是十分重要的。顾客满意度调查通常十分依赖被调查者的自愿合作。一般的情况是，如果被调查者在调查员起初介绍来意时就答应了参与，那么绝大部分人都会配合，只有非常少的人会在此之后退出。

调查表的开头有时还包括填表说明，可以在给被调查者的信中简要说明，也可以在调查表的下面专门设置一栏详细说明。在容易出错的问题中，根据需要也可以附加一定的指导语，如"限选一项"或"可选多项"等字样。

2. 正文

调查表的正文包括用于测量顾客满意度的大量问题，或用于了解可以为质量改进提供参考信息的问题。这一部分的结构安排要符合逻辑，从一个主题到另一个主题的转化要平稳自然，不要有突变或大跳跃，使被调查者难以接受。

正文中的问题大部分是封闭型问题，这些问题的设置要便于以后的数据汇总和分析。当然也可以包括一些开放型问题，给被调查者一个自由发表意见的机会。一般情况下，开放型问题的数目不宜过多。

3. 结尾

结尾部分通常是人员基本情况，用于了解顾客的某些有价值的特征，主要用于顾客满意度测量后的数据分析。例如，被调查者的性别、年龄、文化程度、职业、家庭情况、经济状况、消费爱好等。

以上介绍的仅仅是调查表的一般结构，但并不是唯一的结构，如调查表的开头部分和结尾部分，有时候可以省略。例如，对样本量很大的电话用户或消费品用户进行电话调查时，顾客可能并不乐意提供个人信息，如果勉强顾客提供个人信息，就会引起顾客的反感，反而会给顾客满意度调查造成困难。

二、调查表设计的基本要求

正如前面讨论的一样，调查表的设计不是一门精确的科学，而是一种需要经验和智慧的技术。只有对企业的顾客、生产和管理过程、管理者的要求有清晰认识的质量工作者，才有可能设计出出色的调查表。下面介绍调查表设计的基本要求，以供参考。

1. 确定调查的项目

所谓确定调查的项目，即确定测量哪些内容，也就是具体提哪些问题，问题之间的逻辑结构如何。

显然，顾客满意度调查表中包括的测量项目应该是与顾客需求紧密相关的内容。此外，调查表中还可以包括一些用于收集顾客不满信息、改进信息和用于必要数据分析的其他信息。

一个成功的调查表应该站在顾客的角度来感受产品或服务的质量，从顾客的角度来选择关键质量特性和其他关键的评价指标。这是一个基本原则。不要站在管理者的立场上，也不要站在设计者个人的立场上，而一定要从顾客的角度设计调查表。

调查表的设计要选准关键要素和关键质量特性。在任何一个产品或服务中都有多个质量特性，什么是关键质量特性呢？仍然要从顾客的角度去分析和确认，不要自以为是，一定要真正从顾客的角度抓住关键的质量特性。顾客是否满意是由多种原因造成的，需要调查的内容也很多，不要试图在一次调查中解决所有的问题。因此，调查表不可能也不应该包罗万象。

毋庸置疑，顾客关注的重点就应该是企业关注的重点，因为顾客对这些质量特性的满意与否对企业的生存和发展有重要的影响。要避免那些无关紧要的枝节问题，防止把顾客的关注点引入歧途。

2. 根据调查访问的方式做调整

不同类型的调查访问方式对调查表设计也是有影响的。在面谈调查中，被调查者可以看到问题,并与调查员面对面地交谈,因此,可以询问比较长的、复杂的和各种类型的问题;在电话访问调查中,被调查者可以与调查员交谈,但是看不到调查表,就只能问一些短的和比较简单的问题;邮寄或网上调查表是由顾客自己阅读的,因此问题设置也应简单一些,并给出详细的指导语,而面谈和电话访问的调查表要以对话的风格来设计。

3. 确定每个问题的内容

调查表中的每一个问题都应对所需的信息有所贡献,或服务于某个特定的目的。如果从一个问题中得不到满意的数据,那么这个问题就应该删掉。不过,在一些情况下,还可能问一些与所需信息没有直接联系的问题。有时候在调查表的开头询问一些中性化的问题也是有用的,目的是使被调查者介入并建立友好关系,特别是当调查表的主题是敏感的或有争议的时。如果调查表的问题内容过于敏感,应在调查表中穿插"测谎题",以探知填答者是否据实回答。

4. 防止"无法回答"的问题出现

调研者不应假定被调查者能够对所有的问题都给予准确的或合理的回答。被调查者可能"不知道",可能"回忆不起来",还可能"不会表述"。因此,调研者应当想办法避免这些情况的发生。

被调查者可能会对有些调查内容不了解。例如,当问到对洗衣机使用性能方面的问题时,一般家庭女主人了解得比较清楚,而男主人可能对此完全不了解。

因此,在询问有关信息之前,可先询问一些测量"熟悉程度""商品使用情况""过去经验"的所谓过滤问题。使用过滤问题,可以使那些不了解情况的被调查者在该项目上被过滤掉。

被调查者可能会对有些调查内容回忆不起来,而不能正确回忆的结果将导致遗漏、压缩或编造的错误。

对比较难以回忆的问题应该提供一些帮助信息。例如,某培训学校调查表中的问题:"您对使用过的哪些教材非常满意?"就是需要帮助回忆的一个例子。帮助信息应通过给出一些提示来刺激被调查者的记忆。例如,列出一系列教材的名称,然后问"您对使用过的哪些教材非常满意?"不过,在给出提示的时候,调查者也应注意,不要因刺激过强而使被调查者产生回答偏差。

对有些类型的问题,被调查者无法表达其答案。例如,询问他们喜欢去什么样气氛的饭店去吃饭,被调查者往往不能描述或不能给出适当表达。不过,如果给出一些描述饭店气氛的可供选择的答案,被调查者便可以挑选出他们最喜欢的那一种。否则,如果他们不能表达,则有可能忽视该问题,甚至拒绝回答调查表的其余部分。因此,应当提供一些帮助,如图片或描述性词语等,来协助被调查者表达他们的答案。

5. 选择问题的措辞

问题的措辞是指将所需的问题内容和结构转化为被调查者清楚、容易理解的句子。如果措辞不当,被调查者可能不予回答,或不能正确地回答。为了避免这些问题,在措辞时要遵循如下几个要领:

(1) 尽量使用容易理解的词语。调查表中应当使用符合被调查者语言水平的词语。根据调查对象的不同,确定所用词语的专业性,最好使用大家熟悉的词语,尽量不使用专业性或技术性很强的词语,避免使用生僻词语或字母组成的缩略词语。

(2) 使用不容易产生异议的词语。调查表中使用的词语对被调查者来说应当具有唯一性，有些看起来似乎是明确的词语，实际上对不同的人却是有不同意义的。例如，"通常""正常地""频繁地""经常""偶尔""有时"等。有的词各人理解不尽相同，在调查表中应尽量避免使用。

例如：

您家里的空调器使用时间是（　　）月，平均每天使用（　　）小时？

其中，这个"月"就有可能导致回答出现两种情况：一种是填写了"1～2个月"；另一种是填写了"6～8月"。

(3) 避免诱导性问题。诱导性问题是指设计出的问题中所使用的字眼带有趋势性、暗示性，显露出调查者自己的想法。例如下面的问题：

大多数人经常使用××牌洗衣粉，您也是吗？

上述问题带有明显的暗示，属于引导性问题，极容易引导被调查者回答"是"。

6. 确定问题的顺序

提问要有逻辑顺序，与某特定主题有关的所有问题应在开始另一个新主题之前问完。变换主题时，应采用一些简短的转换表达，以帮助被调查者调整思路。

最好将调查表分成几大部分，这样条理清楚，便于被调查者回答。

7. 测试调查表

测试调查表是指在一个小样本中检验调查表，通过试填写，可以发现和消灭一些潜在的问题。一般情况下，没有经过充分测试的调查表不应当用于实际的调查，用于测试的样本也应取自实际调查的总体。

即使实际调查将采用邮寄或电话调查的形式，测试调查表也最好采用面谈的形式，因为这样可以观察到被调查者的反应和态度。进行必要的修改之后，如果实际调查将采用上述方法，还可以用邮寄或电话调查的形式再进行一次测试。

稳妥的测试应当包括对得到数据进行分析的过程，以确定是否所有收集到的数据都可用，是否所需的数据都可以获取。

三、开放型问题和封闭型问题

开放型问题是指对回答类型不做具体、明确规定，不规定可供选择的答案，被访问者可以在比较广的范围内回答的问题。封闭型问题是指顾客只可以在调查者提供的有限答案中选择一个或几个答案的问题。

在调查表的设计中，一般使用的是封闭型问题，这样便于被调查者回答，也便于进行调查结果的汇总和分析。但是，在调查表中也可以加入一些开放型问题，以便在更广的范围内获得顾客对企业产品或服务质量的信息，为质量管理体系的有效运行和质量管理体系改进的有效实施提供信息。开放型问题一般可以放在调查表的后边，而且数量不要太多。

1. 封闭型问题

封闭型问题确定了可供选择的答案数量。

封闭型问题具有以下特点：

1) 答案是标准的，可以进行比较。

2) 把答案转换成数据，统计分析比较容易。

3）顾客对问题的意义常常是比较清楚的；如果不完全了解问题的意义，也可以从答案类型中得知应该怎样回答，因而有助于提高回复率。

4）将不妥切的回答可以减少到最低限度。

5）当处理敏感性问题变量的时候，如问及顾客的收入、受教育程度、年龄等，封闭型问题可以按照一定的梯级进行设计，避开敏感的侧面，使被调查者比较愿意回答。

6）封闭型问题比较容易回答，因为回答者仅需在有限的答案中进行选择。

2. 开放型问题

诸如"您认为×××公司产品质量改进的重点是什么？""您认为质量管理常用的统计软件应该具备哪些功能？"等，这样的问题就属于开放型问题。

（1）开放型问题的优点

1）开放型问题可以在没有弄清楚一切可能的答案时就加以使用，也可以在调查者希望了解顾客认为什么是恰当的答案时加以使用。例如，×××公司产品质量改进的重点就是一个没有标准答案的问题。提出这样的问题，有助于顾客在较广的范围内发表看法，启发企业管理者的思维，说不定会有意想不到的收获。这些优点是封闭型问题所不具备的。

2）开放型问题可以在潜在的答案太多以致不能都列入调查表时加以使用。例如，质量管理常用的统计软件可能需要很多功能，这些功能在封闭型问题中是没有办法罗列的，只有使用开放型问题，让顾客充分发挥。

（2）开放型问题的缺点

1）开放型问题的目的在于保证有用的信息尽量包含在调查结果中，但无法排除相当多的无价值的、不确切的信息同时存在。

2）得到的数据常常不是标准化的，这就给对比分析或统计分析，特别是计算机处理带来较大的困难。

3）回答开放型问题需要较高的写作技巧和表达能力，相比封闭型问题，通常要求被调查者具有较高的文化水平。

4）回答开放型问题需要花费的时间更多，致使回复率可能降低。

3. 开放型问题和封闭型问题的比较

对不能用几个简单的答案就概括清楚而要详加讨论的复杂问题，使用开放型问题比较合适。开放型问题可以用来了解顾客独特的需求、对企业的期望或其他市场信息。

封闭型问题一般用在答案是离散的、确定无疑的、数目相对较少的场合。回答封闭型问题一般不需要对被调查者进行专门的培训。

许多调查表中的问题类型是上述两者的混合，既有关于基本特性的封闭型问题，又有一些开放型的"思考问题"。一般情况下，各种类型的顾客满意调查表都应当包括至少一个开放型问题（常常放在调查表末尾），以便了解顾客（被调查者）是否认为有重要的问题被遗漏。

四、调查表的分析

对所设计的调查表初稿，除了抽取少量样本进行预调查和分析之外，必要时还要进行信度和效度分析，剔除不合适的题目，反复修改，才有可能获得高质量的调查表。

1. 调查表的项目分析

项目分析的主要目的在于求出调查表个别问题的"临界比率"（Critical Ratio，CR）值，将未达显著性水平的问题删除。其方法是将所有受试者在预测调查表中的得分总和按高低顺序排列，得分前 27% 者为高分组，得分后 27% 者为低分组，求出高低两组受试者每题得分平均数差异的显著性检验。如果问题的 CR 值达到显著性水平（$\alpha<0.05$ 或 $\alpha<0.1$），即表示这个问题能鉴别不同受试者的反应程度；未达到显著性水平的问题应予以剔除。

2. 调查表的因素分析

项目分析完成后，为检验调查表的结构有效度（Construct Validity），应进行因素分析。所谓结构有效度，是指调查表与测量目的的相关程度。因素分析的目的即分析和优化调查表的结构，减少调查表问题的数目，使之变为一组数目较少而彼此相关程度较高的变量。

对因素分析更加容易理解的解释是，效度是指测量的有效性和针对性。例如，天平是用于称重的，但用来测量体积则没有有效度。调查表中的问题对测量的目的应该有很强的针对性，调查表的结构有效度分析就是解决针对性问题的分析方法。

这里举一个极端的例子，请看某模具企业顾客满意度测量调查表中的一个问题：

您对本公司的成本控制情况评价如何？

□非常满意　　□满意　　□一般　　□不满意　　□非常不满

顾客一般不会关注企业的成本情况，但把这样的问题列入顾客满意度调查表，顾客（被调查者）又不得不回答，因而难免造成信息失真。这样的问题对测量的主题毫无帮助，若把得到的数据纳入计算中，必然导致信息失真。

3. 调查表的信度分析

因素分析之后，继续要进行分析的是调查表各层面与调查表总体的信度检验。所谓信度（Reliability），就是调查表的可靠性和稳定性。其计算公式为

$$\alpha = \frac{K}{K-1}\left(1 - \frac{\sum S_i^2}{S^2}\right)$$

式中，K 为调查表的总题数；S^2 为测量调查表总分的变异量；S_i^2 为每个测验题项总分的变异量。

α 系数的取值为 0~1，α 出现 0 或 1 两个极端值的概率甚低。一般认为 α 值在 0.7 以上，调查表的信度较高。

还有一种方法，可以求出调查表的折半信度。所谓折半信度，是指将调查表的题目分成两半计分，根据受试者在两半问题上所得的分数，计算二者的相关系数。

对信度分析更加容易理解的解释是，信度是指测量的可信性和一致性。例如，需要测量一支笔的重量，使用精确的电子天平去称，信度几乎是 100%；而用磅秤去称，信度则大大降低。

有些问题的设计使得企业无法相对准确地获得顾客心中的感觉。由于信度不高，如果对同一顾客多次测量，排除顾客有意回答一个固定答案的情况，则答案变化的可能性会很大。

例如，某矿泉水公司顾客满意度测量调查表中的问题：

您对本公司矿泉水中锶的含量评价如何？

□非常满意　　□满意　　□一般　　□不满意　　□非常不满

作为一般消费者，多数不知道什么是锶，更别说锶的含量了。这样的问题太专业，被调

查者根本无法知道这个指标的具体数值，甚至从来就不关心这个问题，如果非要让其回答，那么就会导致答案失真。这不是被调查者的错，而是问题的信度不高。

4. 调查表问题数量的确定

最后正式定稿的问题数量到底应该是多少，这个问题没有一个统一的标准。调查者可以根据顾客满意度调查的复杂程度和信息量大小确定。但作为参考，这里提出常用的建议数量：如果是一种通用的或变量较多的调查表，其题目数为 20~25 道已经足够；如果要测量的是特定变量，以 7~10 道题为宜。如果一个企业的顾客满意度调查有 100 多道题，被调查者一般没有足够的时间和耐心来认真回答。

五、顾客满意度测量调查表案例

为了说明调查表的主要内容和基本结构，下面举一个例子。需要说明的是，这个例子不是标准的调查表，仅供参考。

通途工程机械厂顾客满意度调查表

1. 调查表设计的总体思路

（1）主题鲜明。围绕稳定土拌和机这一工程施工特殊产品，重点突出。例如，发动机动力性能与工作机构的匹配、产品的安全性、产品的可操作性、产品的油耗、维修的及时性等。为了了解顾客对产品现状的信息和对产品改进的想法，调查表前面设置了三道引导题，最后设置了三道开放型问题。

（2）专业性问题较多。由于这次顾客满意度调查的对象全部是大型公路机械的代理商或使用者，这些被调查者的专业水平普遍较高，因此调查表设计的问题专业性也比较强。由于事前了解了顾客的基本情况，这些专业性较强的问题不仅不会影响调查的效果，而且可以增强调查的针对性。

（3）调查表的标分。采用梯级分值法，分别对应 100、80、60、40、20 五个分值。

（4）题量。为了确定题量的多少，这次进行调查的项目团队到通途工程机械厂与企业共同协商，最后确定题量是 23 道题。

（5）在调查表所列问题的设计上，项目团队按照层次合理、通俗易懂、便于计算机处理的原则，做到先易后难、先简后繁、先具体后抽象，并且保证问题无歧义。调查表经过项目团队与通途工程机械厂反复修改，达到双方满意。

2. 调查表

通途工程机械厂顾客满意度调查表

尊敬的顾客：

请您根据对通途工程机械厂产品和服务的实际感受，客观、公正地回答下列问题，有明确答案的请直接选择答案。

我们对您对通途工程机械厂的关心和对这次调查的配合表示感谢。

1. 您是第一次购买稳定土拌和机吗？
   a. 是　　　　　　b. 不是
2. 您原来使用的是哪个公司生产的稳定土拌和机？
3. 通途工程机械厂的产品与原来生产商的产品相比，质量如何？
   a. 很好　　　b. 好　　　c. 一般　　　d. 不好　　　e. 很差

4. 根据您的实际感受，您对通途工程机械厂的服务质量感觉如何？
a. 很满意　　　b. 满意　　　c. 一般　　　d. 不满意　　　e. 很不满意

5. 通途机械厂的产品出故障的次数多不多？
a. 很少　　　b. 较少　　　c. 一般　　　d. 较多　　　e. 很多

6. 通途工程机械厂的产品能够在多大程度满足您的要求？
a. 很满足　　　b. 满足　　　c. 一般　　　d. 不能满足　　　e. 很不能满足

7. 在购买通途工程机械厂的产品之前，您认为通途工程机械厂产品的质量能够在多大程度上满足您的要求？
a. 很满足　　　b. 满足　　　c. 一般　　　d. 不能满足　　　e. 很不能满足

8. 您认为通途工程机械厂产品的价格性能比如何？
a. 很高　　　b. 高　　　c. 一般　　　d. 低　　　e. 很低

9. 假设通途工程机械厂的产品质量不变、价格上涨，那么价格上涨百分之多少您就会选择其他厂家的产品？
a. 5%　　　b. 4%　　　c. 3%　　　d. 2%　　　e. 1%

10. 通途工程机械厂产品的质量与您期望的水平相比如何？
a. 完全达到　　　b. 达到　　　c. 一般　　　d. 不能达到　　　e. 很不能达到

11. 通途工程机械厂产品的质量与您理想的水平相比如何？
a. 完全达到　　　b. 达到　　　c. 一般　　　d. 不能达到　　　e. 很不能达到

12. 您认为通途工程机械厂产品的发动机动力性能与工作机构是否匹配？
a. 很匹配　　　b. 匹配　　　c. 较匹配　　　d. 不匹配　　　e. 很不匹配

13. 您认为通途工程机械厂产品的工作机构是否可靠？
a. 很可靠　　　b. 可靠　　　c. 一般　　　d. 低　　　e. 很低

14. 您认为通途工程机械厂产品的安全性如何？
a. 很高　　　b. 高　　　c. 一般　　　d. 低　　　e. 很低

15. 您认为通途工程机械厂产品的可操作性如何？
a. 很好　　　b. 好　　　c. 一般　　　d. 差　　　e. 很差

16. 您认为通途工程机械厂产品的油耗如何？
a. 很高　　　b. 高　　　c. 一般　　　d. 低　　　e. 很低

17. 您认为通途工程机械厂产品的性能能满足施工需要吗？
a. 能够满足　　　b. 能满足　　　c. 一般　　　d. 不能满足　　　e. 很不能满足

18. 通途工程机械厂能否及时提醒您进行维护？
a. 很及时　　　b. 及时　　　c. 一般　　　d. 不及时　　　e. 很不及时

19. 通途工程机械厂的配件供应是否及时？
a. 很及时　　　b. 及时　　　c. 一般　　　d. 不及时　　　e. 很不及时

20. 发生故障时，通途工程机械厂的维护人员能否及时到达并进行维修？
a. 很及时　　　b. 及时　　　c. 一般　　　d. 不及时　　　e. 很不及时

21. 您对通途工程机械厂产品的质量有何看法？

22. 您对通途工程机械厂的服务有何看法？

23. 您认为通途工程机械厂的产品（服务）急需改进的方面是什么？

被调查对象资料：

单位名称：

电话： 被访者：

地址： 邮政编码：

访员承诺：

我知道作弊的后果，我已经如实进行访问并记录。

访员签字： 时间：

第四节　常用的调查方法

调查表设计完成后，就要选择和培训调查员。调查员的选择要根据顾客满意度调查的重要性、任务的难易程度及调查的频度进行。一般来说，企业不必配置专门的顾客满意度调查员。但是，除非委托第三方调查外，顾客满意度调查员应该尽量从企业内部选择，避免全部从社会上招募临时工作人员。调查员应从质量管理人员、销售人员和技术人员中选择，经过必要的培训，即可成为合格的调查员。

调查方法选择得合理与否，会直接影响调查结果。因此，合理选择调查方法是顾客满意度调查的重要一环。

顾客满意度调查中常用的调查方法有面谈调查法、电话调查法、网络调查法、邮寄调查法、留置调查表调查法、秘密顾客调查法等。

1. 面谈调查法

面谈调查法就是调查员与一个被调查者直接进行面谈，或者与几个被调查者集体面谈；可以一次面谈，也可以多次面谈。这种方法能直接与被调查者见面，听取意见并观察其反应，灵活性较大，并能相互启发，得到的资料也较真实。但是，这种方法的成本较高，调查结果受调查员的素质水平影响较大。

2. 电话调查法

电话调查法是由调查员根据抽样的要求，在样本范围内通过电话向被调查者提出询问，听取意见。用这种方式进行调查，收集资料快、成本低，并能以统一格式进行询问，所得资料便于统一处理。关于信息记录，有人专门编制了电话调查软件，使人们能一边进行电话调查，一边把被调查者的回答输入计算机，从而可以迅速地进行数据处理，得到分析结果。但是，这种方法由于受到时间的限制，有一定的局限性；并且只能对有电话的用户进行询问，不易取得被调查者的合作，不能询问较为复杂的问题，调查难以深入。

3. 网络调查法

这种调查法比电话调查法更加方便、实用、有效，是一种很好的调查形式，可以不受时间、地点和其他因素的限制，成本也比其他任何调查方法低，得到的信息量比其他任何调查方法都大，而且调查资料的汇总、存储和分析都可以自动完成。如果被调查者经常上网，这是一种较为适合的调查方法。

4. 邮寄调查法

这是一种古老的调查方法，但是今天仍在被使用。邮寄调查法是将预先设计好的调查表邮寄给被访者，请他们按表中要求填写后寄回。这种方法调查范围较广，被调查者有充裕的时间来考虑怎样回答问题，且不受调查员的影响，收集到的资料较为真实。但是，调查表的回收率较低，时间往往拖得较长，且被调查者有可能误解调查表中一些题目的含义，从而影响调查结果。

5. 留置调查表调查法

留置调查表调查法是由调查员将调查表当面交给被调查者，并说明问题含义及回答要求，将调查表留给被调查者自行填写，然后由调查员定期收回。这种调查方法与邮寄调查法相比，可节省邮寄费用，而且回收率较高，但需要花费较多的人力。在顾客分布范围较广时，这种方法的实施难度更大。

6. 秘密顾客调查法

秘密顾客调查法通常是某些受委托的顾客匿名光顾被调查企业的服务现场并接受服务，然后对该企业的服务给予评价。这种调查方法能够实现100％的回收率，测评结果也较为详细，但随机性较差，容易受到主观因素的影响。

调查员或受委托顾客的素质对秘密顾客调查法的结果影响较大，而且这种方法成本较高、信息量不大，调查结果的真实性、有效性难以保证，处理不好甚至会引起意外的麻烦。因此，在使用这种方法以前最好咨询一下律师，避免引起不必要的法律纠纷。

电话调查法、网络调查法和邮寄调查法是顾客满意度调查中最主要的数据收集方法。上述调查方法各有优缺点，在顾客满意度调查中，为了保证评价更为客观公正，有时候采用多种调查方法相结合的方式进行。

以上介绍的调查方法可以联合使用，有时候这些方法本身就是相互结合、相互渗透的。在进行顾客满意度调查时，应根据调查的有效性选择适当的方法，并根据调查的实际情况适时进行调整，防止不切实际地使用某些一成不变的方法。

例如，某机械厂在实施顾客满意度调查时，将面谈调查法、电话调查法和邮寄调查法联合使用，对距离较近的顾客进行面谈调查，对距离较远的顾客进行电话调查，对电话联系有困难的顾客进行邮寄调查。结果证明，这种多种方法联合使用的调查比较有效。

第五节　资料整理和顾客满意度评价

一、资料整理

经过调查策划、调查表设计、调查实施，企业可以获得大量的数据。但是，这些数据仅仅是原始信息，如果不对其进行整理，数据本身并不能说明任何问题，也不能达到顾客满意度调查的最终目的。调查组织者的任务是通过对这些数据的整理和分析，得出顾客满意情况的结论，指出不满意的方面和造成这些结果的原因，找出改进的优先事项，为企业的管理者进行决策提供信息。

顾客满意度调查资料的整理和顾客满意度评价的基本步骤如下：

1. 接收与核对调查表

对收集到的调查表，应当认真细致地做好接收与核对工作。一般应注意以下几点：

（1）调查表的登记。负责接收调查表的人员要事先设计好一定的表格，用于登记交付上来的调查表。表格上的项目一般包括调查员姓名、调查地区、调查实施的时间、交付的日期、实发调查表数、交回调查表数、拒答调查表数、剔除调查表数、其他调查表数、合格调查表数等。

重要的是，对不同调查员和不同地区（或单位）交回的调查表，在登记之后要及时进行编号或注明调查员和调查地区等。否则，大量的调查表混在一起，一旦弄乱就很难区分，就会失去很多有用的信息。

（2）调查表的接收和剔除。负责调查表回收的人员要将全部调查表检查一遍，将无效的或不能接受的调查表剔除掉。无效的调查表是指以下几种可能的情况：

1）不完整的调查表，即有相当多的部分没有填写，其缺失值难以修复，并且缺失值对调查结果有直接影响的调查表。

2）被调查者没有理解调查表的内容而造成答案错误，或者没有按照指导语的要求进行回答，其回答与调查表的要求大相径庭的调查表。

3）回答没有什么变化的调查表也是值得怀疑的。例如调查表有20个问题，被调查者对所有问题都选择了同一个答案，这样的调查表可能没有被认真回答。对这样的调查表，应检查其真实性：如果这样的调查表数量不是太多，可以考虑剔除；如果这样的调查表所占比例较大，很可能是调查表的设计或调查方法有问题，应认真研究，不要急于得出结论。

4）缺损的调查表，即有数页丢失或无法辨认的调查表。

5）由不符合要求的其他人填写的调查表。有时候顾客满意度调查的被调查者是专门的对象，如果发现不是由目标调查者回答的调查表，那么数据的真实性就值得怀疑。

6）信息前后矛盾或有明显错误的调查表。

（3）估算剔除后样本的数目是否符合预定样本量要求，确定是否需要进行补充调查。

2. 缺失数据的处理

缺失数据是指未知的变量值，可能是由于被调查者没有给出明确的答案或调查员没有记录下他们的答案。

在以下三种情况下，按缺失数来处理是可行的：

（1）不符合要求的调查表数量较少。

（2）这些调查表中不符合要求的回答的比例也很小。

（3）对应不符合要求答案的问题不是关键问题。

当处理缺失数据时，可以参考以下几种方法：

（1）用一个中间值代替。通常可以用一个中间值，特别常用的是该变量的平均值，去代替对应变量的某些缺失值。这样代替的结果是该变量的平均值不会变化，其他参数，如相关系数等也不会受到多大的影响。这种方法虽然有一定的优点，但从逻辑上看还是有问题的，因为缺失数据对应的被调查者如果给出答案的话，可能会是高于或低于平均值的其他数值。

（2）用一个估算的答案代替。用被调查者对其他问题的回答模式来估计或计算出适合缺失数据的答案。调查员试图从现有的数据去推断被调查者如果回答该问题的话可能会给出什么样的答案。利用一些统计方法，根据现有的数据，可以找到该问题与其他问题之间的联系。例如，洗衣粉的购买量与家庭人口数之间的关系，可以通过回答了这两个问题的所有被调查者所给出的答案来确定。因此，如果某个被调查者没有回答洗衣粉的购买量，就可以通过其家庭人口数计算出洗衣粉购买量的一个估计值。不过，这样也有可能会造成一定的

第八章 顾客满意管理

偏差。

（3）配对删除。在配对删除中，并不删除有缺失值的所有数据，而是对每种计算只使用那些完全回答的数据。因此，在分析中，不同的项目计算可能会基于不同的样本数来进行。这种方法对以下几种情况是可行的：

1）样本量比较大。

2）缺失数据不多。

3）变量之间不是高度相关的。

上述几种处理缺失数据的方法得到的结果可能是不同的，特别是当缺失值不是随机地出现以及变量之间的相关程度较强时。因此，应当想办法使缺失数据保持在最低水平。在选择处理缺失数据的特定方法时，要认真地考虑可能出现的各种情况。

二、标分

对测评结果进行标分，是对顾客满意度测量结果量化的关键步骤。调查表的标分可以在数据汇总和分析阶段进行，也可以在调查表的设计阶段进行。

有资料建议，标分分为五级比较合理，标分超过五级，一般人难有足够的辨别力。但是，对于具体的调查活动，标分也可以采用其他的分级方法。

常用的标分方法有以下几种：

1. 梯级分值法

让评定者按一定的梯级对所消费的产品或服务进行评定，每一个梯级总是对应着一定的分值。这样，评定结果就由梯级变成了分值。

例如，按五个梯级来表示顾客的感受，如很满意、满意、一般、不满意、很不满意。这五个梯级可以分别对应着20、10、0、-10、-20五个分值。这样，调查结果的评定就数字化了。当然，也可以采用10、8、6、4、2等分值。具体各梯级设定多少分值，可以根据不同的情况而定。

2. 直接分值法

提供一个分值区间，由评定者根据自己对产品或服务的感受，直接给出相应的分值。例如，给出（0，10）这个分值区间，就是评定者可在0~10这个范畴内给产品或服务打分。这种方法不需要转换分值，非常简单，但准确性较差。原因是评定者虽然能够明白自己的消费感受，但他们不一定能把这种感受用恰当的分值来表示，不同的顾客对同一产品给出的分值可能相差很大，这种分值的差别就可能导致调查结果不准确。有人建议增加详细的评分说明，这当然有一定的道理，但是在实际应用中难以对每一分值给予说明，有时候说明太具体反而会限制被调查者回答问题的客观性，造成新的信息失真。

3. 关键词分值法

给顾客提供一系列表示感受的关键词，这些关键词分别代表顾客满意与不满意的状态，让顾客找到相应的关键词来表达自己的满意水平。这些关键词都与一定的分值相对应，于是使评定数量化。

例如，关键词是"愤慨"为-3分；"气愤、烦恼"为-2分；"抱怨、遗憾"为-1分；"无情绪"为0分；"稍微好感"为1分；"好感、称心"为2分；"满足、感谢"为3分。

这种方法的重点在于关键词的确定是否准确，能否代表顾客的感受，关键词之间的层次梯级关系是否清楚，能否明确区分开来，每一个梯级层次之间是否基本等值。由于顾客是从自己的角度来看待这些关键词的，很可能与调查者的角度并不完全相同，对这种情况，调查者在调查表设计阶段就应该给予重视。关键词分值法与梯级分值法比较相似，两者可以结合应用。

三、权重值的确定

一个产品或服务总是由多种要素（质量特性）构成的，顾客对每一个要素的感受是不相同的。例如，在对某电器产品的顾客满意度进行测量时，若顾客对安全项目感觉不满意，管理者应非常重视这个问题；若对外观项目感觉不满意，相对来说对总体满意度的影响要小一些。因此，不能将产品或服务各质量特性的评分进行简单相加，而应该进行加权相加。

与标分的设定一样，权重的确定也可以在调查表的设计阶段完成。加权相加的关键是权重值的确定，可以采用以下几种方法：

1. 经验法

经验法是指根据经验来确定产品或服务的每一个质量特性的权重值。这种方法简单易行、快捷方便；但它的缺点是不准确，不能完全反映真实情况，有时偏差较大。

2. 专家法

专家法是指由顾客调研专家根据对产品属性的研究，比较其重要性，然后确定相应的权重值。这种方法的准确度高于经验法，关键是需要对专家进行认真的选择，以保证权重设计的准确性。

3. 移植法

移植法是指直接移植其他相同优秀企业或相关研究机构研究并制定的同类产品或服务各要素的权重值体系，供本企业使用。存在的问题是可供移植的标准样本不容易找到，即便找到了标准样本，也不能简单地套用，而应该结合本企业的实际情况进行适当的调整。

四、顾客满意度测量报告的编写

作为对顾客满意度测量工作及测量结果的汇报，一份完整的顾客满意度测量报告是很有用的：一方面，可以全面了解顾客的满意状况；另一方面，可以为质量改进提供依据。

1. 顾客满意度测量报告的一般要求

（1）语言简洁。顾客满意度调查的结果是为企业实施和改进顾客关系管理服务的，因而企业的管理层或高层管理者往往是顾客满意度测量报告的读者。所以，顾客满意度测量报告应简明扼要。报告的撰写者应避免使用大量晦涩难懂的专业词语和罗列大量烦琐的计算过程，报告的言语不必追求华丽，要讲究简洁、准确，让读者容易看懂。

（2）结构严谨。在撰写报告时，各部分内容的中心要突出，各部分之间的关系逻辑性要强，努力使读者看一遍报告就能明白整个调研的基本过程和结果。千万不可把一大堆资料简单地堆积在一起。

（3）结论明确。在报告中，对调研获得了什么样的结论要明确地加以阐述，不能模棱两可、含糊其辞。

2. 顾客满意度测量报告的主要内容

顾客满意度测量报告一般包括封面、目录、索引、摘要、调查目的、调查方法、调查结果、结论和改进建议、附录等内容（可以简化处理）。其中，封面、目录、索引、摘要部分比较简单，这里不做介绍。下面只介绍主要部分：

（1）调查目的。顾客满意度测量的目的通常包括以下方面：

1）了解顾客群体对本企业产品和/或服务的满意度。

2）发现本企业产品和/或服务的各种特性之间顾客满意度的差异，发现薄弱环节，寻找改进机会。

3）发现不同顾客特征对产品和/或服务不同特性的偏好程度差异，为市场营销部门更好地制定市场细分策略提供第一手资料。

（2）调查方法。在这一部分中，包括以下需要加以简单叙述的内容（注意：必须简单明了）：

1）顾客群体。说明从什么样的顾客群体中抽取样本进行调查。

2）样本结构。根据什么抽样方法抽取样本，抽取后样本的结构如何，是否具有代表性。

3）使用的调查表。调查表中涉及哪些项目，以及涉及这些项目的原因。

4）调查方式。是面谈调查、电话调查还是其他调查方式等；对调查过程如何实施质量控制。

5）调查员介绍。对调查员的条件以及训练情况进行简略的介绍。

6）调查完成情况。原来拟调查多少人，实际上回收的有效调查表是多少份，有效调查表回收率是多少，不合格调查表被剔除的原因及剔除的数量，是否采取补救措施等。

7）顾客满意指标计算方法。其具体包括如何标分，如何确定权重，如何计算。

（3）调查结果。这部分内容是将调查所得结果进行报告，通常有必要报告如下信息：

1）顾客满意度、顾客满意率或其他顾客满意指标计算结果及准确程度。

2）与以往相比较，对顾客满意指标的变化趋势做出合理的解释。

3）数据分析的结果。

（4）结论和改进建议。在可能的情况下，针对调查获得的结论提出可以采取的纠正或预防措施的建议。

（5）附录。附录部分主要是与正文相关的各种资料，以备读者参考。既然是附录，有时候没有也是可以的，所以附录不是必不可少的。

附录的资料可以用来证明或进一步阐述已经包括在报告正文之内的资料。附录中的资料种类一般包括：①调查表；②抽样有关细节的补充说明；③调查获得的原始数据图表；④数据分析的图表；⑤调查所使用的软件说明等。

思 考 题

1. 企业为什么要以顾客为关注焦点？
2. 你所在的学校如何识别顾客需求？
3. 学校应如何细分其顾客群？分析每一顾客群的特殊需求。

4. 顾客满意度调查的方法有哪些？各适合什么场合？

5. 顾客满意度调查的抽样方法有哪些？各适合什么场合？

6. 根据本章内容，提出一个测评你所在学校可能使用的、超越传统课程评价的顾客满意度评价的新方法。

7. 你可能在计算机及其软件零售店参观过或购买过产品。分小组，用头脑风暴法辨识计算机零售店对你最重要的特征；设计一个顾客调查问卷，以评价顾客的重要性和零售店的业绩；提出改善顾客关系管理的具体建议。

8. 为什么组织应使顾客投诉易于进行？

第九章

质量信息管理

本章首先介绍质量数据和质量信息的概念，然后对如何做好质量信息的管理工作进行了阐述，继而谈论了质量管理的信息化建设，并对常见的质量信息管理系统的开发、设计进行了分析。

第一节 质量数据与信息

20世纪90年代初期，美国波音公司采用手工编号系统来对一架飞机的400万个零部件和270km长的导线进行管理。这就意味着，当波音737上的一个零件需要变更时，需要同时对多达460页的图样进行重新编号，从而造成了生产效率低下。面对空中客车等竞争对手的挑战，为了争夺更多的市场份额，波音公司通过低价格战略获得了大量的订单，因此生产效率亟待提高。为了实现生产效率翻番的目标，波音公司实施了一套新的生产控制系统。然而，由于缺乏即时数据，新控制系统的实施使波音公司在1997年10月不得不将波音737和波音747的生产线关闭27天，从而导致了1.78亿美元的损失和高层管理层的变动。新管理层上任后，公司利用电子表格建立了一个关键指标"控制板"，这些指标包括缺陷产品、材料成本、周转周期等。波音公司第一次能够即时获得所需数据和信息，了解哪些项目创造价值、哪些不创造价值。这种做法取得了明显的效果，因此，一位经理感慨道："数据赋予你自由。"

一、质量信息概述

1. 质量信息的概念

数据（Data）是记录客观事物的符号，反映了来自某种测量活动的事实。这些符号不仅指数字，而且包括字符、文字、图形等。信息（Information）是关于客观事实的可通信的知识，是关于一项业务或一个组织的数据。信息来源于对数据的解释和分析。对于同一数据，每个人的解释可能不同。决策者利用经过处理的数据做出决策，可能取得成功，也可能适得其反，关键在于对数据的解释是否正确，不同的解释往往来自不同的背景和目的。

质量信息（Quality Information，QI）是在质量形成过程中所产生的相关数据的统计和分析，是组织的生产经营活动和产品生命周期中与质量相关的信息。其覆盖产品、过程、组织层面，包含更加广泛的绩效数据的测量和分析，有助于校准组织的运营和战略方向。

数据和信息在个人、过程和组织三个层次上支持组织的质量工作。在个人层次上，质量绩效、工作进度、操作状况等个人工作数据能够提供及时的信息，以便于发现异常因素，确定原因，并采取所需的纠正措施；在过程层次上，需要综合性的质量信息，如工序能力、缺陷率、产量、周转时间、劳动效率、顾客满意和抱怨等数据,这将有助于管理者确定过程是否处于正常状态,资源是否得到有效利用,以及过程的改进状况;在组织层次上,来自组织各个领域的有关产品或服务的质量数据,与财务、市场、人力资源等其他方面的组织绩效数据一起,形成了高层管理者测量利益相关方价值,并进行战略计划和决策的基础。

质量信息是组织进行决策所依据的事实。美国佛罗里达电力与照明公司曾经告诉狩野纪昭博士,当地强烈的闪电是导致公司服务中断的主要原因。当狩野纪昭博士要求公司拿出支持其结论的数据时,该公司却两手空空。大约18个月后,狩野纪昭博士再度访问了佛罗里达电力与照明公司,这时公司已经收集了大量数据,从中发现,在没有强烈闪电时,公司服务也会中断。此外,公司还发现许多设施并没有充分的防护措施。这些问题都是通过数据的采集和分析才得以发现的。由此可以看出,数据和信息是组织做出正确决策的基础。

然而,过犹不及,过多的数据如同缺乏数据一样糟糕,大量的数据会使工作被淹没在许多无用数据的分析当中。而对组织来说,重要的是确定并寻找组织所需要的数据。戴明博士曾经强调数据是解决问题的基础,同时他也指出,过分依赖测量数据也是不合理的。有些对组织来说十分重要的信息,是很难真正通过测量而准确得到的,如顾客的忠诚度和价值。因此,组织在对待质量数据和信息时,应该力求寻找那些适当的数据,并致力于构建科学的数据采集和分析流程。

2. 质量信息的特征

质量信息属于信息的范畴,它具有信息所具有的共同特征,如普遍性、传递性、共享性、实效性等。除此以外,质量信息还具有自己的一些特征:

(1) 复杂性。质量信息的复杂性表现在它的广泛性和层次性上。质量信息的广泛性是指质量信息在组织中普遍存在。它覆盖了产品生命周期的各个阶段,也覆盖了组织的各层级和各职能领域。层次性一方面是指一个产品的质量可以被分成多项质量特征或通过多项质量特征而展现出来;另一方面是指满足组织高、中、低管理层次的不同需要。

(2) 关联性。散布于各部门和产品生命周期各个阶段的质量信息相互关联、相互影响。每一个质量信息都可能反映出设计、采购、生产等各个方面的信息。例如,水泥原材料的质量信息和配料质量信息对产品生命周期其他环节的质量会产生巨大的影响。质量信息的关联性特点决定了质量信息系统是一个多层次、多环节且相互关联的复杂系统。

(3) 价值性。质量信息可以为组织带来效益。顾客与市场中的质量信息能帮助组织了解顾客需求,达成顾客满意;质量故障信息能揭示产品缺陷和质量管理工作中的薄弱环节,为减少质量损失指明方向。

(4) 继承性。质量信息具有明显的继承性。例如,组织在长期的生产活动中积累了丰富的质量信息资源,这些资源对后面的工作具有指导和借鉴作用。特别是在进行质量改进活动时,必须利用前期工作所积累的质量信息。继承性还表现在产品质量的可追溯性上。例如,水泥产品在使用过程中发生的质量问题可以一直追溯到原材料供应及配料、煅烧、粉磨等生产工艺环节。

(5) 可加工性。质量信息应通过数据统计和其他科学分析方法的加工而提高其价值。

3. 质量信息的分类

根据分类标准的不同,质量信息可以分为许多类别。

(1) 按照功能划分。按照功能,质量信息可以划分为质量指令信息、质量功能信息和质量评价信息。质量功能信息是指实物固有的或者在加工过程中表现出来的质量特性,是实物的质量指标及质量状态。质量评价信息就是对质量的评价,能够反映质量是否符合质量标准、差距及其科学合理性。质量指令信息是指为了管理质量活动而下达的一系列指令,如质量计划、质量规划、质量命令、质量要求等。质量功能信息、质量评价信息和质量指令信息构成了组织中人、物、信息之间最基本的信息系统。

(2) 按照管理层次划分。按照管理层次,质量信息可以划分为战略层信息、管理层信息和操作层信息。其中,战略层信息位于质量管理系统的最高层,往往与组织的战略、文化相关联,表现为质量战略、质量文化、质量竞争力的培养。管理层信息是指组织的管理职能部门,对组织的质量工作进行全面协调与管理,包括人员培训、综合质量评审、质量成本综合管理、质量资源配置、质量信息综合分析与处理,根据产品的质量状况制定相应的措施并监督执行。操作层信息位于设计、采购、生产现场、销售和售后服务现场等基层部门的质检站、质量小组、质量数据采集点等,实现现场质量数据采集、质量问题处理、产品符合性检查、现场过程的质量控制。

(3) 按照信息来源划分。按照信息来源,质量信息可以划分为内部质量信息和外部质量信息。内部质量信息主要产生于组织内部,涉及组织质量管理的各个层次,有多种表现形式,如产品设计质量、加工质量、质量决策、质量政策、质量成本等。外部质量信息主要包括国家法律法规(如产品质量法、质量发展纲要等)、各类标准、顾客信息、供方信息等。

二、质量信息的价值

对质量信息进行有效的识别、获取、传递、储存、处理和反馈是一项有意义而又重要的工作,也是提高组织竞争能力的重要途径。一致、准确和及时的数据为组织进行质量水平评估、控制和改进提供了实时信息,从而帮助其实现绩效目标,不断满足顾客需求,获得竞争优势。

1. 组织需要质量信息和绩效数据的原因

组织之所以需要质量信息和绩效数据,主要有以下三个方面的原因:

(1) 质量信息和绩效数据是组织进行战略决策、推进组织变革的重要因素,可以引领组织向正确的方向发展。

(2) 可以为组织评估其计划的有效性,从而合理分配管理所需的资源。

(3) 帮助组织提供过程运转的效率,保持持续改进的过程。

2. 质量信息的任务

归纳起来,质量信息管理的任务主要表现在以下几个方面:

(1) 为质量决策提供信息。在制定质量方针目标、质量计划,开展质量评审、质量改进,以及处理各种质量问题时,要进行大量的预测和决策,这些都离不开各种历史和现行的质量信息。质量信息管理的主要任务就是为决策者提供必要的决策信息。

(2) 调节和控制生产过程。利用质量信息管理系统提供的信息,可以调节和控制生产过程,确保生产出符合质量要求的产品。也就是说,要实现质量信息的闭环管理。

(3) 为质量的考核和检查提供依据。在质量管理活动中,经常进行各种检查和考核,质量信息管理系统应能为检查和考核提供各种信息,以作为判断优劣、进行奖罚的依据。

(4) 建立质量信息档案。质量信息管理系统要不断收集、积累各种质量数据,加以分类保存，并提供各种查询手段，要能够及时向各类人员提供所需的质量信息。

3. 质量信息的益处

质量信息是"基于事实的决策"的基础，良好的质量数据和信息管理具有很多益处：

（1）来自顾客的信息有助于组织了解顾客的需求，是否满意当前产品或服务的质量水平，以便满足并致力于超越顾客期望。

（2）为员工工作提供信息反馈，以便于他们验证工作的有效性，及时发现并纠正错误，不断提高工作水平。

（3）质量信息是组织进行绩效考评、质量激励和惩罚的基础与依据。

（4）为组织的绩效评估提供所需的数据支撑，为评估过程的进展和识别是否需要采取必要的纠正措施提供手段。

（5）有利于通过更好的计划和改进措施降低组织的运营成本。

第二节　质量信息的管理

可靠、适当的数据信息是组织进行管理决策、制订战略计划的重要基础。质量数据和信息的管理应该从过程的角度来考虑，对数据及信息的产生、分析和使用进行全面的管理。

一、质量信息管理概述

数据和信息产生、采集、处理和分发方面的活动在组织内外部是一直发生的，但是许多组织都不能有效、系统地采集恰当的数据，也不能对数据进行适当的分析。这种原因可能有许多种，比如不知道需要什么样的数据，不愿意花时间完成此类工作，或者部分员工害怕暴露问题。

（一）质量信息管理的准则

为了有效地进行数据信息的管理工作，应该注意以下管理准则：

（1）明确所需的数据和信息，并建立一套综合指标体系。组织首先应当明确所需要的数据和信息是什么，并建立一套综合的指标体系。这套指标体系应该反映内外部顾客要求以及组织经营的关键因素，覆盖组织的整个运营过程和管理层级，从供应商到顾客，从基础操作人员到高层管理者，并支持企业战略目标的实现。例如，波音公司货运机分部制定了支持企业战略目标所需要收集的五类关键信息：顾客满意、项目绩效、员工绩效、运营与过程绩效以及财务结果。

（2）使用比较性的数据和信息，以改进组织的整体绩效和竞争地位。比较性的数据和信息既包括与直接竞争对手相比较的数据，也包括与标杆组织进行比较分析的数据。企业通过与竞争对手和标杆组织的比较，能够了解自身现状，明确所处的竞争地位，掌握行业发展前沿；通过与标杆对比，还可以找到组织实施突破和改进的方向，给予组织持续改进的激励。

（3）持续改进其信息源，保证数据采集的及时有效。错误的输入必然导致错误的输出，糟糕的数据来源必然会影响组织所使用数据的即时性和正确性。卓越的组织必然会确定所需内外部信息的来源，并会随着内外部环境的变化而对其不断改进。因此，组织应当定期对数据的来源和应用实施评审和更新，努力缩短数据采集和应用的周期，不断拓展数据的来源。

(4)运用合理的分析工具进行分析,并应用这些分析结果来支持组织的战略计划和日常决策。组织的数据分析能力是组织获得正确信息解释的保障。组织应该学习并使用各种各样的统计分析工具或结构化工具对数据进行分析与解释,并将其转化为有用的信息。

(5)确保信息在组织中得到广泛传递和使用。如同质量活动不仅仅是检验人员和质量管理人员的活动一样,质量信息也应当确保人人参与。组织内所有过程的所有者都应当参与到各自过程的数据收集、分析和使用当中,组织应当提供并确保信息在组织内部可以准确、可靠、及时、安全地传递,并为所有需要信息的人员提供快速的数据和信息访问渠道,包括各类软硬件系统,并致力于它们高效和可靠地运转。

(6)系统地管理组织的知识,识别并分享最佳实践。在信息量呈现爆炸式增长的情况下,管理信息和知识需要巨大的投入。组织应当分析、识别组织的最佳实践,并通过获得、创造、分享、整合、记录、存取、更新、创新等过程,不断地回馈到组织的知识系统内,形成永不间断的个人与组织的知识循环。

以上这些针对质量数据和信息管理的建议和准则,有助于组织建立系统、全面的质量信息管理系统,并促进组织进行"基于事实的决策"。

(二)质量信息管理的范围

传统上,许多组织进行质量管理工作只是依赖于实物质量数据,如产品的缺陷率、一次交验合格率、返修率等,有些组织可能会采集并使用过程管理数据,如过程能力指数。然而,在追求卓越绩效的今天,组织需要建立一套更加广泛的、与组织战略目标相一致的信息体系。

组织所需的这套体系需要考虑以下因素:

(1)覆盖组织内外部经营环境。组织质量工作的成功取决于内外部质量控制的共同努力。组织的质量需求来源于外部顾客,最终致力于顾客满意;供应商的质量控制水平影响着组织的产品质量水平和生产效率;组织还要承担社会责任,致力于环境保护、节能减排等。

(2)应该体现个人、过程和组织三个层次。所收集的质量数据能够及时为员工提供所需的信息,帮助个人不断改进;有利于实现过程控制,提高过程效率;能够提供全面评估组织绩效的数据,帮助组织达成战略目标。

(3)既包括先行指标,也包括滞后指标。滞后指标反映了已经发生的事情;先行指标则预测可能会发生什么。这两类指标可以帮助组织了解现在,也能够描绘未来。组织习惯使用的财务数据能够真实地反映组织的过去和现在,而员工的学习和培训、组织的创新、顾客的满意度则能够描绘出组织未来发展的潜力和前景。

为了使组织的决策能够满足和超越顾客的期望,最大限度地利用组织资源,除了传统的财务绩效和会计指标外,组织还需要其他方面的数据和信息,包括顾客与市场、供应商质量、人力资源、产品与服务质量等。

图9-1描绘了一个质量数据和信息体系。组织可以在此基础上,根据自身实际,建立和完善相应的体系,形成以质量为驱动关键因素的、与组织战略相一致的质量绩效指标体系。

二、生产服务质量信息

生产服务是组织的价值实现过程,也是质量的形成过程,是组织运营关注的重点。

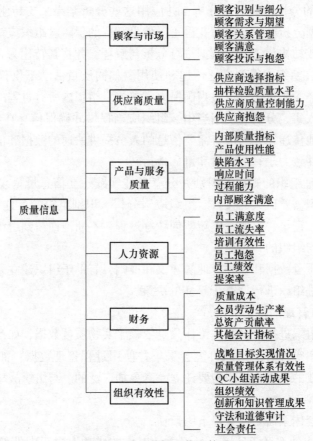

图 9-1 质量数据和信息体系

(一) 生产服务过程的质量信息及来源

对生产服务过程中的质量信息进行分析,可以按在产品生命周期的不同阶段进行分类分析,寻找可能的信息源。表 9-1 对普遍的生产过程进行了分析,给出了具有代表性的质量信息及其来源。

生产服务过程中的质量管理工作涉及质量管理、设备维护、材料、人、工艺和环境等多个方面。质量信息也贯穿于市场营销、科研开发、生产制造、售后服务等一线生产服务部门,同时需要得到技术管理部门、人力资源管理部门、财务管理部门以及高层管理者的支持。

表 9-1 生产过程质量信息表

阶 段	信 息	可能的主要负责部门
产品策划阶段的质量信息	客户需求分析信息	质量管理、市场营销、信息管理
	产品市场定位信息	市场营销、信息管理
	产品开发和生产能力状况	科研开发、技术管理、生产管理
	产品成本预算	质量管理、财务、开发、生产
	产品开发计划	科研开发、生产
	产品生产计划	科研开发、生产
	产品营销计划	市场营销
	产品策划人员信息	人力资源、开发
	其他有关信息	

（续）

阶　　段	信　　息	可能的主要负责部门
产品开发阶段的质量信息	产品的技术指标信息	质量管理、技术管理、生产、开发
	产品设计方案信息	技术管理、生产、开发
	开发任务分解信息	技术管理、生产、开发
	开发过程控制信息	技术管理、生产、开发
	重要部件或关键工序质量控制方案	质量管理、技术管理、生产
	样品技术指标测试信息及分析报告	质量管理、技术管理、生产
	样品总体测试信息和分析报告	质量管理、技术管理、生产
	产品改进信息	质量管理、技术管理、生产
	产品设计图样和技术要求	质量管理、技术管理、生产
	产品设计人员信息	人力资源
	其他有关信息	
产品生产检测阶段的质量信息	产品生产任务书	技术管理、生产
	产品图样及技术要求	技术管理、质量管理
	原材料质量情况	采购、生产
	生产设备准备、保养情况	生产
	生产流程方案	生产、技术、质量管理
	生产过程总体质量控制方法	质量管理、生产、技术
	关键件和关键工序质量控制情况	质量管理、生产、技术
	部件或单元件检测信息	质量管理
	装配调试信息	生产、质量管理
	产品验收信息	质量管理
	不合格品分析报告	质量管理
	检测数据统计分析报告	质量管理
	生产人员信息	人力资源、生产
	其他有关信息	
产品市场销售阶段的质量信息	产品市场营销策略	市场营销
	产品市场开发计划	市场营销
	产品市场销售情况	市场营销
	顾客信息及分析报告	市场营销、质量管理
	顾客反馈信息	市场营销、质量管理
	竞争对手销售情况及市场战略	市场营销、高层主管
	竞争对手产品质量状况分析	市场营销、质量管理
	产品销售改进策略	市场营销、质量管理
	其他有关信息	
产品服务阶段的质量信息	产品维修记录及分析报告	质量管理、服务
	产品寿命、报废等信息	质量管理、服务
	质量问题导致的索赔情况	质量管理、服务
	其他有关信息	
相关的质量信息	产品质量成本分析	质量管理、财务
	企业员工的质量培训及效果情况	人力资源、质量管理
	企业质量管理体系建设情况	质量管理、企业管理
	产品的质量监督抽查情况	质量管理
	产品质量有关的国家政策、法令法规等	信息管理、质量管理
	产品质量综合分析报告	质量管理

(二) 生产过程中质量数据的采集

1. 质量数据的采集方式

这里所指的质量数据是需要实时采集和管理的数据，主要来自对零件和产品的检测和对制造过程的监控。常用的质量数据采集方式主要有以下三种：

（1）自动检测。自动检测是指利用计算机控制的全自动测试仪器，对产品或生产线的状态进行检测（见图9-2）。自动检测可以实现质量数据的自动采集及处理。检测装置与生产设备的控制系统相连接，可将分析结果自动传输到生产设备控制装置上，从而实现闭环的质量控制。

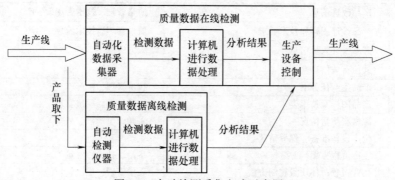

图 9-2　自动检测采集方式示意图

自动检测的方式可以分为在线和离线两种。所谓在线检测，是指在不间断生产的条件下，对过程状态和产品质量进行数据采集；所谓离线检测，是指需要将产品从生产线上取下，在独立的检测岗位上进行测量。

（2）半自动检测。所谓半自动检测，是指检测活动是由手工完成的，而信息的输送和数据的处理却是通过计算机系统实现的。例如，通过数据线与数据处理器相连接的数显千分尺，检测人员在检测过程中使用千分尺来检测零件的尺寸，检测的信息直接通过数据线自动输入数据处理装置存储起来。如果需要，系统可以按照各种统计数据处理方式对数据进行处理，并将处理结果显示出来。必要的话，通过与生产控制系统的连接，可以构成近似闭环的控制方式。

如今，半自动检测已经广泛应用于尺寸的测量，几何参数、表面粗糙度、重量、力、硬度等方面的检测，在计算机辅助检测系统当中应用最广。

（3）手工检测。所谓手工检测，就是利用各种手工计量工具对产品或工件进行检测，或采用目测的方法来观测生产系统的状态。检测人员需要目测计量仪器的仪表盘，将读数记录下来，然后进行手工分析处理，或者将数据输入计算机进行加工处理。这种方式简单、经济，但花费时间长，精确度不高，容易出现误差。

2. 需要采集的质量参数

在制造过程中，为了控制生产系统的运行状态，需要检测生产系统中各个方面的质量参数。

（1）热工量，包括温度、流量、热量、真空度、比热信息等。目的是确认工具的磨损情况，设备的运转是否正常，环境温度是否符合生产条件，等等。

（2）电工量，包括电压、电流、功率、电阻等。目的是检测电气设备的运行状况。机械设备的工作状态也可以通过对电工量的测量来检验。

（3）机械量，包括位移、速度、应力、力矩、重量、振动、噪声、平衡、计数等。通过机械量的测量，可以确定零件加工的精度（位移、速度等）和设备运行的状态（机械振动、噪声情况）。

（4）成分量，包括气体、液体和固体的各种化学成分、浓度、密度等。

（5）几何量，包括几何尺寸及误差、几何形状等。

（6）其他参数，如零件重心、硬度、表面纹理等也需要收集检测。

（三）生产过程中质量信息的处理

1. 预处理

质量信息的预处理是指对测量数据进行消除误差的处理。由于测试过程中测量误差的存在，会影响质量数据的可靠性，因此，必须采取措施减小甚至消除测量误差，以提高质量控制的确定性和可靠程度。

误差一般包括系统误差、随机误差和粗大误差三种。

（1）系统误差。系统误差是指在测量的一系列结果中，其测量误差值的大小和方向是保持不变的或按一定规律变化的误差。它通常是由固定的或按一定规律变化的因素造成的。要消除系统误差，首先要识别是否存在系统误差及其变化规律。识别系统误差的方法包括实验对比法、误差观察法、剩余误差校核法、计算数据比较法等。对于存在系统误差的情况，一般根据系统误差的类型，采用不同的误差消除方法。根据误差形成的原因不同，一般可分别采用标准量代替法、消除平均斜率法或最小二乘法消除。

（2）随机误差。在同一条件下对同一被测量进行多次重复测量时，各测量数据的误差值或大或小，或正或负，其取值的大小从表面看来似乎没有确定的规律性，是不可预知的，这类误差称为随机误差，也称为偶然误差。随机误差即为随机变量，服从统计规律，可以用统计方法做出估计。处理随机误差的关键是确定其分布参数，并设法减小标准误差。减小标准误差的方法包括平均值法、排队剔除法和数字滤波法。

（3）粗大误差。粗大误差是指超出正常范围的大误差，也称为过失误差。一般粗大误差是由测量中的失误造成的。例如，计数或记录错误、操作不当、突然的冲击振动等，都可能使测量结果产生个别的大误差。由于粗大误差使测量数据受到了歪曲，因而应当剔除。

2. 质量信息的统计处理

在消除误差以后，可以对质量信息进一步进行统计分析处理，最大化地利用信息效益。依据统计技术在质量信息分析中的用途不同，可以做以下分类：

（1）用于产品的开发设计。这类方法包括质量功能展开（QFD）、试验设计等。

（2）用于质量问题的分析。这种统计方法比较多，包括分层法、排列图法、因果图法、调查表法、散布图法等。

3. 工序质量控制

用于工序质量控制的方法包括控制图法和直方图法。控制图法通过对生产过程中产品质量数据的统计分析，对生产过程是否处于稳定状态进行分析判断。一旦发现系统处于不稳定状态，出现质量问题的概率就会大大增加，说明在生产过程中出现了非正常因素。这时就要对生产系统进行分析和调整，从而预防不合格品出现。

三、质量成本信息

组织经营的根本目的在于取得效益，效益最直接的体现形式便是经济利益。质量管理活动必须能够展示出为组织带来的经济效益，才能够获得足够的关注。质量工作给组织带来的经济效益可以体现在两个方面：一方面是收入的增加。高质量的产品提升了组织在市场中的竞争能力，可以赢得更多的客户，提高市场占有率，增加经营收入。另一方面是成本的节约。高效地开展质量管理工作可以减少废品、不合格品带来的报废或返工损失，也可以节约因顾客抱怨、投诉而产生的一系列费用开支，从而降低成本。

（一）质量成本的构成

质量成本一般由以下四部分构成：

（1）预防成本。它是为避免或减少不合格（如质量事故）而投入的费用。

（2）鉴定成本。它是为了评价是否存在不合格而投入的费用，如试验、检验、检查和评审等费用。

（3）内部损失成本。它是在产品或服务提交客户以前出现的不合格品被检查出来而造成的损失，如产品的返工、重新鉴定或报废等带来的损失。

（4）外部损失成本。它是产品或服务提交客户后出现不合格而造成的损失，如保修、退货、折扣处理、责任赔偿等费用。

其中，各组成部分包含众多的具体项目。表9-2罗列了一些常见项目。

表9-2 质量成本包含的项目

质量成本分类	项　　目
内部损失成本	废品损失、返工损失、复试费用、停工损失、产量损失、处理费用
外部损失成本	申述受理费用、退货损失、保修费用、折让费用
鉴定成本	来料检验和试验费用、保持检验设备精确性费用、耗用的材料和劳务、存货估计费用
预防成本	质量计划工作费用、新产品评审费用、培训费用、工序控制费用、收集和分析质量资料费用、汇报质量费用、质量改进计划执行费用

产品的合格品率会随着预防成本和鉴定成本的增加而增加，内部损失成本和外部损失成本会随着质量保证成本投入的增加和合格品率的上升而减少。因此，总质量成本曲线呈 U 字形，如图9-3 所示。

从图9-3 中可以看出，存在一个最佳成本，即总质量成本曲线上的最低点。要想提高质量效益，就必须了解组织中正在发生的质量成本，控制将要发生的质量成本，这就需要有准确或基本准确的质量成本信息。

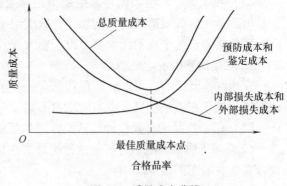

图9-3 质量成本曲线

（二）质量成本信息的来源

组织日常管理中可能产生的质量成本信息主要存在于以下几个方面：

1. 质量管理部门中的质量成本信息

质量管理部门负责组织整个质量成本管理的推广、建设，并与财务部门一起具体落实质量成本的具体科目。此外，质量管理部门还负责监督检查其他部门的质量工作，负责质量成本信息的收集、汇总和分析。但是，在质量成本管理中，质量管理部门不能仅仅盯住其他部门的质量问题不放，还要关注自身的工作质量，由于自身工作的失误，质量管理部门中也会

第九章　质量信息管理

存在质量成本问题。

在质量管理部门中，质量成本信息有可能存在于下列活动的缺陷当中：质量管理方案的缺陷；质量监督的缺陷；质量问题解决措施不完善；纠正和预防效果不佳；质量管理体现建设的缺陷，包括对质量因素的认识欠缺、内部质量审核不规范、质量管理体现文件的缺陷、质量教育不完善等。

所有以上这些过程都会给组织带来一定的质量损失，从而形成质量成本信息。

2. 采购部门中的质量成本信息

采购部门在采集原材料、零部件或器具的过程中，由于工作的缺陷，会给组织带来质量损失。这些损失不仅表现在采购物品不合格造成的损失，还表现在由于未及时送货造成的损失，物品降级使用造成的损失，甚至由于未按照程序签订合同引起纠纷而造成的损失，等等。

采购部门的质量成本信息归纳起源于以下几个方面：采购中的不合格品带来的质量成本，包括检验成本、检验出不合格品造成的损失、未检验出的不合格品给下道工序带来的质量损失；对供应商评审的费用，以及供应商的质量保证能力达不到企业要求而给企业带来的损失；签订合同未执行相关程序，由此造成的纠纷给企业带来的损失；采购部门的工作程序文件不全或管理不善，采购程序文件存在缺陷或版本未及时更新造成的损失。

3. 开发设计部门中的质量成本信息

设计过程中如果存在质量问题，会给产品带来"先天不足"，引发生产制造过程、售后服务过程中的一系列质量问题，最终造成巨大的质量损失。

开发设计部门中的质量成本信息主要存在于以下过程：在对市场进行分析的过程中，客户需求理解不准确、不全面；在对产品进行技术设计的过程中，未能够准确或全面地将客户需求转化为对产品的技术要求；在开发设计过程中，未能够有效地实施设计评审，设计输出存在技术性缺陷，给后续的生产制造和经营活动带来困难；评审中的非技术性缺陷，包括技术文件传递错误等；开发设计部门的工作程序文件不全或管理不善，相关程序文件存在缺陷或版本未及时更新。

4. 生产技术与制造部门中的质量成本信息

生产技术与制造部门负责生产技术的管理、准备和整个生产制造过程，任何疏忽都可能造成废品、废料的出现，甚至重大安全事故的发生。

生产技术与制造部门的质量成本信息多发生在以下方面：在生产技术准备或生产制造过程中没有严格遵守相关程序，出现生产技术准备或生产资料准备不合格，生产工序被随意变更等情况，造成生产过程不协调；生产过程中出现工作失误，包括操作人员的操作失误、机器故障、原材料有缺陷以及工作环境造成的质量问题等；生产技术与制造部门的工作程序文件、工艺规程不完整或管理不善，程序文件、工艺规程、作业指导书等文件存在缺陷或版本未及时更新。

5. 销售和售后服务部门的质量成本信息

销售和售后服务部门多与客户打交道，对质量成本问题影响很大，尤其是外部损失成本。

销售和售后服务部门的质量成本信息多体现在以下方面：因不合格产品流入销售渠道，由此而引起维修、退货及索赔造成的损失；在生产销售时未能及时提供技术指导，导致在产品的运输、安装、使用过程中由于错误的使用方式而出现质量问题，造成经济损失；售后服务过程中未能够为顾客提供及时的服务，造成顾客的不满、抱怨、投诉而带来的损失；销售和售后服务部门的程序文件不全或管理不善，文件存在缺陷或版本未及时更新。

以上分析指出了组织在生产经营中可能发生质量问题的工作过程，由此可能产生质量成本信息。组织可以在此基础上，根据自身情况对业务流程进行分析，挖掘质量成本数据，设立合理的质量成本项。

（三）质量成本数据的采集

开展质量成本管理，必须做好质量成本数据的采集。组织内部可以采用多种方法进行质量成本数据的采集。下面着重介绍四种应用广泛的方法：

1. 传统方法

传统方法是最为常用的一种数据收集方法。这种方法利用组织内部已有的各种数据，如标准财务会计信息。一般来说，采用这种方法要遵循以下步骤：

（1）高层管理者必须重视和支持质量成本管理，使质量专家能够方便地得到财务会计等方面的数据，以便准确地计算全面质量成本。有了质量成本信息，高层管理者就有希望看到"矿中黄金"，进而顺利地开展质量成本管理。

（2）一旦高层管理者决心开展质量成本管理，就需要确定已有数据的类型、数量和质量。根据质量成本的分解和追踪水平不同，不同的组织有不同的方法。

（3）根据成本分类组织和分解成本，使用图9-4和表9-3中的质量代码定义账目和分类有助于完成这一点。除非组织有成熟的质量计划，否则一定要使用质量成本分类。

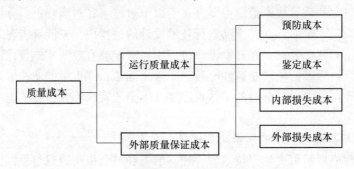

图9-4　质量成本分类

表9-3　质量成本账目代码

账目代码	说　明	账目代码	说　明
11××	质量计划工作费用	21××	内部产品检验费用
12××	供应商评价费用	22××	校正和维修费用
13××	培训费用	23××	外购产品检验费用
14××	质量控制费用	24××	专项的测试和审核
15××	质量控制小组费用		
1×××	预防成本	2×××	鉴定成本
31××	废品损失	41××	质量担保费用
32××	生产返工损失	42××	质量保修期外费用
33××	供应商返工损失	43××	消费者服务费用
34××	设计缺陷损失		
35××	复试和再检验费用	4×××	外部损失成本
36××	额外操作费用		
3×××	内部损失成本		

(4) 按月或周报告成本分类数据。

传统方法的优点是：

(1) 由于大多数组织都有专业的财务部门进行财务、金融数据的收集、统计、分析，因此这种方法运用起来比较简单。

(2) 初次进行质量成本管理的组织可以暂时先采用此方法向高层推荐质量成本管理思想。

(3) 不论组织的规模大小和具体类型，传统方法具有普遍适用性。

(4) 使用这种方法能够快速地估计组织的全面质量成本。

(5) 仅需很少的维护。

当然，传统方法也有一些缺点：

(1) 利用这种方法很难收集非增值成本数据。财务会计部门一般不收集这方面的数据，按财务会计标准收集的失效成本数据和全部数据相比只是冰山一角。一般来说，由于质量问题而造成的质量损失在财务上反映为销售额的5%~8%，财务不能反映的损失占15%~20%。

(2) 如果决定采用已有的数据收集系统，而它又有某些缺陷，则质量成本系统必然是有缺陷的。

2. 缺陷记录收集方法

这种方法有时与传统方法结合起来使用。当然，也有一些组织单独使用这种方法并且获得了成功。这种成功是与许多组织广为人知的缺陷记录/追踪系统分不开的，而最有效的组织都是拥有成熟缺陷记录/追踪系统的组织。使用这种方法也要遵循一定的步骤：

(1) 明确组织内当前收集到的缺陷记录是怎样的。如果它们是由一个系统收集到的，那么这个过程就比较简单。当然，如果不止一个系统，缺陷数据也是能收集得到的。

(2) 一旦收集系统确定，就要确定缺陷的平均成本。下面几个步骤可以用来采集平均缺陷成本：

1) 与缺陷文档一起提供一份日志或时间表格，这需要造成缺陷的员工记录更正他们那部分缺陷所需的成本。

2) 在缺陷发生的领域用较好的统计样本来做第一步。例如，如果一个企业有几个出现缺陷的领域，就需要把日志送达每个领域。

3) 如果不想使用日志，也可以通过逐一审查缺陷记录来进行评估，并且记录修复缺陷所需的时间。虽然这样可能比较精确，但是需要耗费大量的时间，所以这种做法并不值得鼓励。

(3) 每个缺陷的平均成本确定之后，把缺陷数与缺陷的平均成本相乘即可得到总缺陷成本。

(4) 如果一个组织已经拥有了一个好的缺陷代码系统，就可以较为简单地把缺陷代码转化到质量成本目录中去。

(5) 每天或每周可以使用和更新一个简单的表格来展示缺陷数和造成最大质量成本的原因。

图9-5和图9-6描述了如何利用成本数据和趋势数据做出有把握的决定。例如，仅看图9-5，一个团队可能会做出决定去解决焊接问题，然而，图9-6表明材料问题耗费了焊接问

题 3 倍的成本，这就是质量成本分析的作用。拥有缺陷数和成本两方面的数据可以使管理层更加胸有成竹地做出决定，解决那些能够给组织带来最大回报的问题。注意，还有一些其他因素需要考虑，如顾客满意和监督或者规格兼容问题。

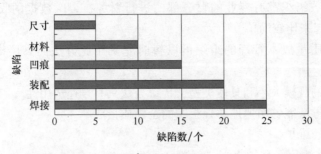

图 9-5　缺陷数

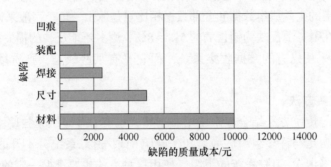

图 9-6　利用质量成本做决策

缺陷记录收集方法的优点是：

（1）给管理层提供另一种看待质量成本的方法。

（2）可以利用原有的缺陷收集系统提供绝大多数的数据。

（3）只需要很少的时间去收集成本数据。

（4）有利于向高层管理说明质量成本系统的重要性。

其缺点是：

（1）与传统方法一样，也不能收集非增值成本。

（2）如果单独使用，只能收集失效成本。

3. 考勤收集方法

研究表明，这可能是一种最不常用的方法。然而，应用这种方法的组织成功地理解了全面质量成本。使用这种方法可以遵循以下步骤：

（1）像其他方法一样，这种方法也需要得到高层领导的支持。然而，这种方法需要的不是被动支持，而是要得到高层领导的全面支持。

（2）明确所使用的时间收集系统的类型。大多数组织使用自动化的系统。经验表明，只要员工能够在任何方便的时候与场合灵活地收集时间数据，收集系统就能被很好地使用。

（3）为员工设计一个可管理的质量代码列表，以便他们用来记录时间。

（4）当员工负责这些代码的时候，向员工培训预防、鉴定、失效及相关代码这些概念。

（5）开发一个数据收集系统去收集时间数据。

考勤收集方法的优点是：

（1）全面收集质量成本。

（2）员工能够更好地理解质量成本的概念。

（3）使员工意识到他们的工作与质量有关。

（4）使员工更好地融入过程中。

（5）如果员工接受了良好的培训和监督，就能收集到准确度较高的数据。

其缺点是：

（1）比其他方法更加需要高层领导的支持。

（2）需要培训所有的员工，以使他们能正确地使用质量成本的概念。

（3）需要大量资金的支持。

（4）需要管理员维护数据库和审查确认成本数据得到正确的收集。

4. 评估方法

开展质量成本计划的初始阶段经常包括评估方法，以便帮助估计组织的质量成本。研究表明，虽然一些组织把评估方法作为收集数据的首要方法并且取得了不错的成效，但实际上，在一般的组织内部，评估方法不作为一种主要的方法。在使用这种方法时，需要注意以下事项：

（1）这种方法与其他方法一样，需要得到高层领导的支持。

（2）需要确定组织正处于质量成本管理的哪个阶段。如果处于初始阶段，就需要关注内部缺陷成本和外部缺陷成本。如果已处于比较成熟的阶段，就要遵循以下三个步骤：①重点对内部缺陷成本和外部缺陷成本中的浪费和非增值过程成本进行测定；②把缺陷成本评估和组织评审成本测定结合起来；③把预防成本加到其他三类成本中去。

（3）一旦确定了组织所处的阶段，就需要挑选使用这种方法的团队成员。团队成员需要理解被评估部门的运作、活动及过程。

（4）培训所有的参与人员，不仅包括评估者，还包括所有被评估领域的管理人员。评估完成时，应能够确信被评估部门的人员理解怎样去解释数据和结果，并且能够采取正确的措施，这一点是非常重要的。

（5）选择正确的领域和合适的数目进行评估。如果有太多的领域被评估，但却不能坚持，这无异于浪费时间。因此，选择适当的领域进行评估是非常重要的。

（6）收集信息。最常用的收集信息的方法是调查和面谈，这两种方法都比较有效。通过观察工作过程然后与员工一起讨论，会取得更好的效果。

（7）形成报告，按照成本代码分类组织结果。

评估方法的优点是：

（1）在一段时间内集中关注一个领域。其他方法是在组织内部，同时在多个领域采集数据。如果每个人都关注几个领域，那么其他领域就会被忽视，这样可能得不到正确的数据。

（2）改进措施实施之后，就能比较容易地采取另一种评估来确认改进措施实施得是否成功。

（3）不需要培训太多的员工。

（4）不需要研发正式的数据收集系统。

其缺点是：

（1）不需要培训太多的员工既是一个优点也是一个缺点，因为有时候很难预料一个参与者的水平。

（2）这种方法比较费时，并且在整个组织内推广时需要耗费大量的成本。

（3）一些员工在被评估时可能会有受到胁迫的感觉。

（4）调查并不总是准确的。

（四）质量成本信息的处理

当组织比较全面、准确地掌握了质量成本信息后，便可以对质量成本进行进一步的管理和分析，为决策提供帮助，体现出质量管理的效益。

1. 质量成本核算

质量成本核算是质量成本分析、制订质量成本计划、开展质量成本控制的基础，是质量成本管理的重要内容。

质量成本核算首先要根据质量成本信息设立质量成本科目，然后建立相应的核算体系。现有的核算体系主要有两种：质量成本会计核算体系和质量成本统计核算体系。无论是哪种体系，对质量成本的核算过程都是一个质量成本信息持续不断收集、统计的过程。

2. 质量成本信息的分析与运用

通过分析加工收集的质量成本信息，可以得到许多有用的数据，从而反映质量管理工作的效果。对质量成本信息的利用分析，在此做简要介绍，有兴趣的读者可以查阅质量成本管理方面的专著。

（1）质量成本的预测分析。根据质量成本的历史数据，通过绘制趋势图、时间序列图以及采用回归分析等分析方法，可以对企业的质量成本进行预测。虽然由于多种因素的影响，这种预测可能不太准确，但组织可以根据实际情况对预测结果进行修正，使其比较准确。

（2）质量损失成本分析。通过对质量损失成本信息的分析，以及对质量损失信息的追溯，组织可以找出发生质量损失的原因，采取相应的对策，以减少质量损失。在质量损失成本分析中，质量损失成本总额和质量损失成本差异是比较重要的信息。

质量损失成本总额可以反映质量管理不善对组织造成的经济影响，为管理者敲响警钟，引起他们对质量管理工作的重视。通过对质量损失成本中各个组成部门所占比重的分析，如内部损失成本占总成本的比重、外部损失成本占总成本的比重，可以为组织的下一步质量改进工作指明方向。

质量损失成本差异是指实际发生的质量损失成本与计划的质量损失成本的差异。这种差异有可能发生在正的方向，即实际成本小于计划成本；也有可能发生在反的方向，即实际损失成本超过了计划成本。质量损失成本差异为组织提供了了解质量管理效果的途径，还反映了产品的质量状况。因此，在利用质量成本信息计算出质量损失成本的差异后，组织一定要寻根溯源，找到产生差异的根本原因，为持续改进提供依据。

四、供应商的质量信息

如今，组织越来越专注核心业务，而将大多数非核心业务外包出去。因此，组织是通过供应商质量保证体系来控制外购产品质量的。这套体系一般包括供应商的选择、供应商质量保证能力的评估和供应商产品质量保证程序三个部分。通过对供应商质量保证能力的评估，来确认供应商是否拥有提供可靠的、可以满足用户要求产品的制造能力，以及不断改进和提高的能力。对供应商质量信息的采集、分析、管理是进行上述工作的依据；同时，组织也通过信息的传递来协调供应链管理。

（一）供应商选择

不同的供应商选择方式需要的信息是不一样的。在早期的采购管理中，组织在选择供应商时往往更加看重价格、信誉和供货期，而不在乎供应商的质量保证能力。然而，这种选择方式或许会让组织付出较少的采购成本，但随之带来的质量问题会让使用成本大大增加。不合格的产品会给生产服务过程带来严重的不良后果，如生产的中断、增加库存成本，最终导致成品的质量低下等。一个不合格的供应商是引发此类问题的根源。因此，有必要对供应商进行全面的评价，将供应商的质量信息纳入评价体系当中。

如果将供应商质量管理的概念从产品质量中扩展开来，则供应商的供货能力、市场信誉、按时交货的保证以及财务状况等都可以视为供应商质量的组成部分。那么，对供应商的评价和选择就主要依据两大因素：质量和价格。一般而言，价格信息是比较明朗、易于收集和分析的；而供应商的质量信息则是比较复杂的，在不同的行业、企业、产品需求以及不同的环境下，对供应商的质量要求是不一样的。但是，质量信息一般都应包括下列信息：组织的基本信息、产品质量信息、质量保证能力、服务质量信息。

（二）外购件质量信息分析

在实际操作中，组织（尤其是广大中小型组织）对供应商质量保证能力的信息收集比较困难。组织往往无法深入了解供应商的质量管理情况、工序控制能力、制造过程质量管理情况等信息，一般仅仅局限于了解一些比较直观的信息，如是否通过了质量管理体系认证，是否通过其他相关认证，等等。在此，组织可以充分利用进货检验信息，了解同一供应商的供货质量分布情况，从而掌握供应商的质量控制动态。

（1）利用直方图了解供方质量控制情况。对于外购件的质量检验信息，尤其是对连续采购的零部件，应当进行详细的记录，而不是仅仅记录合格数量和不合格数量。可以针对每次进货的质量检验信息进行详细的记录，记录每次抽检中外购件的详细质量信息，绘制直方图，从而反映整批外购件的质量分布情况，以及不同批产品之间的质量变化。

（2）计算质量供应能力指数。质量供应能力指数 C_S 是将质量供应能力与质量要求联系起来，用来定量反映供应商质量供应能力的大小。

计算质量保证能力指数的目的在于对供应商的质量保证能力进行分析，以便对供应商做出公正、合理的评价。

利用直方图对外购件质量分布进行分析，可以定性地分析供应商质量保证能力；计算质量保证能力指数是定量的分析。采用这两种方式，可以弥补企业对供应商质量保证能力信息采购困难所造成的分析不足。

（三）采购商与供应商的信息交流

信息在供应商管理中起到协调和控制作用。为了更好地掌握供应商的质量信息状况，企业（采购商）可以采用多种形式与供应商进行信息交流。

（1）合作伙伴与战略联盟。企业与供应商建立合作伙伴关系或战略联盟，谋求共同获益、共同发展，双方是一种双赢的关系。合作伙伴关系建立的前提是找到优秀的供应商，企业无法与一个不合格的供应商建立起合作伙伴关系。而企业一旦找到一个优秀的供应商，与之共同前进，就可以产生巨大的竞争优势。企业要像对待顾客一样珍惜优秀的供应商，可以与他们一起研发新技术、开发新产品、尝试新的管理方法。在这些合作中，企业与供应商的信息共享是新型关系与传统关系的最大区别。

（2）信息共享。信息共享可以使企业参与供应商的质量管理活动。在供应商评价中，最难收集的莫过于供应商的质量保证能力信息。而信息共享不仅可以使企业获得此类信息，还可以参与供应商的日常质量管理活动，实时监控供应商的质量控制情况。同时，企业可以根据自己的需要，帮助供应商提高质量控制能力，从而提高自己的产品质量水平。

信息共享可以使供应商及时了解企业的需求信息，从而做到有的放矢。通过信息交流，供应商可以及时、准确地了解企业对质量、时间、技术等的需求。通过参与企业的产品开发、技术管理和市场研究，供应商可以深刻地了解客户需求，从而改进、提高自己的产品质量，增强自身的柔性。

信息共享有助于供应商/客户关系协调。供应商-企业系统中包括各种制度、存储系统、运输系统、销售系统，管理这些系统中的任何一个都涉及一系列复杂的权衡问题。为协调供应链的这些方面，企业必须获得大量的信息。信息共享不仅可以帮助协调这些系统，还可以节约成本。

在研究供应商与企业之间信息共享的过程中，人们往往认为这主要是采购商的事。其实，信息交流是双向的，为了做好供应商与企业之间的质量管理，双方都应付出努力。

五、顾客与市场信息

组织依存于客户，顾客满意是组织生存和发展的基础。顾客与市场信息作为对组织生产工作具有指导性的信息，在外部质量信息中占据比较重要的地位。顾客与市场信息（需求信息）是质量链的起点，是质量信息的输入；同时，顾客与市场信息（顾客满意信息）也是质量链的终点，是输出。整条质量链（包括市场调研、新产品策划、产品设计、产品制造、产品销售服务）通过顾客与市场形成一个闭环，并根据顾客与市场需求的不断提高而不断改进。因此，一个致力于实现卓越的组织必须努力赢得顾客满意。

实施客户满足战略，必须注意使顾客满意的五个环节：识别顾客、调查需求、满足需求、满意度调查、不断改进。其中，主要的质量信息便是需求信息和满意信息。

1. 顾客需求信息

费根堡姆认为，质量是由顾客来判断的，而不是由工程师、营销部门或管理部门来确定的。顾客将根据自己的实际经验与要求对某种产品或某项服务的质量做出判断。因此，费根堡姆认为，质量就是产品或服务能够满足顾客的期望。为此，组织必须首先明确自己的顾客是谁，以及这些顾客对产品或服务的需求和期望是什么。

（1）顾客对质量的期望。如今，顾客在市场上越来越占据重要地位，他们对产品的要求也越来越高，特别是在经济性、安全性、售后服务能力和可靠性方面。这种要求对制造业形成了不断提高产品质量的压力，主要表现在对产品性能、产品使用寿命和使用费用、环境健康质量等方面的期望。

（2）顾客需求向质量要求的转化。组织需要将顾客需求转换为产品或服务的质量要求。根据顾客的期望，组织应当可以将这些需求信息转换为以下质量信息：

1）产品的外形、尺寸规格和操作特性要求信息。

2）产品的使用寿命和可靠性目标。

3）有关的标准。

4）设计、制造和质量成本。

5）生产条件和技术要求信息。

6）产品现场安装、维护保养和售后服务目标。

7）能源消耗和环境保护要求。

8）健康和安全要求。

9）使用成本要求。

在具体的新产品策划和设计中，组织可以运用质量功能展开（QFD）将顾客的需求转换为产品、服务和工艺。

2. 顾客满意信息

顾客满意是指顾客对其需求被满足的程度。顾客满意度管理是一种新的管理方式，它要求组织从一开始就以满足顾客需求为目标，调动一切资源和手段，力求达到顾客满意。顾客满意度管理的目的不仅是使顾客满意，还要提升顾客的忠诚度。

顾客满意是顾客对产品或服务是否达到要求的评价。它有可能是好的信息，如顾客满意；也有可能是不好的信息，如顾客投诉与抱怨。做好顾客满意工作，不仅要对顾客满意的信息进行收集、分析，更需要高度重视那些不满意信息，及时化解顾客的抱怨。

由于行业、产品和服务的不同，顾客满意信息的内容也是不一样的，但大都包含以下内容：

（1）产品质量的反映。产品是顾客进行消费的主体，顾客对产品的样式、规格、功能、使用方便性、可靠性、安全性以及环保性能的感知感受，是顾客对产品质量最直接的评价。对顾客关于产品质量信息的收集，是组织改进旧产品、开发新产品的需要。

（2）服务质量信息。服务质量信息主要是指顾客对产品售后服务质量的感受。它包括供货、产品运输、现场安装、问题的及时处理、售后维修、产品的日常保养维护和技术支持等。在这类信息中，顾客抱怨、顾客投诉信息及其处理情况的收集整理是一个重要方面。这类信息有利于化解顾客的不满，改善产品或服务中的不足。

（3）经济性。经济性包括产品的价格和使用中的费用。价格因素也是顾客关注的一个主要因素。例如，对于购买的产品，顾客认为它的定价是否合理，是物有所值、物超所值还是物不所值；而使用中的费用问题，更是顾客关注的重点之一。

（4）形象信息。顾客对组织形象的反馈信息包括社会认知度、信誉度、美誉度，以及组织及其产品在大众心目中所形成的总体形象，如品牌、商标、技术风格、包装风格、服务模式等。

对不同的产品，顾客关注的重点也不一样。在实际调查中，组织应根据产品的实际情况，有重点地收集有关信息。

组织在收集到顾客满意信息后，要及时分析、处理，并传递到所需单位，只有这样才能充分发挥这些信息的价值，帮助组织持续改进。

第三节　信息技术在质量信息管理中的应用

随着信息技术在管理中的应用日益广泛，从 CIMS、OA、CRM、SCM 到 MES、ERP 和电子商务，信息技术的应用逐渐渗透到组织中的任何一个角落，更有甚者，信息技术引发了组织管理理念和方法的新一轮变革。

一、信息技术的应用

这是一个信息爆炸的时代，充分利用计算机技术、电子通信技术和网络技术所具有的强大数据分析处理能力，能极大地提升组织运营的效率和效果。与其他管理领域一样，信息技术与质量管理的结合不断改变着质量管理的模式和方法。

1. 在质量数据采集中的应用

自动化技术和网络技术的发展，不仅为组织的质量数据采集工作提供了更加高效的途径，也拓展了组织的信息源。

（1）通过信息网络获取各种质量信息。目前，以互联网为代表的信息网络已经深入社会生产生活的方方面面，不仅改变了个人的生活方式，也改变了组织的运营模式。特别是随着电子商务、电子政务以及网络社区的兴起，网络信息资源日益丰富。组织可以充分利用信息网络，获取顾客需求，调查顾客消费偏好，接受顾客投诉与抱怨，掌握顾客满意度；组织还可以通过网络了解竞争对手、行业标杆的质量信息，国家与地方政府的法律法规，各类技术标准，以及行业发展动态、质量工程技术的发展等。

（2）进行自动化的数据采集。利用自动化技术和通信技术，通过在线质量控制，组织可以实现生产服务过程中质量数据的自动检测和采集。

2. 在质量数据分析处理中的应用

在质量管理的过程中，一些方法和工具需要大量的数据支持，并采用统计的知识进行加工计算，而传统的手动计算的方法显然限制了这些方法和工具的应用。计算机强大的数据计算能力，使质量方法的应用变得更加广泛和简便。

（1）数据处理软件的应用。无论是易于入手的 Excel 电子数据表格，还是相对专业的 SPSS、Minitab，都提供了数据整理、统计分析（如方差分析、回归分析、正交试验等）的功能，为组织质量数据的处理提供了方便。

（2）质量工具的应用。在质量管理中，需要使用多种质量工具，如试验设计、可靠性设计、质量功能展开、抽样检验、健壮设计等。这些方法的数据计算工作量普遍较大，计算过程复杂，传统手工计算难度较大，因此可以利用计算机来完成这些工作，速度快、精度高。

（3）生产控制的应用。计算机可以在生产准备、生产制造过程中，对质量管理相关的数据信息进行分析管理。在生产准备阶段，可以利用计算机管理工艺文件，管理机器设备的状态，管理刀具、工装夹具以及原材料质量等。

在生产制造过程中，可以利用传感器实时采集质量数据，由计算机处理后，掌握工序状态，实施反馈调整。例如，可以利用实时数据绘制控制图、计算工序能力等。

3. 在质量信息存储共享中的应用

（1）质量信息的存储和查询。在质量管理中，经常需要查询大量数据，如生产过程中的控制数据、顾客满意数据、供应商提供产品的抽检数据等。此外，在标准化建设中，也需要存储和查询大量标准信息、各类文件等。这些信息的存储量一般很大，查找比较费时费力。利用计算机来保管这些信息，可以快速、方便地查找到所需的各类最新信息。

(2) 质量问题的管理和追溯。传统质量管理依靠手工和纸面文件进行，在办公自动化的今天，要实现质量问题的快速通信、准确处理和追溯，不得不依赖计算机和信息系统。以计算机内存储的大量数据为基础，利用计算机的检索和查询能力，可以帮助组织找到问题的成因及解决方案，再配以电子标签等信息技术，就能轻松地实现质量问题的追溯和管理。

(3) 质量信息的发布和共享。利用信息系统，组织可以实现质量信息的传递和共享，既可以让信息的使用者得到所需要的信息，也可以通过权限管理，让信息在限定范围内共享。利用信息系统、网络、电子邮件等方式，组织可以实现与顾客、供应商等相关者的信息互联互通，从而实现信息的发布和共享。

二、集成的质量信息系统

质量信息系统建立在信息技术基础上，可以实现质量信息在企业内外部的高效流动与管理，及时向组织提供正确的信息，以便做出正确响应，为组织的决策提供支持。

(一) 质量信息系统的发展

最早对计算机技术在质量管理中应用的研究，是对大批量生产情况下质量信息处理技术方面的研究；进一步的研究是多品种小批量的质量信息处理技术。费根堡姆博士曾于1983年讨论了统计过程控制（SPC）技术与自动化数据采集的连接问题，使这种自动的质量信息反馈可以改善产品质量等级。德鲁厄里（J. W. Drewery）研究了基于SPC技术的计算机辅助质量控制技术。

质量信息系统的概念最早出现在1985年，雷柏德（Uirich Rembold）等人首先提出CAQ系统（Computer Aided Quality System）的概念。CAQ系统运用计算机实现质量数据采集、分析、处理、传递的自动化，实现质量控制、质量保证、质量管理的自动化。在同一年，美国卡普尔（Kapoor）等人提出集成质量系统（Integrated Quality System，IQS）的概念。CAQ和IQS在范围和集成的程序上有所区别，但它们都是在计算机的支持下实现企业质量管理、质量保证和质量控制的自动化，因此，有时将它们统称为自动化的质量系统。

1987年，英国学者坦诺克（Tannock）博士在第四届欧洲自动化制造会议中提出质量系统集成化的战略，认为质量系统的集成是质量信息的集成，并以IDEF0方法对装配过程的质量功能进行了简单的分解和设计说明。1990年，坦诺克博士提出了用于制造的质量系统自动化和集成战略，系统地描述了IQS的结构化设计和改进过程，提出了质量数据采集和管理的集成化方法。

20世纪90年代以来，世界范围内出现了研究、开发、实施质量系统研究的热潮。目前，在国际上较流行的计算机辅助质量系统软件有德国的CDE软件和系统公司开发的"QUIPSY" CAQ商品化质量管理系统软件，以及德国MTU公司的"QUISS" CAQ系统。

我国目前也出现了不少用于质量管理的系统软件。例如，由西安交通大学与航空航天部204所合作开发的在CIMS环境下，基于客户端服务器的计算机辅助质量系统，简称"C/S CAQIS"；1998年，北京航空航天大学质量工程实验室开发了面向企业质量保证全过程的集成化质量管理软件系统"QQ-Enterprise企业级集成质量系统"，等等。

在理论研究的基础上，国内外的质量管理商用软件的开发也正同步进行。一些大型企业，如美国福特汽车公司、德国弗利德里希哈芬（MTU）公司等，均在运用CAQ和IQS过程中取得了经济效益。

(二) 质量信息系统的开发模型

质量信息系统（Quality Information System，QIS）的功能应该涵盖个人、过程和组织三个层次，并能够覆盖质量形成的生命周期。图 9-7 展示了一种质量信息系统的层次和功能框架。

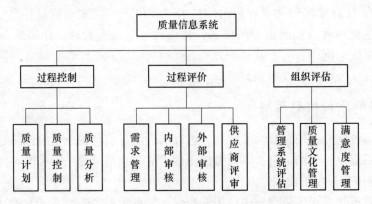

图 9-7 质量信息系统的层次和功能框架

(1) 过程控制。在过程控制这一层次中，信息系统的主要目的是监督、控制过程的结果（产品或服务）的符合性情况，即过程的结果（产品或服务）是否与制定的质量要求和质量标准相一致。

管理对象包括：过程结果的质量，包括最终结果——成品，以及各种中间结果，如零部件、半成品、各种生产工艺文件、质量报告等；生产的能力、工序的能力；工作人员的状况；机械、设备、检验设备的管理，等等。其覆盖的工作流程从计划的制订开始，一直到产品的出厂、销售。为此，过程控制层应当包括三大基本功能模块：质量计划、质量控制和质量分析。

(2) 过程评价。在这一层次中，系统的目标就是对组织的过程，包括生产过程和其他管理过程当中，质量要求和规范是否能够正确地满足客户需求进行评价。因此，一个独立的评价程序需要被设计、执行，如质量审核程序（可以参照 ISO 9001 和 ISO 19011 标准建立）。审核程序将由相关专业技术人员实施，从而对各种过程进行分析和控制，找出潜在的改进机会。

过程评价层将提供对组织质量信息管理状况更加深入的分析和研究，尤其是对过程的设计和执行。它将提供关于过程运作是否有效和效率如何的信息。审核程序将重点对组织的质量管理、技术和人力资源等因素进行考察。或许这种质量信息的分析与管理并不能为组织带来即时的、能够看得见的效果，但它有利于组织进行长久的、持续的改进。

(3) 组织评估。组织评估是将组织作为一个整体，对其质量管理状况进行评价。质量对于一个组织来说，是其满足顾客期望的能力。在这一层次中，应当从市场或组织最高管理者的视角来看质量管理情况，对组织的质量竞争力进行分析和评价。更进一步说，组织应当更加深入地了解市场的需求，具有适应外界环境和市场变化的能力。在组织内部，质量作为一种战略工具来被管理和使用。质量战略、质量文化、满意管理、供应商战略管理等，都是对一个组织的质量能力进行评估的标准。

质量信息系统层次模型体现了对产品生命周期全过程的管理控制。从产品的设计、采购、生产一直到销售服务，层次模型覆盖了产品生命周期的全过程，如图9-8所示。

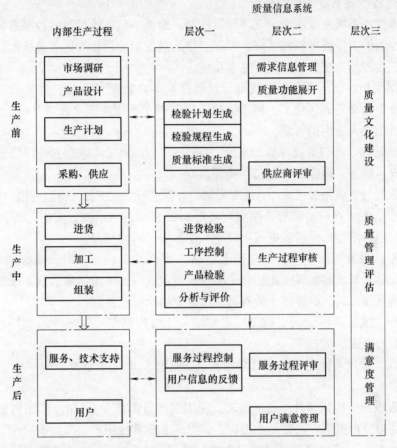

图9-8　质量信息系统层次模型覆盖产品生命周期全过程

质量信息系统层次模型提供了质量信息系统分析与设计的一种思路和概念。但是，层次模型仅仅是一种概念模型，由于各类组织质量管理过程、质量控制的重点不同，因此质量信息系统的具体构成千差万别，相应的层次模型框架也随之不同。

第四节　常用的质量信息管理系统

在目前组织应用过程中，既有专用的质量信息管理系统，也有集成在ERP等系统中的质量管理功能模块。本节介绍几种常用质量信息管理系统的设计开发思路和部分实例，以供参考。

一、统计过程控制系统

（一）统计过程控制系统的分析与设计

1. 统计过程控制系统的目标和任务

统计过程控制（SPC）系统的主要目标之一是对生产过程进行控制。在工序质量控制中，评价工序能否生产出高品质的产品，主要看以下几个方面：①工序能力的高低；②能否保持工序的稳定性以发挥其应有的工序能力。这两者都与质量波动有关。如果工序能力强，产品质量的波动性就小，就容易满足质量要求。

2. 统计过程控制系统的功能分析

统计过程控制系统主要应用于工序质量控制，因而一般的统计过程控制系统即为一种基于统计过程控制的工序质量控制系统。根据工序质量控制的目标与任务及质量管理对信息的要求，统计过程控制系统应具备以下基本功能：

（1）数据采集。由于系统要实现统计过程控制的自动化，因此，数据采集必须借助传感器及通信设备自动完成。为了扩展系统的应用范围，系统应该实现与其他数据库的连接，同时不排除手工输入数据的可能。

（2）数据管理。通过数据库管理系统（DBMS）实现对采集数据的专门管理，如对数据的存储、修改、增加、删除、查询与转换等。

（3）数据处理。应用数理统计方法对采集的数据进行信息挖掘，得到过程的有用统计量。

（4）动态监控。对自动采集数据实行实时画面显示，主画面为实时运行图，辅画面为移动平滑图、趋势图等，或者根据需要以动态图形显示其他信息。

（5）预警、报警与反馈。当出现不合格品或不合要求的产品时，系统能够及时报警；在没有不符合要求的产品出现，而控制图出现异常模式时，系统能够识别并报警，实现对过程的预警；当系统认为有必要停车检查时，可控制机床电机停转。

（6）图形生成。具体包括运行图、直方图、计数控制图、常规计量值控制图、EWMA控制图等图形的生成。

（7）查询。通过条件组合查询及模糊查询，可以从庞大的数据库中有效率地找到所需要的数据。

（8）报表输出。生成多种形式的报表，使用户可以像在 Word 中一样编辑报表。主要报表包括过程能力分析报告、过程异常报告、数据列表或其他用户定义报表。

（9）信息发布。借助网页实现企业内部的信息发布，使各级管理部门可在授权的情况下查阅质量信息。

（10）知识培训。内容具体包括帮助文件及统计过程控制理论，可在此基础上建成网上多媒体教学平台，对员工进行统计过程控制知识的培训。

统计过程控制系统的总体功能结构如图 9-9 所示。

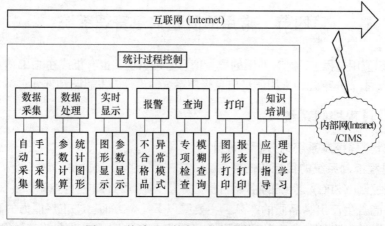

图 9-9　统计过程控制系统的总体功能结构

3. 统计过程控制系统的工作流程与数据流程

根据统计过程控制系统的原理与控制内容，确立其核心部分的工作流程为：对关键工序设定管理点，通过检测仪器（也可由人工输入）进行数据采集，进而由计算机进行分析处理，辅助决策，如图 9-10 所示。

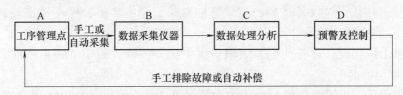

图 9-10　统计过程控制系统工序控制工作流程图

通过分析，总结出业务流程。同时，由于采用基于数据库的算法设计，因此对数据处理部分也规划出处理步骤：首先，主线程确定生产任务，在生产开始的同时打开通信端口进行数据采集，并进行动态实时显示，对数据进行甄别后存入数据库；同时，线程 2 对数据库中的数据进行并行处理，相隔一定的时间刷新直方图与控制图；其他线程可在用户要求时启动。其转化后的数据流程图如图 9-11 所示。

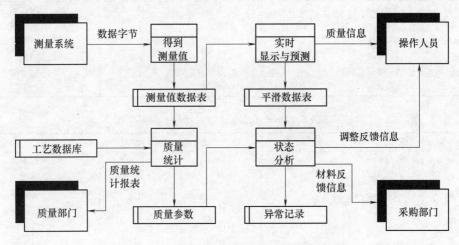

图 9-11　统计过程控制系统的数据流程图

4. 主要数据库的结构设计

数据库的设计主要经过以下三个步骤：

（1）采用 E-R 模型进行概念设计。不仅实际中的可见实体可作为数据库设计中的实体类型，而且可以根据需要抽象出实体。由于采用了基于数据库的算法设计，因此抽象出控制图、直方图、设计要求、质量特性等抽象实体。这样，系统中的实体类型主要分为可见实体与抽象实体。前者包括机床、加工件、测量工具、加工人员；后者则包括控制图等。

对于设计要求，首先确定其为实体，然后定义其属性有工件名称、工件代码、设计人员、规格、公差上限、公差下限等。对于质量特性，其定义的属性有工件代码、设备代码、测量方法、测量值、加工人员、测量人员、时间等。对于统计图形，把其参数作为属性的一部分。

（2）逻辑设计。通过概念设计得到的 E-R 模型经过规范化，得到第三范式的数据表。

主要如下：

工件｛工件代码，工件名称，质量特性对象，设计要求值，公差上限，公差下限｝

质量特性｛工件代码，设备代码，质量特性对象，质量特性值，测量方法，测量精度，操作人员，测量人员，测量时间｝

控制图｛工件代码，设备代码，质量特性对象，样本均值，样本标准差，开始时间，结束时间｝

直方图｛工件代码，设备代码，组限，组中值，频数，频率，频率密度，开始时间，结束时间｝

（3）物理设计。根据实际加工产生的数据量及 MS SQL Server 2014（以此为例）的特性，确定数据库的物理结构。系统建立了两个数据库 designdb 和 observations。前者主要存放设计信息，后者主要存放测量数据。

数据库 designdb 和 observations 中包含若干个表，一些主要表的结构设计可参照表 9-4 ~ 表 9-7。

表 9-4 Product（工件）结构

字 段 名	数据类型	长 度	精 度	小 数 位	说 明
Prodcode	Varchar	8	0	0	工件代码
Prodname	Varchar	20	0	0	工件名称
Qualobje	Varchar	8	0	0	质量特性对象
Spec	Decimal	9	18	5	设计要求值
Uerror	Decimal	9	18	5	公差上限
Lerroe	Decimal	9	18	5	公差下限

表 9-5 Prodquality（质量特性）结构

字 段 名	数据类型	长 度	精 度	小 数 位	说 明
No	Int	4	10	0	样本个数
Prodcode	Varchar	8	0	0	工件代码
Machcode	Varchar	8	0	0	设备代码
Qualobje	Varchar	8	0	0	质量特性对象
Qualvalu	Decimal	9	18	5	质量特性值
Method	Varchar	20	0	0	测量方法
Prec	Varchar	8	0	0	测量精度
Operator	Varchar	10	0	0	操作人员
Observer	Varchar	10	0	0	测量人员
Obsetime	Datetime	8	0	0	测量时间

表 9-6 Contchartpara（控制图）结构

字 段 名	数据类型	长 度	精 度	小 数 位	说 明
Prodcode	Varchar	8	0	0	工件代码
Machcode	Varchar	8	0	0	设备代码
Qualobje	Varchar	8	0	0	质量特性对象
Mean	Decimal	9	18	5	样本均值
StdDev	Decimal	9	18	5	样本标准差
CStatime	Datetime	8	0	0	开始时间
CEndtime	Datetime	8	0	0	结束时间

表 9-7 Histogrmpara（直方图）结构

字段名	数据类型	长度	精度	小数位	说明
Prodcode	Varchar	8	0	0	工件代码
Machcode	Varchar	8	0	0	设备代码
Qualobje	Varchar	8	0	0	质量特性对象
Edge	Decimal	9	18	5	组限
Fm	Int	4	10		频数
Fr	Decimal	9	18	5	频率
Fx	Decimal	9	18	5	频率密度
HStatime	Datetime	8	0	0	开始时间
HEndtime	Datetime	8	0	0	结束时间

（二）基于 Web 的统计过程控制系统

1. 统计过程控制系统的总体结构与开发运行平台

统计过程控制系统的结构一般可分成现场数据层、工作站层、车间级生产管理层和市场级经营管理层四个层次。其网络结构如图 9-12 所示。

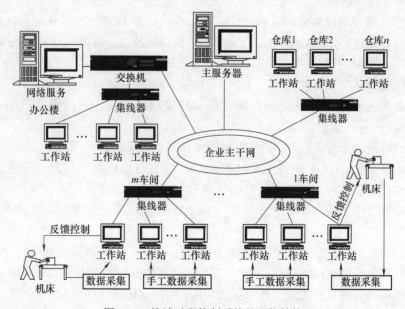

图 9-12 统计过程控制系统的网络结构

（1）现场数据层。该层一般由现场总线与底层设备相连，实现生产现场的数据采集。

（2）工作站层。现场数据层将来自现场一线的信息送往控制室，置入实时数据库，进行高等控制与优化计算，集中显示。这是网络中自动化系统的过程监控层，它通常可以由以太网等传输速度比较快的网段组成。各种现场总线网段均可通过通信控制器或计算机（PC）接口卡与过程监控层交换数据。

（3）车间级生产管理层。它主要为车间一级的生产管理提供相关的质量信息。

（4）市场级经营管理层。底层质量数据传递到这一层时已经是加工好的质量信息。同

2. 统计过程控制系统的设计与实现

（1）Web 服务的实现。微软（Microsoft）的 IIS（互联网信息服务）作为当今流行的 Web 服务器之一，提供了强大的互联网（Internet）和内部网（Intranet）服务功能。在 DOTNET（.NET）平台下，IIS 是一个不错的选择。

（2）数据库服务与访问的实现。主要包括以下内容：

1）数据库的选择。Microsoft SQL Server 2014 作为一款高性能的大型数据库服务器，与 Windows 操作系统具有良好的兼容性，并且支持 XML 和联机分析处理。当然，选择其他关系型数据库也可以，如 Oracle、Sybase、DB2。

2）基于 ADO.NET 的数据访问。在 DOTNET 中新推出的 ADO.NET 是对 ADO 的一个跨时代的改进，它提供了平台互用性和具有伸缩性的数据访问能力。由于传送的数据都是 XML 格式的，因此，任何能够读取 XML 格式的应用程序都可以进行数据处理。事实上，接收数据的组件不一定是 ADO.NET 组件，它可以是基于一个 Microsoft Visual Studio 的解决方案，也可以是运行在其他平台上的任何应用程序。和 ADO 相比，ADO.NET 最显著的变化就是它是完全基于 XML 的，以至于在 ADO.NET 中取消了 Recordset 对象。Recordset 的功能被拆分成三个部分：DataReader、DataSet 和 DataSetCommand。利用 ADO.NET 技术，可以在系统中集成各种异构数据库。

（3）逻辑处理与用户界面的实现。C#.NET 是微软为 DOTNET 平台量身定做的程序语言，拥有 C++ 的强大功能以及 Visual Basic 简单易用的特性，可以快速地开发 Web 及 Windows 应用程序。可以利用 C#.NET 编写整个业务处理逻辑代码及用户界面。

（4）权限管理的实现。实际上，ASP.NET 与 Windows 操作系统及 IIS 紧密搭配，可以提供非常严密与完善的安全性功能，同时也能精确辨识用户，并严密控制用户对资源的访问。

1）身份验证。ASP.NET 支持四种类型的验证模式：Windows、Forms、Passport 和 None。本书采用 Forms 验证。Forms 验证能够让应用程序拥有自己的登录接口，避免显示出 Windows 的登录对话框，并且自行验证用户的证书资料。Forms 验证最严谨且安全的做法，是将用户的证书资料存储于数据库中，并将密码部分以一定的算法加密，再辅以 MD5 或 SHA1 算法加密。

2）用户授权。在系统中，当用户的身份得到验证之后，就需要控制该用户能够做哪些事情、不能做哪些事情。在 ASP.NET 的 web.config 文件中，可以通过 authorization 节来允许或拒绝用户的访问。如果要实现更加细腻的访问控制，如控制用户在某一个 Web Form 上的操作，采取的策略是对每一用户设置权限码串，串中每一位的位置代表 Web Form 的排序位置，每一位的数值代表该用户的权限级别。为保证安全，每一用户的权限码串也是先采用一定的算法加密，再辅以 MD5 或 SHA1 算法加密，存储于 SQL Server 数据库中。通过这种方式可以精确控制用户的行为。

（5）图形、报表系统的实现。主要有以下实现形式：

1）水晶报表（Crystal Reports）。Crystal Report for Visual Studio.NET 以 Crystal Report 2008 的架构为基础，并且针对 DOTNET 平台做进一步强化与发展，提供了强大、丰富且完整的图形、报表功能。

2）Excel 图表。Web 上的水晶报表虽然功能强大、丰富，但打印时仍需借助浏览器菜单中的打印功能，效果不尽如人意。而 Excel 在数据分析和生成图表方面是一款功能非常强大的工具，借助基于服务端 Excel 的自动化对象和宏，可以在互联网上方便地操作 Excel，并能提供式样丰富的图形和报表。对于一些复杂且格式基本固定的报表，采用数据库+Excel 的方式解决，可以达到事半功倍的效果。

例如，质量管理部门基本采用 Excel 来打印报表，只要把报表复制一份作为样表，再利用交互式图表技术或宏给样表定制一些分析图形，以后在每次生成图形或报表时，只需把数据从数据库提取到 Excel 表格中即可。生成的 Excel 报表既可以 Excel 格式下载，也可以 HTML 格式显示，打印时只需打开 Excel 格式的文件即可，充分利用了 Excel 强大的图文、打印功能。

二、质量成本控制系统

1. 质量成本控制系统的设计目标

（1）全面支持企业的质量成本管理，具体包括灵活多样、方便的质量成本数据收集、质量成本分析、质量成本跟踪等。

（2）提供强大灵活的企业自我定制功能，使企业根据自己的质量成本技术，员工根据自己的需求，定制模块功能、显示界面、收集界面、数据表结构。

（3）基于网络化、组件化，使系统的扩展更方便，应用更得心应手。

2. 质量成本控制系统的总体功能设计

（1）质量成本计划功能。

（2）质量成本分类管理功能。企业可以方便灵活地定制自己的质量成本代码目录。

（3）质量成本数据采集功能。企业可以定制数据采集方式，设计自己需要的采集界面，也可以方便地把各种自动设备的数据连接到系统中。

（4）质量成本分析功能。

（5）质量成本跟踪功能。

3. 数据库设计

由于企业的质量成本计划不同，数据采集方法也不尽相同，因而系统需要能够支持客户的配置，因此，数据库设计一开始就要体现出高层次性，从数据库表的结构角度来建立。按照目的-数据表名、数据表名-字段的逻辑建立数据表，以存储客户配置信息。

对一些固定表的结构，可以直接创建，如表9-10是一个成本损失估计表的结构。

表 9-8 成本损失估计表

字 段 名	数据类型	长 度	精 度	小 数 位	说 明
Workdate	DateTime	8			时间
Prodcode	Varchar	8	0	0	制造批号
Prodname	Varchar	20	0	0	产品名称
Quantity	Decimal	9	18	5	生产数量
Bfcb	Decimal	9	18	5	报废成本
Zxcb	Decimal	9	18	5	整修成本
Hscb	Decimal	9	18	5	回收成本
Jjcb	Decimal	9	18	5	降级成本
Gcblpl	Decimal	9	18	5	过程不合格品率
Bz	Text				备注

三、ISO 9001 质量信息管理系统

(一) ISO 9001 质量系统的开发要求

1. 信息系统的开发目标

企业开发质量信息系统的主要目的是提高企业对质量信息的处理能力。对于企业来说，通过建立基于 ISO 9001 的质量信息管理系统，严格控制企业的各项活动和过程，完善各类质量体系文件的管理，对质量体系运行情况和工作人员的工作质量进行评价，可以提高企业质量体系运行的有效性，促进企业质量管理水平的整体提升。

(1) 加强过程的质量控制。
(2) 规范和完善质量体系文件的管理。
(3) 对质量体系的运行状况给予分析和评价。
(4) 提高质量体系运作的效率。
(5) 为企业管理者提供决策支持。

2. 系统开发思路

在 ISO 9001 中，企业的质量管理体系是一个系统，是由一系列过程组成的网络，而过程本身又是由一组相关活动组成的；一组活动又按照一定的工作流程，在一定的资源约束下构成一个过程；过程依据企业经营管理活动的需要，按照经营管理的规则组成企业的经营模式。因此，活动和过程便是质量管理的基本单位。在信息系统的开发设计过程中，可以依据企业的过程和活动，分析企业的工作流程，建立过程模型。

在具体分析企业管理的某一过程时，可以从活动分析着手，分析每一个活动的输入信息、输出信息以及对信息的加工处理，进而辨析相关活动之间的联系。在质量管理体系当中，由于质量信息多以质量记录、质量报表、质量报告等质量文件的形式体现，因此，活动和过程中的一系列操作对应于记载这一系列操作信息的记录文件。从某种意义上说，企业质量管理可以看作一系列质量数据或质量文件的横向流程化管理过程。

依据这一方法，在基于 ISO 9001 的质量信息管理系统的开发过程中，以活动为基本分析点，以质量文件为管理对象，以过程为线索，可以建立一个面向过程的质量信息管理系统。活动是信息处理的基本单元，对活动中信息的输入、输出和加工处理进行分析是系统流程分析的着手点；质量文件是质量信息的载体和表现形式，也是质量信息管理系统的主要控制对象；过程作为一条组织线索，可以将各个零散的质量信息有机地串联起来，完成质量管理的各项具体职能。活动、质量文件和过程的关系如图 9-13 所示。

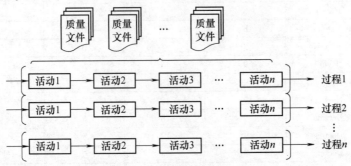

图 9-13 活动、质量文件和过程的关系

（二）ISO 9001 质量信息管理系统设计

ISO 9001 质量信息管理系统的主要功能包括对过程和文件的管理，同时，还提供各种质量工具满足质量管理的需要。

系统开发设计采用模块化结构，保证系统的灵活性；角色权限管理、数据库备份管理等功能最大限度地保证系统的使用安全。ISO 9001 质量信息管理系统的功能如图 9-14 所示。

根据标准的要求，系统由资源管理、过程管理、文件管理、质量工具和系统维护模块组成。资源管理模块对企业经营生产所涉及的人、财、物、知识等资源进行管理；过程管理主要由生产实现过程质量控制、质量体系的测量和改进管理等组成；文件管理模块基于质量体系文件流程管理的需要，提供质量文件的建立、审核、颁发过程以及查询等功能。

在每一个模块下，企业可以根据自己质量管理的需要、生产特点和组织情况，配置适当的功能子模块。

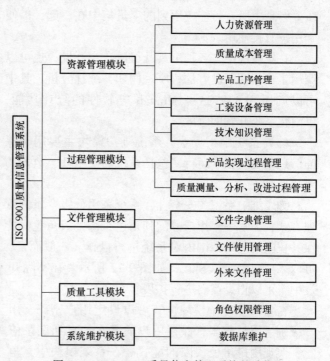

图 9-14 ISO 9001 质量信息管理系统的功能

（1）资源管理模块。资源管理是对企业经营生产和质量管理所需要的人、财、物、知识等资源的管理。根据标准要求，可以设立以下基本子模块：人力资源管理、质量成本管理、产品工序管理、工装设备管理、技术知识管理等。

（2）过程管理模块。过程管理模块是基于对企业的过程分析开发设计的模块。在此模块中，最基本的功能是产品实现过程管理和质量测量、分析、改进过程管理。

过程管理模块的功能结构如图 9-15 所示。

（3）文件管理模块。根据在质量管理体系中的不同地位所受控制的严格程度不同，文件可以分为两类：受控文件和非受控文件。受控文件是指文件的建立、修改、删除和版本过程必须由专门的小组来完成，对企业的过程和活动具有指导作用的文件，典型的如质量手册、程序文件、作业指导书，以及质量计划、质量目标等；非受控文件如日常使用的图表、各类质量报表和质量报告等，这些文件不需要由专门的人员进行管理，每一个被授权人员都可以完成文件创建、发布、修改、删除等操作。

文件管理模块的功能结构如图 9-16 所示。

（4）质量工具模块。质量工具模块为使用者提供

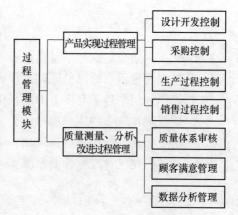

图 9-15 过程管理模块的功能结构

了各种质量工具，如统计分析工具、质量功能配置等。为了方便质量文件的编写，系统还可以提供各种质量文档的模板、编写范例等。质量工具模块将企业质量管理中所有可能应用到的工具集中在一起，以便于用户直接使用。

在本模块中，各种工具既可以自主开发，也可以调用工作站上所已有的程序。例如，统计分析工具中可以调用 SPSS、SAS、Minitab 等软件的统计功能，以简化系统开发的难度。

（5）系统维护模块。系统维护模块主要用于保证信息系统的正常运行，包括系统的安全性、数据的完整性等。

为了维护系统的安全性，系统采用分级登录的管理方式，为每一个用户分配其角色，每一级角色只能在其权限规定的范围内对系统进行操作。一般而言，可以采用三级登录模式，如图 9-17 所示。在实际开发中，可以根据需要进行扩展。

在角色管理子模块内，可以设定用户密码、用户级别、用户权限，保存用户的基本信息和登录信息，实现用户角色权限的配置。在系统模块中，角色权限的配置是针对系统的使用而言的；在文件管理模块中，权限配置规定了用户对某类文件的操作权限。一般说来，文件管理模块中用户权限的配置要在用户系统权限的范围内进行，不能够超过系统权限的规定。

数据库管理子模块内包括数据库备份、数据恢复等数据库管理功能。

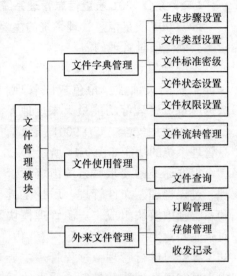

图 9-16　文件管理模块的功能结构

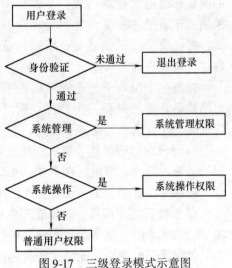

图 9-17　三级登录模式示意图

思 考 题

1. 什么是质量数据和质量信息？
2. 组织质量信息管理的原则是什么？
3. 组织如何构建一套完善的质量信息指标体系？
4. 质量成本有哪些构成项目？企业如何对质量成本信息进行管理？
5. 企业如何选择优秀的供应商？
6. 如何构建统计过程控制系统？

第十章

Excel、SPSS、Minitab在质量管理中的应用

本章主要介绍如何应用计算机软件（Excel、SPSS、Minitab）实现各种质量管理方法的应用，主要包括数据整理、基本统计分析、方差分析、回归分析、正交试验设计、过程质量控制以及其他质量工具等方法。

随着现代社会的不断发展，信息已成为决定企业成败的关键因素。而随着企业规模的扩大，质量数据、信息越来越多，管理者要想从不断增加的数据中挖掘出有价值的内容，如果只是简单地依靠人工进行统计、计算、分析，就很可能错过控制质量的最好机会，甚至会因为工作量大，导致最终结果的误差增大或计算过程发生错误，从而误导管理者的决策，给企业的质量控制造成较大损失。

信息化的高速发展离不开计算机的支持，而日益复杂的统计分析更是离不开软件的支持。随着统计软件的不断发展，数据量、计算量已不再是难倒分析人员的问题，通过简单的界面操作或者编程，便可以实现各种统计分析功能，从数据中挖掘出有用的信息。

当前世界上流行的统计软件有SAS、SPSS、Minitab等。其中，SAS需要编写程序，适用于专业统计人员，对于非专业统计人员而言则较为困难；而SPSS、Minitab因简单明了的可视化操作界面，受到了广大非专业统计人员的青睐；Minitab的统计质量控制、试验设计、六西格玛等功能和模块在工业企业中更是应用广泛。因此，本章将介绍SPSS和Minitab在质量管理中的应用。另外，Microsoft Excel作为美国微软公司Microsoft Office办公软件套装的重要组成部分，以其强大的数据库管理功能、丰富的宏命令和函数，得到了绝大多数用户的认可，成为被广泛应用的表格处理软件之一。因此，本章还将介绍如何应用Excel处理质量管理中的各种问题。

为了便于读者学习，本章部分数据来自质量专业技术人员职业资格考试教材《质量专业理论与实务（中级）》（2013年版）。

第一节 Excel 在质量管理中的应用

一、Excel 概述

1. Excel 简介

Excel是微软公司推出的Microsoft Office办公软件套装中的一个组件。确切地说，它是一个电子表格软件，可以用来制作电子表格，完成许多复杂的数据运算，进行数据分析和预测，并且具有强大的图表制作功能。现今社会上使用比较多的版本是Excel 2003/2007/2010/2016版等。本章内容基于Excel 2016版。

Excel 辅助质量管理统计功能主要包含以下功能：

（1）基本统计整理功能，如数据/信息归档、数据/信息排序、最大值、最小值、适合条件数据/信息筛选、数据/信息的分类汇总、数据/信息特征量的计算、数据的公式计算、频数统计等。

（2）数据集特征分析功能，如方差分析、相关分析、数据/信息分布的诊断、数据/信息统计量分布的诊断、正态分布的标准化处理等。

（3）过程能力分析功能，如均值-极差控制图、均值-标准差控制图、单值-移动极差控制图、不合格品率控制图、单位不合格品数控制图、过程能力指数的计算、有偏移过程能力指数的计算等。

（4）基本质量管理图形制作与分析功能，如排列图、分层法、调查表、因果图、散点图、直方图、控制图、正态分布图、点图、多变量图等。

由于 Excel 得到比较广泛的应用，人们对 Excel 已经比较熟悉，因此，本节对 Excel 在质量数据方面的一些简单整理功能不再赘述；并且，在辅助质量管理分析应用中，与 SPSS 和 Minitab 相比，Excel 在过程能力分析功能方面的操作比较繁杂，故本节对 Excel 的过程能力分析功能也不再介绍。

2. Excel 函数

Excel 函数是预先定义的用于计算数据的特殊公式。用户可以直接应用函数对某个区域内的数据进行一系列的运算，如计算平均值、标准差、相关系数等。Excel 函数共有 11 类，分别是数据库函数、日期和时间函数、工程函数、外部函数、财务函数、信息函数、逻辑函数、查找函数、数学函数、统计函数、文本和数据函数。

另外，Excel 在"数据"选项下还提供了一组数据分析工具（"Excel 选项"→"加载项"→"分析工具库"→"转到"，选择"分析工具库"），如图 10-1 所示。用户在处理数据时，可以直接应用分析工具库中的工具进行分析。Excel 分析工具库中的分析工具包括方差分析（单因素方差分析、可重复双因素分析、无重复双因素分析）、相关系数、协方差、描述统计、指数平滑、F-检验（双样本方差）、傅里叶分析、直方图、移动平均、随机数发生器、排位与百分比排位、回归分析、抽样分析、t-检验（平均值的成对二样本分析、双样本等方差假设、双样本异方差假设）、z-检验（双样本平均差检验）。

图 10-1　数据分析工具

二、基本统计整理分析

例 10-1　食品厂用自动装罐机生产罐头食品，从一批罐头中随机抽取 100 个进行称量，

第十章　Excel、SPSS、Minitab在质量管理中的应用

获得罐头的净重数据如表10-1所示（《质量专业理论与实务（中级）》例1.3-3）。

表10-1　罐头的净重数据　　　　　　　　　　　　　　（单位：g）

观测值	342	352	346	344	343	339	336	342	347	340
	340	350	347	336	341	349	346	348	342	346
	347	346	346	345	344	350	348	352	340	356
	339	348	338	342	347	347	344	343	349	341
	348	341	340	347	342	337	344	340	344	346
	342	344	345	338	351	348	345	339	343	345
	346	344	344	344	343	345	345	350	353	345
	352	350	345	343	347	354	350	343	350	344
	351	348	352	344	345	349	332	343	340	346
	342	335	349	348	344	347	341	346	341	342

基本统计分析的步骤如下：

（1）打开数据分析工具，选择"描述统计"，打开如图10-2所示对话框。

（2）在"输入"栏中，首先单击 图标，在工作表中选定输入区域；然后，在"分组方式"中选择数据分组的方式："逐列"或"逐行"；若有数据标志，选中"标志位于第一行"复选框。

（3）在"输出选项"栏中，选择输出位置："输出区域"或"新工作表组"或"新工作簿"；通过"汇总统计""平均数置信度""第K大值""第K小值"复选框设置是否输出相关统计量。

（4）单击"确定"按钮，即可完成基本统计分析。描述统计结果如图10-3所示。

图10-2　描述统计

罐头净重	
平均	344.79
标准误差	0.437
中位数	345
众数	344
标准差	4.369996
方差	19.09687
峰度	0.199525
偏度	-0.12586
区域	24
最小值	332
最大值	356
求和	34479
观测数	100
最大(1)	356
最小(1)	332
置信度(95.0%)	0.867102

图10-3　描述统计结果

当然，除了应用分析工具库中的分析工具外，也可以通过输入函数的方式计算相关统计量，如平均值（AVERAGE）、标准偏差（STDEVPA）、中位数（MEDIAN）、众数（MODE）、标准差（STDEV）、方差（VAR）、峰度（KURT）、偏度（SKEW）、最大值（MAX）、最小值（MIN）、求和（SUM）、观测数（COUNT）、四分位数（QUARTILE）、置

信度(CONFIDENCE)等。

三、方差分析

例 10-2 现有甲、乙、丙三个工厂生产同一种零件,为了解不同工厂生产的零件的强度有无明显的差异,现分别从每一个工厂随机抽取 4 个零件测定其强度,数据如表 10-2 所示(《质量专业理论与实务(中级)》例 2.1-1)。这三个工厂生产的零件的平均强度是否相同?

表 10-2 零件强度

工 厂	零 件 强 度			
甲	103	101	98	110
乙	113	107	108	116
丙	82	92	84	86

单因素方差分析的步骤如下:

(1) 打开数据分析工具,选择"方差分析:单因素方差分析",打开如图 10-4 所示对话框。

(2) 在"输入"栏中,首先在工作表中选定输入区域;然后,在"分组方式"中选择数据分组的方式:"列"或"行";再通过"标志位于第一行"复选框设置是否有数据标志;最后,在"α"的文本框中输入显著性水平,默认为 0.05。

(3) 在"输出选项"栏中,选择输出位置:"输出区域"或"新工作表组"或"新工作簿"。

(4) 单击"确定"按钮,即可完成方差分析。方差分析的结果如图 10-5 所示。

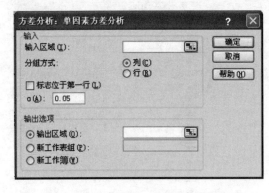

图 10-4 方差分析:单因素方差分析 　　图 10-5 方差分析:单因素方差分析的结果

四、回归分析

1. 线性回归

例 10-3 由专业知识可知,合金的强度 y(单位:$\times 10^7 \text{Pa}$)与合金中碳的质量分数 x(%)有关。为了生产出强度满足顾客需要的合金,在冶炼时应该如何控制碳的质量分数?如果在冶炼过程中通过化验得知了碳的质量分数,能否预测这炉合金的强度?已知某合金碳的质量分数与强度数据如表 10-3 所示(《质量专业理论与实务(中级)》例 2.2-1)。

第十章 Excel、SPSS、Minitab在质量管理中的应用

表 10-3 某合金碳的质量分数与强度数据

序 号	1	2	3	4	5	6	7	8	9	10	11	12
x（%）	0.10	0.11	0.12	0.13	0.14	0.15	0.16	0.17	0.18	0.20	0.21	0.23
$y/\times 10^7 Pa$	42.0	43.5	45.0	45.5	45.0	47.5	49.0	53.0	50.0	55.0	55.0	60.0

回归分析的步骤如下：

（1）打开数据分析工具，选择"回归"，打开如图10-6所示对话框。

（2）在"输入"栏中，首先在工作表中选定"Y值输入区域"，然后在工作表中选定"X值输入区域"；通过"标志"复选框设置选择的区域是否有标志，通过"常数为零"和"置信度"复选框对常数和置信度进行设置。

（3）在"输出选项"栏中选择输出位置："输出区域"或"新工作表组"或"新工作簿"。

（4）用户还可以在"残差"和"正态分布"栏中设置输出的内容。

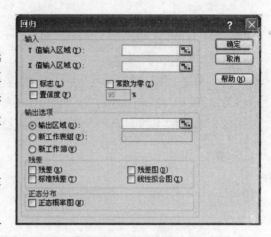

图 10-6 回归分析

（5）单击"确定"按钮，即可完成回归分析。回归分析的结果如图10-7所示。

```
SUMMARY OUTPUT

        回归统计
Multiple   0.973687
R Square   0.948067
Adjusted   0.942873
标准误差   1.319453
观测值           12

方差分析
              df       SS        MS         F      nificance F
回归分析        1   317.8196  317.8196  182.5546   9.5E-08
残差           10   17.40956  1.740956
总计           11   335.2292

           Coefficien 标准误差  t Stat   P-value  Lower 95% Upper 95% 下限 95.0% 上限 95.0%
Intercep   28.49282   1.579806  18.03564  5.88E-09  24.97279  32.01285  24.97279  32.01285
碳的质量分数 130.8348  9.683379  13.51128  9.5E-08  109.2589  152.4107  109.2589  152.4107
```

图 10-7 回归分析的结果

2. 曲线回归

由于分析工具库中的回归分析只能够进行线性回归分析，因此，曲线回归可以通过在散点图中添加趋势线的方法实现。

例 10-4 炼钢炉出钢时，盛钢水用的钢包在使用过程中，由于钢液及炉渣对包衬耐火材料的侵蚀，其容积不断增大。试验中钢包的容积用盛满钢水时的重量 y 表示，相应的试验

次数用 x 表示，共测得 13 组数据，具体数据如表 10-4 所示（《质量专业理论与实务（中级）》例 2.2-2）。要求找出 y 关于 x 的回归方程的表达式。

表 10-4　钢包侵蚀数据

x/次	2	3	4	5	7	8	10
y/t	106.42	108.20	109.58	109.50	110.00	109.93	110.49
x/次	11	14	15	16	18	19	
y/t	110.59	110.60	110.90	110.76	111.00	111.20	

曲线回归分析的步骤如下：

（1）单击"插入"→"图表"→"XY 散点图"，在弹出的对话框中选择源数据，并进行相关设置后，绘制出散点图，如图 10-8 所示。

（2）右击散点图上的点，选择"添加趋势线"，打开如图 10-9 所示的对话框。

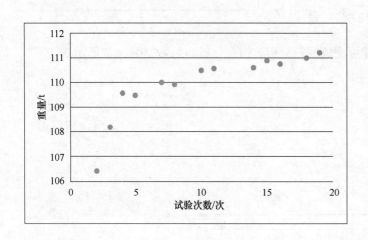

图 10-8　散点图

图 10-9　添加趋势线

（3）在"设置趋势线格式"栏中，根据散点图中点的趋势，在"趋势线选项"栏中选择合适的趋势类型："指数"或"线性"或"对数"或"多项式"或"幂"或"移动平均"。当选中"多项式"时，可以在"顺序"栏的微调按钮中选择多项式的阶数；当选中"移动平均"单选按钮时，可以在"周期"栏的微调按钮中选择移动平均的周期。在"趋势线选项"栏中，有"设置截距""显示公式""显示 R 平方值"等复选框。例如，本例分别选择线性、对数、二阶多项式和三阶多项式对比分析。

（4）单击"确定"按钮，即可完成曲线回归分析。结果如图 10-10 ~ 图 10-13 所示。

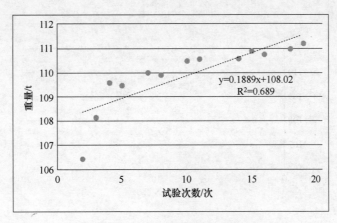

图 10-10　线性回归散点图

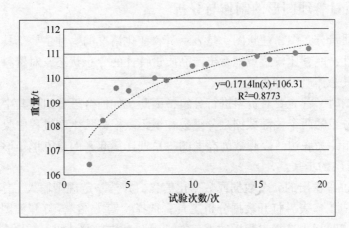

图 10-11　对数回归散点图

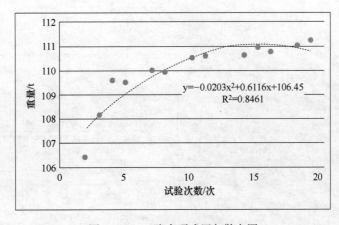

图 10-12　二阶多项式回归散点图

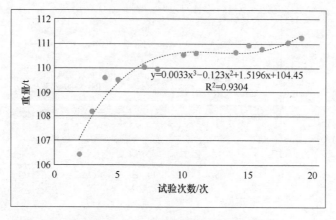

图 10-13　三阶多项式回归散点图

五、基本质量管理图形的制作与分析

直方图又称质量分布图、柱状图，是表示资料变化情况的一种主要工具。用直方图可以解析资料的规则性，能够比较直观地看出产品质量特性的分布状态，对资料分布状况一目了然，以便于判断其总体质量分布情况。

在制作直方图时，首先要对资料进行分组，因此，如何合理分组是其中的关键。按组距相等的原则进行分组的两个关键数据是分组数和组距。根据从生产过程中收集的质量数据分布情况，画成以组距为底边、以频数为高度的一系列连接起来的直方形矩形图。下面介绍利用 Excel 绘制直方图的步骤：

(1) 收集子过程输出的 n 个数据或数据化信息，并按一定规则输入工作表。

(2) 打开相应工作表，打开数据分析工具，选择"直方图"，打开如图 10-14 所示对话框。在"输入区域"栏中选择过程源数据；在"接收区域"栏中选择分数段（接收区域）。

(3) 选中"图表输出"复选框后，单击"确定"按钮，获得如图 10-15 所示直方图。

图 10-14　直方图选项　　　　　　　　　　图 10-15　直方图

第二节 SPSS 在质量管理中的应用

一、SPSS 概述

（一）SPSS 简介

SPSS 的全称是 Statistical Product and Service Solutions，即统计产品与服务解决方案。该软件是公认的最优秀的统计分析软件包之一。SPSS 原是为大型计算机开发的，其版本为 SPSS ×。20 世纪 80 年代初，微型计算机开始普及，它率先推出了微型计算机版本（版本为 SPSS/PC + ×.×），占领了微型计算机市场，极大地增加了用户量。2009 年，SPSS 公司被 IBM 公司收购。

20 世纪 80 年代末，微软公司发布 Windows 操作系统后，SPSS 迅速向 Windows 移植，至 1993 年 6 月，正式推出 SPSS for Windows 6.0 版本。该版本不仅修正了以前版本的错误，还改写了一些模块，使运行速度大大提高；而且，根据统计理论与技术的发展，增加了许多新的统计分析方法，使功能日臻完善。与以往的 SPSS for DOS 版本相比，SPSS for Windows 显得更加直观、易用。首先，它采用现今广为流行的电子表格形式作为数据管理器，使变量命名、定义数据格式、数据输入与修改等过程一气呵成，免除了原 DOS 版本在文本方式下数据录入的诸多不便；其次，采用菜单方式选择统计分析命令，采用对话框方式选择子命令，简明快捷，无须死记大量烦冗的语法语句，这无疑是计算机操作的一次解放；最后，采用对象连接和嵌入技术，使计算结果可以方便地被其他软件调用，实现了数据共享，提高了工作效率。

作为统计分析工具，SPSS 的功能包括数据统计管理、统计分析、趋势研究、制表绘图、文字处理等。

（二）SPSS 界面

本部分内容基于 IBM SPSS Statistics 19.0（以下简称 SPSS）。

1. 启动 SPSS

安装完 SPSS 后，双击 SPSS 的图标，将出现一个对话框，包括六个单选按钮和一个复选对话框，如图 10-16 所示。

（1）"运行教程"：运行操作指南选项。选择此项可以查看基本操作指南。

（2）"输入数据"：输入数据选项。选择此项可以显示数据编辑窗口，输入数据，建立新数据集。

（3）"运行现有查询"：运行一个已经存在的数据文件选项。

（4）"使用数据库向导创建新查询"：利用数据库向导建立新文件选项。

（5）"打开现有的数据源"：打开一

图 10-16 启动 SPSS

个已经存在的数据文件选项。

（6）"打开其他文件类型"：打开其他类型的文件选项。

（7）复选框"以后不再显示此对话框"：不再显示该对话框。选中该复选框后，下次启动 SPSS 时将直接显示数据编辑窗口，不再显示该对话框。

2. SPSS 的窗口及其功能

SPSS 中主要有以下窗口：

（1）数据编辑窗口。数据编辑窗口是统计分析过程中对数据进行录入、编辑、分析等操作的主要界面（见图 10-17）。它包括标题栏、菜单栏、工具栏、状态栏、数据区域等组成部分。

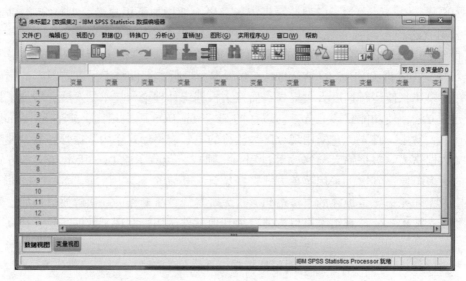

图 10-17　数据编辑窗口

菜单栏包括"文件""编辑""视图""数据""转换""分析""直销""图形""实用程序""窗口""帮助"共 11 个菜单命令。

"文件"菜单中包括文件的建立、打开、保存、打印等功能。

"编辑"菜单中包括撤销、恢复、剪切、复制、粘贴、清除、插入、查找、替换、定位、系统参数设置等功能。

"视图"菜单中包括视图设置（状态栏、工具栏）、菜单设置、字体设置等功能。

"数据"菜单中包括定义变量属性、定义日期变量、排序、转置、合并/拆分数据文件、选择观测量、观测量加权、正交试验设计等功能。

"转换"菜单中包括计算产生新变量、变量值编码、观测量排秩、建立时间序列变量、设置缺失值代替变量、随机数设置等功能。

"分析"菜单中包括基本统计分析、均值检验、方差分析、相关分析、回归分析、聚类分析、主成分分析、因子分析、尺度分析、非参数检验、时间序列分析、生存分析、多响应变量分析、质量控制等分析工具。其中，质量控制中包括控制图和排列图。

"图形"菜单中包括条形图、折线图、面积图、饼图、高低图、箱图、误差条图、散点图、直方图等多种图形。

（2）信息输出窗口。信息输出窗口主要用于输出各种操作、统计分析、图形等信息（见图10-18）。与数据编辑窗口相比，信息输出窗口多了"插入""格式"等菜单命令。其中，"插入"菜单中包括插入/删除分页符、添加标题、文本等功能；"格式"菜单中包括对齐功能（左对齐、居中、右对齐）。

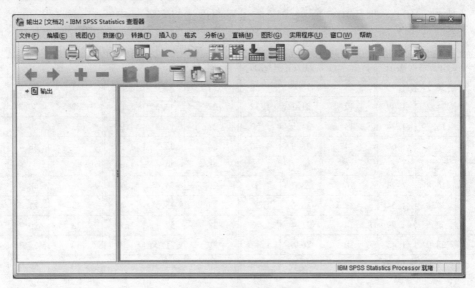

图10-18　信息输出窗口

二、数据整理

统计数据是指经过收集、整理和概括后用来表达和说明事物特征或属性的概念和数值。统计数据是根据某一项特定的研究特征归纳在一起的。把同类型的数据合在一起，形成一个集合，就构成了数据集。

数据集是统计数据的简单集合，一般具有大量性、差异性和同质性三个特征。数据集是统计软件研究的基本单元，是统计分析的起点。创建一个稳健、有效率的数据集对于正确的统计分析十分重要。现在的部分统计软件所创建的数据集是与计算程序或函数相互独立的。

质量信息数据集就是SPSS针对各类质量信息、数据所建立的信息、数据的集合。SPSS针对这些质量信息数据集进行统计分析。下面将介绍如何应用SPSS建立、打开和整理数据集文件。

（一）规范质量信息、数据

由于统计方法多用于对数值型数据进行分析，文本格式的数据会给分析工作带来诸多不便，因此，在利用SPSS建立数据文件之前，需要规范调查的质量信息、数据的格式，将文本格式的信息尽可能用数值型数据来表示。例如，性别用数值"1"表示"男"，用数值"2"表示"女"；文化程度用"1""2""3""4"分别表示"高中以下""高中或中专""专科或本科""本科以上"；单位用"1""2""3""4"分别表示"焦化厂""烧结厂""炼铁厂""炼钢厂"。

（二）建立、打开数据文件

启动SPSS，打开数据编辑窗口，如图10-17所示。在左下方可以看到"数据视图"和

"变量视图"两个页面标签,通过鼠标单击,可以方便地在两个窗口之间切换。

下面以实例的方式介绍建立数据文件的方法。

例 10-5 元素铍的照射会引起动物细胞分裂,从而对身体造成损伤。在这里,细胞分裂时间(Interdivision Time,IDT)是重要指标。现记录 40 个细胞的分裂时间(IDT),并对每个 IDT 取对数 lgIDT,如表 10-5 所示(《质量专业理论与实务(中级)》例 1.3-4)。

表 10-5 细胞的分裂时间及其对数

序号	IDT	lgIDT	序号	IDT	lgIDT	序号	IDT	lgIDT	序号	IDT	lgIDT
1	28.1	1.45	11	19.5	1.29	21	32.0	1.51	31	15.5	1.19
2	31.2	1.49	12	21.1	1.32	22	43.5	1.64	32	36.3	1.56
3	13.7	1.14	13	31.9	1.50	23	17.4	1.24	33	19.1	1.28
4	46.0	1.66	14	28.9	1.46	24	38.8	1.59	34	38.4	1.58
5	25.8	1.41	15	60.1	1.78	25	30.6	1.49	35	72.8	1.86
6	16.8	1.23	16	23.7	1.37	26	55.6	1.75	36	48.9	1.69
7	34.8	1.54	17	18.6	1.27	27	25.5	1.41	37	21.4	1.33
8	62.3	1.79	18	21.4	1.33	28	52.1	1.72	38	20.7	1.32
9	28.0	1.45	19	26.6	1.42	29	21.0	1.32	39	57.3	1.76
10	17.9	1.25	20	26.2	1.42	30	22.3	1.35	40	40.9	1.61

建立数据文件的步骤如下:

(1)首先,打开"变量视图",可以看到第一列是"名称",即变量名,其余几列为变量属性,分别为"类型""宽度""小数""标签"(变量标签)、"值"(观测值标签)、"缺失""列""对齐""度量标准"和"角色"。

"类型"包括 8 种变量类型(见图 10-19),分别是"数值"(标准型数值)、"逗号"(带逗号的数值型)、"点"(小数点为逗点的数值型)、"科学计数法""日期""美元""设定货币"和"字符串"。

"值"可以设置观测值标签。例如,设置性别观测值标签时,在"值"栏的文本框中输入"1",在"标签"栏的文本框中输入"男",单击"添加"按钮,这样便用数值"1"表示"男";同样,也可以用数值"2"表示"女",如图 10-20 所示。

图 10-19 变量类型

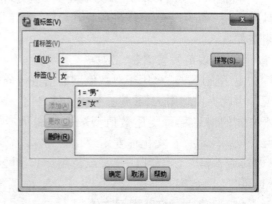

图 10-20 观测值标签

第十章 Excel、SPSS、Minitab在质量管理中的应用

"缺失"可以定义缺失值：默认为"没有缺失值"；"离散缺失值"是指用户可以最多设置三个离散值表示缺失值；"范围加上一个可选离散缺失值"表示用户可以定义一个缺失值范围，凡是在范围内的数值均视为缺失值，同时还可以附加一个范围外的数值表示缺失值（见图10-21）。如果这两种方式都无法涵盖所有的缺失值，用户还可以在数据文件中直接修改错误数据。

"对齐"包括"左""右""居中"三种对齐方式。"度量标准"包括"度量"（间距或比例尺度）、"序号"（顺序尺度）和"名义"（名义尺度）三种尺度。

图10-21 缺失值

在本例中，第一个变量是序号，变量名以"Number"来表示，变量类型选择"数值"，"宽度"为"8"，"小数"为"0"，"标签"设置为"序号"，"度量标准"设置为"名义"，其余为默认设置；第二个变量是细胞分裂时间（Interdivision Time），变量名以"IDT"来表示，变量类型选择"数值"，"宽度"为"8"，"小数"为"1"，"标签"设置为"细胞分裂时间"，"度量标准"设置为"度量"，其余为默认设置；第三个变量是细胞分裂时间的对数，变量名以"lgIDT"来表示，变量类型选择"数值"，"宽度"为"8"，"小数"为"2"，"标签"设置为"细胞分裂时间的对数"，"度量标准"设置为"度量"，其余为默认设置。

（2）设置完变量属性后，单击"数据视图"标签，依次输入40组观测值。SPSS数据区域是表格式结构（见图10-17），每列代表一个变量，每行代表一组观测值/个案。

（3）数据录入完毕，可以将其保存起来，以备再用。SPSS用扩展名". sav"保存数据文件，用扩展名". spo"保存输出结果。另外，SPSS也可以像Excel一样对数据进行添加、修改、删除、剪切、复制、粘贴等操作，这些操作命令集中在"编辑"菜单项中，在此不做过多介绍。

打开一个已经存在的数据文件时，可以按照"文件"→"打开"→"数据"的顺序，或者单击工具栏上的"打开"工具按钮，打开"打开数据"对话框，找到文件所在位置打开即可。SPSS支持多种格式的数据文件，常用的包括"＊.sav"（SPSS for Windows建立的数据文件）、"＊.xls、＊.xlsx"（Excel建立的数据文件）、"＊.dbf"（数据库格式文件）、"＊.txt"（纯文本数据文件）等。

(三) 整理数据文件

对已建立或打开的数据文件，常常需要进行一些整理，以便于统计分析。

1. 分类汇总

分类汇总是指按照分类变量的值对所有的观测量进行分组，并对每组分别求出描述统计量、最终生成统计文件。下面以一个实例介绍如何进行分类汇总。

例10-6 现有一组两个班组生产的两种化学产品耐温程度的测试数据，要求统计各班组各种产品的平均耐温程度。步骤如下：

（1）单击"数据"→"分类汇总"，打开"汇总数据"对话框（见图10-22）。

（2）从左边的框中将变量"班组"和"品种"选入"分组变量"框。

（3）将变量"温度"选入"汇总变量"栏的"变量摘要"框。

单击"函数"按钮，打开"汇总数据：汇总函数"对话框（见图10-23），选择需要计

算的统计量，如均值、中值、标准差、最小值、最大值等，单击"继续"按钮，返回"汇总数据"对话框。

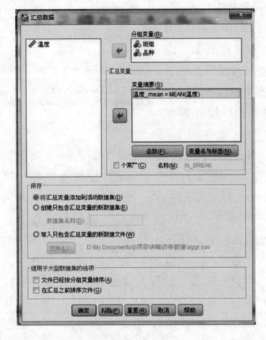

图 10-22　分类汇总

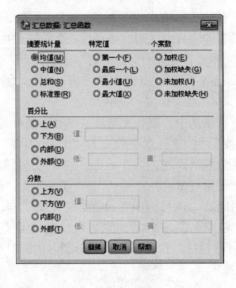

图 10-23　统计量

单击图 10-22 中"变量名与标签"按钮，设置新生成变量的名称和标签。本例中将变量名称设置为"温度_ mean"。

选中图 10-22 中"个案数"复选框，将产生一个新的变量（需输入变量名），显示各分组中观测量的数目。

（4）在图 10-22 中"保存"栏中设置保存方式："将汇总变量添加到活动数据集"表示将新产生的变量保存在当前数据集中；"创建只包含汇总变量的新数据集"表示新建一个数据集，并将新产生的变量保存在数据集中；"写入只包含汇总变量的新数据文件"表示将新产生的变量保存在一个新的数据文件中。

（5）在"适用于大型数据集的选项"栏中可以设置大型数据集文件是否排序。

2. 按条件选择数据

数据文件是调查或试验中收集到的全部数据。在实际中，可能只需要分析符合特定条件的数据，这就需要按条件选择数据。例如，需要选择第一班组生产的耐温程度在 66℃ 以上的数据。首先，单击"数据"→"选择个案"项，打开"选择个案"对话框（见图 10-24）。选中"如果条件满足"单选按钮，并单击"如果"按钮，在弹出的对话框中输入选择条件"班组 =1 & 温度 >66"（见图 10-25），单击"继续"按钮，返回"选择个案"对话框。选中"输出"栏中的"过滤掉未选定的个案"单选按钮，则未选中的观测量前面将画反斜杠表示；而选中"将选定个案复制到新数据集"单选按钮则会将选中的观测量复制到一个新建的数据集中；选中"删除未选定个案"单选按钮则将删除未选中的观测量。最后，单击"确定"按钮即可。

第十章 Excel、SPSS、Minitab在质量管理中的应用

图 10-24　按条件选择数据

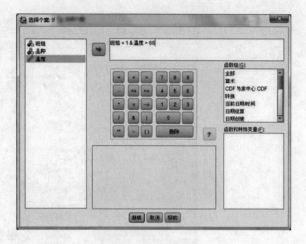

图 10-25　选择条件

3. 计算产生新变量

在实际中，常常需要在现有变量的基础上，按照一定的计算方法产生新变量，并对新变量进行统计分析。其步骤为：单击"转换"→"计算变量"，打开如图 10-26 所示对话框；在"目标变量"栏的文本框中输入新变量名称，从左边框中选择所需变量，在"数字表达式"栏的文本框中编写计算方法；最后，单击"确定"按钮即可。

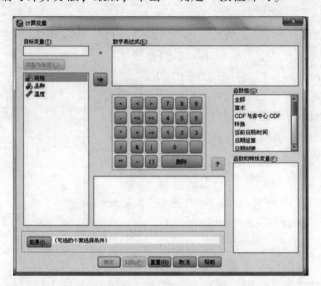

图 10-26　计算产生新变量

三、基本统计分析

在对质量信息进行深入统计分析之前，首先要了解其基本特征，即进行基本统计分析。SPSS 对质量信息的基本统计分析功能主要集中在"分析"→"描述统计"子菜单中，主要包括"频率""描述""探索""交叉表""比率""P-P 图""Q-Q 图"七种分析工具，如图 10-27 所示。

图 10-27　基本统计分析

1. 频率统计

频率统计可以统计出质量信息中各个数值出现的频率。下面以例 10-1（《质量专业理论与实务（中级）》例 1.3-3）为例（数据见表 10-1）介绍频率统计的方法。

其步骤为：

（1）单击"分析"→"描述统计"→"频率"，打开如图 10-28 所示对话框，从左边框中将需要分析的变量选入"变量"框中。本例选择"净重"。

（2）单击"统计量"按钮，打开如图 10-29 所示对话框，可以选择需要计算的统计量。其中，"百分位值"栏中包括"四分位数"、"割点：_相等组"（自定义等百分位数）、"百分位数"；"集中趋势"栏中包括"均值""中位数""众数""合计"；"离散"栏中包括"标准差""方差""范围"（极差/全距）、"最小值""最大值""均值的标准误"；"分布"栏中包括"偏度"和"峰度"；选中"值为组的中点"复选框则表示数据已经分组。本例选择

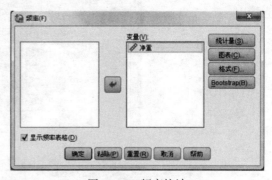

图 10-28　频率统计

计算算数平均数、中位数、众数、标准差、极差、最小值和最大值，然后单击"继续"按钮，返回"频率统计"对话框。

（3）单击"图表"按钮，打开如图 10-30 所示对话框，可以选择需要绘制的图表。其中，"图表类型"栏中包括"无"（不绘制图形）、"条形图""饼图""直方图"。当选择条形图或饼图时，可以在"图表值"栏中选择数据格式："频率"或"百分比"；当选择直方图时，可以通过"在直方图上显示正态曲线"复选框设置是否绘制正态曲线。本例选择绘制条形图，数据格式为频率，然后单击"继续"按钮，返回"频率统计"对话框。

（4）单击"确定"按钮，即可得到频率统计结果。

第十章　Excel、SPSS、Minitab在质量管理中的应用

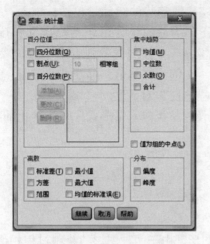

图10-29　频率：统计量

图10-30　频率：图表

2. 描述性统计

描述性统计可以计算出质量信息中各变量观测值的基本统计量，如平均值、方差、标准差等，同时还可以将原始数据转换成标准化数值，并以变量的形式存入数据集以供分析。下面通过实例介绍描述性统计的方法。

例10-7　某车间测得轴直径的一个 $n=5$ 的样本观测值（单位：cm）为15.09，15.29，15.15，15.07，15.21，如表10-6所示（《质量专业理论与实务（中级）》例1.3-6）。

表10-6　轴直径观测值

序　　号	1	2	3	4	5
轴直径/cm	15.09	15.29	15.15	15.07	15.21

描述性统计分析的步骤为：

（1）单击"分析"→"描述统计"→"描述"，打开如图10-31所示对话框。从左边框中将需要分析的变量选入"变量"框中。本例选择"轴直径"。

（2）单击"选项"按钮，打开如图10-32所示对话框，可以选择需要计算的统计量。

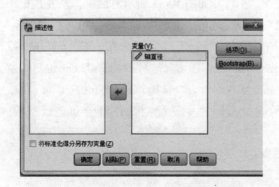

图10-31　描述性统计

图10-32　描述：选项

其中，反映集中趋势的统计量包括均值和合计；反映离散趋势的统计量包括标准差、方差、范围、最小值、最大值以及均值的标准误；反映分布状态的统计量包括峰度和偏度。在"显示顺序"栏中，可以设置结果显示顺序："变量列表"（按照变量列表排序）、"字母顺序"、"按均值的升序排序"、"按均值的降序排序"。本例计算均值、标准差、方差、范围、最小值、最大值，然后单击"继续"按钮，返回"描述性"对话框。

（3）通过"将标准化得分另存为变量"复选框设置是否以变量形式保存标准化的数据。标准化方法为

$$Z_i = \frac{X_i - \overline{X}}{S}$$

（4）单击"确定"按钮，即可得到描述性统计结果。

3. P-P 图和 Q-Q 图

P-P 图和 Q-Q 图都是用来检验样本分布的统计图形。由于两种图形的绘制过程相似，此处以例 10-5（《质量专业理论与实务（中级）》例 1.3-4）为例绘制 P-P 图（数据见表 10-5）。其步骤为：

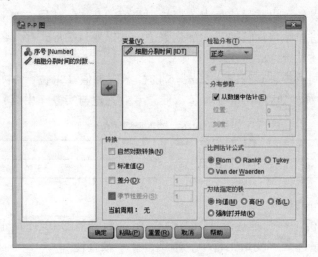

图 10-33　P-P 图

（1）单击"分析"→"描述统计"→"P-P 图"，打开如图 10-33 所示对话框，从左边框中将需要分析的变量选入"变量"框中。本例将"细胞分裂时间 [IDT]"选入"变量"框中。

（2）在"检验分布"栏中选择要检验的分布类型："Beta"（贝塔分布）或"卡方"或"指数"或"Gamma"（伽马）或"半正态"或"Laplace"（拉普拉斯）或"Logistic"（逻辑）或"Lognormal"（对数正态）或"正态"或"Pareto"（帕累托）或"Studentt"（t）或"Weibull"（韦布尔）或"均匀"。本例在"检验分布"栏中选择对数正态分布进行检验，其他选项选择默认参数。

（3）单击"确定"按钮，即可得到 P-P 图。

四、方差分析

方差分析是用于检验多个总体之间均值有无差异的一种方法。下面以例 10-2（《质量专

业理论与实务（中级）》例 2.1-1）为例（数据见表 10-2）介绍方差分析的方法。

方差分析的步骤如下：

（1）单击"分析"→"比较均值"→"单因素 ANOVA"，打开如图 10-34 所示对话框。从左边框中将需要分析的变量选入"因变量列表"框中，将因素变量选入"因子"框中。本例将"零件强度"选入"因变量列表"框中，将"工厂"选入"因子"框中。

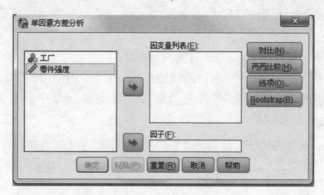

图 10-34　方差分析

（2）单击"两两比较"按钮，在"显著性水平"栏中输入显著性水平，默认为 0.05；在"假定方差齐性"和"未假定方差齐性"栏中选择方差齐性检验方法。

（3）单击"确定"按钮，即可得到方差分析结果。

五、回归分析

回归分析是一种研究变量与变量之间非确定性因果关系的方法。下面以实例介绍回归分析的方法应用。

1. 线性回归分析

以例 10-3（《质量专业理论与实务（中级）》例 2.2-1）为例（数据见表 10-3），线性回归分析的步骤如下：

（1）绘制散点图（绘制方法见本节其他质量工具部分），可以发现强度呈现出随碳质量分数的增加而提高的趋势，并且基本符合线性趋势。因此，可以用线性回归进行分析。

（2）单击"分析"→"回归"→"线性"，打开如图 10-35 所示对话框。从左边框中将因变量选入"因变量"框中，将自变量选入"自变量"框中；在"方法"下拉列表框中选择回归分析方法："进入"（强行进入法）或"逐步"（逐步回归法）或"删除"（删除法）或"向后"（向后剔除法）或"向前"（向前剔除法）。本例将"强度"选入"因变量"框中，将"碳质量分数"选入"自变量"

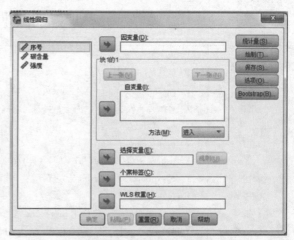

图 10-35　线性回归分析

框中，回归分析方法选择强行进入法。

（3）单击"统计量"按钮选择需要计算的统计量；单击"绘制"按钮选择需要绘制的图形；单击"选项"按钮设置模型拟合的判断标准和缺失值的处理方式。

（4）单击"确定"按钮，即可得到线性回归分析结果。

2. 曲线回归分析

以例10-4（《质量专业理论与实务（中级）》例2.2-2）为例（数据见表10-4）。曲线回归分析的步骤如下：

（1）绘制散点图，根据其趋势选择曲线回归方法。

（2）单击"分析"→"回归"→"曲线估计"，打开如图10-36所示对话框。从左边框中将因变量选入"因变量"框中，将自变量选入"自变量"框中。本例将"重量"选入"因变量"框中，将"试验次数"选入"自变量"框中。

图10-36　曲线回归分析

（3）在"模型"栏中选择曲线模型："线性"或"二次项"或"复合"或"增长"或"对数"或"立方"或"S"或"指数分布"或"逆模型"或"幂"或"Logistic"（逻辑曲线模型）。各曲线模型的回归方程如表10-7所示。本例选择对数曲线模型、S曲线模型和幂指曲线模型。

表10-7　曲线模型的回归方程

曲线模型	回归方程
线性	$Y = b_0 + b_2 t$
二次项	$Y = b_0 + b_1 t + b_2 t^2$
复合	$Y = b_0(b_1)^t$ 或 $\ln Y = \ln(b_0) + \ln(b_1) t$
增长	$Y = \exp(b_0 + b_1 t)$ 或 $\ln Y = b_0 + b_1 t$
对数	$Y = b_0 + b_1 \ln(t)$
立方	$Y = b_0 + b_1 t + b_2 t^2 + b_3 t^3$
S	$Y = \exp[b_0 + (b_1)/t]$ 或 $\ln Y = b_0 + (b_1)/t$
指数分布	$Y = b_0 \exp(b_1 t)$ 或 $\ln Y = \ln(b_0) + b_1 t$
逆模型	$Y = b_0 + b_1/t$
幂	$Y = b_0 t b_1$ 或 $\ln Y = \ln(b_0) + b_1 \ln(t)$
Logistic	$Y = 1/[1/u + b_0(b_1)^t]$ 或 $\ln(1/Y - 1/u) = \ln(b_0) + \ln(b_1) t$

第十章　Excel、SPSS、Minitab在质量管理中的应用

(4) 单击"确定"按钮，即可得到曲线回归分析结果。

六、正交试验设计

正交试验设计是利用数理统计学的观点，应用正交性原理，从大量的试验中挑选适量的具有代表性、典型性的试验点，根据正交表来合理安排试验的一种科学方法。

(一) 生成正交表

在进行正交试验设计之前，需要根据因子数量和因子水平查找相应的正交表，以确定如何进行试验。当手头没有正交表时，也可以用 SPSS 生成正交表。下面通过实例介绍生成正交表的方法。

1. 无交互作用

例 10-8　磁鼓电机是彩色录像机磁鼓组件的关键件之一，按质量要求，其输出力矩应大于 $0.0210N \cdot m$。某生产厂过去这项指标的合格率较低，从而希望通过试验找出好的条件，以提高磁鼓电机的输出力矩。经分析，影响输出力矩的可能因子有三个，分别是 A（充磁量）、B（定位角度）、C（定子线圈匝数）。根据各因子的可能取值范围，经专业人员分析研究，决定在本试验中采用因子水平，如表 10-8 所示（《质量专业理论与实务（中级）》例 2.3-1）。

表 10-8　例 10-8 因子水平表

因　子	水平 1	水平 2	水平 3
A（充磁量）/$\times 10^{-4}T$	900	1100	1300
B（定位角度）/(°)	10	11	12
C（定子线圈匝数）/匝	70	80	90

生成正交表的步骤如下：

(1) 单击"数据"→"正交设计"→"生成"，打开如图 10-37 所示对话框。

(2) 在"因子名称"栏文本框中输入因子名称，在"因子标签"栏文本框中输入因子标签，然后单击"添加"按钮将其加入因子框中，其显示格式是"因子名称'因子标签'(?)"。在因子框中单击选中该因子，单击"定义值"按钮，打开如图 10-38 所示对话框，

图 10-37　生成正交表

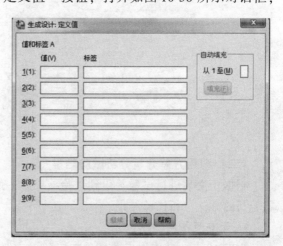

图 10-38　定义因子水平

定义因子水平，在"值"栏文本框中输入因子水平，在"标签"栏文本框中输入因子水平标签，输入完毕，单击"继续"按钮，返回"生成正交设计"对话框，此时该因子的显示格式变为"因子名称'因子标签'（水平1'水平1标签'……）"。重复上述操作，输入其他因子。本例按照表10-8输入各因子。

（3）在"数据文件"栏中选择保存正交表的方式："创建新数据集"或"创建新数据文件"。当选择后者时，可以单击"文件"按钮，设置文件保存位置。

（4）选中"将随机数初始值重置为"复选框后，可在文本框中输入随机数，范围是[1, 999999999]。输入不同的随机数将生成不同的正交表。单击"选项"按钮，可以在"生成的最小个案数"对话框中设置生成的最小试验数，要求不大于所有因子的总组合数。本例将随机数设置为10。

（5）单击"确定"按钮，即可生成正交表。

2. 有交互作用

对于有交互作用的试验，只需要将交互作用作为一个新因子即可。生成正交表方法与无交互作用的一致。

例10-9 为提高某种农药的收率，需要进行试验。经分析，影响农药收率的因子有四个，分别是A（反应温度）、B（反应时间）、C（两种原料配比）与D（真空度）。根据经验，反应温度与反应时间的交互作用对收率也有较大的影响，因此在本试验中还需考察交互作用$A \times B$。本试验中所考察的因子水平如表10-9所示（《质量专业理论与实务（中级）》例2.3-2）。

表10-9　例10-9因子水平表

因　子	水平1	水平2	因　子	水平1	水平2
A（反应温度）/℃	60	80	C（两种原料配比）	1.1:1	1.2:1
B（反应时间）/h	2.5	3.5	D（真空度）/kPa	50	60

根据题意，除4个2水平因子外，还有一个交互作用$A \times B$，因此，可以将本例看作5个2水平因子试验。按照与无交互作用类似的方法，可以得到本例的正交表（随机数为100），如图10-39所示。

	A	B	C	D	AB	STATUS_	CARD_
1	60	3.5	1.2/1	60	1	Design	1
2	80	2.5	1.1/1	60	2	Design	2
3	60	2.5	1.2/1	60	2	Design	3
4	80	3.5	1.2/1	50	2	Design	4
5	80	3.5	1.1/1	60	1	Design	5
6	60	3.5	1.1/1	50	2	Design	6
7	60	2.5	1.1/1	50	1	Design	7
8	80	2.5	1.2/1	50	1	Design	8

图10-39　正交表

（二）利用方差分析分析试验结果

根据正交表进行试验并得到试验结果后，便可以进行数据分析了。此处利用SPSS中方差分析的方法分析试验结果。

1. 无交互作用

以例10-8（《质量专业理论与实务（中级）》例2.3-1）为例对无交互作用的试验设计

第十章　Excel、SPSS、Minitab在质量管理中的应用

进行方差分析，试验数据如表10-10所示。

表10-10　试验数据（一）

因子 试验号/列号	A（充磁量） /$\times 10^{-4}$T 1	B（定位角度） /（°） 2	C（定子线圈匝数） /匝 3	y（输出力矩） /$\times 10^{-4}$N·m
1	1	1	1	160
2	1	2	2	215
3	1	3	3	180
4	2	1	2	168
5	2	2	3	236
6	2	3	1	190
7	3	1	3	157
8	3	2	1	205
9	3	3	2	140

方差分析的步骤如下：

（1）单击"分析"→"一般线性模型"→"单变量"，打开如图10-40所示对话框。

（2）从左边框中将因变量（结果变量）选入"因变量"框中，将因子变量选入"固定因子"框中。本例将"输出力矩[y]"选入"因变量"框中，将因子"充磁量[A]""定位角度[B]""定子线圈匝数[C]"选入"固定因子"框中。

（3）单击"模型"按钮，打开如图10-41所示对话框，设置分析模型。首先，在"指定模型"栏中设置模型类型："全因子"（全因子模型）或"设定"（自定义模型）。全因子模型包含所有因子及其之间的交互作用；自定义模型则可以自由选择因子及其之间的交互作用。选中"设定"单选按钮后，将激活"因子与协变量""构建项""模型"框。其中，"构建项"栏"类型"下拉列表框中包含"主效应""交互"等作用。当需要将单个因子选入模型时，首先从"因子与协变量"框中选中该因子，然后在"构建项"栏"类型"下拉列表框中选择"主效应"，单击 图标将该因子选入"模型"框中；当需要将因子之间的交互作用选入"模型"框中时，首先从"因子与协变量"框中选中其中一个因

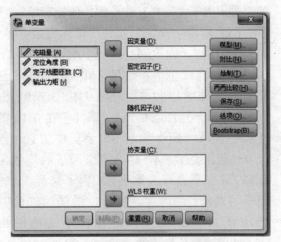

图10-40　正交试验数据分析

图10-41　正交试验模型

子，然后按住"Ctrl"键，用鼠标单击选中其他因子，再在"构建项"栏"类型"下拉列表框中选择"交互"，单击图标将因子之间的交互作用选入"模型"框中。本例将因子 A、B、C 分别以主效应的方式选入"模型"框中。

（4）单击"绘制"按钮，打开如图 10-42 所示对话框，设置需要输出均值轮廓图。当需要绘制单个因子的均值轮廓图时，首先在"因子"框中选中该因子，单击图标将该因子选入"水平轴"框中，然后单击"添加"按钮将其选入"图"框中；当需要绘制因子之间交互作用的均值轮廓图时，首先在"因子"栏中选中其中一个因子，单击图标将该因子选入"水平轴"框中，然后将第二个因子选入"单图"框中；如果还有第三个因子，则将其选入"多图"框中，最后单击"添加"按钮将其选入"图"框中。本例仅选择三个因子的均值轮廓图，不需要输出因子之间交互作用的均值轮廓图。

图 10-42　正交试验图形

（5）单击"确定"按钮，即可完成方差分析，如表 10-11 以及图 10-43 ~ 图 10-45 所示。

从表 10-11 的分析结果可知，A、B、C 三个因子的 F 值分别是 12.231，48.931，3.679；Sig. 分别是 0.076，0.020，0.214。因此，在 0.10 的显著性水平上，C 因子的影响不显著，A、B 两个因子的重要性依次是 B、A。结合三个因子的均值轮廓图可知，B 因子选择二水平，A 因子选择二水平，C 因子可以选任意水平。因此，最佳的试验方案是 $B2A2$ 或 $B2A2C$，即定位角度 11°，充磁量 0.11T，定子线圈匝数任选一种（70 匝、80 匝、90 匝）。

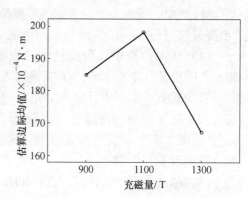

图 10-43　充磁量均值轮廓图

表 10-11　方差分析结果（主体之间效应的检验）

因变量：输出力矩

源	Ⅲ型平方和	df	均方	F	Sig.
校正模型	7536.000①	6	1256.000	21.614	0.045
截距	302866.778	1	302866.778	5211.857	0.000
A	1421.556	2	710.778	12.231	0.076
B	5686.889	2	2843.444	48.931	0.020
C	427.556	2	213.778	3.679	0.214
误差	116.222	2	58.111		
总计	310519.000	9			
校正的总计	7652.222	8			

① $R^2 = 0.985$（调整后 $R^2 = 0.939$）。

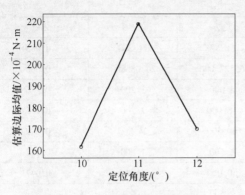

图10-44 定位角度均值轮廓图

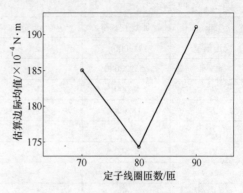

图10-45 定子线圈匝数均值轮廓图

2. 有交互作用

以例10-9（《质量专业理论与实务（中级）》例2.3-2）为例对有交互作用的试验设计进行方差分析，试验数据如表10-12所示。

表10-12 试验数据（二）

因　子	A（反应温度）/℃	B（反应时间）/h	C（两种原料配比）	D（真空度）/kPa	y（收率）（%）
试验号/列号	1	2	3	4	
1	1	1	1	1	86
2	1	1	2	2	95
3	1	2	1	2	91
4	1	2	2	1	94
5	2	1	1	1	91
6	2	1	2	1	96
7	2	2	1	1	83
9	2	2	2	2	88

方差分析的过程与无交互作用相似。在本例中，模型设置为因子A、B、C、D的主作用和因子A、B的交互作用$A \times B$，图形设置为输出A、B、C、D、$A \times B$的均值轮廓图。方差分析结果如表10-13以及图10-46～图10-50所示。

从表10-13的分析结果可知，A、B、C、D、$A \times B$的F值分别是3.200，7.200，24.200，1.800，20.000；Sig. 分别是0.216，0.115，0.039，0.312，0.047。因此，在0.05的显著性水平上，C因子和$A \times B$的影响显著，其余因子影响不显著，C因子和$A \times B$的重要性依次是C、$A \times B$。结合五个均值轮廓图可知，C因子选择二水平，A因子选择二水平，B因子选择一水平，D因子可以选任意水平。因此，最佳的试验方案是$C2A2B1$或$C2A2B1D$，即两种原料配比1.2∶1，反应温度80℃，反应时间2.5h，真空度任选一种（50kPa、60kPa）。

表 10-13 方差分析结果（主体之间效应的检验）

因变量：收率

源	III型平方和	df	均方	F	Sig.
校正模型	141.000①	5	28.200	11.280	0.083
截距	65522.000	1	65522.000	26208.800	0.000
A	8.000	1	8.000	3.200	0.216
B	18.000	1	18.000	7.200	0.115
C	60.500	1	60.500	24.200	0.039
D	4.500	1	4.500	1.800	0.312
$A \times B$	50.000	1	50.000	20.000	0.047
误差	5.000	2	2.500		
总计	65668.000	8			
校正的总计	146.000	7			

① $R^2 = 0.966$（调整后 $R^2 = 0.880$）。

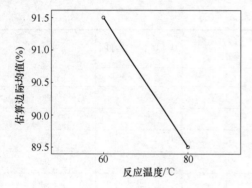

图 10-46 反应温度均值轮廓图

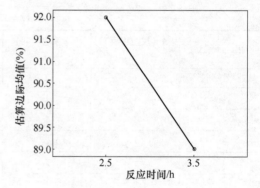

图 10-47 反应时间均值轮廓图

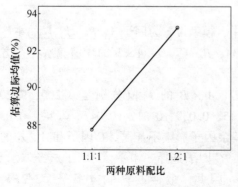

图 10-48 两种原料配比均值轮廓图

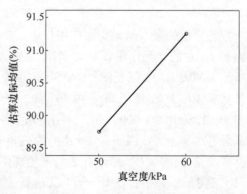

图 10-49 真空度均值轮廓图

第十章 Excel、SPSS、Minitab在质量管理中的应用

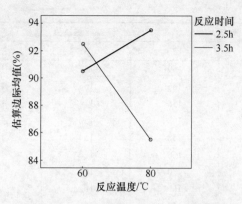

图 10-50　反应温度 × 反应时间均值轮廓图

七、过程质量控制

过程控制是质量管理工作的核心内容之一，其主要方法包括过程能力和控制图。其中，控制图包括计量值和计数值两大类共八种控制图。下面通过实例介绍各种控制图的绘制方法。

1. 计量值控制图

计量值控制图包括平均值-极差控制图、平均值-标准差控制图、中位数-极差控制图和单值-移动极差控制图。

例 10-10　某手表厂为了提高手表的质量，应用排列图分析造成手表不合格品的各种原因，发现"停摆"占第一位。为了解决停摆问题，再次应用排列图分析造成停摆的原因，结果发现主要是由于螺栓松动引发螺栓脱落造成的。为此，厂方决定应用控制图对装配作业中的螺栓扭矩进行过程控制，测量数据如表 10-14 所示（《质量专业理论与实务（中级）》例 4.5-1）。

表 10-14　螺栓扭矩观测值

序号	观测值				
	1	2	3	4	5
1	154	174	164	166	162
2	166	170	162	166	164
3	168	166	160	162	160
4	168	164	170	164	166
5	153	165	162	165	167
6	164	158	162	172	168
7	167	169	159	175	165
8	158	160	162	164	166
9	156	162	164	152	164
10	174	162	162	156	174
11	168	174	166	160	166
12	148	160	162	164	170

(续)

序 号	观 测 值				
	1	2	3	4	5
13	165	159	147	153	151
14	164	166	164	170	164
15	162	158	154	168	172
16	158	162	156	164	152
17	151	158	154	181	168
18	166	166	172	164	162
19	170	170	166	160	160
20	168	160	162	166	160
21	162	164	165	166	153
22	166	160	170	162	158
23	172	164	159	164	160
24	174	164	166	165	162
25	151	160	164	172	170

绘制平均值-极差控制图的步骤如下：

（1）在 SPSS 中建立数据文件，以"序号"变量标识数据分组（样本号）。

（2）单击"分析"→"质量控制"→"控制图"，打开如图 10-51 所示对话框。选择控制图类型："X 条形图、R 图和 S 图"（平均值、极差、标准差控制图）或"个体，移动全距"（单值、移动极差控制图）或"p、np"（不合格品率、不合格品数控制图）或"c、u"（不合格数、单位产品不合格数控制图）。在"数据组织"栏中选择数据编排方式："个案为单元"（观测值属于同一变量）或"个案为子组"（观测值属于不同变量）。本例将数据置于变量"螺栓扭矩"下，选中"个案为单元"单选按钮，选中"X 条形图、R 图和 S 图"后，单击"定义"按钮，打开如图 10-52 所示对话框。

图 10-51 控制图类型

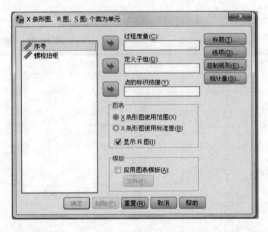

图 10-52 平均值、极差、标准差控制图

（3）从左边框中将观测变量选入"过程度量"框中，将分组变量选入"定义子组"框中。在"图表"栏中选择控制图的类型："X 条形图使用范围"（利用极差绘制平均值控制图）或"X 条形图使用标准差"（利用标准差绘制平均值控制图），并通过复选框"显示 R 图"（或"显示 S 图"）设置是否绘制极差/标准差控制图。本例将"螺栓扭矩"选入"过

第十章 Excel、SPSS、Minitab在质量管理中的应用

程度量"框中，将"序号"选入"定义子组"框中，并选择绘制平均值-极差控制图。

（4）单击"标题"按钮可以输入控制图标题；单击"选项"按钮可以设定 σ 水平（"Sigma 的数目"，默认为 3）。

单击"控制规则"按钮打开如图 10-53 所示对话框，选择判断准则。可以选择其中的一个或几个准则作为判断标准，也可以选中"选择所有控制规则"复选框，选择全部准则。本例中选择"选择所有控制规则"。

单击"统计量"按钮，打开如图 10-54 所示对话框，选择计算的统计量。在"规格限制"栏中输入"上限""下限""目标"；在"容量 Sigma"栏中选择 σ 的估计方式："使用 R 条估计"（利用极差均值估计）或"使用 S 条估计"（利用标准差均值估计）或"在子组变动内部使用"（利用组内变异）。在"过程容量指标"栏中选择过程能力指数："CP""CpU""CpL""K""CpK"等；在"过程性能索引"栏中选择过程性能指数："PP""PpU""PpL""PpK"等。本例中公差上下限分别是 180 和 140，σ 的估计方式为"使用 R 条估计"，选择计算"CP"和"CpK"值。

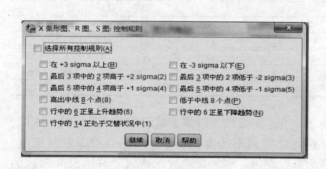

图 10-53　判断准则

图 10-54　统计量

（5）单击"确定"按钮，即可完成平均值-极差控制图分析过程，如图 10-55、图 10-56 和表 10-15 所示。

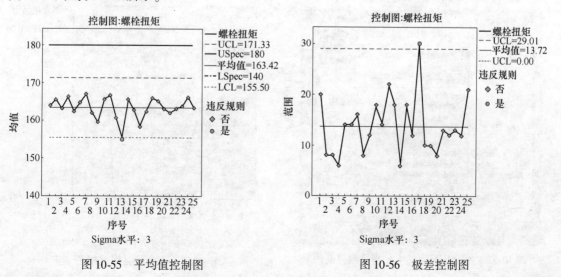

图 10-55　平均值控制图　　　　　图 10-56　极差控制图

表 10-15　过程能力指数（处理统计量）

容量指标　CP[①]	1.130
CpK[①]	0.937

注：假设为正态分布，LSL=140，USL=180。
　　① 估计容量 Sigma 基于样本组范围的均值。

由平均值-极差控制图可知，有点超出控制界限，过程存在异常因素，处于失控状态，其 CP 和 CpK 值分别为 1.130 和 0.937。

2. 计数值控制图

计数值控制图包括不合格品率控制图、不合格品数控制图、不合格数控制图和单位产品不合格数控制图。

例 10-11　在一个生产收音机晶体管的制造企业，决定建立不合格品率 p 图，已经收集和分析了 1 个月的数据。每天生产结束后，在当天的产品中随机抽取一个样本，并检验其不合格品数，数据如表 10-16 所示（《质量专业理论与实务（中级）》例 4.5-5）。

表 10-16　不合格品数观测值

子组号	1	2	3	4	5	6	7	8	9	10	11	12	13
检验数/个	158	140	140	155	160	144	139	151	163	148	150	153	149
不合格品数/个	11	11	8	6	4	7	10	11	9	5	2	7	7
子组号	14	15	16	17	18	19	20	21	22	23	24	25	26
检验数/个	145	160	165	136	153	150	148	135	165	143	138	144	161
不合格品数/个	8	6	15	18	10	9	5	0	12	10	8	14	20

在如图 10-51 所示对话框中选中"p、np"，并将数据编排方式设置为"个案为子组"。从图 10-57 左边框中将"不合格品数"选入"数目不符合"框中作为不合格品数量变量，将"子组号"选入"标注子组"框中作为分组变量，将"检验数"选入"样本尺寸"栏的"变量"单选按钮下的框作为样本容量。

单击"控制规则"按钮，在对话框选中"选择所有控制规则"复选框；在"图表"栏中选中"p（比例不符合）"（p 图）单选按钮。最后单击"确定"按钮，即可得到不合格品率控制图，如图 10-58 所示。

图 10-57　不合格品率、不合格品数控制图

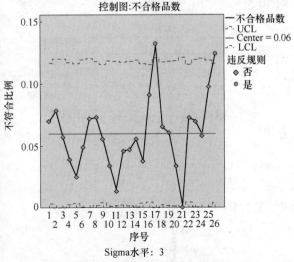

图 10-58　不合格品率控制图

第十章 Excel、SPSS、Minitab在质量管理中的应用

由不合格品率控制图可知，有点超出控制界限，过程存在异常因素，处于失控状态。

八、其他常用的质量工具

常用的质量工具包括排列图、散点图、直方图等，下面将介绍应用 SPSS 绘制排列图、散点图和直方图的方法。

1. 排列图

排列图是将出现的质量问题和质量改进项目按照重要程度依次排列而采用的一种图表。

例 10-12 某企业钻头车间 QC 小组在分析钻头车间的锥柄扭制钻头的废品率较高的情况时，做出的统计资料如表 10-17 所示。

表 10-17　锥柄扭制钻头的废品统计资料　　　　　（单位：个）

项目	接柄	扭槽	热处理	车工	外加工	其他
频数	26056	10263	3355	865	462	69

绘制排列图的步骤如下：

（1）单击"分析"→"质量控制"→"排列图"，打开图 10-59 所示对话框，选择排列图类型："简单"或"堆积面积图"。本例选中"简单""个案组的计数或和"，然后单击"定义"按钮，打开如图 10-60 所示对话框。

图 10-59　排列图类型

图 10-60　定义简单排列图

（2）在"条的表征"栏中选择变量统计类型："计数"或"变量和"。当选择后者时，需要从左边框中将该变量选入"变量和"单选按钮下的框中。从左边框中将需要分析的变量选入"类别轴"框中。本例将"频数"选入"变量和"单选按钮下的框中，将"项目"选入"类别轴"框中。

（3）单击"确定"按钮，即可得到如图 10-61 所示的排列图。

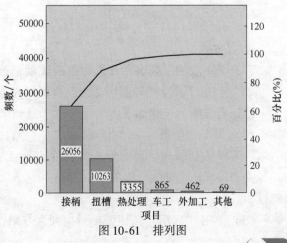

图 10-61　排列图

2. 散点图

散点图是研究成对出现的两组数据之间相关关系的简单图示技术。此处以例10-3（《质量专业理论与实务（中级）》例2.2-1）为例进行介绍，数据如表10-3所示。

绘制散点图的步骤如下：

（1）单击"图形"→"旧对话框"→"散点/点状"，打开如图10-62所示对话框。选择散点图类型："简单分布"或"重叠分布"或"矩阵分布"或"3-D分布"或"简单点"。本例选中"简单分布"，单击"定义"按钮，打开如图10-63所示对话框。

图10-62 散点图类型

（2）从左边框中将因变量选入"Y轴"框中，将自变量选入"X轴"框中。本例将"强度"选入"Y轴"框中，将"碳的质量分数"选入"X轴"框中。

（3）单击"确定"按钮，即可得到如图10-64所示散点图。

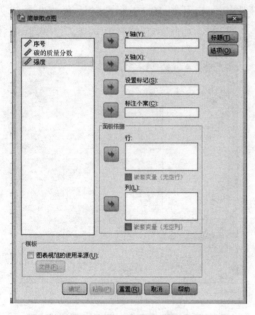

图10-63 散点图

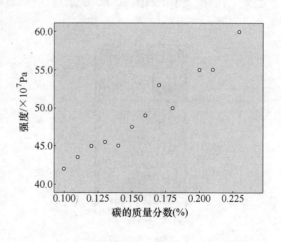

图10-64 合金强度-碳的质量分数散点图

3. 直方图

直方图一般用于观察和分析数据的波动情况。此处以例10-1（《质量专业理论与实务（中级）》例1.3-3为例）进行介绍，数据如表10-1所示。

绘制直方图的步骤如下：

（1）单击"图形"→"旧对话框"→"直方图"，打开如图10-65所示对话框。

（2）从左边框中将需要分析的变量选入"变量"框中；通过复选框"显示正态曲线"设置是否输出正态曲线。本例将"净重"选入"变量"框中，并选中"显示正态曲线"复选框。

（3）单击"确定"按钮，即可得到直方图，如图10-66所示。

第十章 Excel、SPSS、Minitab在质量管理中的应用

图 10-65 直方图

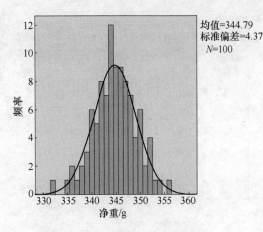

图 10-66 直方图结果

第三节 Minitab 在质量管理中的应用

一、Minitab 概述

1. Minitab 简介

Minitab 是质量数据信息管理、统计方面的专业软件，方便使用和便于掌握的特点使其得到了人们的信任，成为统计领域最为普及的软件工具之一。

Minitab 不仅在统计教学中得到了广泛应用，在企业质量数据信息管理中也发挥着积极的作用。它向企业提供了准确、实用的工具，帮助企业进行质量控制、试验设计、可靠性/残差分析以及常用统计分析。Minitab 适用于任何规模的企业，已在全球 80 多个国家得到使用。从新兴企业到世界 500 强的知名公司，Minitab 都发挥着越来越积极的作用。它的客户包括福特汽车公司、3M 公司、霍尼韦尔公司、通用汽车公司以及六西格玛咨询公司等知名企业。

Minitab 以其小巧精致、使用简便、功能强大而著称，尤其适合企业的质量管理、控制部门使用。Minitab 的早期版本是在 DOS 界面下利用程序语句运行的，目前 Minitab 18 版本的大部分功能使用视窗菜单形式，而某些特殊功能则可以使用命令行格式，运算速度比较快，使用方法比较简便。

2. Minitab 界面

本节内容基于 Minitab 18 统计软件简体中文版。

安装完 Minitab 后，双击 Minitab 的图标 ，将进入 Minitab 界面，如图 10-67 所示。

Minitab 界面由以下几个部分组成：标题栏、菜单栏、工具栏、会话窗口、数据窗口、"Project Manager"窗口以及状态栏。

其中，在会话窗口中可以以文本格式显示统计分析结果，图形则以弹出式窗口显示，还可以在此窗口中直接输入命令，而无须使用菜单栏；在数据窗口中可以对数据进行输入、编辑等操作，其外观、结构与电子表格相似。

菜单栏包括"文件""编辑""数据""计算""统计""图形""编辑器""工具""窗

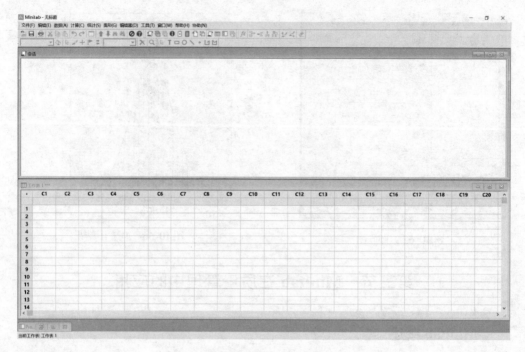

图 10-67　Minitab 界面

口""帮助"共 10 个菜单命令。

"文件"菜单中包括文件的建立、打开、保存、打印等功能。

"编辑"菜单中包括撤销、重做、清除、删除、复制、剪切、粘贴、选择所有单元格等功能。

"数据"菜单中包括子集化工作表、拆分工作表、合并工作表、复制、拆分列、堆叠、转置列、排序、排秩、删除行、删除变量、编码、更改数据类型等功能。

"计算"菜单中包括计算器、列统计量、行统计量、标准化、产生模板化数据、随机数据、概率分布、矩阵等功能。

"统计"菜单中包括基本统计分析、回归分析、方差分析、DOE（试验设计）、控制图、质量工具、可靠性/生存分析、多变量分析、时间序列分析、表格、非参数检验、等价检验、功效和样本数量分析共 13 种分析工具。

"图形"菜单中包括散点图、矩阵图、气泡图、边际图、直方图、点图、茎叶图、概率图、经验累积分布函数图、概率分布图、箱线图、区间图、单值图、线条图、条形图、饼图、时间序列图、区域图、等值线图、3D 散点图、3D 曲面图共 21 种图形。

二、数据整理

1. 数据类型

在 Minitab 中，有三种基本的数据类型：数字、文本、日期/时间。其中，数字格式包括自动、固定小数、指数、货币和百分比共五种类型（见图 10-68）；日期/时间也包括多种格式以供选择（见图 10-69）。

第十章 Excel、SPSS、Minitab在质量管理中的应用

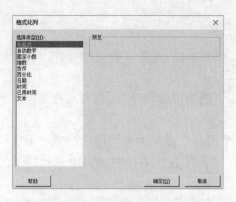

图 10-68 数字格式

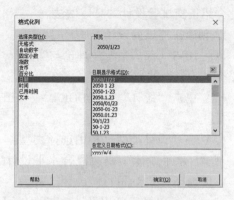

图 10-69 日期/时间格式

2. 建立、打开数据文件

启动 Minitab 后，首先在列表头（C1，C2，C3，…）和数据区域之间输入变量名称，然后在数据区域中依次将数据输入表格中。对于文本型和日期/时间变量，Minitab 将自动识别，并在表头中以"T"和"D"予以标识，如 C2-T、C4-D，如图 10-70 所示。数据录入完毕以后，就可以将其保存起来，以备再用。Minitab 用扩展名". mpj"保存项目数据文件，用扩展名". mtw"保存工作表数据文件，用扩展名". mgf"保存图形文件。

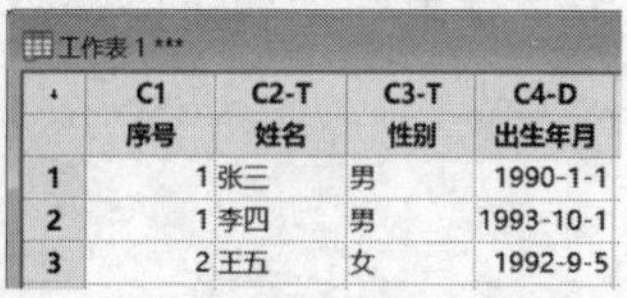

图 10-70 建立数据文件

打开一个已经存在的数据文件时，可以按照"文件"→"打开项目"或"打开工作表"的顺序，或者单击工具栏上的工具按钮，找到文件所在位置，打开即可。Minitab 支持多种格式的工作表数据文件，常用的包括"＊.mtw"（Minitab 工作表数据文件）、"＊.mpj"（Minitab 项目数据文件）、"＊.xls"或"＊.xlsx"（Excel 数据文件）、"＊.dbf"（数据库格式文件）、"＊.txt"（纯文本数据文件）等。

三、正交试验设计

Minitab 的试验设计功能主要集中在"统计"→"DOE"菜单中，包括析因设计分析、响应曲面设计分析、混合试验设计分析和正交试验设计共四种分析工具，如图 10-71 所示。

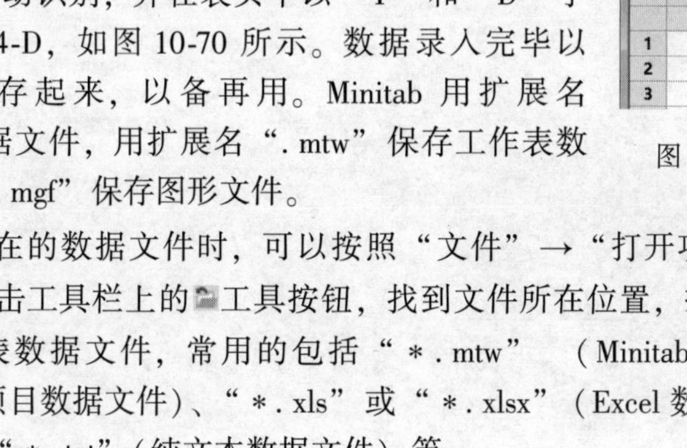

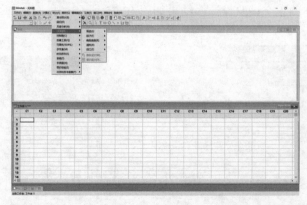

图 10-71 试验设计

在此介绍正交试验设计的具体做法。

1. 创建正交试验设计

以例 10-8（《质量专业理论与实务（中级)》例 2. 3-1）为例（数据见表 10-8）介绍创建正交试验设计的方法。

（1）单击“统计”→“DOE”→“田口”→“创建田口设计”，打开如图 10-72 所示对话框。

（2）在“设计类型”栏中选择类型：“两水平设计”或“3 水平设计”或“4 水平设计”或“5 水平设计”或“混合水平设计”；并在“因子数”下拉列表框中选择因子的数量。本例选择“3 水平设计”，因子数为“3”。

（3）单击“显示可用设计”按钮，可以查看所有可用的正交表；单击“设计”按钮，可以选择使用哪一种正交表（Minitab 将自动根据用户输入的水平数和因子数选择可用的正交表)；单击“因子”按钮，可以设置因子之间是否有交互作用，当用户选择的正交表允许存在交互作用时，用户可以单击“交互作用”按钮进行设置，如图 10-73 所示；单击“选项”按钮可以设置保存方式。在本例中，由于不存在交互作用，因此选择 L_9（3^3）正交表。

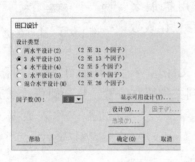

图 10-72　创建正交试验设计

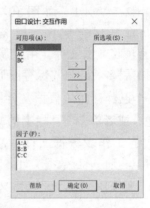

图 10-73　交互作用

（4）单击“确定”按钮，即可完成正交试验设计的创建，结果如图 10-74 所示。

按照同样的方法，可以创建以例 10-9（《质量专业理论与实务（中级)》例 2. 3-2）为例（数据见表 10-9）的正交试验设计，结果如图 10-75 所示。

工作表 2 ***

↓	C1	C2	C3
	A	B	C
1	1	1	1
2	1	2	2
3	1	3	3
4	2	1	2
5	2	2	3
6	2	3	1
7	3	1	3
8	3	2	1
9	3	3	2

图 10-74　无交互作用的正交表

工作表 3 ***

↓	C1	C2	C3	C4
	A	B	C	D
1	1	1	1	1
2	1	1	2	2
3	1	2	1	1
4	1	2	2	2
5	2	1	1	2
6	2	1	2	1
7	2	2	1	2
8	2	2	2	1

图 10-75　有一个交互作用的正交表

第十章 Excel、SPSS、Minitab在质量管理中的应用

2. 分析正交试验设计

以例10-8（《质量专业理论与实务（中级）》例2.3-1）为例（数据见表10-10，无交互作用）介绍分析正交试验设计的方法。

（1）单击"统计"→"DOE"→"田口"→"分析田口设计"，打开如图10-76所示对话框。

（2）在"响应数据位于"框中单击鼠标，然后从左边框中选中分析变量，单击"选择"按钮选入"响应数据位于"框中；或者直接双击需要分析的变量。本例将"y"选入"响应数据位于"框中。

（3）单击"图形"按钮，可以在对话框中选择需要输出的主效应和交互效应的图形，如图10-77所示；单击"项"按钮，可以在对话框中设置需要分析的项目（如交互作用）。本例选择没有交互作用。

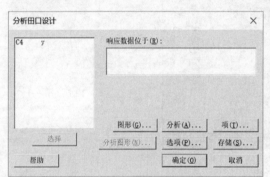

图10-76 分析正交试验设计

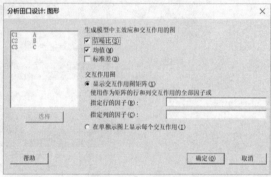

图10-77 图形

（4）单击"确定"按钮，即可完成正交试验设计的分析，结果如图10-78和图10-79所示。由分析结果可知，最佳试验方案是 $B_2A_2C_3$。

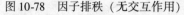

图10-78 因子排秩（无交互作用）

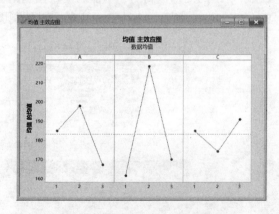

图10-79 主效应图（无交互作用）

按照同样的方法，可以分析以例10-9（《质量专业理论与实务（中级）》例2.3-2）为例（数据见表10-12所示，有交互作用）的正交试验设计，如图10-80～图10-82所示。由分析结果可知，最佳试验方案是 $C_2B_1A_2D_2$。

图10-80 因子排秩（有交互作用）

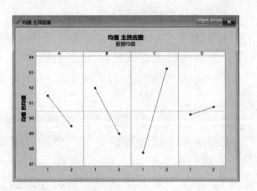
图10-81 主效应图（有交互作用）

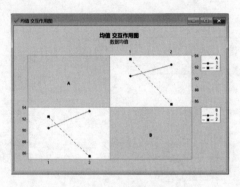
图10-82 交互作用图

四、过程质量控制

Minitab 的过程质量控制功能主要集中在"统计"→"控制图"菜单中，包括 Box-Cox 变换、子组的变量控制图、单值的变量控制图、属性控制图、时间加权控制图、多变量控制图，如图10-83 所示。其中，子组的变量控制图包括平均值-极差控制图、平均值-标准差控

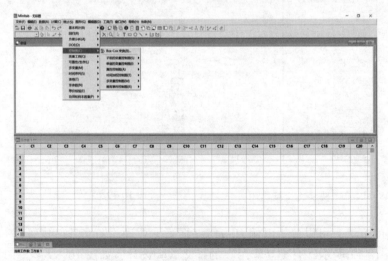
图10-83 控制图

制图、单值-移动极差-极差/标准差（组间/组内）控制图、平均值控制图、极差控制图、标准差控制图、区域控制图；单值的变量控制图包括单值-移动极差控制图、标准化单值-移动极差控制图、单值控制图、移动极差控制图；属性控制图包括不合格品率控制图、不合格品数控制图、不合格数控制图、单位产品不合格数控制图；时间加权控制图包括移动平均控制图、EWMA 控制图、累积和控制图；多变量控制图包括 T 方广义方差控制图、T 方控制图、广义方差控制图、多变量 EWMA 控制图。

1. Box-Cox 变换

控制图的基本原理要求数据呈正态分布，而在实际工作中，人们获得的数据有时不符合正态分布，因此，要求将数据进行一定的数学转换，使之符合正态分布。Box-Cox 变换就是这样一种方法。下面以例 10-5（《质量专业理论与实务（中级）》例 1.3-4）为例（数据见表 10-5），介绍分析 Box-Cox 变换的方法。

在该例中，细胞分裂时间明显呈偏态分布，将其转换为正态分布的具体步骤如下：

（1）单击"统计"→"控制图"→"Box-Cox 变换"，打开如图 10-84 所示对话框。

（2）选择原始数据存储的格式："图表的所有观测值均在一列中"或"图表的观测值位于多列的同一行中"。本例选择前者。

（3）从左边框中将需要进行变换的变量选入右边的框中。当选择"图表的所有观测值均在一列中"时，需要在"子组大小"文本框中输入子组的大小。本例选择"细胞分裂时间"，子组大小为"1"。

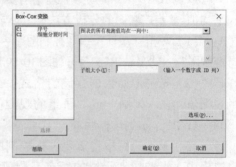

图 10-84　Box-Cox 变换

（4）单击"选项"按钮，打开如图 10-85 所示对话框，在"将变换后数据存储在"框中输入存储位置。本例为"C3"。

（5）单击"确定"按钮，即可完成 Box-Cox 变换。变换后的数据存储在 C3 列中，同时 Minitab 还会输出 Box-Cox 变换图，如图 10-86 所示。由图可知，λ 的估计值是 -0.43，CL 下限是 -1.25，CL 上限是 0.39，取整值是 -0.50。

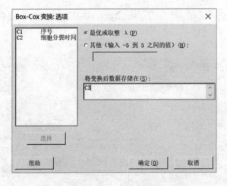

图 10-85　Box-Cox 变换选项

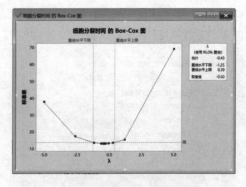

图 10-86　Box-Cox 变换图

为了对比变换前后数据的分布情况，绘制了两者的直方图，如图 10-87 和图 10-88 所示。由图可以看出，Box-Cox 变换将偏态数据转换成为正态性较好的数据。

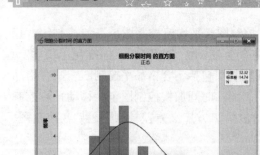

图 10-87　变换前直方图

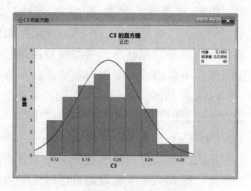

图 10-88　变换后直方图

2. 计量值控制图

以例 10-10（《质量专业理论与实务（中级）》例 4.5-1）为例（数据见表 10-14），介绍平均值-极差控制图的分析方法。其步骤如下：

（1）单击"统计"→"控制图"→"子组的变量控制图"→"Xbar-R"，打开如图 10-89 所示对话框。

（2）选择原始数据存储的格式："子组的所有观测值均在一列中"或"子组的观测值位于多列的同一行中"。本例选择后者。

（3）从左边框中将需要进行控制的变量选入右边框中。当选择"子组的所有观测值均在一列中"时，需要在"子组大小"文本框中输入子组的大小。本例选择观测值 1~5。

图 10-89　平均值-极差控制图

（4）单击"Xbar-R 选项"按钮，打开如图 10-90 所示对话框，进行相关设置。如需 Minitab 自动检验控制图是否正常，可以在"检验"标签中进行设置。用户既可以按照指定的标准进行检验（"执行选定的特殊原因检验"），也可以按照既定的标准进行检验（"执行所有的特殊原因检验"）。本例选择"执行所有的特殊原因检验"。

（5）单击"确定"按钮，即可完成平均值-极差控制图，结果如图 10-91 所示。在会话窗口中会输出控制图异常的具体位置和原因。

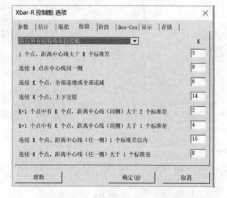

图 10-90　平均值-极差控制图选项

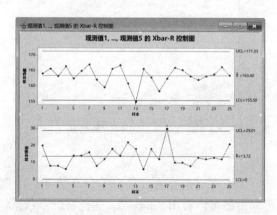

图 10-91　平均值-极差控制图结果

第十章 Excel、SPSS、Minitab在质量管理中的应用

由图 10-91 可知,在平均值控制图中,第 13 个点低于 -3σ 界限,而在极差控制图中,第 17 个点超出 $+3\sigma$ 界限,过程处于异常状态。

3. 计数值控制图

以例 10-11(《质量专业理论与实务(中级)》例 4.5-5)为例(数据见表 10-16),绘制并分析不合格品率控制图。按照前面介绍的方法,可以得到不合格品率控制图的结果,如图 10-92 所示。可以看出,第 17 个点和第 26 个点超出 $+3\sigma$ 界限,过程处于异常状态。

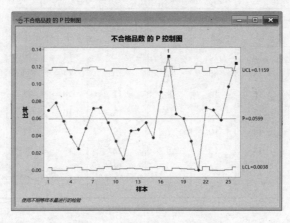

图 10-92 不合格品率控制图结果

五、质量工具

Minitab 的质量工具功能主要集中在"统计"→"质量工具"菜单中,包括运行图、排列图、因果图、Johnson 变换、能力分析、Capability Sixpack、量具研究、属性一致性分析、按属性抽样验收、按变量抽样验收、多变异图、对称图,如图 10-93 所示。在此将介绍部分质量工具的具体用法。

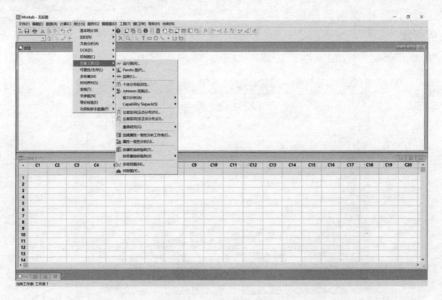

图 10-93 质量工具

1. 运行图

运行图又称趋势图、游程图，是反映过程运行趋势的一种图形。

例10-13 某机器生产电子盘片，规定的厚度为 $0.007\sim0.016$cm。每隔半小时抽取样本量为 5 的样本（子组），记录其中心厚度，如表 10-18 所示。拟建立一个中位数运行图以观察其趋势（《质量专业理论与实务（中级）》例 4.5-4）。

表 10-18　云母盘片厚度的控制数据　　　　（单位：0.001cm）

样本号	厚度					样本号	厚度				
	1	2	3	4	5		1	2	3	4	5
1	14	8	12	12	5	9	14	10	12	9	7
2	11	10	13	8	10	10	12	10	12	14	10
3	11	12	16	14	9	11	10	12	8	10	12
4	16	12	17	15	13	12	10	10	8	10	8
5	15	12	14	10	7	13	8	12	10	8	10
6	13	8	15	15	8	14	13	8	11	14	12
7	14	12	13	10	16	15	7	8	14	13	11
8	11	10	8	16	10						

绘制运行图的步骤如下：

(1) 单击"统计"→"质量工具"→"运行图"，打开如图 10-94 所示对话框。

(2) 选择数据排列的格式："单列"或"子组跨数行"。本例选择后者。

(3) 从左边框中将需要进行控制的变量选入右边"子组跨数行"单选按钮下的框中。然后选择运行图的类型："绘制子组均值运行图"或"绘制子组中位数运行图"。本例选择厚度 1~5，"绘制子组中位数运行图"。

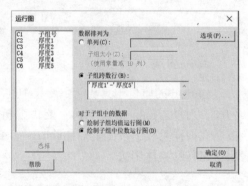

图 10-94　运行图

(4) 单击"确定"按钮，即可完成运行图，结果如图 10-95 所示。

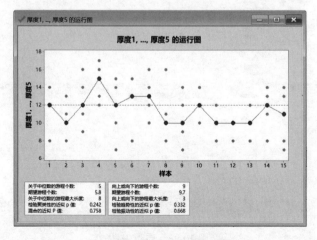

图 10-95　中位数运行图结果

第十章 Excel、SPSS、Minitab在质量管理中的应用

2. 因果图

因果图是用来表示质量特性波动与潜在（隐含）原因的关系，即分析表达因果关系的一种图表。

例 10-14 某工具厂钻头车间在对接柄工序废品率超标问题进行分析后，得到如表 10-19 所示的结果。

表 10-19 接柄工序废品率超标原因分析表

第一层次原因	第二层次原因	第三层次原因	第一层次原因	第二层次原因	第三层次原因
人员	思想不重视	没培训	材料	材料不合格	有椭圆度
	技术不过硬			截面不平	冲料不好
机器	电压不稳		方法	退火后保温时间不够	
	钳口变形			操作方法不规范	

绘制因果图的步骤如下：

（1）建立数据文件，如图 10-96 所示。

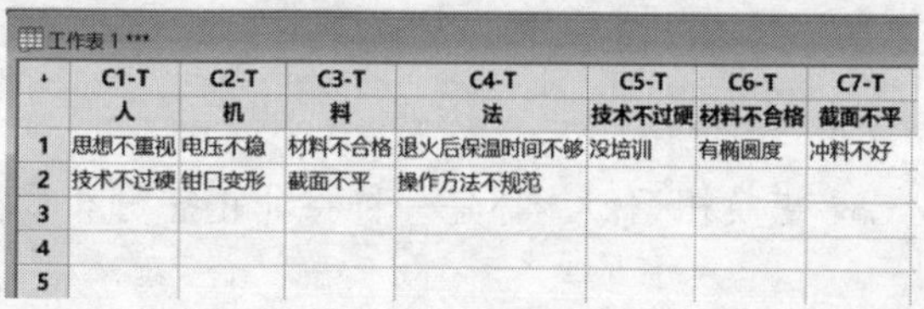

图 10-96 因果图数据文件

（2）单击"统计"→"质量工具"→"因果"，打开如图 10-97 所示对话框。在"效应"文本框中输入问题内容。

（3）在右边分支对应的框中选择一项分支（第一层次），并设置下一层分支的类型："常量"或"在列中"。当选择"常量"时，在"原因"对应的框中输入下一层分支的内容；当选择"在列中"时，从左边框中将相应的变量选入右边框中，将第二层次原因选定为第一层次原因的分支。

（4）单击第一层分支的子项，打开如图 10-98 所示对话框。按照与设定分支类似的方法设置子分支，即第三层次原因。

图 10-97 因果图

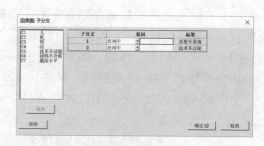

图 10-98 子分支

（5）当存在空分支时，用户可以通过"不显示空分支"复选框设置是否显示空分支。

（6）单击"确定"按钮，即可完成因果图，结果如图 10-99 所示。

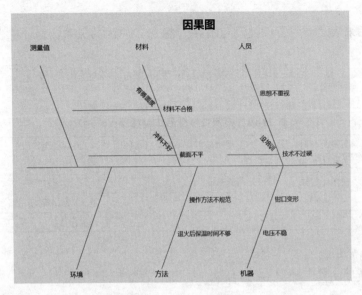

图 10-99　因果图结果

3. Johnson 变换

Johnson 变换与 Box-Cox 变换相类似，都是一种将非正态分布变换成为正态分布或近似正态分布的方法。

在此，依然以例 10-5（《质量专业理论与实务（中级）》例 1.3-4）为例（数据见表 10-5），介绍分析 Johnson 变换的方法。其步骤如下：

（1）单击"统计"→"质量工具"→"Johnson 变换"，打开如图 10-100 所示对话框。

（2）从左边框中将需要进行变换的变量选入右边"数据排列为"栏下的框中。当数据存储在一列中时，选中"单列"复选按钮；当数据存储在多列中时，选中"子组跨数行"复选按钮。本例将"细胞分裂时间"选入"单列"框中。

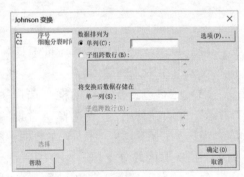

图 10-100　Johnson 变换

（3）在"将变换后数据存储在"栏下的框中输入存储位置。本例为"C3"。单击"选项"按钮，在对话框中可以设置显著性水平，默认为 0.10。

（4）单击"确定"按钮，即可完成 Johnson 变换。变换后的数据存储在 C3 列中，同时 Minitab 还会输出 Johnson 变换图，如图 10-101 所示。

由图 10-101 可知，最佳拟合的 P 值是 0.974728，最佳拟合的 Z 值是 0.64，最佳变换类型是 SB，变换函数为

$$Y = 1.32507 + 0.916848 \times \ln[(X - 12.4519)/(94.7924 - X)]$$

4. 能力分析

以例 10-10（《质量专业理论与实务（中级）》例 4.5-1）为例（数据见表 10-14），分析其过程能力。其步骤如下：

第十章　Excel、SPSS、Minitab在质量管理中的应用

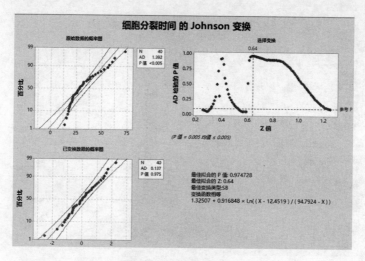

图 10-101　Johnson 变换图

(1) 单击"统计"→"质量工具"→"能力分析"→"正态",打开如图 10-102 所示对话框。

(2) 从左边框中将需要分析的变量选入右边"数据排列为"栏下的框中。当数据存储在一列中时,选中"单列"单选按钮,并指明子组大小;当数据存储在多列中时,选中"子组跨数行"单选按钮。本例选择观测值 1~5 进入"子组跨数行"框中。

(3) 分别在"规格下限"和"规格上限"文本框中输入规格下限和上限。若有总体均值和标准差,则分别将其输入"历史均值"和"历史标准差"文本框中。

(4) 单击"变换""估计""选项""存储"按钮,在对话框中进行相关设置。其中,单击"存储"按钮,在对话框中可以设置需要存储何种能力指数,如图 10-103 所示。

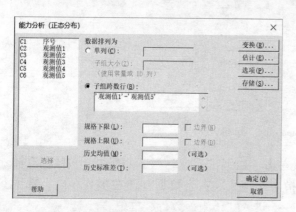

图 10-102　能力分析

图 10-103　存储

(5) 单击"确定"按钮,即可完成能力分析,结果如图 10-104 所示。

5. Capability Sixpack 分析

在 Capability Sixpack 分析中,包括 Xbar 控制图、R/S 控制图、最后 n 个子组的运行图、能力直方图、概率图和能力图六部分。依然以例 10-10 (《质量专业理论与实务(中级)》例

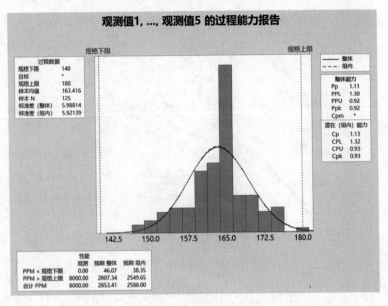

图 10-104　能力分析结果

4.5-1）为例（数据见表 10-14）进行 Capability Sixpack 分析。其步骤如下：

（1）单击"统计"→"质量工具"→"Capability Sixpack"→"正态"，打开如图 10-105 所示对话框。

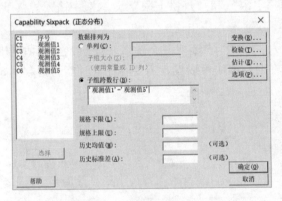

图 10-105　Capability Sixpack 分析

（2）从左边框中将需要分析的变量选入右边"数据排列为"栏下的框中。当数据存储在一列中时，选中"单列"单选按钮，并指明子组大小；当数据存储在多列中时，选中"子组跨数行"单选按钮。本例选择观测值 1～5 进入"子组跨数行"框中。

（3）分别在"规格下限"和"规格上限"文本框中输入规格下限和上限；若有总体均值和标准差，则分别将其输入"历史均值"和"历史标准差"文本框中。

（4）单击"变换""检验""估计""选项"按钮，在对话框中进行相关设置。其中，单击"检验"按钮，在对话框中可以设置控制图的检验标准，如图 10-106 所示；单击"选项"按钮，在对话框中可以设置运行图显示最后的子组数量，默认为 25。

（5）单击"确定"按钮，即可完成 Capability Sixpack 分析，结果如图 10-107 所示。

第十章 Excel、SPSS、Minitab在质量管理中的应用

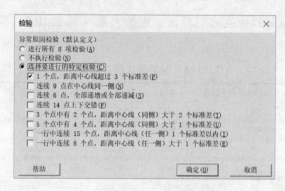

图 10-106　检验

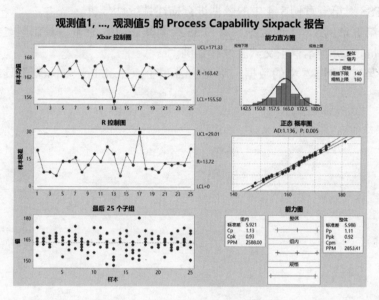

图 10-107　Capability Sixpack 分析结果

思 考 题

1. 试用 Excel 对本章表 10-18 中的数据进行基本统计整理分析。

2. 某饮料生产企业研制出一种新型饮料。饮料的颜色共有四种：橘黄色、粉色、绿色和无色透明。这四种颜色的饮料的营养含量、味道、价格、包装等可能影响销售量的因素全部相同。现从地理位置相似、经营规模相仿的五家超市里收集了该种饮料的销售情况（见表 10-20）。问题：饮料的颜色是否对销售量产生影响？

表 10-20　四种颜色饮料的销售情况　　　　　　　　　　　（单位：瓶）

超市	无色透明	粉色	橘黄色	绿色	超市	无色透明	粉色	橘黄色	绿色
1	26.5	31.2	27.9	30.8	4	29.1	27.9	24.2	31.7
2	28.7	28.3	25.1	29.6	5	27.2	29.6	26.5	32.8
3	25.1	30.8	28.5	32.4					

3. 已知钢的淬火温度和硬度之间存在一定的关系（见表10-21），试用 Excel 对其进行回归分析。

表 10-21　钢的淬火温度和硬度

淬火温度/℃	810	890	850	840	850	890	870	860	810	820
硬度（HRC）	47	56	48	45	54	59	50	51	42	53
淬火温度/℃	840	870	830	830	820	820	860	870	830	820
硬度（HRC）	52	53	51	45	46	48	55	55	49	44
淬火温度/℃	810	850	880	880	840	880	830	860	860	840
硬度（HRC）	44	53	54	57	50	54	46	52	50	49

4. 试用 SPSS 对第五章例 5-4 中的数据进行描述性统计分析。

5. 试根据第五章例 5-5 中的数据，用 SPSS 绘制其平均值-标准差控制图。

6. 试用 Minitab 分析本章正交试验设计案例。

7. 试根据第五章例 5-5 中的数据，用 Minitab 中的 Capability Sixpack 工具进行分析，并对结果进行解释。

第十一章

卓越绩效模式

本章首先对美国质量奖产生的背景、实施情况与效果进行了详细介绍，继而介绍了我国 GB/Z 19579—2012《卓越绩效评价准则实施指南》中的组织概述部分和 GB/T 19580—2012《卓越绩效评价准则》的全部内容。

第一节 美国卓越绩效评价准则

1987 年，美国通过立法设立国家质量奖。1988 年，美国开始在制造业、服务业和小企业三个领域开展国家质量奖的评定，至今已有 30 年。美国国家质量奖的评定依据便是由美国国家标准与技术研究院（NIST）颁布的卓越绩效评价准则。美国卓越绩效评价准则的产生并不是偶然的，而是由当时美国经济的处境和世界质量管理的发展演变所决定的。

一、卓越绩效评价准则产生的背景

20 世纪 80 年代初期，美国在产品和过程质量方面的领导地位经受了日本强有力的挑战，60 年代以来，美国生产力的增长长期落后于竞争对手，不良质量成本高达销售收入的 20%，加之日本强劲的海外经济扩张，美国的许多企业被日本企业并购，甚至作为美国制造业的龙头企业通用电气也成了日本同行进行贴牌生产的选择对象。在这种情形之下，美国社会和企业界猛然警醒，忧患意识大增，许多专家学者开始研究日本经济飞速增长的原因。研究结果表明，日本经济的腾飞主要归根于日本的全面质量管理，而日本的全面质量管理又来源于美国。因此，在美国引发了一场遍布全国的"质量革命"，开始向日本学习，重新导入全面质量管理。

1. 日本的质量腾飞

日本质量管理的成功有两大因素：一是政府推动，日本在第二次世界大战后确立了质量立国的基本国策，并在 1951 年设立了戴明奖，鼓励企业加强管理提高产品质量；二是日本的企业界有迫切提高产品质量的内在动力和外部压力。在第二次世界大战期间，日本政府将大量优秀企业征作军用，民用品的生产只能由一些二三流的企业生产，导致产品质量低劣。第二次世界大战结束以后，日本国内市场需求低迷，加之日本自然资源较为贫乏，发展经济的唯一出路就是进行加工出口，这就要求日本企业提高产品质量以树立产品形象。另外，第二次世界大战以后，美国作为日本的占领国，不可避免地要与日本建立密切的联系，在经济上体现为许多日本企业为美国企业打工，即为美国企业提供零部件或进行贴牌生产。由于第二次世界大战期间美国企业因普遍应用统计质量控制使产品质量达到了国际一流水平，日本企业提供的零部件或产品往往难以达到美国企业的要求，因此，日本企业面临来自美国合作伙伴要求尽快提高产品质量的巨大压力。正是在这种背景下，日本创造性地学习和吸收美国的质量管理理论，并结合日本的企业文化特点，开发了多种质量控制方法，提出了具有日本特色的全面质量控制理论，使日本的产品质量发生了翻天覆地的变化。正是由于这样，日本用了不到30年的时间就成为世界第二大经济强国。

2. 美国的质量管理创新

美国企业引进学习日本的全面质量管理，一开始也有不少企业走了弯路。例如，有很多美国企业没有考虑两国企业文化的重大差异，完全照搬日本企业的做法，最终不仅没有取得应有的效果，反而使企业员工对全面质量管理失去了信心。对于这种情形，美国的专家学者开始研究适合美国的质量管理模式，许多企业也做出了有益的探索，较为典型的是摩托罗拉公司提出的六西格玛管理法。美国政府充分认识到了政府在推进质量管理方面的作用和应承担的责任，于1987年通过了关于质量提高的立法。为纪念在任期间极力倡导质量管理的前美国商业部长马尔科姆·波多里奇（Malcolm Baldrige），美国将质量提高法命名为《1987年马尔科姆·波多里奇国家质量提高法》（"100~107号公共法案"）。根据此法设立的美国国家质量奖也被称为波多里奇质量奖，我国质量界经常将其简称为"波奖"。自1995年起，评价准则中以"绩效"（Performance）取代了"质量"（Quality）一词，标志着美国国家质量奖的关注点从产品和服务的质量转移到组织整体运营的质量。

美国国家质量奖起初的评定范围仅包括制造业、服务业、小企业，1999年增加了教育业、医疗卫生业，2007年启动了对非营利组织的评定，每个奖项的最高获奖企业数量限额一般为两个。

美国国家质量奖的运作方式是：由美国商业部内的非执法机构——美国国家标准技术研究院（NIST）组织修订标准、任命评审委员会；由美国质量协会（ASQ）具体负责企业评审和推进、培训；由商业部下的质量奖顾问机构——监督委员会负责总体监督。每年由NIST修订发布卓越绩效评价准则（2009年起改为两年修订一次），申报组织根据卓越绩效评价准则撰写自评报告，并向美国质量协会提交申请；美国质量协会组织专家进行自评报告的评审，确定入围现场评审的申报者，向被淘汰的申报者反馈评审报告，之后进入现场评审，推荐获奖者，并向被现场评审淘汰的申报者反馈评审报告。

二、美国波多里奇国家质量奖的实施概况与效果

自美国波多里奇国家质量奖设立以来，每年申报者从21到106个不等，近年来申报者数量稳定在80个左右。每年进入现场评审的组织（得分一般在600分以上）为9~19个，而每年获奖的组织只有2~7个，远低于每个奖项的授予限额，获奖组织通常需要获得650分左右的评分。1991—2006年，在美国波多里奇国家质量奖各类别的申报者中，制造业的平均分最高，为477分，制造业企业个体最高分为811分；小企业申报者的平均分最低，为332分，小企业个体最高分为716分。不少企业申报美国波多里奇国家质量奖的目的并不在于获得奖项，而在于以较低的申请费用获得超值的一流专家的诊断，从而推动企业管理水平的提升。2016年，美国366位国家质量奖评审员义务贡献了价值560万美元的评审服务；2015年，各州质量奖评审员义务提供了价值2900万美元的评审服务。

1. 实施概况

1988—2017年，有1718个机构申请美国波多里奇国家质量奖，已有113个组织获奖

（剔除重复获奖组织，有106个组织获此殊荣）。1988—2010年的具体情况如表11-1所示。获奖企业包括摩托罗拉、凯迪拉克、伊士曼柯达、丽思·卡尔顿酒店、联邦快递、IBM、施乐、波音、旭电、西屋电器等国际知名企业。

表11-1　美国波多里奇国家质量奖申报、进入现场评审和获奖组织数量一览表（1988—2010年）

（单位：个）

年份	组织	制造业	服务业	小企业	教育业	医疗卫生业	非营利组织	总计
2010	申报者	3	2	7	10	54	7	83
	现场评审者	2	1	4	1	7	1	16
	获奖者	2	0	3	1	1	0	7
2009	申报者	2	4	5	9	42	8	70
	现场评审者	2	0	2	1	8	2	15
	获奖者	1	0	1	0	2	1	5
2008	申报者	3	5	7	11	43	16	85
	现场评审者	1	0	2	2	6	2	13
	获奖者	1	0	0	1	1	0	3
2007	申报者	2	4	7	16	42	13	84
	现场评审者	0	0	2	1	7	4	14
	获奖者	0	0	1	0	2	2	5
2006	申报者	3	4	8	16	45		76
	现场评审者	0	1	3	3	6		13
	获奖者	0	1	1	0	1		3
2005	申报者	1	6	8	16	33		64
	现场评审者	1	1	2	3	7		14
	获奖者	1	1	2	2	1		6
2004	申报者	8	5	17	17	22		60
	现场评审者	3	2	2	2	4		13
	获奖者	1	0	1	1	1		4
2003	申报者	10	8	12	19	19		68
	现场评审者	3	3	2	2	3		13
	获奖者	1	2	1	1	2		7
2002	申报者	8	3	11	10	17		49
	现场评审者	2	2	3	0	4		11
	获奖者	1	0	1	0	1		3
2001	申报者	7	4	8	10	8		37
	现场评审者	2	2	3	4	2		13
	获奖者	1	0	1	3	0		5
2000	申报者	14	5	11	11	8		49
	现场评审者	4	1	2	1	1		9
	获奖者	2	1	1	0	0		4
1999	申报者	4	11	12	16	9		52
	现场评审者	3	2	2	2	1		10
	获奖者	1	2	1	0	0		4

（续）

年　份	组　　织	制造业	服务业	小企业	教育业	医疗卫生业	非营利组织	总计
1998	申报者	15	5	16				36
	现场评审者	5	1	3				9
	获奖者	2	0	1				3
1997	申报者	9	7	10				26
	现场评审者	5	3	3				11
	获奖者	2	2	0				4
1996	申报者	13	6	10				29
	现场评审者	5	2	2				9
	获奖者	1	1	2				4
1995	申报者	18	10	19				47
	现场评审者	7	4	2				13
	获奖者	2	0	0				2
1994	申报者	23	18	30				71
	现场评审者	6	5	3				14
	获奖者	0	2	1				3
1993	申报者	32	13	31				76
	现场评审者	4	5	4				13
	获奖者	1	0	1				2
1992	申报者	31	15	44				90
	现场评审者	7	5	5				17
	获奖者	2	2	1				5
1991	申报者	38	21	47				106
	现场评审者	9	5	5				19
	获奖者	2	0	1				3
1990	申报者	45	18	34				97
	现场评审者	6	3	3				12
	获奖者	2	1	1				4
1989	申报者	23	6	11				40
	现场评审者	8	2	0				10
	获奖者	2	0	0				2
1988	申报者	45	9	12				66
	现场评审者	10	2	1				13
	获奖者	2	0	1				3

2. 实施效果

美国波多里奇国家质量奖的设立，在很大程度上促进了美国20世纪90年代以后的经济发展，使美国重新回到世界经济霸主的位置。据美国国家标准和技术研究院报告，美国波多里奇国家质量奖得主的绩效胜过了标准普尔500指数，收益比较约为2.5：1。2001年美国北卡罗来纳大学的阿尔博特·林克（Albert N. Link）教授和达特茅斯学院的约翰·斯科特（John T. Scott）教授的研究表明：美国波多里奇国家质量奖每年可带来相关的收益大约为

240.65亿美元，收益与成本比率保守的估计为207∶1；2011年，阿尔博特·林克和约翰·斯科特再次研究表明，美国波多里奇国家质量奖的收益与成本比率估计为820∶1。1997年，凯文·亨德里克斯（Kevin Hendricks）和维诺德·辛哈尔（Vinod Singhal）发布了著名的研究成果。亨德里克斯和辛哈尔对一个包括600家获质量奖的上市公司的样本进行了分析，这些奖或是来自顾客（如汽车制造商），或是获得了波多里奇奖以及州和地方的质量奖。亨德里克斯和辛哈尔仔细研究了这些公司在首次获得质量奖前6年以及后4年的绩效情况。调查的主要绩效指标是主营业务收入的变化百分比，以及能够影响营业收入的一系列指标，如销售额变化百分比、总资产、员工数量、销售利润率、资产回报率等。他们将获奖公司的这些数据与同行业中规模类似的对照公司的相关数据进行了比较，发现获奖公司的营业收入平均增长速度是91%，而对照公司仅为43%；获奖公司的销售增长率为69%，对照公司仅为32%；获奖公司的总资产增长率为79%，对照公司仅为37%；获奖公司的员工数量增长率为23%，对照公司仅为7%；获奖公司的销售利润增长率为8%，对照公司为0。在五年内，获奖公司投资组合的表现超过了标准普尔500指数34个百分点。

获奖企业在申报国家质量奖的过程中受益匪浅。例如，1989年荣膺波多里奇国家质量奖的施乐公司于1984年发起了著名的"质量领先"活动。五年的持续改进使得该公司每百台机器的缺陷率降低了78%，计划外维修降低了40%，制造成本降低了20%，产品开发时间缩短了60%，总体产品质量改进了93%，服务响应时间缩短了27%，公司收复了大部分曾经失去的市场。

每年度由总统或副总统或商业部长亲自为获奖的卓越组织颁奖，并要求获奖组织分享经验，为全美提供榜样。因而获得质量奖是企业的巨大荣誉和骄傲，由此吸引了大批企业或机构运用卓越绩效评价准则进行自我评价、自我改进。卓越绩效评价准则的高水准要求，有效促进了组织在追求美国波多里奇国家质量奖的过程中不断提高质量和生产率，进而提高了组织的利润水平和竞争力。

获奖的美国企业十分慷慨地将其成功经验与其他企业分享，从而推动了更多的企业学习和推行卓越绩效模式。例如，国际运营管理公司（Operations Management International, Inc.）是一家拥有1400名员工的国际服务公司，自2000年11月获得美国波多里奇国家质量奖以来，向17000人提供了专题演讲；又如，一家小的家族印刷企业——布兰奇·史密斯印刷厂（Branch-Smith Printing Division）只有68名员工，在其2002年获得美国波多里奇国家质量奖之后，向2000多人介绍了企业的成功经验。

马尔科姆·波多里奇的妹妹、美国礼仪专家、杰奎琳·肯尼迪的前主要工作人员利蒂希娅·波多里奇（Letitia Baldrige）说："波多里奇奖计划仍然是所有令人眼花缭乱的众多奖项中的最佳奖项之一。尽管有诺贝尔奖、奥斯卡和其他著名奖项，但是波多里奇奖一直存在。它令人鼓舞、令人兴奋，它使公司自豪。"

全球畅销书《从优秀到卓越》的作者吉姆·柯林斯（Jim Collins）认为，卓越绩效评价准则是一整套强有力的机制，以确保训练有素的员工贡献训练有素的思想、开展训练有素的行动，从而创立能够带来卓越绩效的伟大组织。

朱兰博士曾说过："让我回想一下公司推行质量革命给美国带来的巨大益处：夺回市场份额、带来就业机会、消除贸易逆差，等等。这些目标的实现需要公司的共同努力，而围绕美国国家质量奖的各种活动为实现这些目标做出了宝贵的贡献。"

美国前商业部长德里曾说:"如果你追求质量,你不会发现任何比波多里奇国家质量奖标准更好的标准。我对这个奖了解越多,我越是坚信,作为一个国家,应当持续对它进行投资。"

3. 获奖组织的反馈

美国波多里奇国家质量奖的设立得到了社会各界的积极响应,获奖组织更是对卓越绩效评价准则推崇备至,许多获奖组织的领导者发表了自己对卓越绩效评价准则的见解。

1988年、2002年两度质量奖获得者摩托罗拉公司董事长罗伯特·高尔文(Robert Galvin)说:"质量节约金钱,质量使产品富有魅力。任何错误的事情都要浪费金钱,确保过程正确可以取得又好又省的效果。"

1992年、1999年两度质量奖获得者丽思·卡尔顿酒店公司董事长兼CEO霍斯特·舒尔兹(Horst Schulze)说:"七年来,公司一直致力于提高顾客满意,不断提高开房率,不断提高员工满意,公司持续降低员工流失率,而且公司的利润连年增长。"

2001年质量奖获得者Pal's Sudden Service公司创立者、董事长帕尔·巴杰尔(Pal Barger)说过:"公司每开一家新店都会对公司的钟点工提供120小时的培训。有人曾问:'你花这么多的时间和金钱对他们进行培训,如果他们跳槽走了,你岂不是损失很大?'我的回答是:'如果不培训他们而他们都留下不走,我的损失岂不是更大?'"

2007年质量奖获得者美国军队装备研发工程中心(ARDEC)主任约瑟夫·兰农(Joseph A. Lannon)说:"公司的工作人员通过导入卓越绩效模式和高新技术为军队和国防部赢得了荣誉。公司推行卓越绩效评价准则是要成为最优秀的组织,为美国的前线战士提供最好的产品和支持。"

2007年质量奖获得者PRO-TEC Coating Company总裁保罗(W. Paul Worstell)说:"通过波多里奇国家质量奖,公司认识到质量的征程没有终点,只有更多的改进机会。卓越绩效评价准则是推动组织前进的绝佳方法。"

2007年质量奖获得者科勒尔斯普林斯(Coral Springs)市的市政长官迈克尔·莱文森(Michael Levinson)说:"有人问我:'为什么要推行卓越绩效评价准则?'我的回答很简单:'华尔街三大机构的AAA评级、资本项目准时到位且符合预算、96%的商务满意度、94%的居民满意度、95%的综合质量得分以及97%的员工满意度,离开卓越绩效评价准则,这一切是不可能实现的。'"

2009年质量奖获得者霍尼韦尔制造与科技公司总裁安东尼·布兰卡托(Anthony Brancato)三世说:"如果你们正在考虑申请波多里奇国家质量奖,请不要犹豫。我鼓励你们的团队和领导踏上这一非常有益的征程。它会使你的团队、所有的员工团结一致;它将构筑成功,使你们致力于为顾客而持续改进,并提升员工满意度和敬业度。"

2009年质量奖获得者弗吉尼亚州临床研究与药物协调中心的合作学习计划主任麦克·萨瑟(Mike Sather)认为:"美国质量奖的确能使公司从一个良好的组织转变为一个伟大的高绩效组织。"

2010年质量奖获得者Freese and Nichols公司已有100多年历史,从1995年开始导入卓越绩效模式。其首席执行官鲍勃·彭斯(Bob Pence)说:"卓越绩效评价准则就是一个极好的路线图,如果你能够做好准则各条款要求的事情,那么你的公司就是一家运转良好的企业。"

4. 两度获奖企业的变化

在追求卓越的征程中，有一些优秀企业两度获得美国波多里奇国家质量奖，在2015年前有六家企业两度获得美国国家质量奖，包括 Solectron、MEDRAD、MESA、The Ritz-Carlton Hotel Company、Texas Nameplate Company、Sunny Fresh Foods。下面是这六家企业两次获奖期间的变化情况。

这六家企业既有大企业，也有小企业；既有制造业，也有服务业。这些企业两次获奖期间营业场所增加率的中位数为67%，营业收入增长率的中位数为93%，雇工数量增长率的中位数为63%，远超行业平均水平。

5. 美国总统的评价

美国波多里奇国家质量奖作为美国政府的最高奖项，得到了美国历任总统的重视和高度评价。

美国第40任总统里根表示：美国的经济优势取决于产业界提高生产率和质量、维持技术的领先地位的能力，这也是美国波多里奇国家质量奖如此重要的根本原因。

美国第41任总统老布什表示：美国的潜力如同想象力一样无穷无尽……质量管理并不是走一步就结束了事，它应该成为新的工作方式，甚至新的思维方式。追求质量与卓越应是一种生活方式。

美国第42任总统克林顿表示：美国波多里奇国家质量奖关注顾客满意和劳工授权，提升了生产率，已经成为美国追求卓越的标志。美国波多里奇国家质量奖在使美国经济恢复活力以及在提高美国国家竞争力和生活质量等方面起到了主要作用。

美国第43任总统乔治·布什表示：我们注意到美国企业界所面临的挑战和变化，但是，美国波多里奇国家质量奖提醒我们有一件事永远不会变化，那就是追求卓越的激情、创新的驱动和努力工作是任何成功企业所必不可少的。

美国第44任总统奥巴马表示：在美国，通往伟大的道路一直是而且将永远是拥抱变革、努力工作、每天都做到最好。2009年的获奖者已展示了质量、创新和无止境的追求卓越是怎样强大我们的国家和照亮所有美国人的未来的。

第二节　GB/T 19580—2012《卓越绩效评价准则》

鉴于美国波多里奇国家质量奖所取得的巨大成功，为了充分发挥我国政府在推动质量进步的作用，进一步引导我国企业追求卓越，提高产品、服务和经营质量，增强竞争优势，促进持续发展，国家质量监督检验检疫总局与国家标准化管理委员会于2004年发布了GB/T 19580《卓越绩效评价准则》和GB/Z 19579《卓越绩效评价准则实施指南》，之后又于2012年发布了新版标准。

一、卓越绩效评价——从组织概述开始

组织概述是组织的一幅快照，显示了组织运营的关键因素和背景状况。将组织概述作为卓越绩效评价的开始的重要性体现在：

（1）是组织自我评价和编写质量奖申报材料时最恰当的开始点。

（2）有助于组织关注其关键过程和结果，识别关键的潜在差距，以制订改进计划。

（3）有助于评审员从材料评审、现场评审中了解组织及组织认为重要的方面。

1. 组织描述

（1）组织的环境

1）主要的产品和服务及其交付方式。

2）组织文化特色，组织的使命、愿景和价值观。

3）员工概况，包括受教育水平、年龄和职位构成，关键需求、期望以及福利制度。

4）主要的技术和设备设施。

5）组织运营的法律法规和政策环境。

（2）组织的关系

1）组织结构和治理体制。

2）关键的顾客群及其他相关方群体，及其对产品、服务和运营的关键需求、期望和差异点。

3）关键的供方和经销商类别，及其在关键产品和服务过程及创新中的角色，关键的供应链要求。

4）与关键顾客和供方的伙伴关系和沟通机制。

2. 组织面临的挑战

（1）竞争环境

1）在行业内或目标市场中的竞争地位、规模和发展情况，竞争对手的类型和数量。

2）决定组织能否超越竞争对手、取得成功的关键因素，正在影响竞争格局的关键变化、创新和合作机会。

3）竞争对比和标杆对比数据的主要来源，获取能力的局限。

（2）战略挑战和优势。在关键业务、运营和人力资源方面的战略挑战和战略优势。

（3）绩效改进系统。绩效改进的总体方法，包括从评价、改进与创新到知识分享的方法系统。

二、GB/T 19580—2012《卓越绩效评价准则》

引言

1. 总则

为了引导组织追求卓越，提高产品、服务和发展质量，增强竞争优势，促进组织持续发展，依据《中华人民共和国产品质量法》《质量发展纲要（2011—2020 年）》，特制定本标准。

本标准借鉴国内外卓越绩效管理的经验和做法，结合我国企业经营管理的实践，从领导、战略、顾客与市场、资源、过程管理、测量、分析与改进以及结果等七个方面规定了组织卓越绩效的评价要求，为组织追求卓越提供了自我评价的准则，也可作为质量奖的评价依据。

本标准以落实科学发展观、建设和谐社会为出发点，坚持以人为本、全面协调和可持续发展的原则，为组织的所有者、顾客、员工、供方、合作伙伴和社会创造价值。本标准的制定和实施可促进各类组织增强战略执行力，改善产品和服务质量，帮助组织进行管理的改进和创新，持续提高组织的整体绩效和管理能力，推动组织获得长期成功。

2. 与 GB/Z 19579—2012《卓越绩效评价准则实施指南》的关系

本标准规定了卓越绩效评价要求，是卓越绩效评价的主要依据；《卓越绩效评价准则实施指南》是组织实施本标准配套的指导性技术文件，为组织理解和应用《卓越绩效评价准则》提供指南。

3. 基本理念

本标准建立在以下基本理念基础上，高层领导可运用这些基本理念引导组织追求卓越：

（1）远见卓识的领导。以前瞻性的视野、敏锐的洞察力，确立组织的使命、愿景和价值观，带领全体员工实现组织的发展战略和目标。

（2）战略导向。以战略统领组织的管理活动，获得持续发展和成功。

（3）顾客驱动。将顾客当前和未来的需求、期望和偏好作为改进产品和服务质量，提高管理水平及不断创新的动力，以提高顾客的满意和忠诚程度。

（4）社会责任。为组织的决策和经营活动对社会的影响承担责任，促进社会的全面协调可持续发展。

（5）以人为本。员工是组织之本，一切管理活动应以激发和调动员工的主动性、积极性为中心，促进员工的发展，保障员工的权益，提高员工的满意程度。

（6）合作共赢。与顾客、关键的供方及其他相关方建立长期伙伴关系，互相为对方创造价值，实现共同发展。

（7）重视过程与关注结果。组织的绩效源于过程，体现于结果。因此，既要重视过程，更要关注结果；要通过有效的过程管理，实现卓越的结果。

（8）学习、改进与创新。培育学习型组织和个人是组织追求卓越的基础，传承、改进和创新是组织持续发展的关键。

（9）系统管理。将组织视为一个整体，以科学、有效的方法，实现组织经营管理的统筹规划、协调一致，提高组织管理的有效性和效率。

卓越绩效评价准则

1. 范围

本标准规定了组织卓越绩效的评价要求。

本标准适用于追求卓越的各类组织，为组织提供了自我评价的准则，也可作为质量奖的评价依据。

2. 规范性引用文件

下列文件对于本文件的应用是必不可少的。凡是注日期的引用文件，仅注日期的版本适用于本文件。凡是不注日期的引用文件，其最新版本（包括所有的修改单）适用于本文件。

GB/T 19000　质量管理体系　基础和术语

3. 术语和定义

GB/T 19000 界定的以及下列术语和定义适用于本文件：

（1）卓越绩效（Performance Excellence）。通过综合的组织绩效管理方法，为顾客、员工和其他相关方不断创造价值，提高组织整体的绩效和能力，促进组织获得持续发展和成功。

（2）使命（Mission）。组织存在的价值，是组织所应承担并努力实现的责任。

（3）愿景（Vision）。组织对未来的展望，是组织实现整体发展方向和目的的理想状态。

（4）价值观（Values）。组织所崇尚文化的核心，是组织行为的基本原则。

（5）治理（Governance）。在组织的监管中实行的管理和控制系统，包括批准战略方向、监视和评价高层领导绩效、财务审计、风险管理、信息披露等活动。

（6）标杆（Benchmarks）。针对相似的活动，其过程和结果代表组织所在行业的内部或外部最佳的经营实践和绩效。

（7）关键过程（Key Processes）。为组织、顾客和其他相关方创造重要价值或做出重要贡献的过程。

4. 评价要求

（1）领导

1）总则。本条款用于评价组织高层领导的作用、组织治理及组织履行社会责任的情况。

2）高层领导的作用。组织应从以下方面说明高层领导的作用：

① 如何确定组织的使命、愿景和价值观，如何将其贯彻到全体员工，并影响到组织的供方、合作伙伴、顾客及其他相关方，如何在落实组织的价值观方面起表率作用。

② 如何与全体员工及其他相关方进行沟通，如何鼓励整个组织实现坦诚、双向的沟通，如何通过对全体员工实现卓越绩效的活动进行激励以强化组织的方向和重点。

③ 如何营造诚信守法的环境，如何营造有利于改进、创新和快速反应的环境，如何营造促进组织学习和员工学习的环境。

④ 如何履行确保组织所提供产品和服务质量安全的职责。

⑤ 如何推进品牌建设，不断提高产品质量和服务水平。

⑥ 如何强化风险意识，推动组织的持续经营，如何积极培养组织未来的领导者。

⑦ 如何促进组织采取行动以改进组织绩效、实现战略目标，并达成愿景，如何定期评价组织的关键绩效指标，以及如何根据绩效评价结果采取相应行动。

3）组织治理。如何考虑组织治理的关键因素，以及如何对高层领导和治理机构成员的绩效进行评价。

① 组织治理如何考虑以下关键因素：

a）管理层所采取行动的责任。

b）财务方面的责任。

c）经营管理的透明性以及信息披露的政策。

d）内、外部审计的独立性。

e）股东及其他相关方利益的保护。

② 如何评价高层领导的绩效，如何评价治理机构成员的绩效，高层领导和治理机构如何运用这些绩效评价结果改进个人、领导体系和治理机构的有效性。

4）社会责任

① 提要。组织如何履行社会责任，包括在公共责任、道德行为和公益支持等方面的做法。

② 公共责任

a. 明确组织的产品、服务和运营对质量安全、环保、节能、资源综合利用、公共卫生等方面产生的影响所采取的措施。

b. 如何预见和应对公众对组织的产品、服务和运营所产生的负面社会影响的隐忧。

c. 说明为满足法律法规要求和达到更高水平而采用的关键过程及绩效指标，以及在应对产品、服务和运营的相关风险方面的关键过程及绩效指标。

③ 道德行为

a. 如何确保组织遵守诚信准则，以及如何建立组织的信用体系。

b. 如何确保组织行为符合道德规范，说明用于促进和监测组织内部、与顾客、供方和合作伙伴之间及组织治理中的行为符合道德规范的关键过程及绩效指标。

④ 公益支持。如何积极地支持公益事业，并说明重点支持的公益领域，高层领导及员工如何积极参与并为此做出贡献。

(2) 战略

1）总则。本条款用于评价组织的战略及其目标的制定、部署及进展情况。

2）战略制定

① 提要。组织如何制定战略和战略目标。

② 战略制定过程

a. 组织应描述其战略制定过程、主要步骤及主要参与者，如何确定长、短期计划的时间区间，以及战略制定过程如何与长、短期计划时间区间相对应。

b. 如何确保制定战略时考虑下列关键因素，如何就这些因素收集和分析有关的数据和信息：

a）顾客和市场的需求、期望以及机会。

b）竞争环境及竞争能力。

c）影响产品、服务及运营方式的重要创新或变化。

d）资源方面的优势和劣势，资源重新配置到优先考虑的产品、服务或领域的机会。

e）经济、社会、道德、法律法规以及其他方面的潜在风险。

f）国内外经济形势的变化。

g）组织特有的影响经营的因素，包括品牌、合作伙伴和供应链方面的需要及组织的优势和劣势等。

h）可持续发展的要求和相关因素。

i）战略的执行能力。

③ 战略和战略目标

a. 说明战略和战略目标，以及战略目标对应的时间表和关键的量化指标。

b. 战略和战略目标如何应对战略挑战和发挥战略优势，如何反映产品、服务、经营等方面的创新机会，如何均衡地考虑长、短期的挑战和机遇以及所有相关方的需要。

3）战略部署

① 提要。组织如何将战略和战略目标转化为实施计划及相关的关键绩效指标，以及如何根据这些关键绩效指标预测组织未来的绩效。

② 实施计划的制订与部署

a. 如何制订和部署实现战略目标的实施计划，如何根据环境的变化对战略目标及其实施计划进行调整和落实。

b. 说明组织的主要长、短期实施计划，这些计划所反映出的在产品和服务、顾客和市场以及经营管理方面的关键变化。

c. 如何获取和配置资源以确保实施计划的实现，说明组织为了实现长、短期战略目标和实施计划的重要资源计划。

d. 说明监测实施计划进展情况的关键绩效指标，如何确保这些指标协调一致，并涵盖所有关键的领域和相关方。

③ 绩效预测。说明组织长、短期计划期内的关键绩效指标的预测结果以及相应的预测方法，如何将所预测绩效与竞争对手或对比组织的预测绩效相比较，与主要的标杆、组织的目标及以往绩效相比较，如何确保实现所预测绩效，如何应对相对于竞争对手或对比组织的绩效差距。

(3) 顾客与市场

1) 总则。本条款用于评价组织确定顾客和市场的需求、期望和偏好，以及建立顾客关系、确定影响顾客满意程度关键因素的方法。

2) 顾客和市场的了解

① 提要。组织如何确定顾客和市场的需求、期望和偏好以及如何拓展新的市场。

② 顾客和市场的细分

a. 如何识别顾客、顾客群和细分市场，如何确定当前及未来的产品和服务所针对的顾客、顾客群和细分市场。

b. 在顾客和市场的细分过程中，如何考虑竞争对手的顾客及其他潜在的顾客和市场。

③ 顾客需求和期望的了解

a. 如何了解关键顾客的需求、期望和偏好及其对于顾客的购买或建立长期关系的相对重要性，如何针对不同的顾客、顾客群和细分市场采取不同的了解方法。

b. 如何将当前和以往顾客的相关信息用于产品和服务的设计、生产、改进、创新以及市场开发和营销过程，如何使用这些信息来强化顾客导向、满足顾客需要以及识别创新的机会。

c. 如何使了解顾客需求和期望的方法适应发展方向、业务需要及市场的变化。

3) 顾客关系与顾客满意

① 提要。组织如何建立、维护和加强顾客关系，如何确定赢得和保持顾客并使顾客满意、忠诚的关键因素的方法。

② 顾客关系的建立

a. 如何建立顾客关系以赢得顾客，满足并超越其期望，提高其忠诚度，获得良好口碑。

b. 如何建立与顾客接触的主要渠道，这些渠道如何方便顾客查询信息、进行交易和提出投诉，如何确定每种渠道主要的顾客接触要求，并将这些要求落实到有关的人员和过程。

c. 如何处理顾客投诉，确保投诉得到有效、快速的解决，如何最大限度地减少顾客不满和业务流失，如何积累和分析投诉信息以用于组织及合作伙伴的改进。

d. 如何使建立顾客关系的方法适合组织发展方向及业务需要。

③ 顾客满意的测量

a. 如何测量顾客满意和忠诚，所用方法如何因顾客群不同而异，如何确保测量能够获得有效的信息并用于改进，以超越顾客期望、获得良好口碑并赢得市场。

b. 如何对顾客进行产品和服务质量的跟踪，以获得及时、有效的反馈信息并将其用于改进与创新活动。

c. 如何获取和应用可供比较的竞争对手和标杆的顾客满意信息。

d. 如何使测量顾客满意和忠诚的方法适应发展方向及业务需要。

(4) 资源

1) 总则。本条款用于评价组织的人力、财务、信息和知识、技术、基础设施和相关方关系等资源管理的情况。

2) 人力资源

① 提要。组织如何建立以人为本的人力资源管理体系，促进员工的学习和发展，提高员工的满意程度。

② 工作的组织和管理。

a. 如何对工作和职位进行组织、管理，以应对战略挑战、满足实施计划，对业务变化做出快速灵活反应，促进组织内部的合作，调动员工的积极性、主动性，促进组织的授权、创新，以提高组织的执行力。

b. 如何确定员工的类型和数量的需求，如何识别所需员工的特点和技能，如何提高现有员工的能力，如何招聘、任用和留住员工。

c. 如何听取和采纳员工、顾客和其他相关方的各种意见和建议，如何在不同的部门、职位和地区之间实现有效的沟通和技能共享。

③ 员工绩效管理。如何实施员工绩效管理，包括员工绩效的评价、考核和反馈，以及如何建立科学合理的薪酬体系和实施适宜的激励政策和措施，以提高员工和组织的工作绩效，实现组织的战略实施计划。

④ 员工的学习与发展

a. 员工的教育与培训。如何识别教育与培训需求，制订和实施教育与培训计划，并结合员工和组织的绩效以评价其有效性，使教育与培训适应组织发展方向和员工职业发展的要求；如何针对不同的岗位和职位实施教育与培训，鼓励和支持员工以多种方式实现与工作需要和职业发展、技能提高相关的学习目标。

b. 员工的职业发展。如何对包括高层领导在内的所有员工的职业发展实施有效管理，如何帮助员工实现学习和发展目标，如何实施继任计划，形成人才梯队，以提高组织的持续经营能力。

⑤ 员工权益与满意程度

a. 员工权益。如何保证和不断改善员工的职业健康安全，针对不同的工作场所确定相应的测量指标和目标，并确保对工作场所的紧急状态和危险情况做好应急准备；如何针对不同的员工群体，提供针对性、个性化和多样化的支持，保障员工的合法权益；如何鼓励员工积极参与多种形式的管理和改进活动，并为员工参与的活动提供必要的资源，以提高员工的参与程度与效果。

b. 员工满意程度。如何确定影响员工满意程度和积极性的关键因素以及这些因素对不同员工群体的影响，如何测量和提高员工满意程度。

3) 财务资源。如何确定资金需求，保证资金供给；如何实施资金预算管理、成本管理和财务风险管理，将资金的实际使用情况与计划相比较，及时采取必要的措施，适时调整；如何加快资金周转，提高资产利用率，以实现财务资源的最优配置，并提高资金的使用效率和安全。

4）信息和知识资源

① 如何识别和开发信息源，如何确保获得和提供所需的数据和信息，并使员工、供方和合作伙伴及顾客易于获取相关数据和信息。

② 如何配备获取、传递、分析和发布数据和信息的设施，如何建立和运行信息系统，如何确保信息系统硬件和软件的可靠性、安全性、易用性。

③ 如何使信息系统适应组织的发展方向及业务需要。

④ 如何有效地管理组织的知识资产，收集和传递来自员工、顾客、供方和合作伙伴等方面的相关知识，识别、确认、分享和应用最佳实践。

⑤ 如何确保数据、信息和知识的准确性、完整性、可靠性、及时性、安全性和保密性。

5）技术资源

① 组织如何对其拥有的技术进行评估，并与同行先进水平进行比较分析，为制定战略和增强核心竞争力提供充分依据。

② 如何以国际先进技术为目标，积极开发、引进、消化、吸收适用的先进技术和先进标准，提高组织的技术创新能力。

③ 如何形成和使用组织的技术诀窍与专利。

④ 如何制订技术开发与改造的目标和计划，论证方案，落实增强技术先进性、实用性所采取的措施。

6）基础设施。在考虑组织自身和相关方需求和期望的同时，如何确定和提供所必需的基础设施，包括：

① 根据战略实施计划和过程管理的要求提供基础设施。

② 制定并实施基础设施的预防性和故障性维护保养制度。

③ 制订和实施更新改造计划，不断提高基础设施的技术水平。

④ 预测和处置因基础设施而引起的环境、职业健康安全和资源利用问题。

7）相关方关系。如何建立与其战略实施相适应的相关方关系，尤其是与关键供方和合作伙伴的良好合作关系，促进双向交流，共同提高过程的有效性和效率。

（5）过程管理

1）总则。本条款用于评价组织的过程识别、设计、实施与改进的情况。

注：适用时，鼓励将组织的过程分为价值创造过程和支持过程。

2）过程的识别与设计

① 提要。组织如何识别、确定和设计关键过程。

② 过程的识别。组织如何确定主要产品、服务及经营全过程，并识别、确定其中的关键过程，包括利用外部资源的过程。

③ 过程要求的确定。如何结合来自顾客及其他相关方的信息，确定关键过程的要求，必要时在全部要求中确定关键要求，如何确保这些要求清晰并可测量。

④ 过程的设计

a. 在过程设计中如何满足已确定的关键要求，如何有效利用新技术和组织的知识，如何考虑可能的变化并保持敏捷性，如何考虑质量、安全、周期、生产率、节能降耗、环境保护、成本控制及其他效率和有效性因素，确定过程的关键绩效指标。

b. 如何考虑应对突发事件和采取应急准备，以规避风险、减少危害；在建立组织的应急响应系统中如何考虑预防和管理，以及运营的连续性。

3）过程的实施与改进

① 过程的实施

a. 如何实施关键过程，以持续满足过程设计要求，并确保过程的有效性和效率。

b. 如何使用关键绩效指标监控过程的实施，如何在过程的实施中利用来自顾客和其他相关方的信息，如何优化关键过程的整体成本。

② 过程的改进。如何评价关键过程实施的有效性和效率，改进关键过程，减少过程波动与非增值性活动，使关键过程与发展方向和业务需要保持一致，并在各部门和各过程分享改进成果和经验教训，以促进组织的学习和创新。

（6）测量、分析与改进

1）总则。本条款用于评价组织测量、分析和评价绩效的方法及改进和创新的情况。

2）测量、分析和评价

① 提要。如何测量、分析和评价组织各层次及所有部门的绩效。

② 绩效测量

a. 说明组织如何建立绩效测量系统，如何有效应用相关的数据和信息，监测日常运作及组织的整体绩效，支持组织的决策、改进和创新。

b. 如何有效应用关键的对比数据和信息，支持组织的决策、改进和创新。

c. 如何确保绩效测量系统适应发展方向及业务需要，并确保对组织内外部的快速变化保持敏感性。

③ 绩效分析和评价

a. 如何分析、评价组织绩效，包括：如何评价组织的成就、竞争绩效以及长、短期目标和实施计划的进展；如何评价组织的应变能力。

b. 如何根据绩效评价结果，确定改进的优先次序，并识别创新的机会；如何将这些优先次序和创新机会及其举措在组织内展开，适当时展开到关键供方和合作伙伴，以达到协调一致。

3）改进与创新

① 提要。组织如何进行改进和创新的管理，如何应用改进和创新的方法。

② 改进与创新的管理

a. 如何对改进和创新进行策划，明确各层次和所有部门、过程在改进与创新方面的计划和目标。

b. 如何实施、测量、评价改进与创新活动，分析对盈利能力和实现组织战略目标的贡献，促进组织绩效的提高。

③ 改进与创新方法的应用

a. 如何应用多种方法，组织各层次员工开展各种改进与创新活动。

b. 如何正确和灵活应用统计技术和其他工具，为改进与创新提供支持。

（7）结果

1）总则。本条款用于评价组织在主要经营方面的绩效和改进，包括产品和服务、顾客与市场、财务、资源、过程有效性和领导等方面的绩效。绩效水平应与竞争对手和（或）

标杆对比并进行评价。

2）产品和服务结果

① 主要产品和服务的关键绩效指标（如实物质量指标和服务水平等）的当前水平和趋势。

② 主要产品和服务的关键绩效指标与竞争对手对比的结果，与国内、国际同类产品和服务的对比结果。

③ 主要产品和服务所具有的特色及创新成果。

3）顾客与市场结果

① 提要。组织在顾客与市场方面的绩效结果，包括顾客满意和忠诚以及市场方面的绩效结果。必要时，将结果按顾客群与市场区域加以细分。其中应包括适当的对比性数据。

② 顾客方面的结果。顾客方面的结果应包括但不限于以下方面：

a. 顾客满意的关键绩效指标的当前水平和趋势。

b. 顾客满意与竞争对手和本行业标杆对比的结果。

c. 顾客忠诚的关键绩效指标的当前水平和趋势。

③ 市场结果

a. 市场的关键绩效指标的当前水平和趋势，可包括市场占有率、市场地位、业务增长或新增市场等。

b. 市场绩效与竞争对手和本行业标杆的对比结果，在国内外同行业中的水平。

4）财务结果。组织在财务绩效方面的关键绩效指标的当前水平和趋势，可包括：主营业务收入、投资收益、营业外收入、利润总额、总资产贡献率、资本保值增值率、资产负债率、流动资金周转率等综合指标。必要时按行业特点、不同产品和服务类别或市场区域分别说明。其中应包括适当的对比性数据。

5）资源结果。组织人力资源方面的结果，应包括工作的组织和管理、员工绩效管理、员工学习和发展、员工权益与满意程度等方面的关键绩效指标的当前水平和趋势。其中应包括适当的对比性数据。

组织在人力、财务、信息和知识、技术、基础设施和相关方关系等资源方面的关键绩效指标的当前水平和趋势。其中应包括适当的对比性数据。

6）过程有效性结果。组织在反映关键过程有效性和效率方面的关键绩效指标的当前水平和趋势，应包括全员劳动生产率、质量、成本、周期、供方和合作伙伴绩效以及其他有效性的测量结果。适当时，将结果按产品和服务类别或市场区域加以细分。其中应包括适当的对比性数据。

7）领导方面的结果。组织在领导方面的绩效结果，应包括实现战略目标、组织治理、公共责任、道德行为以及公益支持等方面的绩效结果。必要时按业务单元加以细分。其中应包括适当的对比性数据：

① 在实现战略目标方面的关键绩效指标的当前水平和趋势。

② 在组织治理方面的关键绩效指标的当前水平和趋势。

③ 在公共责任方面的关键绩效指标的当前水平和趋势。

④ 在道德行为方面的关键绩效指标的当前水平和趋势。

⑤ 在公益支持方面的关键绩效指标的当前水平和趋势。

思 考 题

1. 如何理解领导在推行卓越绩效模式中的作用？
2. 企业战略制定与质量有何关系？
3. 员工满意度的测评应考虑哪些因素？
4. 过程有效性的评价指标通常有哪些？

参 考 文 献

[1] 温德成. 质量与责任 [M]. 北京：中国计量出版社，2009.

[2] Baldrige National Quality Program. Criteria for Performance Excellence（2017—2018） [S]. NIST of the Department of Commerce，2017.

[3] 温德成. 走向卓越——解读2011—2012美国卓越绩效评价准则 [M]. 北京：中国标准出版社，2012.

[4] 柯林斯. 从优秀到卓越 [M]. 俞利军，译. 北京：中信出版社，2006.

[5] 美国波多里奇国家质量计划. 卓越绩效评价准则 [M]. 焦叔斌，译. 北京：中国人民大学出版社，2005.

[6] HOLLIDAY K F. Creating A Quality Culture [M]. [S. l.]：Holliday Quality Books，2000.

[7] DAHLGARRDA J J，CHENB C K，JANGB J Y，et al. Business Excellence Models：Limitations，Reflections and Further Development [J]. Total Quality Management & Business Excellence，2013，24（5）：519-538.

[8] 温德成，李正权. 面向战略的质量文化建设 [M]. 北京：中国计量出版社，2006.

[9] 高宗宏，温德成. 政府质量奖给企业带来什么 [M]. 北京：中国质检出版社，2014.

[10] 波特. 竞争战略 [M]. 陈小悦，译. 北京：华夏出版社，1997.

[11] FORD M W，EVANS J R，MASTERSON S S. An Information Processing Perspective of Process Management：Evidence From Baldrige Award Recipients [J]. Quality Management Journal，2014，21（1）：25-41.

[12] WEN D C，DAI T，CHEN X，FU T. A Study on the Economic Benefits of the Government Quality Award in the Chinese Context [J]. Total Quality Management & Business Excellence，2017，28：7-8，712-729.

[13] SCHNIEDERJANS M J，CAO Q，OLSON J R. Consumer Perceptions of Product Quality：Made In China [J]. Quality Management Journal，2004，11（3）：8-19.

[14] LINK A N，SCOTT J T. An Economic Evaluation of the Baldrige National Quality Program [J]. Economics of Innovation and New Technology，2006，15（1）：83-100.

[15] LINK A N，SCOTT J T. Public Goods，Public Gains：Calculating the Social Benefits of Public R&D [M]. New York：Oxford University Press，2011.

[16] PENG X，PRYBUTOKV. Relative Effectiveness of the Malcolm Baldrige National Quality Award Categories [J]. International Journal of Production Research，2015，53（2）：629-647.

[17] 朱兰，戈弗雷. 朱兰质量手册 [M]. 焦叔斌，等译. 北京：中国人民大学出版社，2003.

[18] 波特. 国家竞争优势 [M]. 李明轩，等译. 北京：华夏出版社，2002.

[19] 波特，等. 未来的战略 [M]. 徐振东，等译. 成都：四川人民出版社，2000.

[20] 郭士纳. 谁说大象不能跳舞？[M]. 张秀琴，等译. 北京：中信出版社，2003.

[21] 隆美尔，等. 质量铄金 [M]. 刘伯根，等译. 北京：中国大百科全书出版社，1998.

[22] 尤建新，张建同，杜学美. 质量管理学 [M]. 北京：科学出版社，2003.

[23] 薛成华. 管理信息系统 [M]. 北京：清华大学出版社，1996.

[24] 于宝琴，赵家俊. 现代物流信息管理 [M]. 北京：北京大学出版社，2004.

[25] 刘冀生. 企业战略管理 [M]. 北京：清华大学出版社，2003.

[26] 温德成，张守真，陈杰华. 互利共赢的供应商质量控制 [M]. 北京：中国计量出版社，2003.

[27] 埃文斯，等. 全方位质量管理 [M]. 吴蓉，译. 北京：机械工业出版社，2004.

[28] 费根堡姆 A V，费根堡姆 D S. 管理资本的力量 [M]. 郭富强，译. 北京：华夏出版社，2004.

[29] 埃文斯，林赛. 质量管理与质量控制 [M]. 焦叔斌，译. 北京：中国人民大学出版社，2010.

[30] 张根保. 现代质量工程 [M]. 3版. 北京：机械工业出版社，2015.

[31] 熊伟, 苏秦. 设计开发质量管理 [M]. 北京: 中国人民大学出版社, 2013.
[32] 唐晓青. 产品设计质量保证理论与方法 [M]. 北京: 中国人民大学出版社, 2011.
[33] 丁宁. 质量管理 [M]. 北京: 中国标准出版社, 2013.
[34] 刘文卿. 质量控制与实验设计: 方法与应用 [M]. 北京: 中国人民大学出版社, 2008.
[35] 马风才. 质量管理 [M]. 2版. 北京: 机械工业出版社, 2013.
[36] 张增照. 以可靠性为中心的质量设计、分析和控制 [M]. 北京: 电子工业出版社, 2010.
[37] 福斯特 S T. 质量管理: 集成的方法 [M]. 何桢, 译. 2版. 北京: 中国人民大学出版社, 2006.
[38] 秦静, 方志耕, 关叶青. 质量管理学 [M]. 北京: 科学出版社, 2007.
[39] 龚益鸣, 蔡乐仪, 陈森. 质量管理学 [M]. 上海: 复旦大学出版社, 2007.
[40] 张根保, 刘英. 质量管理与可靠性 [M]. 北京: 中国科学技术出版社, 2001.
[41] 谷津进. 质量管理实践 [M]. 陈立权, 译. 北京: 商务印书馆, 1998.
[42] 洪生伟. 质量工程学 [M]. 北京: 机械工业出版社, 2007.
[43] 铁健司. 质量管理统计方法 [M]. 韩福荣, 顾力刚, 译. 北京: 机械工业出版社, 2006.
[44] 陈俊芳. 质量改进与质量管理 [M]. 北京: 北京师范大学出版社, 2007.
[45] 吕庆领, 唐晓青. 基于 Intranet/Extranet/Internet 的企业质量管理信息系统 [J]. 计算机集成制造系统, 2002 (9).
[46] 邓小强, 蒋明青. 知识经济时代企业如何实施信息流管理 [J]. 企业经济, 2004 (4).
[47] 张颖. 信息流管理——供应链管理的关键环节 [J]. 长春工程学院学报, 2004, 5 (1).
[48] 刘洪涛. 现代制造系统集成质量管理研究和应用 [D]. 天津: 天津大学, 2004.
[49] 林志航. 计算机辅助质量系统 [M]. 北京: 机械工业出版社, 1997.
[50] 段桂江, 唐晓青, 汪叔淳. 面向现代制造企业的集成质量系统模型 [J]. 中国机械工程, 1999, 10 (3).
[51] 韩福荣. 质量管理体系认证——理论、标准与实践 [M]. 北京: 经济科学出版社, 2002.
[52] 温德成. 中小企业质量管理 [M]. 北京: 中国计量出版社, 2003.
[53] 黄耀文. 中小企业计量管理 [M]. 北京: 中国计量出版社, 2002.
[54] 唐晓芬. 顾客满意度测评 [M]. 上海: 上海科学技术出版社, 2001.
[55] 希伯尔德, 等. 客户关系管理理念与实例 [M]. 叶凯, 等译. 北京: 机械工业出版社, 2002.
[56] 张公绪, 孙静. 质量工程师手册 [M]. 北京: 企业管理出版社, 2002.
[57] 李在卿. 管理体系审核中的问题分析与审核的有效性探讨 [J]. 世界标准化与质量管理, 2004 (4): 29-31.
[58] 马林, 何桢. 六西格玛管理 [M]. 2版. 北京: 中国人民大学出版社, 2007.
[59] 潘迪, 纽曼, 卡瓦纳. 六西格玛管理法 [M]. 马钦海, 陈桂云, 译. 北京: 机械工业出版社, 2008.
[60] 上海质量管理科学研究院. 六西格玛核心教程: 黑带读本（修订版）[M]. 北京: 中国标准出版社, 2006.
[61] 乔治, 罗兰兹, 卡斯特勒. 什么是精益六西格玛 [M]. 郭锐, 赵海峰, 译. 北京: 电子工业出版社, 2004.
[62] 洛温塔尔. 六西格玛项目管理 [M]. 郭锐, 译. 北京: 机械工业出版社, 2004.
[63] 何桢, 梁昭磊, 邹峰. 六西格玛设计模式及其应用 [J]. 工程机械, 2006 (7).
[64] 温德成, 王高山, 赵林, 等. 制造业质量信息管理 [M]. 北京: 中国计量出版社, 2005.
[65] 卢纹岱. SPSS For Windows 统计分析 [M]. 2版. 北京: 电子工业出版社, 2005.
[66] 洪楠, 侯军. MINITAB 统计分析教程 [M]. 北京: 电子工业出版社, 2007.
[67] 张弛. MINITAB: 六西格玛解决方案 [M]. 广州: 广东经济出版社, 2003.
[68] ZIMMERMAN S M, ICENOGLE M L. 使用 Excel 实施统计质量控制 [M]. 中国质量协会, 译. 北京:

机械工业出版社，2007.
[69] 全国质量专业技术人员职业资格考试办公室. 质量专业理论与实务：中级 [M]. 北京：中国人事出版社，2013.
[70] 全国质量专业技术人员职业资格考试办公室. 质量综合知识：中级 [M]. 北京：中国人事出版社，2013.
[71] 欧汉龙. 增值质量审核 [M]. 中国质量协会，译. 北京：机械工业出版社，2006.
[72] 薛华成. 信息资源管理 [M]. 北京：清华大学出版社，2002.
[73] 尤建新，郭重庆. 质量成本管理论 [M]. 北京：石油工业出版社，2003.
[74] 格兰特，利文沃斯. 统计质量管理 [M]. 胡良欢，等译. 北京：机械工业出版社，1989.
[75] 余忠华，吴绍同. 面向多品种、小批量制造环境的 SPC 实施模型的研究 [J]. 工程设计，2000（3）.
[76] 赵林，温德成. 基于 ISO 9000 的质量管理信息系统研究 [J]. 世界标准化与质量管理，2005（9）.
[77] 杨铭，杨余春，王林平. ISO 9000 质量信息系统的研究与开发 [J]. 烟台大学学报，1998，11（2）.
[78] 王红云，陈文戈. 质量体系文件管理系统的开发与实现 [J]. 工业工程，2002，5（3）.
[79] 王灿. 基于过程的质量体系信息化管理系统关键技术研究 [D]. 重庆：重庆大学，2002.